『魏書』食貨志・『隋書』食貨志訳注

渡辺信一郎 著

汲古書院

『魏書』食貨志・『隋書』食貨志訳注／目　次

図表目次

凡　例

一、本書は、『魏書』巻一百一十食貨志および『隋書』巻二四食貨志の校訂本文・訓読・注釈及び全訳である。

二、底本には商務印書館百衲本二十四史所収の宋蜀大字本『魏書』および元大徳九路刻本『隋書』を用い、中華書局標点本『魏書』・『隋書』等を参考にした。

三、記述にあたり、まず校訂原文をあげ、〔校勘〕において底本に対する校訂内容を示した。つぎに校訂原文の〔訓読〕を行なったのち、重要な語句や歴史的事象等について〔注釈〕をほどこし、最後に〔通釈〕で日本語訳をこころみた。〔注釈〕をこえて歴史的考察を行なうばあいには、末尾に〔補考〕を付して記述した。

四、訳文中、地名については近代の地名を（　）で補った。

五、年号については西暦を（　）で補った。中国の古暦と西暦とは直接対応しないので、あくまでも目安である。

六、本文・訳文は、百衲本・中華書局標点本の分段を参考にして分段しなおし、適宜中見出しをつけた。

七、『魏書』食貨志の先行する注釈書としては、王雷鳴編著『歴代食貨志注釋』第一冊（農業出版社、一九八四年）及び陳連慶著『晋書食貨志校注・魏書食貨志校注』（東北師範大学出版社、一九九九年）がある。王氏注釈は簡略に過ぎて余り参考にならない。陳氏校注は詳細で、その内容は学術的価値の高いものである。両書ともに適宜参照したが、一一注記していない。ついて参照することをお願いする。

八、『隋書』食貨志の注釈書としては、王雷鳴編著『歴代食貨志注釋』第一冊のほか、Étienne Balazs, "Étude sur la société et l'économique de la Chine médiévale I: Le traité économique du Souei-chou," *T'oung Pao*, Vol. 42, 1953がある。『隋書』食貨志のフランス語訳と注釈・付録からなる著名な研究であるが、今回は参照していない。

『魏書』食貨志・『隋書』食貨志訳注

『魏書』・『隋書』食貨志解説

はじめに

本書は、『魏書』と『隋書』の食貨志の注解と翻訳を試みたものである。以下に『魏書』『隋書』および食貨志について概観しておきたい。

『魏書』『隋書』は、正史の一つに数えられる歴史書である。正史は、『史記』や『南史』『北史』のようにいくつもの王朝にわたって叙述する通史もあるが、多くは歴代王朝が自らの権力の正統性を示すために編纂した前代の王朝の歴史である。それは、通史に対して断代史とよばれる。通史・断代史をあわせて、『史記』から『明史』まで、正史は二五史を数える。正史の叙述形式は、皇帝の年代記である本紀と個人の伝記である列伝とを基本的な構成要素とするので、これを紀伝体と言う。紀伝体は個人中心の叙述になりがちである。したがって、一代の制度文物の沿革、ならびに全体の空間的な広がりや時系列を理解しにくいという欠点をもつ。そこで紀伝体の嚆矢である『史記』以来、歴代正史には、各王朝の制度文物を記述する「志」や年表・系譜などを記す「表」を加えるものが多い。「志」の始まりは『史記』の八書で、これを引き継いだ『漢書』は「書」の呼称を「志」に改めた。『漢書』の十志のなかに、初めて一代の経済・財政制度を記す食貨志が設けられ、以後歴代正史に引き継がれる。

『魏書』『隋書』の食貨志を読むにあたって、その前提として、もうすこし立ち入った両書の成り立ちや歴史的性格について概観しておこう。

一　『魏書』について

魏書は、四世紀末から六世紀半ばにいたる北魏・東魏王朝の歴史を記した正史で、現行本は、本紀十二巻・列伝九二巻・志二〇巻、計一一四巻からなる。編纂者は、北斉の魏収、字は伯起（五〇五～五七二）、鉅鹿郡下曲陽県（河北省晋県西）の人である。

『魏書』編纂の経緯は、『北史』巻五六魏収伝に記されている(1)。それによれば『魏書』の編纂は、北斉文宣帝高洋（五五〇～五五九在位）の天保二年（五五一）に始まり、魏収を中心に通直常侍房延祐・司空司馬辛元植・国子博士刁柔・裴昂之・尚書郎高孝幹の六人が編纂にたずさわった。天保五年（五六六）三月にまず本紀十二・列伝九二（子巻を数えて九八巻）、合計一一〇巻が奏上され、ついでその十一月に十志二〇巻が完成した。十志の前に附載される「前上十志啓」の末尾に、「十一月、持節・都督梁州諸軍事・驃騎將軍・梁州刺史・前著作郎・富平縣開國子臣魏收啓す。平南將軍・司空司馬・修史臣辛元植、冠軍將軍・國子博士・修史臣刁柔、陵江將軍・尚書左主客郎中・修史臣高孝幹、前西河太守・修史臣綦母懷文」と見え、そのあとに、天象志四巻、地形志三巻、律暦志二巻、礼志四巻、楽志一巻、食貨志一巻、刑罰志一巻、霊徴志二巻、官氏志一巻、釈老志一巻の十志二十巻がつづく。このように、本紀・列伝と食貨志を含む十志の編纂には、時間の前後と編纂関与者に若干の相違がある。また通常、志は、本紀と列伝との間に配置することになっているのであるが、『魏書』のばあい、十志の編纂があとになったので、本紀・列伝のあとに志を配するという、編成上の特色がある。

魏収以外の他の六人の編纂関与者は史才にかける凡庸な人物であったとされる(2)。また『北史』魏収伝には、「史例三十五、序二十五、論九十四、前後二表一啓は、皆な魏收一人の手になった」とあるから、魏収が編纂の体例を示し、要所に自らの手になる序・論を配して、編纂の中心になったことは明らかである。『魏書』は、魏収の著述であると言ってよい。

現在の『魏書』は、目録のあとに附載する目録序およびその署名から、北宋時代に劉攽・劉恕・安燾・范祖禹等の校訂を経たものであることがわかる。北宋の時にはすでに完本ではなく、本紀二巻（太宗本紀・静帝本紀）、列伝二二巻（后妃伝ほか）、志二巻（天象志三・四）が全缺、列伝三巻（儒林伝・藝術伝・列女伝）は不全であり、太宗本紀は隋・魏澹の『魏書』、天象志三・四の二巻は唐・張太素の『魏書』によって補われ、その他の缺佚も両『魏書』・『北史』・『脩文殿御覧』・高峻『小史』などから補綴されたものである（余嘉錫『四庫提要弁証』巻三）。巻中にも、まま缺葉・脱落があり、また衍文と思しきものもかなりあるので、読解には慎重を要する。

『魏書』は、完成当初から記述の「不平」「不実」を訴えるものが多く、四度の改稿をへたのち、孝昭帝（五六〇〜五六一在位）の時代に始めて公開された。それでもなお「不実」とする者が多く、「穢史」と称された（『北史』本伝、『史通』外篇古今正史第二後魏書条）。『魏書』には曲筆も多く、確かにそのような点はあるかもしれない（『廿二史劄記』巻十三「魏書多曲筆」）。ただ魏収にとっては、現代史の叙述にかかわる部分も多い。したがって、生存する利害関係者が多く、歴史的評価もにわかに定めがたいから、「不平」「不実」の訴えが出るのも止むを得ないところがある。志に限ってみても、官氏志・釈老志は前代の正史にない独創であり、志二〇巻中に礼志四巻・楽志一巻計五巻をさいて、礼楽制度の叙述に重みをもたせたことは、この時代の特質である北方遊牧民族の農耕地帯における国家形成の独自性の解明や仏教・道教の成立史研究にとって貴重な史料を提供するものであって、魏収の史家としての見識を示している。また唐の李延寿は『北史』を編纂するに際し、隋の魏澹が編纂した『魏書』を参照しえたにもかかわらず、北魏・東魏の叙述は、基本的に魏収『魏書』によっている（『廿二史劄記』巻十三「北史魏書多以魏収書為本」）。『北史』『史通』に見える「穢史」の評価はやや厳しいと言わねばならない。

二　『隋書』について

隋書は、隋王朝三八年間（五八一～六一八）の歴史を記した正史である。現行本『隋書』は、帝紀五巻・志三〇巻・列伝五〇巻、計八五巻からなる。ただ、帝紀・列伝と食貨志を含む志三〇巻とは、その編纂の経緯を異にする別行の書であった。その経緯を『唐会要』巻六三史館上「修前代史」および「宋天聖二年隋書刊本原跋」（百衲本巻末附載）によって示せば、つぎのとおりである（3）。

『隋書』の編纂は、唐の高祖武徳四年（六二一）十一月、起居舎人令狐徳棻が、史料の散逸する前に、梁・陳・斉・周・隋の『五代史』を編纂することを奏請したことに始まる。これにもとづいて、翌五年十二月二六日、中書令蕭瑀・給事中王敬業・著作郎殷聞礼に「魏史」、侍中陳叔達・祕書丞令狐徳棻・太史令庾倹に「周史」、中書令封徳彝・中書舎人顔師古に「隋史」、大理卿崔善為・中書舎人孔紹安・太子洗馬蕭徳言に「梁史」、太子詹事裴矩・吏部郎中祖孝孫・前祕書丞魏徴に「齊史」、祕書監竇璡・給事中歐陽詢・秦王府文學姚思廉に「陳史」をそれぞれ編纂させたが、数年を経ても完成しなかったので沙汰止みとなった。

その後、太宗の貞観三年（六二九）になって、中書省に秘書内省を設置し、左僕射房元齢を総監として、あらためて周隋梁陳斉『五代史』の編纂が命じられた。この五代史の編纂事業は、貞観十年正月二十日に完成し、尚書左僕射房元齢・侍中魏徴・散騎常侍姚思廉・太子右庶子李百薬・孔穎達・礼部侍郎令狐徳棻・中書侍郎岑文本・中書舎人許敬宗等によって、上程された。この『五代史』中の「隋史」は、顔師古・孔穎達・許敬宗が編纂を担当し、魏徴が編纂業務を総裁した。序論は皆な魏徴の手になったものであり、帝紀五巻・列伝五十巻からなる。これが『隋書』の本紀・列伝であり、現行本各巻頭には「特進臣魏徴上」の内題がある。

ついで貞観十五年（六四一）、別に左僕射于志寧・太史令李淳風・著作郎韋安仁・符璽郎李延壽に命じて、「五代史志」を編纂させた。それは、顕慶元年（六五六）五月四日、太尉長孫無忌等によって皇帝に上程され、秘閣に収蔵された。これが『隋書』の志であり、礼儀志七巻、音楽志三巻、律暦志三巻、天文志三巻、五行志二巻、食貨志一巻、刑法志一巻、百官志三巻、地理志三巻、経籍志四巻の十志三十巻からなり、現行本各巻頭に「太尉揚州都督監修国史上柱国趙国公長孫無忌等奉勅撰」の内題がある。十志のうち天文・律暦・五行の三志八巻は、李淳風が単独で編纂したものである。

『五代史』は、のちに朝代ごとに独立した著作として単行したので、「五代史志」は行き場がなくなり、その後『隋書』のなかに編入された。現行『隋書』の本紀・列伝と志とは深く関連するが、実際は編纂時期、経緯を異にする別行の書籍である。言い換えれば、『隋書』本紀・列伝五五巻は隋一代の断代史であり、「五代史志」は、『五代史』の志であって五代にわたる制度文物を記した別行の通史である。現行本『隋書』は断代史と通史とを、文字通り接合して作りあげたものである。『隋書』は、数人の編纂者が共同で編纂した著作であるため、本紀・列伝間に記述の齟齬があり、したがってまた本紀・列伝と志との間にも齟齬する記事が散見する。たとえば隋の国家登録戸口数の飛躍的増大をもたらした貌閲制度について、食貨志はこれを高祖開皇五年（五八五）に繋年し、列伝は煬帝大業五年（六〇九）に繋年する。編纂時からさかのぼって約三十年前にすぎない重大な政策の年代記述に齟齬があるのだから、他は推して知るべし、である。

三　食貨志について

食貨志は、穀物などの食糧生産とそれにかかわる田制・賦役制度、および衣料用の布帛と貨幣・金銀財貨、ならびに財務運営に関する記述を内容とする。それは、『史記』平準書をひきつぎつつ、『漢書』食貨志が始めて採用した正史叙述の体例である。『漢書』巻二四上食貨志上冒頭に、「『尚書』洪範篇の八つの基本政策中、第一は食であり、第二は貨である。食とは、食糧となる農業生産物であり、貨とは、衣料となる布帛、及び貨幣であり、財貨を分配し、流通させる手段である。この二者は、人間生活の根本である」とある。現行『漢書』食貨志は、上下二篇に分割されるが、上篇は第一の農本主義による食糧生産、下篇は第二の貨幣・流通政策を叙述する(4)。食貨志を食糧生産と貨幣・流通とに大きく区分して叙述することは、これ以後『魏書』食貨志・『隋書』食貨志を始め歴代正史に踏襲された。『漢書』についで食貨志を叙述した『魏書』食貨志の冒頭は、「国家統治の根本は、穀物生産と貨幣政策である。だから『尚書』洪範篇の「八政」では食を第一に挙げており、……」と書き出し、『漢書』食貨志の基本構想を踏襲することを示している。『隋書』食貨志の場合はより徹底していて、その序文の最後をしめくくって、こう述べている。

司馬遷は『史記』平準書をつくり、班固が『漢書』食貨志を祖述し、上下数千年の経済事情の変動について、そのあらましを書きあげたが、これ以後の史官には、経済状態についての大きな見識をもつ者がまるでいなかった。そもそも最初に人間が誕生したときから、食物と財貨が生活の根本となった。聖王はそこで井田を区画して人びとの生業とし、財貨を流通させて人びとを豊かにした。豊かになった上で人民を教化すると仁義がわきおこり、貧しいと盗みをはたらき、刑罰を用いても止めることはできない。こういうわけで食貨志をつくり、『史記』・『漢書』の後につづけてこれを編纂する次第である。

『隋書』食貨志は、『魏書』を飛び越し、『史記』平準書・『漢書』食貨志を規範として直接的に継承することを宣言している。歴代食貨志は、班固の『漢書』食貨志が叙述する枠組みを古典的規範とし、そこに展開する農本・重農主義とそれを基礎とする貨幣・流通政策を叙述する。

『魏書』食貨志は、北魏・東魏時代を記述範囲とし、『隋書』食貨志は南朝の梁・陳ならびに北朝の東魏・北斉、西魏・北周および隋を記述範囲とする。両食貨志は、あいまって四世紀末から七世紀初頭にいたる社会経済史、ならびに国家の経済・財政政策に関する基本史料を提供する。そこには鮮卑拓跋部を中核として形成された遊牧初期国家が、後漢末西晋期にかけて崩壊した戦国秦漢期の受田制・賦役制・軍役制や郷村社会の再編成をとおして、農業を基礎的生業とする中華帝国に変成してゆく姿が叙述されている。

本書は、『魏書』と『隋書』の食貨志の注解と翻訳とをつうじて、この三百年余りにわたる南北分裂期から天下再統一へむかう中国古代の社会経済制度および政策史を基礎史料によって概観することをねらいとする。そこで注釈には、単に字句の解読にとどまらず、関連史料をできるだけ収集し、歴史的な分析もいくらか試みたところがある。訳注の本来の守備範囲を逸脱しているとの批判を受けるかもしれないが、単なる考証にとどまらない基礎的史料研究であると考えていただければ幸いである。正史の注釈には、王念孫『讀書雜志』・銭大昕『廿二史攷異』のように、字句や事柄の厳格な校訂に限定するものから、沈欽韓『漢書疏証』のように、異聞を数多く集めて本文理解にふくらみをもたせるものまであって、多様である。本訳注は、どちらかいえば、『漢書疏証』の方向をめざした。成否の判断は読者に仰ぎたい。

注

（1）　『北史』巻五六魏收伝に、「天保元年、除中書令、仍兼著作郎、封富平縣子。二年、詔撰魏史。……收於是與通直常侍房延祐・司空司馬辛元植・國子博士刁柔・裴昂之・尚書郎高孝幹、博總斟酌、以成魏書。辨定名稱、隨條甄舉。又搜採亡遺、綴續後事、備一代史籍、表而上聞之。勒成一代大典、凡十二紀・九十二列傳、合一百一十卷。五年三月、奏上之。秋、除梁州刺史。收以志未成、奏請終業、許之。十一月、復奏十志、天象四卷・地形三卷・律曆二卷・禮樂四卷・食貨一卷・刑罰一卷・靈徵二卷・官氏二卷・釋老一卷、凡二十卷。續於紀傳、合一百三十卷。分為十二袠。其史三十五例・二十五序・九十四論・前後二表一啓、皆獨出於收」とある。

（2）　『魏書』編纂者については、『北史』魏收伝に「收所引史官、恐其陵逼、唯取學流先相依附者。其房延祐・辛元植・眭仲讓雖夙涉朝位、並非史才。刁柔・裴昂之以儒業見知、全不堪編緝。高孝幹以左道求進」とあって、かれらが『魏書』の編纂に積極的な役割を果たしたと思われない。

（3）　「宋天聖二年隋書刊本原跋」（百衲本巻末附載）に「唐武徳五年、起居舍人令狐徳棻奏請修五代史（原注　五代謂梁・陳・

齊・周・隋也)。十二月、詔中書令封徳彜・舍人顏師古修隋史、綿歷數載、不就而罷。貞觀三年、續詔秘書監魏徵修隋史、左僕射房喬總監。徵又奏於中書省置秘書内省、令前中書侍郎顏師古・給事中孔穎達・著作郎許敬宗撰隋史。徵總知其務、多所損益、務存簡正。序論皆徵所作。凡成帝紀五・列傳五十。十年正月壬子、徵等詣闕上之。十五年、又詔左僕射于志寧・太史令李淳風・著作郎韋安仁・符璽郎李延壽、同修五代史志。凡勒成十志三十卷。顯慶元年五月己卯、太尉長孫無忌等詣朝堂上進、詔藏秘閣。後又編第入隋書。其實別行、亦呼爲五代史志(原注　案魏徵本傳、貞觀七年爲侍中。十年、五代史成。加光祿大夫、進封鄭國公。俄請遜位、拜特進。今諸本並云特進。又經籍志四卷、獨云侍中・鄭國公魏徵撰。无忌傳又云、永徽三年、始受詔監修。疑當時先已刊修、无忌因成書而進。今紀傳題以徵、志以无忌。從衆本所載也。紀傳亦有題太子少師許敬宗撰。案敬宗傳、貞觀八年、除著作郎・修國史、遷中書舍人。十年、左授洪州司馬。龍朔三年、始拜太子少師。與今録年月官位不同、疑後人所益。房喬・志寧初並受詔。又李延壽傳云、被詔與著作佐郎敬播、同修五代史志。按延壽、貞觀三年、與顏師古、同被勅修隋史、其年以内憂去職。今諸本並不載喬等名位。天文・律暦・五行三志、皆淳風獨作。五行志序、諸本云褚遂良作。案本傳未嘗受詔撰述。疑祗爲一序、今故略其名氏)」とある。

(4)　『漢書』食貨志にはいくつかの翻訳・注解があるが、現在入手しやすく、かつ有益な注釈と解題を付すものとして、永田英正氏の「漢書食貨志」上・下(永田英正・梅原郁訳注『漢書食貨・地理・溝洫志』平凡社東洋文庫、一九八八年)がある。

第一部　『魏書』食貨志訳注

食貨志六第十五　　魏書一百一十

序文

夫爲國爲家者、莫不以穀貨爲本。故洪範八政、以食爲首、其在易曰聚人曰財、周禮以九職任萬民、以九賦斂財賄。是以古先哲王、莫不敬授民時、務農重穀、躬親千畝、貢賦九州。且一夫不耕、一女不織、或受其飢寒者。飢寒迫身、不能保其赤子、攘竊而犯法、以至於殺身。迹其所由、王政所陷也。夫百畝之内、勿奪其時、易其田疇、薄其税斂、民可使富也。既飽且富、而仁義禮節生焉、亦所謂衣食足、識榮辱也。

晉末、天下大亂、生民道盡、或死於干戈、或斃於飢饉、其幸而自存者、蓋十五焉。

〔訓読〕

夫れ國を爲《をさ》め家を爲むる者は、穀貨を以て本と爲さざる莫し。故に洪範八政、食を以て首《はじめ》と爲し①、其の易に在りては、人を聚《あつむ》るを財と曰ふ②、と曰ひ、周禮は九職を以て萬民を任《た》て③、九賦を以て財賄を斂《をさ》む④。是を以て古先哲王、敬んで民に時を授け、農に務め穀を重んじ⑤、千畝を躬親《みづから》にし⑥、九州より貢賦せしめ⑦ざること莫し。且つ一夫耕さず、一女織らざれば、其の飢寒を受くる者或《あ》り⑧。飢寒身に迫れば、其の赤子をも保つこと能はず、攘竊して法を犯し、以て身を殺すに至る。其の由る所を迹《たづぬ》るに、王政の陷る所なり⑨。夫れ百畝の内、其の時を奪ふことなく⑩、其の田疇を易《をさ》め、其の税斂を薄くすれば、民、富ましむ可きなり⑪。既にして飽《あ》き且つ富み、而して仁義禮節焉《ここ》に生ず。亦た所謂《いはゆる》衣食足りて、榮辱を識るものなり⑫。

晉末、天下大亂し、生民の道盡き⑬、或は干戈に死し、或は飢饉に斃《たふ》る。其の幸ひにして自存する者、蓋し十の五なり。

〔注釈〕

①洪範八政以食爲首　『尚書』洪範篇に「初一曰五行、次二曰敬用五事、次三曰農用八政、次四曰協用五紀、次五曰建用皇極、次六曰乂用三德、次七曰明用稽疑、次八曰念用庶徵、次九曰嚮用五福、威用六極。……三、八政。一曰食、二曰貨、三曰祀、四曰司空、五曰司徒、六曰司寇、七曰賓、八曰師」とある。

②在易曰聚人曰財　『周易』繫辭下伝に「天地之大德曰生、聖人之大寶曰位。何以守位、曰仁。何以聚人、曰財。理財正辭、禁民為非、曰義」とあり、孔穎達正義に「何以聚人曰財者、言何以聚集人衆、必須財物。故言曰財也」とある。

③周禮以九職任萬民　『周禮』天官・大宰に「以九職任萬民。一曰

三農、生九穀。二曰園圃、毓草木。三曰虞衡、作山澤之材。四曰藪牧、養蕃鳥獸。五曰百工、飭化八材。六曰商賈、阜通貨賄。七曰嬪婦、化治絲枲。八曰臣妾、聚斂疏材。九曰閒民、無常職、轉移執事」とあり、任について、鄭玄は「任猶傳也」と解釈する。賈公彦の疏は「此九者皆民之職業、故云萬民」、「云任猶傳也者、傳謂立也。使民之業得立」と展開する。九種の職業を万民の生業として成り立たせること。

④**以九賦斂財賄**　『周禮』天官・大宰に「以九賦斂財賄、一曰邦中之賦、二曰四郊之賦、三曰邦甸之賦、四曰家削之賦、五曰邦縣之賦、六曰邦都之賦、七曰關市之賦、八曰山澤之賦、九曰幣餘之賦」とある。

⑤**敬授民時務農重穀**　『尚書』堯典篇に「乃命羲・和、欽若昊天、厤象日月星辰、敬授人時。……帝曰、咨、汝羲曁和、期三百有六旬有六日、以閏月定四時成歲。允釐百工、庶績咸熙」とある。

⑥**躬親千畝**　これは、藉田（籍田）と呼ばれる天子親祭の農耕儀礼であり、春におこなわれ、天子自ら農具を執って耕す。『禮記』祭義篇に「君子反古復始、不忘其所由生也。是以致其敬、發其情、竭力從事、以報其親、不敢弗盡也。是故昔者天子為藉千畝、冕而朱紘、躬秉耒。諸侯為藉百畝、冕而青紘、躬秉耒、以事天地・山川・社稷・先古、以為醴酪齊盛、於是乎取之、敬之至也」とあり、また『禮記』月令篇孟春（正月）條に「是月也、天子乃以元日、祈穀于上帝。乃擇元辰、天子親載耒耜、措之于參保介之御間。帥三公九卿諸侯大夫、躬耕帝藉。天子三推、三公五推、卿諸侯九推」とある。

⑦**貢賦九州**　『尚書』禹貢篇序に「禹別九州、隨山濬川、任土作貢」とあり、僞孔安國伝に「任其土地所有、定其貢賦之差」とある。

⑧**一夫至寒者**　『管子』揆度篇に「上農挾五、中農挾四、下農挾三。上女衣五、中女衣四、下女衣三、農有常業、女有常事。一農不耕、民有為之飢者、一女不織、民有為之寒者。飢寒凍餓、必起於糞土、故先王謹於其始」とある。

⑨**迹其所由王政所陷也**　『孟子』梁惠王下に「（齊宣）王曰、王政可得聞與。對曰、昔者文王之治岐也、耕者九一、仕者世祿、關市譏而不征、澤梁無禁。罪人不孥。老而無妻曰鰥、老而無夫曰寡、老而無子曰獨、幼而無父曰孤、此四者天下之窮民而無告者。文王發政施仁、必先斯四者。詩云、哿矣富人、哀此煢獨。王曰、善哉言乎」とあり、王政の模範が示されている。

⑩**百畝之内勿奪其時**　『荀子』大略篇に「不富無以養民情、不教無以理民性。故家五畝宅、百畝田、務其業而勿奪其時、所以富之也。立大學、設庠序、脩六禮、明七教、所以道之也。詩曰、飲之食之、教之誨之。王事具矣」とある。

⑪**易其至富也**　『孟子』盡心上に「孟子曰、易其田疇、薄其税斂、民可使富也。食之以時、用之以禮、財不可勝用也。民非水火不生活、昏暮叩人之門戶、求水火、無弗與者、至足矣。聖人治天下、使有菽粟如水火。菽粟如水火、而民焉有不仁者乎」とあり、趙岐注に「易、治也。疇、一井也。庶民治其田疇、薄其税斂、不踰什一、則民富矣」とある。易は田地を耕作することである。

⑫**所謂衣食足識榮辱也**　『管子』輕重甲に「管子曰、今為國有地牧民者、務在四時、守在倉廩。國多財、則遠者來。地辟舉、則民留處。倉廩實、則知禮節。衣食足、則知榮辱」とある。

⑬**生民道盡**　生民は天が生んだ人民を言う。『孟子』梁惠王下に「書

曰、天降下民、作之君、作之師」とあり、『漢書』巻四文帝紀二年十一月条に「詔曰、朕聞之、天生民、爲之置君、以養治之。……」とある。

〔通釈〕

国家統治の根本は、穀物生産と貨幣政策である。だから『尚書』洪範篇の「八政」では食を第一に挙げており、『易』繋辞下伝には、「人びとを政治によって引きつけるのは財政による」と述べ、『周禮』には「九種類の職業を万人の生業とし」、それに対応する「九種類の租税で財物を納めさせる」と述べてある。こうして古の賢明なる王者は、必ずつつしんで人民に農暦を授け、農業に努めて穀物を重視し、自ら千畝の田を耕し、中国全土に租税納入を割り当てたのである。その上一人の男でも畑を耕さず、一人の女でも機を織らなければ、飢えや寒さで身を震わせる者がでてくる。飢えや寒さが身に迫れば、赤子でさえ養育することができず、法を犯してまで物を盗み、あげくは身を滅ぼすことになる。その原因を探ってみると、それは国家の政治がそこまで追いつめたからである。百畝を保有する農民からは、農耕に従事する時間を奪ってはならず、その田畑をきちっと耕作させて、租税を低くするならば、人民を富裕にすることができる。食料が十分で物が豊かになれば、人びとの間に仁義禮節が生じてくる。これがいわゆる「衣食足りて栄辱を識る」(『管子』)ということである。

晋末、天下は大いに乱れ、人民が生きていくすべは全くなくなってしまった。人びとの中には戦争で死ぬ者もあれば飢饉に倒れる者もあった。幸運にも生きながらえた者は、あらまし半数であった。

〔補考〕北魏の人口動態について

本段落には、晋末の動乱で人口が半減したことを述べている。北魏の人口の記述として、『通典』巻七「歴代盛衰戸口」条に「後魏起自陰山、盡有中夏。孝文遷都河洛、定禮崇儒。明帝正光以前、時惟全盛、戸口之数、比夫晋太康、倍而餘矣。(按晋武帝太康元年平呉後、大凡戸二百四十五萬九千八百、口千六百一十六萬三千八百六十三。今云倍而餘者、是其盛時、則戸有至五百餘萬矣)及爾朱之乱、政移臣下、或廢或立、甚於弈碁、遂分爲東西二国、皆權臣擅命、戦争不息、人口流離、官司文簿、又多散弃。今按舊史、戸三百三十七萬五千三百六十八」とある。これによれば、北魏当初は、西晋時代の約二五〇万戸の半数、すなわち約百数十万戸、全盛期の孝文帝から明帝期にかけて約五百万戸、北魏末もしくは東魏には約三百数十万戸であったことが分かる。『通典』に引く旧史が何を指すのか不明である。ただ『通典』の文章は、東魏武定年間(五四三~五五〇)の州郡戸口を記した『魏書』巻一〇六地形志序文を襲用しているので、旧史が東魏時代の文献である可能性は高い。

一 太祖道武帝の時代

太祖定中原、接喪亂之弊、兵革並起、民廢農業。方事雖殷、然經略之先、以食爲本。使東平公儀墾闢河北、自五原至于稒陽[①]塞外爲屯田。初登國六年、破衛辰、收其珍寶畜産、名馬三

十餘萬牛羊四百餘萬、漸増國用。既定中山、分徙吏民及徙何種人工伎巧十萬餘家、以充京都、各給耕牛、計口授田。

〔校勘〕

①稒陽塞　百衲本諸本ともに「棝陽塞」に作る。棝陽は、稒陽が正しい。『資治通鑑』巻一二二文帝元嘉十二年（北魏太武帝太延一年（四三五））条には、「秋七月、魏主畋于稒陽。（胡注　稒陽北出即光禄塞、漢五原之北辺也。師古曰、稒音固）」とあり、『漢書』巻二八地理志下五原郡条に、その属県として稒陽県が見え、その原注に「此出石門障、得光禄城。又西北得支就城、又西北頭曼城」とある。

〔訓読〕

太祖①中原を定むるや、喪亂の弊に接し、兵革並び起こり、民、農業を廢す。方事殷んなりと雖も、然ども經略の先、食を以て本と爲す。東平公儀をして河北を墾闢せしめ、五原自り稒陽の塞外に至るまで屯田を爲《をさ》めしむ。②初め登國六年、衛辰を破るや、③其の珍寶畜産、名馬三十餘萬・牛羊四百餘萬を收め、漸く國用を増す。既にして中山を定むるや、吏民及び徙何種人・工伎巧十萬餘家を分徙し、以て京都を充たし、④各おの耕牛を給ひ、口を計へて田を授く。⑤

〔注釈〕

①太祖道武帝　拓跋珪（三七一～四〇九）、鮮卑族拓跋部の代王什翼犍（昭成皇帝）の嫡孫。前秦によって代国が一旦滅亡したのち、王朝を再興した。北魏初代皇帝（在位三八六～四〇九）。『魏書』巻二・『北史』巻一に本紀がある。

②使東至屯田　このオルドス一帯での屯田については、『魏書』巻二太祖紀登国九年（三九四）三月条に「使東平公元儀、屯田於河北・五原、至於棝楊塞外」とある。棝楊の楊は、陽の形譌である。また『冊府元亀』巻五〇三屯田条には、「後魏東平公儀、秦王翰之子。道武命督屯田於河外。自五原至稠陽外。務農稼、大得人心」とある。稠陽の稠は、稒字の形譌である。稒陽は、現在の包頭一帯の地。後漢時代に県は省かれたが、漢代以来、オルドスの交通の要衝であったことが分かる。

　東平公元儀（?～四〇九）は、代王什翼犍（昭成皇帝）の孫、秦明王翰の子。『魏書』巻十五昭成子孫列伝に立伝されている。伝にはオルドス屯田記事にふれて、「徙封東平公、命督屯田於河北。自五原至棝楊塞外。分農稼、大得人心」とあるが、『冊府元亀』と表記に若干のちがいがある。

③登國六年破衛辰　劉衛辰は、匈奴南単于の子孫とされる匈奴・鮮卑混血種の劉虎の孫。苻堅の左賢王、夏陽公として西部オルドスを支配し、黄河を挟んで東部オルドスの拓跋部と対峙した。（『魏書』巻九五鉄弗劉虎伝附伝）。その滅亡については、『魏書』巻二太祖紀登国六年（三九一）十二月条に「獲衛辰尸、斬以徇、遂滅之。……車駕次于鹽池。自河已南、諸部悉平。簿其珍寶畜産、名馬三十餘萬匹、牛羊四百餘萬頭。班賜大臣各有差」とある。

④既定至京都　後燕の都城中山を破ったのは、皇始二年（三九七）十月であり、徙何種族等を移動させたのは、天興元年（三九八）正月

のことである。『魏書』巻二太祖紀天興元年（三九八）正月条に「辛酉、車駕発自中山、至于望都堯山。徙山東六州民吏、及徒何・高麗雑夷三十六萬（萬字、『冊府元亀』巻四八六作署）、百工伎巧十萬餘口、以充京師」とある。同書天興元年十二月条には「徙六州二十二郡守宰・豪傑・吏民二千家于代都」とあり、これは正月の徙民と一連のものである。また『魏書』巻三太宗紀泰常三年（四一八）四月条にも「己巳、徙冀・定・幽三州徒何於京師」とあり、徙民政策はひきつづきおこなわれている。なお徒何種は、五胡十六国の前燕国・後燕国・南燕国等を形成した鮮卑族慕容部の諸勢力で、『魏書』巻九五徒何慕容廆伝にその動向を記す。

⑤計口授田　『魏書』巻二太祖紀　天興元年（三九八）二月条に「車駕自中山幸繁畤宮、更選屯衛。詔給内徙新民耕牛、計口受田」とある。食貨志本文は、移民と受田とを一事として記しているが、月は異なっている。計口受田の記事は、これが史料上の初見である。これ以後、『魏書』巻三太宗紀永興五年（四一三）条にも「秋七月己巳、還幸薄山。帝登観太祖遊幸刻石頌徳之處、乃於其旁起石壇而薦饗焉。賜従者大酺於山下。奚斤等破越勤倍泥部落於跋那山西、獲馬五萬匹、牛二十萬頭、徙二萬餘家於大寧、計口受田。……八月癸卯、車駕還宮。癸丑、奚斤等班師。……辛未、賜征還將士牛・馬・奴婢各有差。置新民於大寧川、給農器、計口受田」とある。

〔通釈〕

太祖道武帝（在位三八六～四〇九）が中原を平定した時、争乱状態の後をうけ、戦争があいついで起こり、民衆は農業を放棄していた。戦争が盛んではあったが、国家統治の第一課題は食糧である。道武帝は、登国九年（三九四）三月、東平公元儀に命じて河北オルドスを開墾させ、五原（山西省武郷県東北）より稒陽塞方面に至るまでに屯田を設置した。そのかみの登国六年（三九一）、道武帝は、劉衛辰を破り、彼の所有していた珍玉、畜産物、名馬三十余万匹、牛・羊四百余万匹を戦利品として奪い、次第に国家財政を増大させていった。ややあって（天興元年〔三九八〕正月）、後燕の都中山（河北省定県）を平定すると、その官吏や人民および徒何種族・職人・伎藝人など十万余家の人びとを分割して首都に移住させ、それぞれに耕牛を与え、家口を計って耕地を授けた。

〔補考〕計口受田について

計口受田制は、北魏の華北統一期に見られた併合諸部族の徙民策にかかわってとられた地着政策である。田村実造氏は、これを均田制の源流と見る（「均田法の系譜――均田法と計口受田制との関係――」『史林』第四五巻第六号、一九六二年）。

『魏書』巻六〇韓麒麟伝にも、「太和十一年（四八七）京都大饑。麒麟表陳時務曰、……愚謂凡珍玩之物、皆宜禁斷、吉凶之禮、備為格式、令貴賤有別、民歸朴素。制天下男女、計口受田。宰司四時巡行、臺使歳一按檢。勤相勸課、嚴加賞賜。數年之中、必有盈贍、雖遇災凶、免於流亡矣」とある。この場合は全国土を対象にするものであり、また均田制施行直後の提言でもある。所謂均田詔が発布された太和九年段階での均田制施行を疑わしめる記述であるとともに、均田制との関係も問題になる。ただ、この提案も実施に移されたか否か、史料に明文はない。

天興初、制定京邑、東至代郡、西及善無、南極陰館、北盡參合、爲畿内之田。其外四方四維、置八部帥以監之、勸課農耕、量校收入、以爲殿最。又躬耕籍田、率先百姓。自後比歳大熟、匹中八十餘錢①。是時戎車不息、雖頻有年、猶未足以久贍矣。

〔校勘〕

①匹中八十餘錢　百衲本諸本は、「匹中八十餘斛」に作る。絹一匹の価格が穀物量で評価されることは珍しい。しかも豊作であるにもかかわらず、絹価格が高く設定されている。北魏前期に鋳貨の流通はないが、絹価格は通常銭額で表示される。この「匹中八十餘斛」は「匹中八十餘錢」の誤りであろう。斛字を銭字の形譌とみて、改正する。北魏期の絹の価格については、本節補考(2)参照。

〔訓読〕

天興の初め、京邑を制定し、東は代郡に至り、西は善無に及び、南は陰館を極め、北は參合を盡すまで、畿内の田と爲す①。其の外《そと》、四方四維、八部帥を置きて以て之れを監せしめ②、農耕を勸課し、收入を量校し、以て殿最を爲す。又た躬ら籍田を耕し③、百姓に率先す。自後、比歳大いに熟し、匹、八十餘錢に中《あ》たる。是の時、戎車息《や》まず、頻《しき》に年《みのり》有りと雖も、猶ほ未だ以て久しく贍《たら》すに足らず。

〔注釈〕

①制定至之田　本節は、平城の都城制定の経緯と農業振興を記す。北魏が都城・畿内を確定したのは、天興元年（三九八）七月・八月である。『魏書』巻二太祖紀に「秋七月、遷都平城、始營宮室、建宗廟、立社稷。……八月、詔有司正封畿、制郊甸、端徑術、標道里、平五權、較五量、定五度。遣使循行郡國、擧奏守宰不法者、親覽察黜陟之」とある。また『魏書』巻一百五之三天象志一之三第三に「天興元年八月戊辰、木晝見胃。胃、趙代墟也。□天之事。歳為有國之君、晝見者並明而干陽也。天象若曰、且有負海君、實能自濟其德而行帝王事。是月、始正封畿、定權量、肆禮樂、頒官秩。十二月、群臣上尊號、正元日、遂禋上帝于南郊。由是魏為北帝、而晉氏為南帝」とある。都城・畿内・畿内八部（補考(1)参照）・畿外の確定は、度量衡・禮楽制度・官僚制度の整備とともに、北魏王朝の成立を意味し、翌年元日の南郊祭天はその総仕上げである。ここに北魏は北帝を称し、南北朝開始の基礎が固まった。

②其外至監之　八部・八部帥については、本節補考(1)参照。八部の位置について、本志には「爲畿内之田。其外四方四維、置八部帥以監之」とあって、一見畿内領域の外側にあるかのように記されている。これは、『魏書』巻一一三官氏志九の「其八部大夫、於皇城四方四維、面置一人」と明らかに齟齬する。『魏書』巻二太祖紀天賜三年条に「六月、發八部五百里内男丁、築灅南宮」とあるのによれば、八部は五百里内、すなわち方千里の畿内に位置するこ

とが明らかである。本志の「其外四方四維」の「其外」の其字が指示するのは、皇城すなわち平城であり、直前の「畿内之田」を受けるのではなく、その前の「制定京邑」の京邑を受けるものである。

③躬耕籍田　『魏書』巻二太祖紀　天興三年（四〇〇）条に「二月丁亥、詔有司祀日于東郊。始耕籍田」とあり、また『魏書』巻一〇八之一禮志四之一に「太祖初、有兩彗星見、劉后使占者占之、……明年春、帝始躬耕籍田、祭先農、用羊一。祀日於東郊、用騂牛一。秋分祭月於西郊、用白羊一」とある。この後、孝文帝・宣武帝・明帝等が籍田禮をおこなっている。籍田禮については、なお十四頁注⑥を参照。

〔通釈〕

天興元年（三九八）、魏は都城を制定し、東は代郡（河北省蔚県東）、西は善無（山西省右玉県南）、南は陰館（山西省代県西北）、北は参合（山西省左雲県北境）に至るまでの範囲を畿内の領域とした。都城の外側の四方・四維の各方面には八部帥を置いて監督させ、農耕を奨励し、財政収入を比較計量し、勤務成績の優劣を定めた。また道武帝は自ら籍田を耕作し、率先して百姓たちを導いた。この後、年年豊作となり、絹一匹の価格は八十余銭になった。しかしこの時期には戦争が絶えなかったので、豊作が引き続きはしたが、なお長期的な食糧供給を行なうには不十分であった。

〔補考〕

⑴北魏の都城と畿内・八部制について

北魏平城を都城とする畿内の範囲については、本志の記述とは別に『元和郡縣圖志』巻十四雲州条に「後魏道武帝又於此建都。東至上谷軍都關、西至河、南至中山隘門塞、北至五原、地方千里、以爲甸服。孝文帝改爲司州牧、置代尹。孝文遷都洛邑、改置恆州」とあり、本志の記載より広い範囲を甸服（畿内）として規定している。この畿内の領域は、『魏書』巻四下世祖紀大平真君七年（四四六）六月丙戌条に「發司・幽・定・冀四州十萬人、築畿上塞圍、起上谷、西至于河、廣袤皆千里」とあることからも分かる。この塞圍は、同書大平真君九年二月条に「山東民飢、啓倉賑之。罷塞圍作」とあって停止されている。畿内方千里の領域を城壁で囲繞する計画があったことに注目しておきたい。畿内の領域は、時代は特定できないが、食貨志記載の領域から『元和郡縣圖志』記載の領域に拡大されたのであろう。北魏の畿内と塞囲とについては、勝畑冬実「『畿上塞囲』から見た初期北魏の国家構造」（『史滴』第十六号、一九九四年）、同「北魏の郊甸と『畿上塞囲』――胡族政権による長城建設の意義」（『東方学』第九〇輯、一九九五年）参照。

なお、都城の制定にかかわって四至を明示して畿内の領域を確定したのは、三国魏に始まる。『三国志』巻二文帝紀黃初二年条に「春正月、郊祀天地・明堂。甲戌、校獵至原陵、遣使者以太牢祠漢世祖。……改許縣為許昌縣。以魏郡東部為陽平郡、西部為廣平郡」とあり、その裴松之注に「魏略曰、改長安・譙・許昌・鄴・洛陽為五都、立石表。西界宜陽、北循太行、東北界陽平、南循魯陽、東界郯、為中都之地。令天下聽内徙、復五年、後又增其復」とある。

八部は、北魏初期（三八六年頃）の部族解散後、畿内国部の八方面に設けられた北方胡族に対する地方組織で、旧来の部族制を再編して東西南北左右前後の八部から編成された（二二頁注④『資治通鑑』胡注参照）。『魏書』巻八三賀訥伝に「其後離散諸部、分土定居、不聴遷徙、其君長大人、皆同編戸。訥以元舅、甚見尊重、然無統領」とあるように、部落解散は、諸部族を分散し、部族の下層集団ごとに特定の土地をあたえて定住させ、遊牧生活（遷徙）をやめて、牧畜・農業を営ませると同時に、戸籍を編成して部族首長の部族下層集団や部族民に対する統治権を奪い、胡族を部族の定住下層集団ごとに八部（八国）の地域編成によって皇帝権力のもとに統合したものである。

このように北魏は、道武帝の部落解散以後、孝文帝の洛陽遷都期にいたるまで、皇帝を中核とする国部-州県制とも呼ぶべき胡漢二重体制によって国土を統治した。漢人・百姓に対しては、従来の州・郡・県制および戸調制収取による支配をおこない、鮮卑族をはじめとする胡族に対しては、畿内国部を八部制（八国制、のちに六部制）によって統治した。八部（八国）の官長が八部帥で、八部大夫とも言い、中央にあって輔政組織を構成し、尚書八座に相当するものとみなされ、また本志にあるように八部各領域の行政監察をも担当した。『魏書』巻一一三官氏志九に「天興元年（三九八）……十二月、置八部大夫・散騎常侍・待詔等官。其八部大夫、於皇城四方四維、面置一人、以擬八座、謂之八國常侍。……凡此四方諸部、歳時朝貢、登國初（三八六年頃）、太祖散諸部落、始同為編民」とあり、また『魏書』巻二四崔玄伯伝に「及置八部大夫以擬八坐、玄伯通署三十六曹、如令僕統事、深為太祖所任。勢傾朝廷」とある。

また天賜三年（四〇六）には、八部のうちの五百里以内の男丁が徴発され都城の修築がおこなわれている。『魏書』巻二太祖紀天賜三年条に「六月、發八部五百里内男丁、築灅南宮。門闕高十餘丈、引溝穿池、廣苑囿。規立外城、方二十里、分置市里、經塗洞達。三十日罷」とあり、『魏書』巻一〇五之三天象志一之三には、「天賜二年四月己卯、月犯鎮星、在東壁。七月己未又如之。十月丁巳又掩之、在室。夫室星、所以造宮廟而鎮司空也。占曰、土功之事興。明年六月、發八部人、自五百里内、繕修都城、魏於是始有邑居之制度」とある。畿内および畿内国部八部制の領域構成をもって、平城の都城制度が整えられたのは、天興元年（三九八）から天賜三年（四〇六）のことである。

道武帝の部族解散およびその基礎をなす部族制の実態については、川本芳昭『魏晋南北朝時代の民族問題』第一篇第四章「部族解散の理解をめぐって」（汲古書院、一九九八年）参照。

⑵北魏期の絹の価格について

北魏期の絹一匹の評価額について、『魏書』食貨志及びその他史料に見えるものを列記すれば、つぎのとおりである（注記の無いものはすべて『魏書』食貨志の記述）。

道武帝天興年間（三九八～四〇三）　一匹八〇余銭（豊作）
献文帝天安・皇興年間（四六六～四七一）　一匹千銭（旱害）
孝文帝太和十九年（四九五）　一匹二百銭（官僚俸禄）
孝荘帝永安二年（五二九）　一匹二百銭（官交易）
　一匹三百銭（私交易）
前廃帝普泰元年（五三一）（1）　一匹四百銭（調絹価格）
北魏後期河南数州（2）　一匹三百銭（納税価格）

（1）『魏書』巻十一前廃帝廣陵王紀普泰元年条（五三一）「禮畢、登閶闔門、詔曰、朕以寡薄、撫臨萬邦、思與億兆同茲慶泰。可大赦天下、以魏為大魏、改建明二年為普泰元年。其税市及税鹽之官、可悉廢之。百雜之戸、貸賜民名、官任仍舊。天下調絹、四百一匹」

（2）『北史』巻五五房謨伝「魏朝以河南數州、郷俗絹濫、退絹一疋、徴錢三百、人庶苦之。謨乃表請錢絹兩受、任人所樂。朝廷從之」

これらの記事により、絹価格は、災害時の高騰期で千錢、豊作時の低価格期で百錢足らず、通常は二百錢から四百錢の間にあったことが分かる。また、国家の財務運営に適用される公定価格二百錢と私交易で使用される価格三百錢（市場価格）との間に格差があること、公定価格にも地域による価格差があったことが分かる。

二　太宗明元帝の時代

太宗永興中、頻有水旱。詔簡宮人非所當御及非執作伎巧、自餘出賜鰥民。神瑞二年、又不熟、京畿之內、路有行饉。帝以飢將遷都於鄴、用博士崔浩計乃止。於是分簡尤貧者、就食山東。敕有司、勸課留農者曰、前志有之、人生在勤、勤則不匱。凡庶民之不畜者祭無牲、不耕者祭無盛、不樹者死無槨、不蠶者衣無帛、不績者喪無衰。教行三農、生殖九穀。教行園囿、毓長草木。教行虞衡、山澤作材。教行藪牧、養蕃鳥獸。教行百工、飭成器用。教行商賈、阜通貨賄。教行嬪婦、化治絲枲。教行臣妾、事勤力役。自是民皆力勤、故歳數豐穰、畜牧滋息。

泰常六年、詔六部民羊滿百口、調戎馬一匹。

〔訓読〕

太宗の永興中①、頻《しきり》に水旱有り。詔して宮人の當御する所に非ざるもの、及び執作伎巧に非ざるものを簡《えら》び、自餘は出だして鰥民に賜ふ②。神瑞二年、又た熟さず、京畿の內、路に行饉有り。帝、飢えを以て、將に都を鄴に遷さんとするも、博士崔浩の計を用ひて乃ち止む③。是に於て尤貧なる者を分簡し、食に山東に就かしむ④。有司に敕し、留農者に勸課せしめて曰く、前志に之有り、人生勤に在り、勤なれば則ち匱《とぼ》しからず⑤、と。凡そ庶民の畜せざる者は祭るに牲無く、耕さざる者は祭るに盛無く、樹えざる者は死して槨無く、蠶せざる者は衣に帛無く、績がざる者は喪るに衰無し⑥。教への三農に行なはれて、九穀を生殖し、教への園囿に行なはれて、草木を毓長し、教への虞衡に行なはれて、山澤材を作り、教への藪牧に行なはれて、鳥獸を養蕃し、教への百工に行なはれて、器用を飭成し、教への商賈に行なはれて、阜《あまね》く貨賄を通じ、教への嬪婦に行なはれて、絲枲を化治し、教への臣妾に行なはれて、力役に事勤す⑦、と。是れ自り民皆な力勤し、故に歳ごとに數しば豐穰あり、畜牧は滋息す。

泰常六年、六部の民に詔し、羊の百口に滿つるごとに、戎馬一匹を調せしむ⑧。

〔注釈〕

①太宗明元帝　拓跋嗣（三九二～四二三）、道武帝の長子、北魏第二代皇帝（在位四〇九～四二三）。『魏書』巻三・『北史』巻一に本紀がある。

②詔簡至鰥民　宮女の放出は、永興三年（四一一）二月のことである。『魏書』巻三太宗紀永興三年条に「春二月戊戌、詔曰、衣食足知榮辱。夫人飢寒切己、唯恐朝夕不濟、所急者温飽而已。何暇及於仁義之事乎。王教之多違、蓋由於此也。非夫耕婦織、内外相成、何以家給人足矣。其簡宮人非所當御及執作伎巧、自餘悉出以配鰥民」とある。

③帝以至乃止　飢饉による鄴への遷都案と山東地方への就食案の対立の経緯については、『魏書』巻三五崔浩伝に「太宗初、拜博士祭酒、……神瑞二年、秋穀不登。太史令王亮・蘇垣因華陰公主等言、讖書國家當治鄴、應大樂五十年、勸太宗遷都。浩與特進周澹言於太宗曰、今國家遷都於鄴、可救今年之飢、非長久之策也。東州之人、常謂國家居廣漠之地、民畜無算、號稱牛毛之衆。今留守舊都、分家南徙、恐不滿諸州之地。參居郡縣、處榛林之間、不便水土、疾疫死傷、情見事露、則百姓意沮。四方聞之、有輕侮之意、屈丐・蠕蠕必提挈而來、雲中・平城則有危殆之慮、阻隔恒代千里之險、雖欲救援、赴之甚難、如此則聲實俱損矣。今居北方、假令山東有變、輕騎南出、燿威桑梓之中、誰知多少。百姓見之、望塵震服。此是國家威制諸夏之長策也。至春草生、乳酪將出、兼有菜果、足接來秋、若得中熟、事則濟矣。太宗深然之曰、唯此二人、與朕意同。復使中貴人問浩・澹曰、今既糊口無以至來秋、來秋或復不熟、將如之何。浩等對曰、可簡窮下之戸、諸州就穀、若來秋無年、願更圖也。但不可遷都。太宗從之、於是分民詣山東三州食、出倉穀以稟之。來年遂大熟」と、詳細な記述がある。

崔浩（三八一～四五〇）、字は伯淵、清河郡の出身で、山東貴族の名門。漢人官僚の代表として政治の中枢にあり、道士寇謙之を太武帝にすすめて、廃仏政策を断行せしめた。のちに国史編纂にかかわって鮮卑人の反感を買い、太武帝により誅殺された。なお食貨志本文にその官位を博士とするのは、本伝によって博士祭酒とすべきである。

④分簡尤貧者就食山東　『資治通鑑』巻一一七東晋安帝義熙十一年条に「魏比歳霜旱、雲代之民多飢死。……乃簡國人尤貧者、詣山東三州就食（胡注、拓跋氏起於漠北、統國三十六、姓九十九。道武既并中原、徙其豪傑於雲・代、與北人雜居、以其北來部落爲國人。山東三州、定・相・冀也）。遣左部尚書代人周幾、帥衆鎮魯口以安集之（胡注、魏初、四方四維、置八部大人、分東西南北左右前後、後又置八部尚書）」とある。このとき山東の定・相・冀三州に移された主要な対象が鮮卑族の貧人であったことが分かる。

⑤前志至不匱　『春秋左氏伝』宣公十二年六月条に「欒武子曰、楚自克庸以來、其君無日不討國人而訓之、于民生之不易、禍至之無日、戒懼之不可以怠。……箴之曰、民生在勤、勤則不匱、不可謂驕」とある。

⑥凡庶至無衰　『周禮』地官・閭師に「閭師掌國中及四郊之人民、六畜之數、以任其力、以待其政令、以時徵其賦。凡任民、任農以耕事貢九穀、任圃以樹事貢草木、任工以飭材事貢器物、任商以市事貢貨賄、任牧以畜事貢鳥獸、任嬪以女事貢布帛、任衡以山事貢其物、任虞以澤事貢其物。凡無職者出夫布、凡庶民不畜者祭無牲、不耕者祭無盛、不樹者無椁、不蠶者不帛、不績者不衰」とある。

⑦教行至力役　『周禮』天官冢宰第一に大宰の職務として見える「以九職任萬民」をふまえるが、ここでは閒民を省いてある（十三頁注③参照）。三農は、鄭玄注に「原・隰及平地」とある。九穀は、九種類の主要作物。鄭司農（衆）は、「黍・稷・秫・稲・麻・大小豆・大小麥」とするが、鄭玄は「九穀、無秫・大麥而粱・苽」とし、秫・大麥と粱・苽とをいれかえる。

⑧六部至一匹　六部は、魏初の四部大人、八部帥の系統に属する胡族統治のための地域組織であり、部落解散後の八部制を改めて、泰常二年（四〇六）に設置された。その官長は六部大人。『魏書』巻一一三官氏志に「泰常二年夏、置六部大人官、有天部・地部、東・西・南・北部、皆以諸公爲之。大人置三屬官」とある。

　六部の胡族民衆からの軍馬收取については、『魏書』巻三太宗紀泰常六年条に「二月、調民二十戸輸戎馬一匹・大牛一頭。三月甲子、陽平王熙薨。乙亥、制六部民、羊滿百口、輸戎馬一匹」とあり、諸州民戸に対する軍馬徴発と一連のものであったことが分かる。このような軍馬徴発は、すでに『魏書』巻三太宗紀永興五年（四一三）条に「春正月己巳、大閱、畿內男子十二以上悉集。……乙酉、詔諸州六十戸出戎馬一匹」とみえ、大規模な軍事行動にともなう臨時徴発である。

〔通釈〕

　太宗明元帝（在位四〇九～四二三）の永興年間（四〇九～四一三）には、水害や日照りがしきりに発生した。（永興三年（四一一）二月）皇帝は詔を発して、宮女のうち寵愛を受けていない者や技藝をもたない者を選び出し、配偶者のいない男たちに下賜した。神瑞二年（四一五）にはさらに不作となり、代都や畿内地域では道端に行き倒れがでた。皇帝は飢饉を理由に、鄴（河南省臨漳県西）に遷都しようとしたが、博士祭酒崔浩の意見を採用し、これをとりやめた。そこで、極貧の民衆だけを選別し、山東地方（現在の河北省・河南省一帯）の定（河北省定県）・相（河南省臨漳県西）・冀（河北省冀県）三州に出向いて食糧にありつかせた。また担当官に詔勅を下し、（山東へ行かずに）とどまって農業を続けている者たちを督励させ、つぎのように述べた。

　昔の記録には、「人民の生活にあっては勤勉であることが大切である。勤勉であれば窮乏することはない」とある。そもそも庶民は、畜産しなければ祭祀に捧げるいけにえを得られず、耕作しなければ祭祀に供える穀物をえられず、植林しなければ死んでも柩がなく、養蚕しなければ絹織物を着ることができず、紡績しなければ葬式に喪服もないということになる。そこで教化を施し、三農（高平地・湿地・平地の農民）にはそれぞれ九種の穀物を生産させ、苑囿地の民には草木を繁茂させ、虞衡（山沢地の民）には山沢で木材を作らせ、藪沢地の民には鳥獣を繁殖させ、様ざまな工人には役に立つ道具を製作させ、商人にはあまたの商品を流通させ、婦人たちには絹糸・麻糸を繰ったり紡いだりさせ、男女の奴隷たちには肉体労働に勤めさせるのである。

この後、民衆は皆な勤勉となり、おかげでしばしば豊作になり、家畜はよく繁殖するようになった。

泰常六年（四二一）三月、六部の胡族民衆に詔し、羊を百匹所有するごとに、軍馬一頭を中央に貢納させた。

三　世祖太武帝の時代

世祖即位、開拓四海。以五方之民、各有其性、故修其教不改其俗、齊其政不易其宜、納其方貢、以充倉廩、收其貨物、以實庫藏、又於歳時、取鳥獸之登於俎用者、以牣膳府。

〔訓読〕

世祖即位するや①、四海を開拓す②。五方の民、各おの其の性有るを以て、故に其の教へを修むるも、其の俗を改めず、其の政を齊《ととの》ふるも、其の宜を易へず③、其の方貢を納めしめ④、以て倉廩を充たし、其の貨物を收め、以て庫藏を實たし、又た歳時に於て、鳥獸の俎用に登《すす》むる者を取り、以て膳府を牣《み》たすのみ⑤。

〔注釈〕

①世祖太武帝　拓跋燾（四〇八～四五二）、太宗明元帝の長子、北魏第三代皇帝（在位四二三～四五二）。『魏書』巻四・『北史』巻二に本紀がある。

②開拓四海　四海の観念は、戦国期には海域を指していたが、漢代に入って、中国周辺の異民族の居住する領域を指すようになった。『爾雅』釈地第九に「九夷、八狄、七戎、六蠻、謂之四海」とある。また『周禮』秋官・布憲に「布憲掌憲邦之刑禁。正月之吉、執旌節以宣布于四方、而憲邦之刑禁、以詰四方邦國、及其都鄙、達于四海」とあり、四方の外に四海のあることが分かる。

③以五至其宜　この一文は、全体として『禮記』王制篇を踏まえる。五方は、中国および東夷・南蠻・西戎・北狄の四夷を指す。王制篇に「凡居民材、必因天地寒煖燥濕。廣谷大川異制、民生其間者異俗、剛柔輕重、遲速異齊、五味異和、器械異制、衣服異宜、脩其教不易其俗、齊其政不易其宜（鄭玄註、教謂禮義、政謂刑禁）。中國戎夷、五方之民、皆有性也、不可推移。東方曰夷、被髮文身、有不火食者矣。南方曰蠻、雕題交趾、有不火食者矣。西方曰戎、被髮衣皮、有不粒食者矣。北方曰狄、衣羽毛穴居、有不粒食者矣。中國夷蠻戎狄、皆有安居・和味・宜服・利用・備器。五方之民、言語不通、嗜欲不同。達其志、通其欲、東方曰寄、南方曰象、西方曰狄鞮、北方曰譯」とある。

④納其方貢　周囲の異民族からもたらされる貢納物。『周禮』夏官・懷方氏に「懷方氏掌來遠方之民、致方貢、致遠物、而送逆之、達之以節（鄭玄註、遠方之民、四夷之民也。論徳延譽以来之。遠物、九州之外、無貢法而至者）、治其委積館舍飲食」とある。

⑤以牣膳府　膳府は宮廷の食官である膳夫の食糧庫。『周禮』地官・廛人に「凡珍異之有滯者、斂而入于膳府（鄭玄註、玄謂、滯讀如沈滯之滯。珍異、四時食物也。不售而在廛、久則將瘦臞腐敗。爲買之入膳夫之府、所以紓民事、而官不失實）」とあり、『周禮』天官・膳夫に「膳夫

掌王之食飲膳羞、以養王及后世子」とある。北魏の官制に即していえば、太官の食糧庫である（三三頁注釈⑭参照）。

〔通釈〕

世祖太武帝（在位四二三～四五二）は即位すると、四方に向かって領土を切り開いていった。中国及び四方の異民族にはそれぞれに固有の習俗があるので、禮楽教化を施してもその風習は改めさせず、政令刑罰を整えてもその美風は変えさせず、各地域から貢物や物産を納入させて国家の倉庫を充実し、別に宮廷で料理される鳥獣を四季折おりに納入させて、宮廷の食糧庫を満たしただけであった。

先是、禁網疏闊、民多逃隱。天興中①、詔採諸漏戸、令輸綸綿。自後諸逃戸、占爲紬繭羅縠者甚衆②。於是雜營戸帥遍於天下、不隸守宰、賦役不同③、戸口錯亂。始光三年、詔一切罷之、以屬郡縣。

〔校勘〕

①天興中　百衲本諸本・『通典』は「天興中」に作るが、『冊府元亀』巻四八七のみ「天興初」に作る。今は諸書による。

②紬繭羅縠　百衲本諸本は「細繭羅縠」に作る。細繭の細字、『通典』食貨五賦税中には「占爲紬繭羅縠者甚衆」とあって、紬字に作る。細では文意通暢せず、紬のほうが理解し易い。紬繭は、ツムギと絹であろう。今、『通典』により細字を紬字に改める。

③賦役不同　百衲本諸本は「賦役不周」に作る。『通典』巻食貨五賦税中には「賦役不同、戸口錯亂」とあり、周字を同字に作る。『魏書』巻九四仇洛齊伝は「於是雜營戸帥遍於天下、不屬守宰、發賦輕易、民多私附、戸口錯亂、不可檢括」とある。これによれば、本志の「賦役不周」は、「發賦輕易、民多私附」に相当する。「發賦輕易」は、賦役の不充分さを言うよりも、むしろ編籍が編戸百姓と異なり、雜営戸帥の下に編籍されて賦役徴発が軽微であることをいう。「賦役不周」は、「賦役不同」であるほうが、文意通じやすい。周・同字形が近いので誤ったのであろう。今、『通典』により、周字を同字に改める。

〔訓読〕

是れより先、禁網疏闊にして、民多く逃隱す。天興中、詔して諸もろの漏戸を採り、綸綿を輸《をさ》めしむ。自後、諸もろの逃戸、占して紬繭羅縠を爲むる者甚だ衆し①。是に於て雜營戸帥、天下に遍く②、守宰に隸せず③、賦役同じからず、戸口錯亂す。始光三年、詔して一切之を罷め、以て郡縣に屬せしむ。

〔注釈〕

①占爲紬繭羅縠者甚衆　占は、国家に申請して戸籍登録すること。『漢書』巻八宣帝紀地節三年（前六七）条に「春三月、詔曰、……今膠東相成勞來不怠、流民自占八萬餘口、治有異等」とあり、その顔師古注に「占者、謂自隱度其戸口而著名籍也。占音之贍反」

と見える。紬綾羅穀を製造し、これを納税する雑営戸として戸籍登録したことをいう。

②雑営戸帥遍於天下　雑営戸の雑には様ざまの意味があり、雑営戸は、様ざまな営戸を指す。雑営戸は、州県に戸籍をもつ正戸（百姓）とは異なり、帥に隷属し、綾羅・綸綿などの様ざまな特殊負担を義務づけられた手工業戸（営戸）を総称するものである。雑営戸帥の帥は、〔補考〕⑴「北魏の都城と畿内・八部制について」（十九頁）で考察した鮮卑・胡族に対する独自の支配形態である「八部帥」同様、州県による編戸百姓の支配とは系統を異にする人民支配の形態である。雑営戸帥については、本節補考参照。

③不隷守宰　北魏の地方制度は、州・郡・県の三級制であり、州の長官は州牧、郡の長官は太守、県の長官は県宰と呼ばれた。ここに言う守・宰は、郡太守と県宰を指す。『魏書』巻四世祖紀上太延元年（四三五）条に「十有二月甲申、詔曰、操持六柄、王者所以統攝。平政理訟、公卿之所司存。勸農平賦、宰民之所專急。盡力三時、黔首之所克濟。各修其分、謂之有序。今更不然、何以爲治。越職侵局、有紊綱紀。上無定令、民知何從。自今以後、亡匿避難、羈旅他鄉、皆當歸還舊居、不問前罪。民相殺害、牧守依法平決、不聽私輒報復、敢有報者、誅及宗族。鄰伍相助、與同罪。州郡縣不得妄遣吏卒、煩擾民庶。若有發調、縣宰集鄉邑三老、計貲定課、裒多益寡、九品混通、不得縱富督貧、避強侵弱。太守覆檢能否、覈其殿最、列言屬州。刺史明考優劣、抑退姦吏、升進貞良、歲盡舉課上臺。牧守荷治民之任、當宣揚恩化、奉順憲典、與國同憂、直道正身、肅居官次、不亦善乎」とあり、州・郡・県と牧・守・宰との関係が具体的に分かる。

〔通釈〕

そのかみ法律は大まかで、民衆の多くは戸籍を離脱していた。道武帝の天興年間（三九八〜四〇三）、詔を発し、戸籍から漏洩している民衆を探し集め、綸・綿を納めさせた。その後これら逃亡民で、国家に登録して紬・絹・薄絹・縮緬を納入する営戸となる者が非常に多くなった。こうして雑営戸帥が全国土にはびこるようになり、郡県に所属せず、賦役内容を異にしたので、戸数・人口の把握はでたらめになった。始光三年（四二六）、詔して雑営戸帥の制度を一切廃止し、郡県に所属させることにした。

〔補考〕雑営戸帥について

雑営戸帥の設置とその停止の経緯については、別に『魏書』巻九四仇洛齊伝に「魏初、禁網疏闊、民戸隱匿、漏脱者多。東州既平、綾羅戸民樂葵、因是請採漏戸、供爲綸綿。自後逃戸占爲紬綾羅穀者非一。於是雜營戸帥遍於天下、不屬守宰、發賦輕易、民多私附、戸口錯亂、不可檢括。洛齊奏議罷之、一屬郡縣」とある。雑営戸は、綾羅戸の楽葵の提案によって全国的に拡大し、その租税負担が軽微であり、また帥のもとに隷属したため、逃亡戸が雑営戸帥の戸籍にまぎれこみ、戸籍把握と賦役収取に重大な支障をきたすようになったのである。始光三年（四二六）の雑営戸帥廃止は、宦官仇洛齊の提案による。ここで廃止されたのは、雑営戸帥の制度であり、雑営戸そのものではない。帥による雑営戸の監督支配を廃止し、雑営戸を州縣の戸籍に編籍したことを言う。たとえば『魏書』巻八世祖紀景明二年（五〇一）九月条に「乙卯、免壽春營戸為揚州民」とあり、営戸制度自体は、北魏期をつうじて存在する。

雑営戸については、これを雑戸と営戸との総称だとする考えがある（堀敏一『中国古代の身分制』第七章「北朝雑戸制の再考察」〔汲古書院、一九八七年〕ほか）。この考えが誤りであり、雑営戸がそれらとは独自の存在であり、様ざまな営戸であったことは、浜口重国『唐王朝の賤人制度』第五章「官賤人の由来についての研究」第四節「後魏の雑営戸と営戸と軍戸」（東洋史研究会、一九六六年）参照。

なお、『通典』巻五食貨五賦税中には「後魏道武帝天興中、詔採諸漏戸、令輸綸綿。自後諸逃戸占爲紬繭羅縠者甚衆、於是雜營戸帥徧於天下、不隸守宰、賦役不同、戸口錯亂。景穆帝即位、一切罷之、以屬郡縣」とあり、廃止時期を太武帝の皇太子景穆帝の即位時とする。景穆帝は、太子として国政を統括したことはあるが即位しておらず、太子監国のまま死去しており、諡号は後に贈られたものである（次節注釈⑤参照）。『通典』の景穆帝は太武帝の誤りである。

神䴥二年、帝親御六軍、略地廣漠。分命諸將、窮追蠕蠕、東至瀚海、西接張掖、北度燕然山、大破之。虜其種落及馬牛雜畜方物萬計。其後復遣成周公萬度歸、西伐焉耆。其王鳩尸卑那單騎奔龜茲、擧國臣民、負錢懷貨、一時降款。獲其奇寶異玩以巨萬、駝馬雜畜不可勝數。度歸遂入龜茲、復獲其殊方瓌詭之物億萬已上。是時方隅未剋、帝屢親戎駕、而委政於恭宗。眞君中、恭宗下令脩農職之教。事在帝紀。此後數年之中、軍國用足矣。

〔訓読〕

神䴥二年①、帝親ら六軍を御し、地を廣漠に略す。分かちて諸將に命じ、蠕蠕を窮追し②、東のかた瀚海に至り③、西のかた張掖に接し、北のかた燕然山を度《わた》り、大いに之を破らしむ。其の種落及び馬牛・雜畜・方物を虜にするに萬もて計ふ。其の後、復た成周公萬度歸を遣し、西のかた焉耆を伐たしむ。其の王鳩尸卑那、單騎もて龜茲《きうじ》に奔り、擧國の臣民、錢を負ひ貨を懷き、一時に降款す。其の奇寶異玩を獲るに巨萬を以てし、駝馬雜畜、勝《あ》げて數ふ可からず。度歸遂に龜茲に入り、復た其の殊方瓌詭の物を獲ること億萬已上なり④。是の時、方隅未だ剋たず、帝屢しば親ら戎駕し、而して政を恭宗に委ぬ⑤。眞君中、恭宗令を下し、農職の教へを脩めしむ。事は帝紀に在り⑥。此の後、數年の中、軍國の用足れり。

〔注釈〕

① **神䴥至萬計**　この軍事行動は、神䴥二年四月から六月にかけてのものである。『北史』巻九八蠕蠕伝に「（神䴥）二年四月、太武練兵于南郊、將襲大檀。……於是車駕出東道、向黑山。平陽王長孫翰

從西道、向大娥山、同會賊庭。五月、次于沙漠南、舍輜重輕襲之、至栗水、大檀衆西奔。弟匹黎先典東落、將赴大檀、遇翰軍、翰縱騎擊之、殺其大人數百。大檀聞之震怖、將其族黨、焚燒廬舍、絶迹西走、莫知所至。於是國落四散、竄伏山谷、畜産布野、無人收視。太武緣栗水西行、過漢將竇憲故壘。六月、車駕次於菟園水、去平城三千七百餘里。分軍搜討、東至瀚海、西接張掖水、北渡燕然山、東西五千餘里、南北三千里。高車諸部殺大檀種類、前後歸降三十餘萬、俘獲首虜及戎馬百餘萬匹」とある。

②**窮追蠕蠕**　五・六世紀の北アジアに繁栄したモンゴル系北方遊牧民族の柔然のことで、芮芮・茹茹とも呼ばれた。蠕蠕は、北魏太武帝によってつけられた蔑称。『北史』巻九八蠕蠕伝に「蠕蠕姓郁久閭氏。始神元之末、掠騎有得一奴、髮始齊眉、忘本姓名、其主字之曰木骨閭。木骨閭者、首禿也。木骨閭與郁久閭聲相近、故後子孫因以爲氏。木骨閭既壯、免奴爲騎卒。穆帝時、坐後期當斬、亡匿廣漠谿谷間、收合逋逃、得百餘人、依純突隣部。木骨閭死、子車鹿會雄健、始有部衆、自號柔然。後太武以其無知、狀類於蟲、故改其號爲蠕蠕」とある。

③**東至瀚海　燕然山**　瀚海は、時代によってことなるが、通常バイカル湖を指す。しかしここでは、張掖水と東西五千餘里の位置関係にあることから、バイカル湖と考えるのにはやや無理がある。瀚海には一般的に砂漠の意味があるから、ここではゴビ砂漠からモンゴル高原一帯を指す地域とみたい。燕然山は、セレンゲ河の南に位置するハンガイ山（佐藤長『中国古代史論考』朋友書店、二〇〇〇年、三四二・三四三頁）。後漢永元元年（八九）、匈奴遠征をおこなった竇憲がこの山に至り、石碑を建てて漢の成徳を記した。『後漢書』竇憲伝第十三に「明年、憲與秉各將四千騎及南匈奴左谷蠡王師子萬騎出朔方雞鹿塞、南單于屯屠河、將萬餘騎出滿夷谷、度遼將軍鄧鴻及緣邊義從羌胡八千騎、與左賢王安國萬騎出稒陽塞、皆會涿邪山。憲分遣副校尉閻盤・司馬耿夔・耿譚、將左谷蠡王師子・右呼衍王須訾等精騎萬餘、與北單于戰於稽落山、大破之。虜衆崩潰、單于遁走、追擊諸部、遂臨私渠比鞮海。斬名王已下萬三千級、獲生口馬牛羊橐駝百餘萬頭。於是温犢須・日逐・温吾・夫渠王柳鞮等八十一部率衆降者、前後二十餘萬人。憲・秉遂登燕然山、去塞三千餘里、刻石勒功、紀漢威德」とある。

④**其後至已上**　この軍事行動は、太平神君九年（四四八）八月から十二月にかけてのものである。『魏書』巻四世祖紀下太平神君九年条に「秋八月、詔中外諸軍戒嚴。九月乙酉、治兵于西郊。丙戌、上幸陰山。是月、成周公萬度歸千里驛上、大破焉耆國、其王鳩尸卑那奔龜茲。……十有二月、詔成周公萬度歸自焉耆西討龜茲」とある。なお『北史』巻九七西域伝・焉耆国・亀慈国条にも詳しい記事がある。

⑤**委政於恭宗**　恭宗は太武帝の長子、景穆帝拓跋晃（四二八～四五一）。太平神君五年（四四四）、太子監国として本格的に国政を統括したが、正平元年（四五一）六月、二四歳で死去。廟号の恭宗・諡号の景穆帝は、文成帝による追贈である。『魏書』巻四世祖紀下太平神君五年条に「五年春正月壬寅、皇太子始總百揆。侍中中書監宜都王穆壽、司徒東郡公崔浩、侍中廣平公張黎、侍中建興公古弼、輔太子以決庶政。諸上書者皆稱臣、上疏儀與表同」とあり、同本紀末に「正平元年六月戊辰、薨於東宮、時年二十四。……高宗即位、追尊爲景穆皇帝、廟號恭宗」とある。

⑥**眞君至帝紀**　この農業政策は、『魏書』巻四下世祖紀に「初、恭宗監國、曾令曰、周書言、任農以耕事、貢九穀。任圃以樹事、貢草木。任工以餘材、貢器物。任商以市事、貢貨賄、任牧以畜事、貢鳥獸。任嬪以女事、貢布帛。任衡以山事、貢其材。任虞以澤事、貢其物。其制有司、課畿内之民、使無牛家、以人牛力相貿、墾殖鋤耨。其有牛家與無牛家、一人〔一牛〕種田二十二〔二十〕畝、償以私〔耘〕鋤功七畝、如是爲差、至與小・老無牛家種田七畝、小・老者償以鋤功二畝。皆以五口下貧家爲率。各列家別口數、所勸種頃畝、明立簿目。所種者於地首標題姓名、以辨播殖之功。又禁飲酒・雜戲・棄本沽販者。墾田大爲增闢」とある。『冊府元亀』巻四九五田制では、文中「一人」を「一牛」に「二十二畝」を「二十畝」に「私」を「耘」に作る。「二十二畝」は断定しがたいが、「一牛」「耘」は、『冊府元亀』のほうが良い。この政策は、有牛の富豪層と無牛の貧家層との間の牛力と人力との交換を指揮するものであり、畿内地域に限定された特別立法である。これ以後北朝期にはたびたびこのような政策が実施されている（拙著『中国古代社会論』第四章「二世紀から七世紀に至る大土地所有と経営」一七七・一九三・一九四頁、及び一九八頁注二七参照）。

〔通釈〕

神䴥二年（四二九）、世祖太武帝は、自ら六軍（禁軍）を率いて大砂漠地帯を攻略した。帝は諸将に命令して蠕蠕を徹底的に追いつめさせ、東は瀚海、西は張掖水（甘粛省張掖県西北）、北は燕然山にまたがる地域にまで至り、大いに撃破し、その部族民や馬・牛その他の家畜、その地方の産物など、あまたの物を戦利品とした。その後もう一度、成周公万度帰を派遣し、西方の焉耆国（新疆ウイグル自治区焉耆県）を攻めさせた。その国王鳩尸卑那は、ただ一騎で亀茲国（新疆ウイグル自治区庫車県）へ逃れたので、焉耆の官吏と人民は銭や家財を担い、国を挙げて一時に降伏した。万度帰軍は、莫大な量の珍奇な宝物を手に入れ、ラクダ・馬その他の家畜は数え切れぬほどであった。万度帰は、かくて亀茲に攻め入り、またもや億万以上もの異邦の珍貴な宝物を手に入れた。

当時、辺境の地域はまだ平定されておらず、しばしば太武帝自ら軍隊を率いて遠征したので、政治は皇太子の恭宗に委ねられた。太平真君年間（四四〇～四五〇）、恭宗は命令を下し、農業経営にかかわる教書を編纂させた。この事は『魏書』世祖本紀（巻四下）に記されている。この後数年の間に、国家財政は充実することとなった。

四　高宗文成帝の時代

高宗時、牧守之官、頗爲貨利。太安初、遣使者二十餘輩、循行天下、觀風俗、視民所疾苦。詔使者、察諸州郡墾殖田畝、飲食衣服、閭里虚實、盜賊劫掠、貧富強劣而罰之。自此牧守、頗改前弊、民以安業。

〔訓読〕

高宗の時[1]、牧守の官[2]、頗る貨利を爲す。太安の初め、使者二十餘輩を遣し、天下を循行し、風俗を観、民の疾苦する所を視せしむ。使者に詔し、諸州郡の墾殖せる田畝、飲食衣服、閭里の虚實、盗賊の劫掠、貧富強劣を察して之を罰せしむ③。此れ自り牧守、頗る前弊を改め、民以て業に安んず。

〔注釈〕

①高宗文成帝　拓跋濬（四四〇～四六五）、太武帝の孫、景穆帝の長子。北魏第四代皇帝（在位四五二～四六五）。『魏書』巻五・『北史』巻二に本紀がある。

②牧守之官　牧は州の長官、守は郡の長官・太守のこと（二六頁注釈③参照）。

③太安至罰之　この時の使者派遣に関する詔勅が残っている。『魏書』巻五高宗紀太安元年六月条に「癸酉、詔曰、夫爲治者、因宜以設官、舉賢以任職、故上下和平、民無怨謗。若官非其人、姦邪在位、則政教陵遲、至於凋薄。思明黜陟、以隆治道。今遣尚書穆伏真等三十人、巡行州郡、觀察風俗。入其境、農不墾殖、田畝多荒、則傜役不時、廢於力也。耆老飯蔬食、少壯無衣褐、則聚斂煩數、匱於財也。閭里空虛、民多流散、則綏導無方、疏於恩也。盜賊公行、劫奪不息、則威禁不設、失於刑也。衆謗並興、大小嗟怨、善人隱伏、佞邪當途、則爲法混淆、昏於政也。諸如此比、黜而戮之。善於政者、褒而賞之。其有阿枉不能自申、聽詣使告狀、使者檢治。若信清能、衆所稱美、誣告以求直、反其罪。使者受財、斷察不平、聽詣公車上訴。其不孝父母、不順尊長、爲吏姦暴、及爲盜賊、各具以名上。其容隱者、以所匿之罪罪之」とある。ここでは使者の数が三〇名になっている。

〔通釈〕

高宗文成帝（在位四五二～四六五）の時代、州郡の長官たちは、かなり利殖をおこなっていた。太安元年（四五五）、二十余名の使者を派遣し、全国土をめぐって風俗を調査し、民衆が苦しんでいる様子を視察させた。使者に詔を下して、諸州郡で開墾した耕地や耕作中の田畑の状況、食生活・服飾の実態、村落の実情、盗賊の掠奪の実態、民間の貧富・強弱の様子を調査し、（州郡の長官を実情に応じて）処罰した。それ以来、州郡の長官たちが以前の悪弊をかなり改めたので、民衆は安心して生業につくようになった。

自太祖定中原、世祖平方難、收獲珍寶、府藏盈積。和平二年秋、詔中尚方、作黄金合盤十二具。徑二尺二寸、鏤以白銀、鈿以玫瑰。其銘曰、九州致貢、殊域來賓。乃作茲器、錯用具珍。鍛①以紫金、鏤以白銀。範圍擬載、吐燿含眞。纖文麗質、若化若神。皇王御之、百福惟新。其年冬、詔出内庫綾綿布帛二十萬匹、令内外百官、分曹賭射。四年春、詔賜京師之民年七十已上太官厨食、以終其身。

〔校勘〕

①**鍛以紫金**　百衲本・中華書局標点本ともに「鍜以紫金」に作る。鍜は、『説文解字』十四篇上に「鍜、錏鍜也」、「錏、錏鍜、頸鎧也」とあって、兜の意であり、意味が通らない。鍜は鍛字に似ており、その形譌であろう。今、鍜字を鍛字に改める。鍛は、鍛錬、金属をきたえること。

〔訓読〕

太祖中原を定め、世祖方難を平げて自り、珍寶を收獲し、府藏盈積す。和平二年秋、中尚方①に詔し、黃金の合盤十二具を作らしむ。徑二尺二寸②、鏤《かざ》るに白銀を以てし、鈿するに玫瑰を以てす③。其の銘に曰く、九州貢を致し④、殊域來たり賓《まつろ》ふ⑤。乃ち茲の器を作り、錯用して珍を具ふ⑥。鍛ふるに紫金を以てし、鏤るに白銀を以てす⑦。範圍して載せんと擬《ほっ》し⑧、燿を吐き眞を含む⑨。纖文麗質⑩、化の若く神の若し⑪。皇王之を御せば、百福惟れ新たなり⑫、と。其の年の冬、詔して內庫⑬の綾綿布帛二十萬匹を出ださしめ、內外百官をして、曹を分かちて賭射せしむ。四年春、詔して京師の民の年七十已上に太官の厨食を賜り、以て其の身を終へしむ⑭。

〔注釈〕

①**中尚方**　少府に所属する宮廷工房の一つで、金属器をはじめ様ざまな器物を製作する。『通典』巻二七職官九諸卿下少府監条に「中尚署、周官爲玉府。秦置尚方令、漢因之。後漢掌上手工作・御刀劍・玩好器物及寶玉作器。……漢末分尚方爲中・左・右三尚方。魏晉因之、自過江、唯置一尚方、哀帝以隸丹陽尹。宋武帝踐祚、以相府作部配臺、謂之左尚方、而本署謂之右尚方、並掌造軍器。又以相府細作配臺、即其名置令一人、隸門下。孝武大明中、改曰御府。後廢帝初、省御府、置中署、隸右尚方。則漢之考工令如宋之尚方令、尚方令如宋中署矣。齊置左右尚方令各一人。梁有中・左・右尚方。北齊亦有三尚方、隸太府。隋煬帝分隸少府。大唐省方字、有中・左・右三尚署、令・丞各一人（原注　中署掌宮內營造雜作、左署掌車輦・繖扇・膠漆・畫鏤等作、右署掌皮毛・膠墨・雜作・席薦等事。開元以後、別置中尚使以監之）」とある。

②**二尺二寸**　北魏の尺度は三種あり、前尺は二七・八六八cm、中尺は二七・九六〇三六cm、後尺は二九・五七六五六cmである（楊寛『中国歴代尺度考』商務印書館、一九三八年）。前尺によれば、二尺二寸は六一・三cmである。

③**鈿以玫瑰**　『漢書』巻五七司馬相如伝上「子虛賦」に「臣聞楚有七澤、嘗見其一、未覩其餘也。臣之所見、蓋特其小小者耳、名曰雲夢。雲夢者、方九百里、……其石則赤玉玫瑰、琳珉昆吾」とあり、その顔師古注に「晉灼曰、玫瑰、火齊珠也。師古曰、火齊珠、今南方之出火珠也。玫音枚。瑰音回、又音瓌」とある。

④**九州致貢**　九州は、『尚書』禹貢篇に基づき、中国に同じ。『漢書』巻二四食貨志上に「禹平洪水、定九州、制土田、各因所生遠近、賦入貢棐、楙遷有無、萬國作乂」とあり、その顔師古注に「九州謂冀・兗・青・徐・揚・荊・豫・梁・雍」とある。中国内部から貢納がおこなわれること。

なおこの銘は、『初学記』巻二七宝器部銀第二条にも二箇所引用され、太武帝和平二年の作とする。和平二年は文成帝期の年号であり、太武帝期とする『初学記』には従えない。

⑤**殊域來賓**　殊域は、中国・九州と区別された夷狄の住む領域。『晋書』巻五九東海王越伝に「越乃羽檄四方曰、皇綱失御、社稷多難、孤以弱才、備當大任。自頃胡寇内逼、偏裨失利、帝郷便爲戎州、冠帯奄成殊域、朝廷上下、以爲憂懼。皆由諸侯蹉跎、遂及此難」とある。来賓は、夷狄が来貢して臣従すること。『新序』雜事篇第二に「昔者、唐虞崇擧九賢、布之於位、而海内大康、要荒來賓、麟鳳在郊」と見える。

⑥**錯用具珍**　『初学記』巻二七は、具字を奇字に作るが、文意通じがたい。錯用は、交えて使用すること。『續漢書』第二四百官志一劉昭注引應劭『漢官儀』に「世祖詔、方今選擧、賢佞朱紫錯用」とあり、また『晋書』巻七五王坦之伝に「意者以為人之體韻猶器之方圓、方圓不可錯用、體韻豈可易處」とある。

⑦**鏤以白銀**　『初学記』巻二七は、白銀を燭銀に作る。燭銀は、精細な光を放つ銀。『穆天子伝』巻一に「天子之珤、玉果・珠・燭銀」とあり、その注に「銀有精光如燭」とある。

⑧**範圍擬載**　範囲は、天地を規範として、その理法に則ること。『周易』繫辞上篇に「範圍天地之化而不過。曲成萬物而不遺」韓康伯注「範圍者、擬範天地、而周備其理也」とある。擬載は、万物を覆載する天地に擬えることか。『禮記』中庸篇に「仲尼祖述堯舜。憲章文武。上律天時。下襲水土。辟如天地之無不持載。無不覆幬。辟如四時之錯行。如日月之代明。萬物並育而不相害。道並行而不相悖。小德川流。大德敦化。此天地之所以爲大也」とある。合盤の形状が天地に範をとって形成されたことをいう。

⑨**吐燿含眞**　内に秘めた真理が輝きとして外に発すること。吐耀は、吐曜・発曜に同じ。『藝文類聚』巻六九服飾部上・帳引梁沈約詠帳詩に「甲帳垂和璧、螭雲張桂宮。隨珠既吐曜、翠被復含風」とあり、また『藝文類聚』巻十三帝王部三・闕名撰晉康帝哀策文に「招拒降靈、篤生我皇。岐嶷妙哲、幼有珪璋。含眞發曜、蘭風載芳」とある。

⑩**纖文麗質**　『文選』巻四左思「蜀都賦」に「亞以少城、接乎其西。市廛所會、萬商之淵。列隧百重、羅肆巨千。賄貨山積、纖麗星繁」とあり、六臣李周翰注に「纖麗、細好之物」とある。文質については、『論語』雍也篇第六に「子曰、質勝文則野、文勝質則史。文質彬彬、然後君子」とある。華やぎと質素とをほどよく兼ね備えた最上の物をいう。

⑪**若化若神**　『孟子』盡心篇上に「孟子曰、……夫君子所過者化、所存者神、上下與天地同流、豈曰小補之哉」とあり、趙岐注に「君子通於聖人。聖人如天、過此世能化之、存在此國、其化如神。故言與天地同流也。天地化物、歳成其功、豈曰使人知其小補益之者哉」とある。聖人君子の通過し居住するところの民衆がその徳化を受けること天地の造化のごとく神妙なるを言う。

⑫**百福惟新**　惟新は維新に同じ。『詩経』大雅「假樂」に「干祿百福、子孫千億、穆穆皇皇、宜君宜王、不愆不忘、率由舊章」とあり、また同大雅「文王」に「文王在上、於昭于天、周雖舊邦、其命維新」とある。新たに数多の幸いを授けられること。

⑬**内庫**　食貨志下文の孝文帝大和十一年（四八七）条にも「時承平日久、府藏盈積、詔盡出御府衣服珍寶、太官雜器、太僕乘具、内庫

弓矢刀鉾十分之八、外府衣物繒布絲纊諸所供國用者、以其太半班賚百司、下至工商皂隷、逮于六鎭邊戍、畿内鰥寡孤獨貧癃者、皆有差」とあり、内庫が御府・外府と並列される国庫であることが分かる。大和年間の内庫には武器の収蔵が中心であるが、ここでは反物の収蔵が主になっている。

⑭**四年至其身**　『魏書』巻五高宗紀和平四年条に「春三月乙未、賜京師民年七十以上太官厨食、以終其年」とあり、三月に実施されたことが分かる。太官は、宮廷の食官。『通典』巻二五職官七諸卿上に「太官署令・丞。於周官爲膳夫・庖人・外饔中士・下士、蓋其任也。秦爲太官令・丞、屬少府。兩漢因之。桓帝延熹元年、使太官令得補二千石。魏亦屬少府。晉屬光祿勳。宋・齊屬侍中。梁門下省領太官、陳因之。後魏分太官爲尚食・中尚食、知御膳、隷門下省。而太官掌百官之饌、屬光祿卿。北齊因之。後周有典庖中士・内膳中士。隋如北齊。大唐因之、各一人」とある。

〔通釈〕
太祖道武帝が中原を平定し、世祖太武帝が四方の戦乱を鎮定して以来、珍奇な宝物を手に入れ、国庫は充実した。和平二年（四六一）秋、中尚方に詔を下して、黄金製の合盤（蓋付の大鉢）十二組を作らせた。その鉢は一つ一つの直径が二尺二寸（約六十㎝）あり、白銀を装飾に用い、玫瑰の美石をちりばめた。その銘文には、「中国各地から貢物が納められ、異民族は中国の徳を慕ってはるばるやって来た。そこでこの器を作り、組み合わせて使用し、すぐれた美を具備する。地金には紫金を用いて精錬し、装飾には白銀を用い、天地に範をとってその理法を表し、外には光沢を発し、内には真理を秘めている。華やぎと質実とを兼ね備えた至高の器は、造化のごとく、神妙のごとく調和している。帝王がこれを使えば、新たに数多の幸いを授けられよう」と記されていた。その年の冬、文成帝は詔を下して内庫の綾絹・綿（わたぎぬ）・布（麻地）・帛（絹地）合計二十万匹を出し、中央・地方の官吏らをそれぞれ組に分け、賭け弓を射させてその賞品とした。和平四年（四六三）春、詔書を下し、都に住む七十歳以上の庶民に太官の食事を分け与えて余生を送らせた。

〔補考〕六朝期の内庫について
本節に現れるような内庫の存在は南朝にも認められる。劉宋・南斉期の斎庫がそれである。劉宋孝武帝期の状況については、『南史』巻三四沈懐文伝が「齋庫上絹年調鉅萬疋、綿亦稱此、期限嚴峻。人間買絹一疋至三二千、綿一兩三四百、貧者賣妻子、甚者或自縊死。懷文具陳人困、由是綿絹薄有所減、俄復舊」と伝え、また『南史』巻五齊本紀下廢帝鬱林王紀は、「帝既失道、朝事大小、皆決之西昌侯鸞。鸞有諫、多不見從。極意賞賜左右、動至百數十萬。毎見錢曰、我昔思汝一箇不得、今日得用汝未。武帝聚錢上庫五億萬、齋庫亦出三億萬、金銀布帛不可稱計」と伝える。
上庫は、『通典』巻十二食貨・軽重に「齊武帝永明中、天下米穀布帛賤、上欲立常平倉、市積爲儲。六年、詔出上庫錢五千萬、於京師市米、買絲綿紋絹布。揚州出錢千九百一十萬、南徐州二百萬、各於郡所市糴。南荊河（豫）州二百萬、市絲綿紋絹布米大麥。江州五百萬、市米胡麻。荊州五百萬、郢州三百萬、皆市絹・綿・布・米・大小豆・大麥・胡麻。湘州二百萬、市米・布・蠟。司州二百五十萬、西荊河（豫）州二百五十萬、南兗州二百五十萬、雍州五百萬、市絹

綿布米。使臺傳並於所在市易」とあり、国家財政のうちの一般財政を掌る国庫である。齋は、太極殿の後方にある内殿で、皇帝の私的な居住区である。特別な名称はつけられず、劉宋期には合殿・西殿などと呼ばれたことがある。齋庫は、したがって皇帝の直接支配下に置かれた国庫であり、一般財庫である上庫とは区別される。北魏の内庫は、南朝の齋庫に相当するものであり、唐代中期以降に顕在化する内蔵庫の先駆形態をなすものである。

なお、北魏にも齋庫が設置された。『魏書』巻十三皇后列伝文成元皇后李氏伝に「高宗登白樓望見、美之、謂左右曰、此婦人佳乎。左右咸曰、然。乃下臺、后得幸於齋庫中、遂有娠。常太后後問后、后云、爲帝所幸、仍有娠。時守庫者亦私書壁記之、別加驗問、皆相符同。及生顯祖、拜貴人」とある。この齋庫と内庫とがどのような関係にあるのか確実なことは言えないが、おそらくは同一のものであろう。南朝の上庫・齋庫については、川合安「南朝財政機構の発展について」(『文化』第四九巻三・四号、一九八六年)参照。

五　顕祖献文帝の時代

顯祖即位、親行儉素、率先公卿、思所以賑益黎庶。①至天安皇興間、歳頻大旱、絹匹千錢。②劉彧③淮北青冀徐兗司五州告亂請降、命將率衆以援之。既臨其境、青冀懷貳、進軍圍之、數年乃拔。山東之民、咸勤於征戍轉運、帝深以爲念、遂因民貧富、爲祖輸三等九品之制。千里内納粟、千里外納米、上三品戸入京師、中三品入他州要倉、下三品入本州。

〔校勘〕

①**思所以賑益黎庶至天安皇興間**　庶至二字、百衲本は空格。中華所局標点本により補う。

②**絹匹千銭**　千銭二字、もと遷言に作り、意味を成さない。中華所局標点本にしたがって改める。

③**劉彧**　彧字、百衲本もと或に作る。中華所局標点本にしたがって改める。

〔訓読〕

顯祖即位するや①、親ら儉素を行なひ、公卿に率先し、黎庶を賑益する所以を思ふ。天安・皇興の間に至り、歳ごとに頻りに大旱し②、絹は匹ごとに千錢たり。劉彧③が淮北の青・冀・徐・兗・司五州、亂を告げて降らんことを請ふや④、將に命じ衆を率ゐて以て之を援けしむ。既にして其の境に臨むに、青冀貳を懷く。軍を進めて之を圍み、數年にして乃ち拔く。山東の民、咸な征戍・轉運に勤めたれば、帝深く以て念《おもひ》を爲し、遂に民の貧富に因り、租輸三等九品の制を爲る⑤。千里の内は粟を納め、千里の外は米を納めしめ⑥、上三品の戸は京師に入れ、中三品は他州の要倉に入れ、下三品は本州に入れしむ。

〔注釈〕

①**顕祖献文帝**　拓跋弘（四五四～四七六）、文成帝の長子。北魏第五代皇帝（在位四六五～四七一）。『魏書』巻六・『北史』巻二に本紀がある。

②**天安皇興間歳頻大旱**　『魏書』巻六顕祖紀天安元年（四六六）条に「是年、州鎮十一旱、民饑、開倉賑恤」、同皇興二年（四六八）条に「十有一月、以州鎮二十七水旱、開倉賑恤」、同皇興四年（四七〇）条に「春正月、詔州鎮十一民飢、開倉賑恤」とある。

③**劉彧**　劉彧は、南朝宋の文帝の第十一子、第六代皇帝・明帝（四三九～四七二、在位四六五～四七二）。『宋書』巻八・『南史』巻三に本紀がある。

④**淮北青冀徐兗司五州告亂請降**　淮北五州の内属は、天安元年（四六六）九月から、翌皇興元年（四六七）にかけて、断続的におこなわれた。『魏書』巻六顕祖紀天安元年条に「九月、劉彧司州刺史常珍奇以懸瓠内屬。……劉彧徐州刺史薛安都以彭城内屬。彧將張永、沈攸之撃安都。詔北部尚書尉元爲鎮南大將軍・都督諸軍事・鎮東將軍、城陽公孔伯恭爲副、出東道救彭城。殿中尚書・鎮西大將軍・西河公元石都督荊・豫・南雍州諸軍事、給事中・京兆侯張窮奇爲副、出西道救懸瓠。……十有一月壬子、劉彧兗州刺史畢衆敬遣使内屬」とあり、同皇興元年条に「閏月、以頓丘王李峻爲太宰。劉彧青州刺史沈文秀、冀州刺史崔道固並遣使請擧州内屬、詔平東將軍長孫陵、平南將軍・廣陵公侯窮奇赴援之。二月、詔使持節・都督諸軍事・征南大將軍慕容白曜督騎五萬次於碻磝、爲東道後援」とある。淮北が最終的に北魏の領有に帰したのは、皇興三年正月である。

⑤**租輸三等九品之制**　百姓の資産を等級づけることは、北魏ではすでに太武帝の延和三年（四三四）の上中下三等級化に見える。『魏書』巻四世祖紀上延和三年二月条に「戊寅、詔曰、……今四方順軌、兵革漸寧、宜寛傜賦、與民休息。其令州郡縣、隱括貧富、以爲三級。其富者租賦如常、中者復二年、下窮者復三年。刺史守宰、當務盡平當、不得阿容以罔政治。明相宣約、咸使聞知」とある。この三等級は、すでに九等級を含んでいたらしく、翌年の『魏書』巻四世祖紀上太延元年（四三五）条には、「十有二月甲申、詔曰、……若有發調、縣宰集郷邑三老、計貲定課、裒多益寡、九品混通、不得縱富督貧、避強侵弱。太守覆檢能否、覈其殿最、列言屬州。刺史明考優劣、抑退姦吏、升進貞良、歳盡擧課上臺」とある。百姓の資産を等級化することは、すでに漢代からおこなわれているが、九等の等級化は、西晉の戸調制にはじまる。『初学記』巻二七絹条に引く「晉故事」に「凡民丁課田夫五十畝、收租四斛・絹三疋・綿三斤。凡屬諸侯、皆減租穀畝一斗、計所減以增諸侯。絹戸一疋、以其絹爲諸侯秩。又分民租戸二斛、以爲侯奉。其餘租及舊調絹二疋綿三斤、盡爲公賦。九品相通、皆輸入於官。自如舊制」とある。資産の等級が租税輸送のための力役負担の軽重・遠近の階層化に利用されたのは、この時が最初である。

⑥**千里内納粟千里外納米**　この納粟政策は、太倉尚書李訢が范攡・陳端等の献策をうけて推進したもので、実際はかなりの混乱を引き起こしたようである。『魏書』巻四六李訢伝に「未幾而復爲太倉尚書・攝南部事。用范攡・陳端等計、令千里之外、戸別轉運、詣倉輸之。所在委滯、停延歳月、百姓競以貨賂、各求在前、於是

遠近大爲困弊。道路群議曰、畜聚斂之臣、未若盜臣」とある。
なおこの千里は、直接に距離を示すものではなく、王畿すなわち畿内の範囲を示すものである。『周禮』夏官・職方氏に「乃辨九服之邦國。方千里曰王畿。其外方五百里曰侯服。又其外方五百里曰甸服。又其外方五百里曰男服。又其外方五百里曰采服。又其外方五百里曰衛服。又其外方五百里曰蠻服。又其外方五百里曰夷服。又其外方五百里曰鎮服。又其外方五百里曰藩服」とある。ここでは「千里」によって「王畿」すなわち畿内を表現しているのであり、畿内の範囲は、天興元年（三九八）に確定された、東は代郡、西は善無、南は陰館、北は参合にいたる領域である。

また『尚書』禹貢篇に「五百里甸服。百里賦納總。二百里納銍。三百里納秸服。四百里粟。五百里米。五百里侯服。百里采。二百里男邦。三百里諸侯。五百里綏服。三百里揆文教。二百里奮武衛。五百里要服。三百里夷。二百里蔡。五百里荒服。三百里蠻。二百里流」とある。五百里甸服は王城からの一面の距離で、全体では千里となり、職方氏に言う王畿と同じものである。禹貢では甸服五百里内の三百里から四百里にいたるまでの領域が粟を納入し、四百里から五百里までが米を納入する規定となっている。ここでは禹貢を意識しつつも、それを畿内と畿外とに適用したのである。

〔通釈〕

顕祖献文帝（在位四六五～四七一）は即位すると、自ら質素倹約を実行し、公卿たちに率先して、庶民を豊かにする方策を考えた。天安（四六六～四六七）・皇興（四六七～四七一）年間には、毎年しきりに大きな旱魃が襲い、絹は一匹あたり千銭となった。南朝宋の明帝劉彧（在位四六五～四七二）支配下の淮北の青（山東省歴城県）・冀（山東省歴城県）・徐（江蘇省銅山県）・兗（江蘇省沛県北）・司（河南省信陽県南四〇里）の五州が反乱を通報し、北魏に降ることを願ってきたので、献文帝は軍将たちに命じ、兵を率いて五州を助けさせた。その国境まで行ったところ、青・冀二州が二心を懐いていたため、進軍してこれを囲み、数年で攻め落とした。山東の民衆が、皆な辺境の守備や軍糧運送に勤めたので、皇帝はそのことに深く思いをいたし、貧富の等級によって人民に租税を輸送させる三等・九品の制度を定めた。その内容は、畿内では籾付きの穀物を納めさせ、畿内以外の外州では脱穀した穀物を納めさせ、上等三品の戸は首都の倉庫に、中等三品の戸は自分の住む州以外の州の重要な倉庫に、下等三品の戸は自分の住む州の倉庫に納めさせる、というものであった。

先是太安中、高宗以常賦之外、雜調十五、頗爲煩重、將與除之。尚書毛法仁曰、此是軍國資用、今頓罷之、臣愚以爲不可。帝曰、使地利無窮、民力不竭、百姓有餘、吾孰與不足。遂免之。未幾、復調如前。至是乃終罷焉。於是賦斂稍輕、民復贍矣。

〔訓読〕

是れより先、太安中、高宗、常賦の外、雜調もて十の五とするも①、頗る煩重と爲れるを以て、將に與《ゆる》して之を除かんとす。尚書毛法仁曰く②、此れは是れ軍國の資用なれば、今、頓《とみ》に之を罷むるは、臣愚以爲らく、可《よろ》しからず、と。帝曰く、地利をして窮ること無からしめ、民力をして竭《つ》きざらしめ、百姓をして餘り有らしめむれば、吾れ孰《たれ》と與にか足らざらん③、と。遂に之を免ず。未だ幾《いくばく》ならずして、復た調すること前の如し。是に至りて乃ち終に焉《これ》を罷む④。是に於て賦斂稍《やうや》く輕く、民復た贍《た》れり。

〔注釈〕

①常賦之外雜調十五　雜調は、常賦（常調・正調）の外に様ざまな形態で賦課される租税。この時期の租税については、常賦・雜調とも具体的なことは分からない。ここでは、高宗文成帝期にはいって雜調負担の軽減が課題となり、献文帝期に一旦雜調が廃止された経緯を述べている。まず、文成帝即位早早に雜調を常調の五割と規定した。『魏書』巻五高宗紀興安二年（四五三）正月条に「癸未、詔與民雜調十五」とある。この措置をまだ重いとして、さらに軽減したのがこの文章であり、それは太安四年（四五八）のことである。『魏書』巻五高宗紀太安四年条に「夏五月壬戌、詔曰、朕即阼至今、屢下寛大之旨、蠲除煩苛、去諸不急、欲令物獲其所、人安其業。而牧守百里、不能宣揚恩意、求欲無厭、斷截官物以入於己、使課調懸少。而深文極墨、委罪於民。苟求免咎、曾不改懼。國家之制、賦役乃輕、比年已來、雜調減省、而所在州郡、咸有逋懸、非在職之官綏導失所、貪穢過度、誰使之致。自今常調不充、民不安業、宰民之徒、加以死罪。申告天下、稱朕意焉」とある。

②尚書至免之　太安四年（四五八）の雜調免除の経緯については、別に『魏書』巻十五昭成子孫伝常山王素伝に「高宗即位、務崇寛征、罷諸雜調。有司奏國用不足、固請復之、惟素曰、臣聞百姓不足、君孰與足。帝善而從之」とある。これによれば文成帝は、尚書毛法仁等有司の反対意見を押し切り、常山王拓跋素の議によって雜調免除に踏み切ったことが分かる。

③百姓有餘吾孰與不足　『論語』顔淵篇第十二に「哀公問於有若曰、年饑、用不足、如之何。有若對曰、盍徹乎。曰、二、吾猶不足、如之何其徹也。對曰、百姓足、君孰與不足。百姓不足、君孰與足」とあるのを踏まえる。

④至是乃終罷焉　雜調の最終的な廃止は、献文帝即位当初の和平六年（四六五）五月のことである。『魏書』巻六顯祖紀に「和平六年夏五月甲辰、即皇帝位、大赦天下。……乙丑、詔曰、夫賦斂煩則民財匱、課調輕則用不足、是以十一而税、頌聲作矣。先朝權其輕重、以惠百姓。朕承洪業、上惟祖宗之休命、夙興待旦、惟民之恤、欲令天下同於逸豫。而徭賦不息、將何以塞煩去苛、拯濟黎元者哉。今兵革不起、畜積有餘、諸有雜調、一以與民」とある。雜調は、ここで一旦廃止されたが、つぎの孝文帝期には再び復活する。

〔通釈〕

そのかみの太安年間（四五五～四五九）のこと、通常の正調以外に、様ざまな名目で徴収される雜調を正調の五割と規定したが、まだかなり煩雑で重い負担となっていたため、高宗文成帝（在位四五二～四六五）は、雜調の免除を許そうとした。尚書の毛法仁が「これは軍事財政の為のものであり、今にわかに免除するのは、それがし良くないと思います」と意見を述べた。文成帝は「土地から産まれる利益が窮ることなく、人民の力も尽きることなく、百姓に余裕があるのならば、私には不足ということはない」と言い、雑調を免除した。間もなく雑調は、また以前のように徴収されるようになっていたが、この顕祖献文帝の時に至って最終的に廃止されたのである。こうして租税の徴収が少しずつ軽くなり、民衆はまた豊かになっていった。

六　高祖孝文帝の時代

舊制、民間所織絹布、皆幅廣二尺二寸、長四十尺爲一匹、六十尺爲一端、令任服用。後乃漸至濫惡、不依尺度。高祖延興三年秋七月、更立嚴制、令一準前式、違者罪各有差、有司不檢察、與同罪。

〔訓読〕

舊制、民間織る所の絹布①、皆な幅の廣さ二尺二寸、長さ四十尺を一匹と爲し、六十尺を一端と爲し、服用に任《もち》ひしむ。後《のち》乃ち漸く濫惡なるに至り、尺度に依らず。高祖②の延興三年秋七月、更に嚴制を立て、一に前式に準《したが》はしめ、違へる者は罪各おの差有り、有司の檢察せざるものは、與《とも》に罪を同じくせしむ。

〔注釈〕

①舊制民間所織絹布　『初學記』巻二七絹条に「晉令。其趙郡・中山・常山國、輸縑當絹者、及餘處常輸疎布當綿絹者、縑一匹當絹六丈、疎布一疋當絹一匹。絹一疋當綿二斤。舊制、人間所織絹布等、皆幅廣二尺二寸、長四十尺爲一端。今任服、後乃漸至濫悪、不依尺度」とあり、晋代の記録として引用している。ただ文中の旧制以下については、誤脱があり、『魏書』本志によって校訂する必要がある。文中「今任服」の今字は明らかに令字の誤りであり、また服字の下に用字を欠いている。また「長四十尺爲一端」は、「長四十尺爲一匹、六十尺爲一端」であり、明らかに「一匹、六十尺爲」六字を欠いている。この『初学記』の「舊制」の文章は、晋令の逸文ではないが、西晋以来の制度を述べたものと考えてよい。

②高祖孝文帝　拓跋宏（四六七～四九九）、獻文帝の長子。北魏第六代皇帝（在位四七一～四九九）。『魏書』巻七・『北史』巻三に本紀がある。

〔通釈〕

旧制では、民間で織る絹・麻布は、皆な幅二尺二寸、長さ四十尺を絹一匹、長さ六十尺を麻布一端と規定し、服装に用いさせた。後には次第にでたらめになってしまい、規定の尺度に依らなくなった。高祖孝文帝（在位四七一～四九九）は、延興三年（四七三）秋七月、改めて厳しい法制をつくり、ひとえに以前の規定を遵守させ、違反した者にはそれぞれ罪の等級を設け、取り締まりを行なわない担当官は、違反者と同罪とした。

〔補考〕布帛の公定尺度について

漢代では、布帛はすべて幅二尺二寸、長さ四丈（四〇尺）を一匹とした（王国維『釈幣』下、『海寧王静安先生遺書』所収）。本節に引く西晋以来の旧制では、麻布が六丈一端に改められた以外は、漢制を引き継いでいることが分かる。

また『魏書』巻七高祖紀下太和十九年六月条に「戊午、詔改長尺大斗、依周禮制度、班之天下」とあり、漢代以後自然発生的に長大化してきた大尺大斗制から『周礼』の小尺小斗制への転換を図っている。

ただこれらの措置にもかかわらず、北魏末にいたるまでに度量衡の長大化は再度進行していく（九一頁〔補考〕「北魏後期における尺度の長大化について」参照）。北魏の戸調制収取は、絹・麻布を基本としたため、地方における収取時に尺度を長大化して計量したためである（王国維『釈幣』下）。

『隋書』巻十六律暦志上は、北魏時代に前尺（実測二七・八七cm）、中尺（二七・九六cm）、後尺（二九・五八cm）の三尺が公定尺度として用いられたことを記している。これに対し、租税収取にかかわらない楽器や薬剤の製造には、古来の度量衡が保持される傾向が強く、隋唐期にいたって大尺大斗制・小尺小斗制の両制が用いられるようになる。

（二）俸禄制の施行と戸調規定

太和八年、始準古班百官之禄以品第各有差。先是、天下戸以九品混通、戸調帛二匹絮二斤絲一斤粟二十石。又入帛一匹二丈、委之州庫、以供調外之費。至是、戸増帛三匹、粟二石九斗、以爲官司之禄。後増調外帛滿二匹。

〔訓読〕

太和八年、始めて古へに準《したが》ひ、百官の禄を班かつ①に品第を以てすること各おの差有り。是れより先、天下の戸、九品を以て混通し②、戸ごとに帛二匹・絮二斤・絲一斤・粟二十石を調す。又た帛一匹二丈を入れ、之を州庫に委《たくは》へ、以て調外の費に供《そな》ふ。是に至りて、戸ごとに帛三匹・粟二石九斗を増し、以て官司の禄と爲す。後に調外の帛を増して二匹に滿たす③。

〔注釈〕

①**太和八年始準古班百官之禄**　俸禄制施行の詔勅は、太和八年の六月丁卯（二六日）・九月戊戌（二八日）の前後二度にわたって発布された。『魏書』巻七高祖紀上太和八年条に「六月丁卯、詔曰、置官班祿、行之尚矣。周禮有食祿之典、二漢著受俸之秩。逮于魏晉、莫不聿稽往憲、以經綸治道。自中原喪亂、茲制中絶、先朝因循、未遑釐改。朕永鑒四方、求民之瘼、夙興昧旦、至於憂勤。故憲章舊典、始班俸祿。罷諸商人、以簡民事。戸增調三匹、穀二斛九斗、

以爲官司之祿。均預調爲二匹之賦、即兼商用。雖有一時之煩、終克永逸之益。祿行之後、贓滿一匹者死。變法改度、宜爲更始、其大赦天下、與之惟新。……九月……戊戌、詔曰、俸制已立、宜時班行、其以十月爲首、毎季一請。於是内外百官、受祿有差」とある。

②九品混通　『魏書』巻四世祖紀上太延元年（四三五）十二月甲申詔に「若有發調、縣宰集鄕邑三老、計貲定課、裒多益寡、九品混通、不得縱富督貧、避強侵弱」とあるように、北魏前期の戸調制は、県令が農村の郷吏・父老とともに、農戸の資産を査定して九等（九品）に等級づけ、それに照応して賦課額を決めるものであり、貲賦とも呼ばれた（『魏書』巻四世祖紀下太平神君四年六月庚寅詔「今復民貲賦三年」）。太和十年（四八六）の三長制は、これを均等賦課に改訂するものであり、三長制の可否を議定する官僚会議では、著作郎傅思益が「民俗既異、險易不同、九品差調、爲日已久、一旦改法、恐成擾亂」（『魏書』巻五三李沖伝）と反対している。太延元年十二月甲申詔で「九品混通」と述べるのは、県令が、この「九品差調」をないがしろにして、富豪に緩く貧家に厳しく取りたてたことを摘発するものである。これとは異なり、本文に述べるところは、「九品差調」を平均化することである。

③戸調至二匹　この記述により、北魏前期の戸調制収取財物の分配過程が分かる。すなわち、「九品差調」によって農戸から収取した財物は、州段階で一括貯備されたのち、中央経費化する「戸調」部分と州庫に貯備して地方経費化する部分とに分割されたのである。俸禄制施行は、その財源を確保するために、さらなる増税をもたらした。一戸あたり平均して、帛七匹・絮二斤・絲一斤・穀物二一石九斗となる。

〔通釈〕

太和八年（四八四）、初めて古制に従って官僚に俸禄を支給し、品階によってそれぞれ等級を設けた。これより先、天下の民戸は、九等の戸等区分を平均化すると、一戸あたり帛（絹地）二匹、絮（マワタ）二斤、絲（絹糸）一斤、モミ付きの穀物二十石を中央貢納分として納入し、別に帛一匹二丈を納めて州庫に貯え、調外（地方経費）とした。この時になって、一戸ごとに帛三匹、モミ付きの穀物二石九斗を増やし、それを官吏の俸禄とした。後に調外の帛を二匹にまで増やした。

〔補考〕北魏の俸禄制施行について

本節注釈①に引用した太和八年六月詔には、「始班俸祿。罷諸商人、以簡民事」、「均預調爲二匹之賦、即兼商用」とあり、俸禄支給以前は、官司にかかわりのある商人の営利活動によってえられた収益を官司の経費や官僚の生計費としたようである。とすれば、のちの隋唐期におこなわれた公廨銭や食利本銭の運用による官司経費の捻出が、すでに始まっていたことを意味する。俸禄制施行の歴史的意義については、なお古賀登「北魏の俸禄制施行について」（『東洋史研究』第二四巻第二号、一九六五年）、松永雅生「北魏の官吏俸禄制実施と均田制」（『九州学園福岡女子短期大学研究紀要』第二号、第三号、一九六九年、一九七〇年）参照。

太和の俸禄制が準拠とした古制は、六月詔によれば『周禮』と漢代の俸秩制である。『周禮』天官・大宰に「以八則治都鄙。一曰祭祀、以馭其神、二曰灋則、以馭其官、三曰廢置、以馭其吏、四曰祿位、以馭其士」とあり、鄭玄注に「祿、若今月奉也。位、爵次也」とある。体系的な俸禄制度は、『周禮』には見えず、かえって『禮記』王制篇に見える。漢代の俸秩制度は、『續漢書』志第二八百官志五「百官受奉例」に見える。両者長文なので引用は省略する。漢代の俸秩制は、鄭玄が明言するように月俸制であるが、北魏は三箇月ごとの季禄制である。

この俸禄制には反対論者が多かったらしく、淮南王他から俸禄制度停止の提案が出され、官僚会議の結果、施行継続が確認されている。文章は長いが、俸禄制施行の観念的基礎を具体的に知り得るので、全文を引用する。『魏書』巻五四高閭伝に「遷尚書・中書監。淮南王他奏求依舊斷祿、文明太后令召群臣議之。閭表曰、天生烝民、樹之以君、明君不能獨理、必須臣以作輔。君使臣以禮、臣事君以忠。故車服有等差、爵命有分秩、德高者則位尊、任廣者則祿重。下者祿足以代耕、上者俸足以行義。庶民均其賦、以展奉上之心、君王聚其材、以供事業之用。君班其俸、垂惠則厚、臣受其祿、感恩則深。於是貪殘之心止、竭效之誠篤、兆庶無侵削之煩、百辟備禮容之美。斯則經世之明典、爲治之至術。自堯舜以來、逮于三季、雖優劣不同、而斯道弗改。自中原崩否、天下幅裂、海内未一、民戸耗減、國用不充、俸祿遂廢。此則事出臨時之宜、良非長久之道。大魏應期紹祚、照臨萬方、九服既和、八表咸謐。二聖欽明文思、道冠百代、動遵禮式、稽考舊章、準百王不易之勝法、述前聖利世之高軌、置立鄰黨、班宣俸祿、事設令行、於今已久、苛慝不生、上下無怨、姦巧革慮、闚覦絶心、利潤之厚、同於天地。以斯觀之、如何可改。又洪波奔激、則隄防宜厚、姦悖充斥、則禁網須嚴。且飢寒切身、慈母不保其子。家給人足、禮讓可得而生。但廉清之人、不必皆富、豐財之士、未必悉賢。今給其俸、則清者足以息其濫竊、貪者足以感而勸善。若不班祿、則貪者肆其姦情、清者不能自保。難易之驗、灼然可知、如何一朝便欲去俸。淮南之議、不亦謬乎。詔從閭議」とある。

また、この太和八年の俸禄制は、「百官之祿」「官司之禄」とあるように、中央官僚を対象とするものであった。地方官については、『魏書』巻七高祖紀下太和十年条に「十有一月、議定州郡縣官依戸給俸」とある。これは、太和十年二月の三長制施行、およびそれにともなって全国的に展開された戸口調査を基礎とするものである。この地方官の俸禄は、州庫に貯備された「調外之費」から支出されたものと考えられる。本文に「後增調外帛滿二匹」とあって、のちに調外が二匹まで増額されているが、あるいは太和十年の地方官への俸禄支給にともなう措置であったかもしれない。

所調各隨其土所出。其司冀雍華定相泰①洛豫懷兗陝徐青齊濟南豫東兗東徐十九州、貢綿絹及絲。幽平并肆岐涇荊涼梁汾秦安營豳夏光郢東秦、司州万年雁門上谷靈丘廣寧平齊②郡、懷州邵上郡③之長平白水縣、青州北海郡之膠東縣、平昌郡之東武平昌縣、高密郡之昌安高密夷安黔陬縣、泰①州河東之蒲坂汾陰縣、東徐州東莞郡之莒諸東莞縣、雍州馮翊郡之蓮芍縣④、咸陽郡之寧夷縣、北地郡之三原雲陽銅官宜君縣、華州華山郡之夏

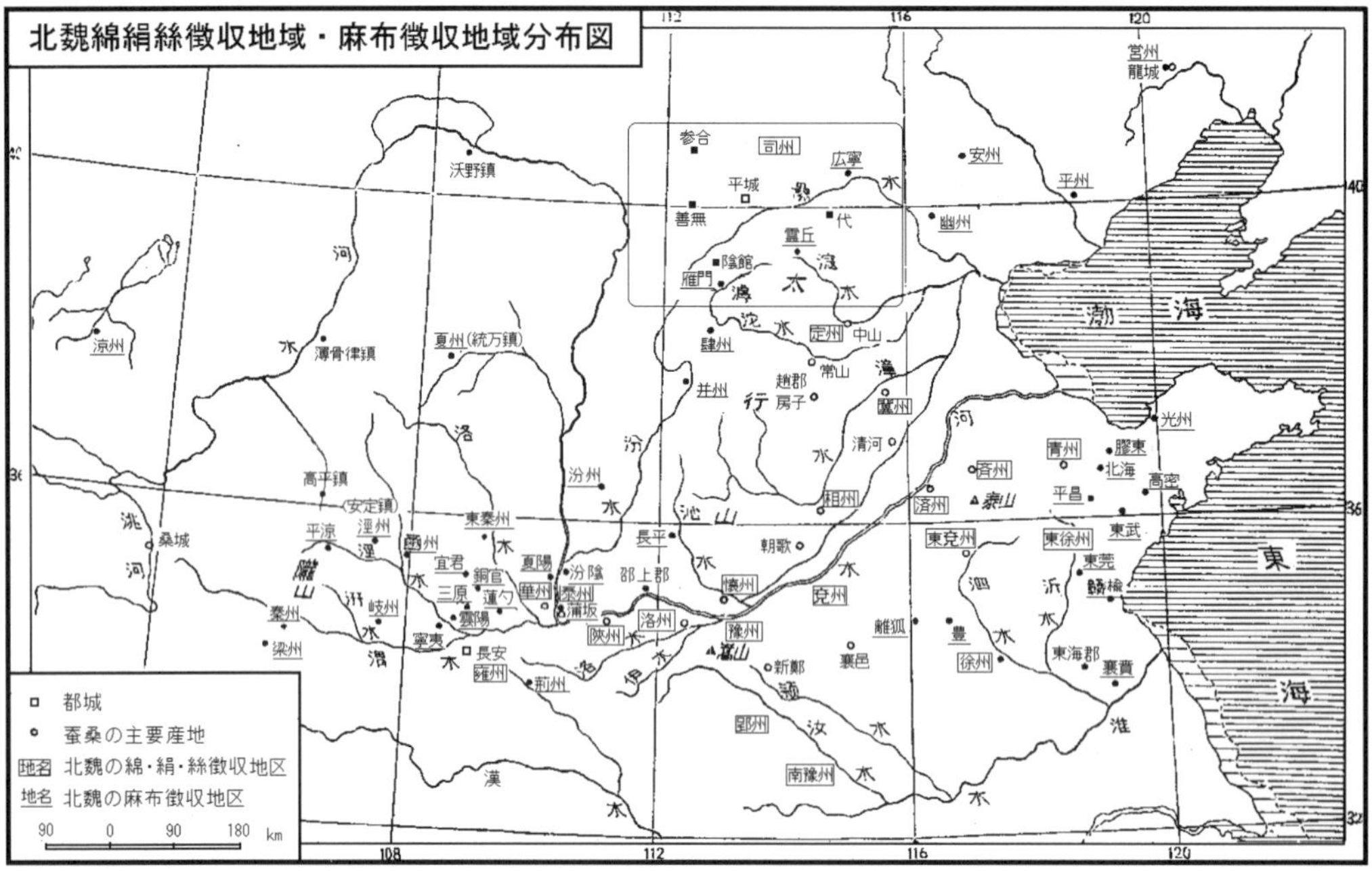

（史念海「魏晋南北朝時期黄河流域蚕桑事業分布図」『河山集』三聯書店、1963年を基に作成）

陽縣、徐州北濟陰郡之離狐豐縣、東海郡之贛楡襄賁縣、皆以麻布充税。⑤

〔校勘〕

①**其司冀雍華定相泰**　**泰州河東之蒲坂汾陰縣**　二つの泰州は、百衲本諸本もと秦州に作る。秦字は泰字の誤写である。中華書局標点本校勘記に「諸本泰作秦。按下出麻布諸州中又見秦州、而此爲出綿絹及絲之十九州之一、知非一州。下文又舉以麻布充税的郡縣有秦州河東之蒲阪・汾陰、與司・懷等州既在出綿絹州之中、而又舉出所屬個別郡縣以麻布充税同例。卷一〇六下地形志下治蒲阪之秦州實爲泰州之訛、已改正（見地形志下校記（三九））。此秦字及下文秦州河東之秦字也都是泰之訛、今同改」とあるのによる。この点については、なお本節注釈①松本善海論文（二六六〜二六八頁）参照。

②**平齊郡**　百衲本諸本もと平涼郡に作る。司州は、洛陽遷都後に恒州となるが、平涼郡を領有してはいない。かえって恒州には平斉郡があり、それは、天安元年（四六六）から皇興三年（四六九）にかけての淮北五州の内属、とりわけ冀州刺史崔道固の降伏にともなう居住民の強制移住によって設置されたものである。『魏書』巻二四崔道固伝に「既而白曜送道固赴都、有司案劾、奏聞。詔恕其死。乃徙青齊士望共道固守城者數百家於桑乾、立平齊郡於平城西北北新城、以道固爲太守、賜爵臨淄子、加寧朔將軍。尋徙治京城西南二百餘里舊陰館之西」とある。淮北五州の内属については、なお三五頁注釈④参照。平涼郡（甘肅省平涼県西南）は、平齊郡の誤りであろう。今、涼字を齊字に改める。

③懐州邵上郡　百衲本諸本もと「懐州邵郡上郡」に作る。中華書局標点本校勘記に「諸本並作懐州邵郡、上郡之長平白水縣。錢氏考異巻三〇云、按地形志（巻一〇六上地形志上東雍州邵郡）、皇興四年置邵上郡、太和中併河内、孝昌中改邵郡。此文當云邵上郡、誤多一郡字。按懐州無上郡、長平・白水也不得屬上郡、邵下衍郡字、錢説是、今刪。冊府巻五〇四、六〇五五頁作懐化郡上郡之長平白水縣、亦誤」とあるのによって、改正する。

④雍州馮翊郡之蓮芍縣　百衲本諸本もと「連芍縣」に作る。中華書局標点本校勘記に「諸本蓮作連、冊府同上巻頁作蓮。按本書巻一〇六下地形志下和漢書巻二八上地理志上以及其他地志都作蓮。當時地名雖多用同音或音近字、但據冊府知原文也作蓮、今據改」とあるのに従う。

⑤徐州北濟陰郡　百衲本諸本もと「徐州北濟郡」に作り、陰字を欠く。中華書局標点本校勘記に「諸本無陰字、冊府同上巻頁作濟北郡。錢氏考異巻三〇云、當作北濟陰郡、志脱陰字。按巻一〇六中地形志中徐州北濟陰郡屬縣有豐・離狐、錢説是、今補陰字。濟北郡屬濟州、且無此二縣、冊府亦誤」とあるのにより、陰字を補う。

〔訓読〕

調する所①は各おの其の土の出だす所に随ふ②。其れ司・冀・雍・華・定・相・泰・洛・豫・懐・兗・陜・徐・青・齊・濟・南豫・東兗・東徐の十九州は、綿絹及び絲を貢げ。幽・平・并・肆・岐・涇・荊・涼・梁・汾・秦・安・營・豳・夏・光・郢・東秦、司州の万年③、雁門・上谷・靈丘・廣寧・平齊郡、懐州邵上郡の長平・白水縣、青州北海郡の膠東縣、平昌郡の東武・平昌縣、高密郡の昌安・高密・夷安・黔陬縣、泰州河東の蒲坂・汾陰縣、東徐州東莞郡の莒・諸・東莞縣、雍州馮翊郡の蓮芍縣、咸陽郡の寧夷縣、北地郡の三原・雲陽・銅官・宜君縣、華州華山郡の夏陽縣、徐州北濟陰郡の離狐・豐縣、東海郡の贛楡・襄賁縣は、皆な麻布を以て税に充てよ④。

〔注釈〕

①所調至充税　本節の中に見える諸州のうち、華・陜・岐・梁・汾・豳・夏・郢・東秦の九州は、太和十一年に始まる「分置州郡」の結果新設されたものであり、この節全体の規定は、太和八年の俸禄制施行にともなうものではない。松本善海氏は、上記のことを指摘したのち、これを太和十六年令の規定であるとし、下文の三長制施行にともなって記述されている民調規定（五六頁参照）のあとに続けるべきものだと述べている（「北魏における均田・三長両制の制定をめぐる問題」初出一九五六年、『中国村落制度の史的研究』岩波書店、一九七七年）。従うべき意見である。

②各随其土所出　調をその土地に産出する反物によって中央に納入させる方式は、後漢・曹魏の過渡期を経て、正式には晉の戸調式（戸調令）から始まったと考えられる。その断片的史料が残されている。『太平御覧』巻九九五百卉部二麻条に「晉令曰、其上黨及平陽輸上麻二十二斤、下麻三十六斤、當絹一疋。課應田者、枲麻加半畝」とあり、また『初學記』巻二七絹条に「晉令。其趙郡・中

山・常山國、輸縑當絹者、及餘處常輸踈布當綿絹者、縑一匹當絹六丈、踈布一疋當絹一匹。絹一疋當綿二斤」とある。王国維は、踈布以下二句を、『魏書』食貨志によって、「六丈當絹一匹、絹一疋當綿三斤」にすべきだと推定している（『釈幣』下）。

③**司州万年**　『魏書』巻一一三官氏志に「延和元年（四三二）三月、改代尹爲萬年尹、代令爲萬年令、後復」とあり、また『魏書』巻三五崔浩伝に「時方士祁纖奏立四王、以日東西南北爲名、欲以致禎吉、除災異。……先是、纖奏改代爲萬年。浩曰、昔太祖道武皇帝、應天受命、開拓洪業、諸所制置、無不循古、以始封代土、後稱爲魏、故代魏兼用、猶彼殷商。國家積德、著在圖史、當享萬億、不待假名以爲益也。纖之所聞、皆非正義。世祖從之」と見える。万年尹は、代尹（山西省大同県）の改称であり、太和年間までつづいたことが分かる。

④戸調制にかかわる北魏太和年間の州郡とその位置とについては、「北魏太和年間諸州一覧」（二一八頁）および「北魏綿絹絲徴収・麻布徴収地域図」（四二二頁）参照。

〔通釈〕

中央に貢納する調物はその土地の産物とする。司（山西省大同県）・冀（河北省冀県）・雍（陝西省長安県西北）・華（陝西省大茘県）・定（河北省定県）・相（河南省臨漳県西）・泰（山西省永済県北）・洛（河南省洛陽県）・豫（河南省汜水県）・懐（河南省沁陽県）・兗（河南省滑県）・陝（河南省陝県）・徐（江蘇省銅山県）・青（山東省益都県）・齊（山東省歴城県）・濟（山東省茌平県西南）・南豫（河南省汝南県）・東兗（山東省滋陽県西）・東徐（山東省沂水県）の十九州は、綿・絹及び絲を貢納する。幽（北京市大興県西南）・平（河北省盧龍県北）・并（山西省大原県）・肆（山西省忻県西）・岐（陝西省鳳翔県南）・涇（甘粛省鎮原県南）・荊（陝西省商県）・涼（甘粛省秦安県東）・梁（甘粛省西和県北）・汾（山西省隰県東北）・秦（甘粛省天水県西南）・安（北京市密雲県）・營（遼寧省朝陽県）・豳（甘粛省慶陽県南）・夏（陝西省横山県西）・光（山東省掖県）・郢（河南省葉県南）・東秦（陝西省中部県西）の各州と、司州の万年尹（山西省大同県）・雁門郡（山西省代県）・上谷郡（河北省広霊県西）・霊丘郡（山西省霊丘県）・広寧郡（河北省涿鹿県西）・平斉郡（山西省代県西北）、懐州邵上郡（山西省垣曲県）の長平県（山西省高平県）・白水県（山西省古城県）、青州北海郡の膠東県（山東省平度県）、平昌郡の東武県（山東省諸城県）・平昌県（山東省安邱県西北）、高密郡の昌安県（山東省曲阜県東南）・高密県（山東省高密県西南）・夷安県（山東省高密県）・黔陬県（山東省膠県西南）、泰州河東郡の蒲坂県（山西省永済県北）・汾陰県（山西省栄河県北）、東徐州東莞郡の莒県（山東省莒県）・諸県（山東省諸県西南）・東莞県（山東省沂水県西北）、雍州馮翊郡の蓮芍県（陝西省渭南県東北）、咸陽郡の寧夷県（陝西省醴泉県東北）、北地郡の三原県（陝西省三原県東北）・雲陽県（陝西省涇陽県北）・銅官県（陝西省同官県東北）・宜君県（陝西省宜君県西南）、華州華山郡の夏陽県（陝西省韓城県西南）、徐州北済陰郡の離狐県（山東省単県）・豊県（江蘇省豊県）、東海郡の贛楡県（江蘇省東海県北）・襄賁県（江蘇省蓮水県北）は、皆な麻布を税とする。

（一一）均田制について

九年、下詔均給天下民田。

諸男夫十五以上、受露田四十畝。婦人二十畝、奴婢依良。丁牛一頭受田三十畝、限四牛。所授之田率倍之、三易之田再倍之、以供耕作及還受之盈縮。

〔訓読〕

九年、詔を下し、均しく天下の民に田を給ふ①。

諸《およ》そ男夫十五以上②、露田四十畝③を受けよ。婦人は二十畝、奴婢は良に依れ。丁牛は一頭ごとに田三十畝を受け、四牛を限れ。授くる所の田は率ね之を倍にし④、三易の田は再び之を倍にし、以て耕作及び還受の盈縮に供《そな》へよ。

〔注釈〕

①九年下詔均給天下民田　均田制の正式施行については、『魏書』巻七高祖本紀上太和九年条に「冬十月丁未、詔曰、朕承乾在位、十有五年。毎覽先王之典、經綸百氏、儲畜既積、黎元永安。爰曁季葉、斯道陵替、富強者并兼山澤、貧弱者望絶一廛、致令地有遺利、民無餘財、或爭畝畔以亡身、或因飢饉以棄業、而欲天下太平、百姓豐足、安可得哉。今遣使者、循行州郡、與牧守均給天下之田、還受以生死爲斷、勸課農桑、興富民之本」とある。これによれば、均田制施行の詔勅が発布されたのは、冬十月丁未（十三日）であった。

②男夫十五以上　下文の三長制にかかわる民調規定では（五六頁）、「一夫一婦、帛一匹、粟二石。民年十五以上未娶者、四人出一夫一婦之調」となっており、十五歳以上が受田資格・租調負担年齢であることが分かる。

ただこの規定は、本節注①に引く太和九年十月の均田制施行詔中の「今遣使者、循行州郡、與牧守均給天下之田、還受以生死爲斷」と明らかに異なっている。また下文の均田法規第五条には「種者以違令論」とあって、明らかに令文からの引用である。堀敏一氏は、これらのことから食貨志に引用される以下十五条の均田制規定は、太和十六年令の規定を採録したものと考えている（堀敏一『均田制の研究』第三章「北魏における均田制の成立」岩波書店、一九七五年）。従うべき提言である。

③露田四十畝　露田は、樹木を植えない土地である。『通典』巻一食貨田制上に引用するこの均田規定には、杜佑の原注があり、「不栽樹者、謂之露田」とみえる。

露田四十畝の規定は、太和元年に出された勧農詔の規定を継承したものである。『魏書』巻七高祖紀上太和元年（四七七）三月条に「丙午、詔曰、朕政治多闕、災眚屢興。去年牛疫、死傷太半、耕墾之利、當有虧損。今東作既興、人須肄業。其敕在所督課田農、有牛者加勤於常歲、無牛者倍庸於餘年。一夫制治田四十畝、中男二十畝。無令人有餘力、地有遺利」とある。

④所授之田率倍之三易之田再倍之　倍田の規定は『周禮』の一易、再易の地の構想に基づく。易田は、毎年耕作することのできない痩地で、一定期間休耕して地力回復を必要とする耕地である。『周礼』によれば、一年作付けしてつぎの一年間休耕する土地を一易の地、一年作付けして二年休耕する土地を再易の地という。『周礼』

大司徒に「不易之地、家百畝。一易之地、家二百畝。再易之地、家三百畝」とあり、鄭司農注に「不易之地、歳種之。地美、故家百畝。一易之地、休一歳、乃復種。地薄、故家二百畝。再易之地、休二歳、乃復種。故家三百畝」とある。本節に見える「三易之田」は、三年に一度作付けする耕地であり、『周礼』の「再易之地」にあたる。

〔通釈〕

太和九年（四八五）詔を下して、天下の人民に耕地を均等に支給した。（その規定はつぎのとおりである）

⑴　十五歳以上の男子は、露田四十畝を受田する。婦人は二十畝を受田し、奴婢は良民の規定に従う。成牛は一頭ごとに三十畝を受田し、四頭を限度とする。授けた耕地はおおむね倍にし（八十畝）、三易の耕地は、更に倍にした土地（百二十畝）を支給し、休耕地や土地の返還・授受の際に生じる増減に備える。

〔補考〕均田制の提案と施行をめぐって

本節注釈①でも述べたように、均田制施行の詔勅が発布されたのは、冬十月丁未（十三日）であった。しかし提案と施行との間に微妙なずれがある。

均田制の提案者は、李安世である。『魏書』巻五三李安世伝に「時民困飢流散、豪右多有占奪、安世乃上疏曰、臣聞、量地畫野、經國大式、邑地相參、致治之本。井税之興、其來日久、田萊之數、制之以限。蓋欲使土不曠功、民罔游力。雄擅之家、不獨膏腴之美、單陋之夫、亦有頃畝之分。所以恤彼貧微、抑茲貪欲、同富約之不均、一齊民於編戸。竊見州郡之民、或因年儉流移、棄賣田宅、漂居異鄉、事渉數世。三長既立、始返舊墟、廬井荒毀、桑楡改植。事已歷遠、易生假冒。強宗豪族、肆其侵凌、遠認魏晉之家、近引親舊之驗。又年載稍久、鄉老所惑、群證雖多、莫可取據。各附親知、互有長短、兩證徒具、聽者猶疑、爭訟遷延、連紀不判。良疇委而不開、柔桑枯而不採、僥倖之徒興、繁多之獄作。欲令家豐歲儲、人給資用、其可得乎。愚謂今雖桑井難復、宜更均量、審其徑術、令分藝有準、力業相稱、細民獲資生之利、豪右靡餘地之盈。則無私之澤、乃播均於兆庶、如阜如山、可有積於比戸矣。又所爭之田、宜限年斷、事久難明、悉屬今主。然後虛妄之民、絶望於覬覦。守分之士、永免於凌奪矣。高祖深納之、後均田之制起於此矣」とある。

この上疏の年代について、『冊府元亀』巻四九五田制は、「文成時、主客給事中李安世以民困饑流散、豪戸多有占奪、安世乃上疏曰」と述べ、文成帝期のこととし、『通典』巻一田制上は孝文帝太和元年に繋年している。

また文中に「三長既立」とあって、三長制のほうが均田制よりも早く成立したかのごとくであり、種種議論を呼んでいる。中華書局標点本『魏書』校勘記は、「三長既立、冊府巻四九五（五九二四頁）三長作子孫。按下文説由於李安世上疏均田之制、起於此矣。均田制頒佈在太和九年（四八五）十月（見卷七上高祖紀上）、安世上疏、必在其前。而立三長卻在太和十年二月（見卷七下高祖紀下）。安世上疏時、尚未頒佈均田制、當然更沒有立三長。疏中所謂三長既立、解釋不通。疑作子孫既立、是」とする。考慮すべき一解として紹介しておく。

なお均田制については数多くの研究があるが、堀敏一『均田制の研究』（岩波書店、一九七五年）は、その代表的著作であり、本訳注に際し参照するところが多多あった。堀氏の著作をはじめ、日本の均田制研究の全体的動向をまとめたものに、氣賀澤保規「均田制研究の展開」（谷川道雄編著『戦後日本の中国史論争』河合文化教育研究所、一九九三年）がある。

諸民年及課則受田、老免及身沒則還田。奴婢牛隨有無以還受。

〔訓読〕

諸そ民、年の課に及べば則ち田を受け、老免①及び身没すれば則ち田を還せ。奴婢牛は有無に随ひて以て還受せよ。

〔注釈〕

①老免　先秦期以来、中国では租税・徭役賦課年齢を超えた人を老、もしくは免老・老免と言った。免老となる年齢は王朝によって異なるが、北魏の場合は、下文の規定に「諸有舉戸老小癃殘無授田者、年十一已上及癃者、各授以半夫田。年踰七十者、不還所受」とあって、七十歳であることが分かる。

〔通釈〕

(2)　人民は租税賦課の年齢（十五歳以上）になると受田し、老いて賦課免除の年齢（七十歳）になった時、及び死亡した時には、耕地を返還せよ。奴婢・耕牛はその有無に従って耕地を還受せよ。

諸桑田不在還受之限、但通入倍田分。於分雖盈、①不得以充露田之數。不足者以露田充倍。②

〔校勘〕

①沒則還田　百衲本には、「於分雖盈」の下に「沒則還田」四字がある。この四字、文義を成さない。『通典』巻一食貨田制上・『冊府元亀』巻四九五田制所引均田規定にはこの一句を缺いている。前段の「老免及身沒則還田」の四字が紛れ込んだものであろう。衍文と見て削除する。

②不足者以露田充倍　この句、桑田が不足する場合、露田を倍田に充当するということになり、文意通暢しない。上文に桑田は倍田に通算するという規定があり、桑田と倍田とは互換関係にある。また耕地の還受にともなう増減調整は倍田によって行なう規定があるから（第一条）、恐らくは、もと「不足者以倍田充（足りないときは、倍田を桑田にあてよ）」とあったものが、誤ったのであろう。ただ校訂すべき確証がないので、原文のままとし、ここでは一解を示すにとどめる。

〔訓読〕

諸そ桑田は還受の限りに在らず、但だ通じて倍田の分①に入れよ。分に於て盈《あま》ると雖も、以て露田の數に充つるを得ず。足らざる者《とき》は露田を以て倍に充てよ。

〔注釈〕

①倍田分　均田規定の中で分・田分・地分などとして表現される分は、直接的には個人に配分される地目を意味する。ただその観念的基礎には、後文に「一人之分」とあるように、伝統的な分田思想がある。『孟子』萬章篇下に「耕者之所獲、一夫百畝。百畝之糞（分）、上農夫食九人、上次食八人、中食七人、中次食六人、下食五人。庶人在官者、其祿以是爲差」とあり、また『禮記』王制篇に「制農田百畝、百畝之分、上農夫食九人、其次食八人、其次食七人、其次食六人、下農夫食五人。庶人在官者、其祿以是爲差也」とある。後の均田制の口分田百畝はこれを継承するものである（拙著『中国古代社会論』第三章「分田農民論」青木書店、一九八六年参照）。

〔通釈〕

(3)　桑田は還受の対象外であるが、倍田の地目に通算せよ。桑田の地目が規定額を越えても、その超過分を露田の額内に算入してはならない。桑田が規定額に足りない場合には、露田を倍田の地目に充当せよ。

諸初受田者、男夫一人給田二十畝、課種桑五十樹①・棗五株楡三根。非桑之土、夫給一畝、依法課蒔楡棗。奴各依良。限三年種畢。不畢、奪其不畢之地。於桑楡地分、雜蒔餘果、及多種桑楡者不禁。

〔校勘〕

①課種桑五十樹　百衲本は「課蒔餘種桑五十樹」に作る。この蒔餘二字、文章を成さない。『冊府元亀』巻四九五田制所引均田規定にはこの二字は無い。下文「雜蒔餘果」によってまぎれこんだものであろう。衍文と見て削除する。

〔訓読〕

諸そ初めて田を受くる者は、男夫一人ごとに田二十畝を給ひ、課して桑五十樹・棗五株・楡三根を種《う》ゑしむ。①桑に非《よろし》からざるの土は、夫ごとに一畝を給ひ、法に依り課して楡棗を蒔《う》ゑしむ。奴は各おの良に依れ。三年を限りて種ゑ畢れ。畢らざれば、其の畢らざるの地を奪へ。桑楡の地分に於て、雜へて餘果を蒔ゑ、及び多く桑楡を種ゆる者は禁ぜず。

〔注釈〕

①課種桑五十樹棗五株楡三根　桑の栽培と養蚕法は『齊民要術』種桑柘第四五、棗の栽培法は『齊民要術』種棗第三三、楡の栽培法は『齊民要術』種楡白楊第四六に、詳しく記されている。棗は、果実を干して食用にした。楡は、楡莢・葉を燃料にするほか、木器の用材や材木にするもので、有利な換金作物であった。『齊民要術』種楡白楊第四六に「三年春、可將莢・葉賣之。五年之後、便堪作椽。不挾者、即可斫賣。挾者鏇作獨樂及盞。十年之後、魁・

椀・瓶・榼・器皿、無所不任。……斫後復生、不勞更種、所謂一勞永逸。能種一頃、歳收千匹。唯須一人守護、指揮處分、既無牛犂種子人功之費、不慮水旱風蟲之災、比之穀田、勞逸萬倍。男女初生、各與小樹二十株、比至嫁娶、悉任車轂。一樹三具、一具直絹三匹、成絹一百八十匹。娉財資遣、粗得充事」とある。

〔通釈〕

(4) 初めて受田するとき、成人男子一人ごとに田二十畝を支給し、桑五十本・棗五本・楡三本の植樹を割り当てよ。桑の生育しない土地では、成人男子一人につき一畝を支給し、規定通り楡・棗を植樹させよ。奴は良民男子の規定に従え。受田後三年の期限内に桑・棗・楡を植え終えよ。終わらなければ、植えきれなかった土地を没収せよ。桑楡の地目にそれ以外の果樹をまじえて植えたり、規定以上に桑楡を植えたりすることについては禁止しない。

諸應還之田、不得種桑楡棗果。種者以違令論、地入還分。

〔訓読〕

諸そ應に還すべきの田、桑楡棗果を種ゆることを得ず。種ゑし者は令に違へるを以て論じ、地は還分に入れよ。

〔通釈〕

(5) 返還しなければならない耕地には、桑・棗・楡その他の果樹を植えてはならない。植えたときは、違法として処罰し、その土地は返還すべき地目に入れよ。

諸桑田皆爲世業、身終不還、恒從見口。有盈者無受無還、不足者受種如法。盈者得賣其盈、不足者得買所不足。不得賣其分、亦不得買過所足。

〔訓読〕

諸そ桑田は皆な世業と爲し、身終るも還さず、恒に見口に從へ。盈り有る者《とき》は受くること無く還すこと無く、足らざる者は受種すること法の如くせよ。盈れる者は其の盈れるものを賣るを得しめ、足らざる者は足らざる所を買ふを得しめよ。其の分を賣るを得ず、亦た買ひて足る所を過ぎるを得ざれ。

〔通釈〕

(6) 桑田はすべて世襲田とし、占有者が死亡しても返還せず、常に現在の口数によって受田せよ。規定額を越えている場合は、受田せず、返還もしない。規定額以下の場合は、規定どおり受田し、植樹せよ。桑田が規定額を越えている場合は、その超過分を売ることができる。規定額に満たない場合は、その不足分を買うことができる。しかし規定額内の桑田を売ってはならない。絶対に規定額を越えて買ってはならない。

諸麻布之土、男夫及課、別給麻田十畝。婦人五畝、奴婢依良。皆從還受之法。

〔訓読〕

諸そ麻布の土①、男夫課に及べば、別に麻田十畝を給ふ。婦人は五畝、奴婢は良に依れ。皆な還受の法に從へ。

〔注釈〕

①麻布之土　麻布用の麻の栽培については、『齊民要術』種麻第八に「凡種麻、用白麻子。麻欲得良田、不用故墟。地薄者糞之。耕不厭熟、田欲歳易。良田一畝、用子三升、薄田二升。夏至前十日爲上時、至日爲中時、至後十日爲下時。澤多者、先漬麻子、令芽生。待地白背、耬耩、漫擲子、空曳勞。澤少者、暫浸即出、不得待芽生、耬頭中下之。麻生數日中、常驅雀。布葉而鋤。勃如灰便收。束欲小、䅪欲薄。一宿輒翻之。穫欲淨。漚欲清水、生熟合宜」とある。麻の栽培は、良田を必要とし、連作を嫌うことが分かる。また麻は種子を食用にするが、『齊民要術』種麻子第九は、食用の麻を麻子として区別し、その栽培法を記述している。均田制下の麻田も麻布の生産を主目的とするものであった。

〔通釈〕

(7)　麻布を産する土地では、男子が租税賦課の年齢になれば、別に麻田十畝を支給せよ。婦人には五畝を支給し、奴婢は良民の規定に従え。麻田はすべて還受の規定に従え。

諸有舉戸老小癃殘無授田者、年十一已上及癃者、各授以半夫田、年踰七十者、不還所受。寡婦守志者、雖免課亦授婦田。

〔訓読〕

諸そ舉戸老小癃殘にして授田すること無き者有れば、年十一已上及び癃者に、各おの授くるに半夫の田を以てし、年七十を踰ゆる者は、受けし所を還さざれ①。寡婦の志を守れる者は、課を免ずと雖も亦た婦田を授けよ。

〔注釈〕

①有舉至所受　本節の条文により、均田制下の年齢区分（丁中制）が分かる。年齢区分には、老・小および受田年齢である十五歳男夫（丁男）があった。老は、すでに言及したように、この条文によって七十歳であることが分かる。また、丁男のいない戸には、十一歳以上の者に半夫の田を支給するとあるので、十一歳から十四歳までが中男に相当することが分かる。すなわち、北魏均田制下にあっては、十歳以下を小、十一歳から十四歳を中、十五歳から六九歳を夫（丁）、七十歳以上を老と規定したのである。

〔通釈〕

(8) 戸内の人員がすべて老（七十歳以上）・小（十歳以下）・癃（軽度障害者）・残（重度障害者）であって、受田資格がない場合、十一歳以上及び癃（軽度障害者）である者に対し、半夫の田（二十畝）を授け、七十を過ぎた者（老）は、受田した土地を返還しなくてよい。寡婦で志を堅く守っている者には、租税賦課免除となっても婦人の受田規定分の耕地を授ける。

〔補考〕身体障害者の等級について

中国では古くから受田資格や租調徭役負担義務のある丁の年齢を超えたものを老（免老）、丁年齢以下のものを小（弱）、丁年齢にあっても様ざまな障害によって租税・徭役が負担できないものを癃・残などと呼んだ。たとえば、『漢書』巻一高祖本紀漢王二年条に「五月、漢王屯滎陽、蕭何發關中老弱未傅者悉詣軍」とあり、顔師古注引如淳注に「律、年二十三傅之疇官、各從其父疇學之。高不滿六尺二寸以下爲罷癃。漢儀注云民年二十三爲正、一歲爲衛士、一歲爲材官騎士、習射御騎馳戰陳。又曰年五十六衰老、乃得免爲庶民、就田里。今老弱未嘗傅者皆發之。未二十三爲弱、過五十六爲老」とある。ここでは罷癃は、身長基準に満たないものと規定されている。近年発掘された湖北省荊州紀南松柏漢墓出土木牘には、前漢武帝期の南郡の簿書が残されており、中に「南郡罷癃簿」があり、「巫罷癃百一十六人、其七十四人可事」をはじめとして、巫県を筆頭に属県十三・侯国四ごとの罷癃の数が記されている。記載の最後は、「凡罷癃二千七百八人、其二千二百廿八人可事、四百八十不可事」とあって、南郡全体が総括されている（荊州博物館「湖北荊州紀南松柏漢墓発掘簡報」『文物』二〇〇八年第四期）。漢代では、身体障害者は、罷癃一種であるが、その中に徭役負担可能な者と不可能な者との区別があり、実質的には二等級に区別されていた。

本節の均田令の規定中に「癃殘」と表現される障害者は、三長制に関する後文の規定では、「孤獨癃老篤疾貧窮不能自存者、三長内迭養食之」となっており（五六頁参照）、癃と篤疾とに区別されている。恐らく、北魏期の障害者には、癃と残もしくは篤疾の二等級、ないしは三等級の区別があったと考えられる。これにより本節では、受田されることのある「癃者」を軽度障害者、除外された「残」を重度障害者として区別しておいた。

『隋書』食貨志に記す北周六官制規定の中には、賦役を課される「軽癃者」と力役を免除された介護者一人を必要とする「廃疾者」が記されている（一八一・一八三頁参照）。北周では、北魏の等級をうけて、身体障害者に少なくとも「軽癃者」と「廃疾者」の二等級が区別されていたことが明らかである。

『通典』巻一食貨一田制上は、本節の「癃殘」を「殘疾」に作る。唐代にあっては、身体障害の度合を軽い方から残疾・廃疾・篤疾の三等級に区分し、賦役の減免や刑罰の軽減をおこなった。『唐律疏議』巻十二戸婚律・脱戸条疏議に「謂脱口及増年入老、減年入中小、及増狀入疾、其從殘疾入廢疾、從廢疾入篤疾、廢疾雖免課役、若入篤疾即得侍人、故云之類、罪止徒三年」とある。『通典』の「殘疾」は、唐代の制度によって書き換えたものであろう。また『通典』巻一食貨一田制上は、本節の「癃者」を「廃疾者」に作る。さきの「殘疾」とあわせて考慮すれば、この「廃疾者」も唐制によって書き換えたものであることが分かる。確定的なことはまだ言えないが、漢代にあっては罷癃と一括して呼ばれた身体障害者は、北魏期から癃・残・

篤疾、あるいは北周の「軽癃者」と「廃疾者」など、いくつかの等級に区別され、唐代までには残疾・廃疾・篤疾の三等級となっていたのである。

諸還受民田、恒以正月。若始受田而身亡、及賣買奴婢牛者、皆至明年正月、乃得還受。

〔訓読〕

諸そ民田を還受するに、恒に正月を以てせよ。①若し始めて受田して身亡《みまか》り、及び奴婢牛を賣買せし者は、皆な明年正月に至りて、乃ち還受するを得しめよ。

〔注釈〕

①**諸還受民田恒以正月**　『通典』巻二食貨二田制下及び『冊府元亀』巻四九五田制には、ともに「北齊給授田令、仍依魏朝、毎令十月、普令轉授。成丁而受、丁老而退、不聽賣易」とあり、この条文と異なる。北斉の「給授田令」は、北魏末東魏の改定条文によった可能性がある。

〔通釈〕

(9)　民田の還受は、常に正月に行なえ。もし受田したばかりで、その人が死んだ場合、および奴婢や耕牛を売買した場合は、皆な明年の正月になってから、耕地の還受を行わせよ。

諸土廣民稀之處、隨力所及、官借民種蒔。後有來居者、①依法封授。

〔校勘〕

①**後有來居**　百衲本諸本は、もと「役有土居」に作る。役字、意味を成さない。中華書局標点本『魏書』校勘記は、「役有土居者、冊府同巻五九二四頁、通典巻一此句作後有來居者、疑是」とする。従うべきであろう。『通典』『冊府元亀』により、役字を後字に改め、また土字を來字に改める。

〔訓読〕

諸そ土廣く民稀《まれ》なるの處は、力の及ぶ所に隨ひ、官、民に借して種蒔せしめよ。後に來居する者有れば、法に依りて封授せよ。①

〔注釈〕

①**依法封授**　封は土地の境界に盛り土をして区画を鮮明にすること。『史記』巻六八商君列伝に「爲田開阡陌封疆」とあり、その正義に「南北曰阡、東西曰陌。按、謂驛塍也。疆音疆。封、聚土也。疆、界也。謂界上封記也」と見える。本条文は、寛郷の遊閑地（公田）についての小作規定、および後にその地に定住する者がある場合、公田と民田との区画を明瞭にしたうえで、授田することを指示したものである。

〔通釈〕

⑽ 土地が広く、人口が少ない地方（寛郷）では、地方官は、労働ができる範囲内で、人民に（余った土地を）貸与して耕作させよ。その後に移動してきて定住する者があれば、規定に従い、境界を明示して土地を授けよ。

諸地狭之處、有進丁受田而不樂遷者、則以其家桑田爲正田分。又不足、不給倍田。又不足、家内人別減分。無桑之郷、準此爲法。樂遷者、聽逐空荒、不限異州他郡。唯不聽避勞就逸。其地足之處、不得無故而移。

〔訓読〕

諸そ地狭きの處は、丁に進みて受田するも而れども遷るを樂《ねが》はざる者有れば、則ち其の家の桑田を以て正田の分と爲せ①。又た足らざれば、倍田を給はざれ。又た足らざれば、家内の人別に分を減らせ。桑無きの郷は、此れに準ひて法と爲せ。遷らんことを樂ふ者は、空荒を逐ふを聽し、異州他郡を限らず。唯だ勞を避け逸に就くを聽さざるのみ。其の地の足れるの處は、故無くして移るを得ず。

〔注釈〕

①以其家桑田爲正田分　正田は、倍田と対になる地目であり、ともに露田を構成する。受田者が最初に配分される露田が正田であり、地力や地域の受田状況などに応じて加配される露田が倍田である。

〔通釈〕

⑾ 土地の足りない地方（狭郷）では、受田資格の生ずる年齢になった者が、他の地方に移住して受田することを望まない場合、その家の桑田をその者の正田の地目とせよ。なお足りない場合は、倍田を支給しない。それでも足りない時は、その家内の人の倍田の地目を順次減額せよ。桑の生育しない地方も、これによって規定とせよ。移住を望む場合、どこかしこの州郡と限定せず、空閑地や荒地を探すことを許す。ただ労苦を避け、安逸なところに行くことだけは許さない。土地が充分ある地方では、理由無く移住してはならない。

諸民有新居者、三口給地一畝、以爲居室。奴婢五口給一畝。男女十五以上、因其地分、口課種菜五分畝之一。

〔訓読〕

諸そ民に新たに居《すまひ》する者有れば、三口ごとに地一畝を給ひ①、以て居室と爲せ。奴婢は五口ごとに一畝を給へ。男女十五以上、其の地分に因り、口ごとに課して菜を五分畝の一に種ゑしめよ。

〔注釈〕

①**諸民有新居者三口給地一畝**　宅地に家畜を飼い、果樹・蔬菜を栽培するのは伝統的な考えであり、それを奨励するのは地方官の責務であった。『孟子』盡心篇上に「五畝之宅、樹牆下以桑、匹婦蠶之、則老者足以衣帛矣。五母雞・二母彘、無失其時、老者足以無失肉矣。百畝之田、匹夫耕之、八口之家、足以無飢矣」とあり、また『漢書』巻八九循吏伝龔遂伝に「遂見齊俗奢侈、好末技、不田作、乃躬率以倹約、勸民務農桑、令口種一樹楡・百本䪥・五十本葱・一畦韭、家二母彘・五雞。……郡中皆有畜積、吏民皆富實、獄訟止息」とある。

〔通釈〕

⑿新たに定住する者には、三口ごとに土地一畝を支給して住居とする。奴婢には五口ごとに一畝を支給する。男女とも十五歳以上になれば、この宅地の地目の中で、一人あたり五分の一畝ずつ、野菜を栽培させせよ。

諸一人之分、正従正、倍従倍、不得隔越他畔。進丁受田者、恒従所近。若同時倶受、先貧後富。再倍之田、放此爲法。

〔訓読〕

諸そ一人の分、正は正に従ひ、倍は倍に従ひ、他畔に隔越するを得ず。丁に進みて受田する者は、恒に近き所に従へ。若し時を同じくして倶に受くるときは、貧しきを先にし富めるを後にせよ。① 再倍の田は、此れに放《なら》ひて法と爲せ。

〔注釈〕

①**先貧後富**　耕地の分給に際して、貧家を優先するという原則は、『魏書』巻四一源懐伝に「懐又表曰、景明以來、北蕃連年災旱、高原陸野、不任營殖、唯有水田、少可菑畝。然主將參僚、專擅腴美、瘠土荒疇給百姓、因此困弊、日月滋甚。諸鎮水田、請依地令分給細民、先貧後富、若分付不平、令一人怨訟者、鎮將已下連署之官、各奪一時之祿、四人已上奪祿一周」とある。この史料では、均田令が地令と呼ばれていることに注意しておきたい。問題をはらみながらも、辺境の地に均田制が施行されていたことが分かる。

〔通釈〕

⒀一人ごとの地目配分にあたって、正田は正田ごとに、倍田は倍田ごとに支給し、異なる地目の耕地にまたがってはならない。受田資格の生ずる年齢に達した者には、つねに宅地に近い所から受田せよ。もし同時に受田する場合は、貧人を先にし富民を後にせよ。再倍の田もこれにならって規定とせよ。

諸遠流配謫無子孫、及戸絶者、墟宅桑楡、盡爲公田、以供授受。授受之次、給其所親、未給之間、亦借其所親。

〔訓読〕

諸そ遠流配讁せられて子孫無きもの、及び戸絶せし者《とき》は、墟宅・桑楡、盡く公田と爲し、①以て授受に供へよ。授受の次、其の親《ちか》しき所に給ひ、未だ給はらざるの間も亦た其の親しき所に借《あた》へよ。

〔注釈〕

①墟宅桑楡盡爲公田　秦漢時代以来、様ざまな理由で放棄された田宅地は、国家の直接管理する公田とし、貧民へ支給の資とされた。これは、南朝でも同様である。『梁書』巻三武帝紀下大同七年十一月条に「詔曰、用天之道、分地之利、蓋先聖之格訓也。凡是田桑廢宅沒入者、公創之外、悉以分給貧民、皆使量其所能以受田分。如聞、頃者豪家富室、多占取公田、貴價僦税、以與貧民。傷時害政、爲蠹已甚。自今公田悉不得假與豪家、已假者特聽不追。其若富室給貧民種糧共營作者、不在禁例」とある。均田規定は、これを意識的により制度化したものである。

〔通釈〕

⒁遠隔地への流刑者で子孫が無い者、及び戸が絶えてしまった場合は、その住宅、桑・楡の地（桑田）をすべて公田とし、還受にそなえよ。これらの地は、授受の順序としては、近い親族から支給し、正式に受田するまでの期間もまた親族に貸与せよ。

諸宰民之官、各隨地給公田。① 刺史十五頃、太守十頃、治中別駕各八頃、縣令郡丞六頃。更代相付。賣者坐如律。

〔校勘〕

①各隨地給公田　中華書局標点本校勘記は、「冊府同上巻頁地作所、巻五〇五・六〇六四頁作近。按通典巻一作匠、乃近字形近而訛、疑作近是」と述べ、地字を近字であろうとする。その可能性はあるが、ここでは百衲本に従う。

〔訓読〕

諸そ宰民の官、各おの地に隨ひて公田を給へ。①刺史は十五頃、太守は十頃、治中・別駕②は各おの八頃、縣令、郡丞は六頃。更代すれば相ひ付せ。賣りし者は坐せしむること律の如くせよ。

〔注釈〕

①諸宰民之官各隨地給公田　杜佑は、のちの職分田の起源をこの条文にもとめている。『通典』巻一食貨田制上所引均田規定の杜佑原注に「職分田起於此」とある。本条の職分公田規定は、地方官に対するものであるが、別に「魏令」が存在した。『通典』巻二田制下に引く『關東風俗傳』に「其賜田者、謂公田及諸横賜之田。魏令、職分公田、不問貴賤、一人一頃、以供芻秣。自宣武出獵以來、始以永賜、得聽賣買」とある。この職分公田は、本条とはまったく異なる規定であるが、詳しいことは分からない。

②治中別駕　治中從事・別駕從事は、漢代以後六朝末までの州の上

級属吏。『通典』巻三二職官十四州郡上・総論州佐条に「別駕従事史一人、従刺史行部、別乘一乘傳車、故謂之別駕、漢制也。歴代皆有。……治中從事史一人、居中治事、主衆曹文書、漢制也。歴代皆有」とある。

〔通釈〕

⒂地方官には各おの赴任地において公田を支給せよ。州の刺史は十五頃、郡の太守は十頃、州の治中従事・別駕従事は各おの八頃、県令や郡丞は六頃とせよ。任務を交代すればその土地を後任にひき渡せ。売却した者は律の規定どおり処罰せよ。

（三）三長制について

魏初不立三長、故民多蔭附。蔭附者皆無官役、豪彊徵斂、倍於公賦。十年、給事中李沖上言、宜準古、五家立一隣長、五隣立一里長、五里立一黨長、長取鄉人彊謹者。隣長復一夫、里長二、黨長三。所復復征戍、餘若民。三載亡愆則陟用、陟之一等。其民調、一夫一婦、帛一匹、粟二石。民年十五以上未娶者、四人出一夫一婦之調。奴任耕、婢任績者、八口當未娶者四。耕牛二十頭當奴婢八。其麻布之鄉、一夫一婦、布一匹、下至牛、以此爲降。大率十匹中五匹爲公調①、二匹爲調外費、三匹爲内外百官俸、此外雜調。民年八十已上、聽一子不從役。孤獨癃老篤疾貧窮不能自存者、三長内迭養食之②。

〔校勘〕

①**大率十匹中五匹爲公調**　百衲本諸本は「大率十匹爲工調」に作る。この戸調規定は、『通典』では魏令として引用されている。『通典』巻五食貨・賦税中に「魏令、每調一夫一婦帛一匹、粟二石。人年十五以上未娶者、四人出一夫一婦之調。奴任耕、婢任績者、八口當未娶者四。耕牛十頭當奴婢八。其麻布之鄉、一夫一婦布一匹、下至半（私案半當作牛）、以此爲降。大率十匹中五匹爲公調、二匹爲調外費、三匹爲内外百官俸。人年八十以上、聽一子不從役。孤獨病老篤貧不能自存者、亦一人不從役」とある。これにより、「大率十匹」の下に「中五匹」を補うことができ、また工調の工字を公字に改めることができる（以上、中華書局標点本校勘記もほぼ同じ）。なお『通典』には「此外雜調」規定は見えないが、食貨志によるべきである。

②**三長内迭養食之**　本節校勘記①に引いた『通典』は、本志の「孤獨癃老篤疾貧窮不能自存者、三長内迭養食之」を「孤獨病老篤貧不能自存者、亦一人不從役」に作り、文章を異にする。李沖の提案と令文との違いであろうか。今は本志に従う。

〔訓読〕

魏は初め三長を立てず、故に民多く蔭附す①。蔭附せし者は、皆な官役無きも、豪強の徴斂は、公賦に倍せり。十年、給事中李沖上言すらく、②宜しく古《いにしへ》に準《したが》ひ、五家ごとに一鄰長を立て、五鄰ごとに一里長を立て、五里ごとに一黨長を立て、長は鄕人の彊謹なる者を取るべし。鄰長は一夫を復《ほく》し、里長は二、黨長は三とす。復する所は征戍を復し、餘は民の若くす。③三載にして愆《とが》亡ければ則ち陟用し、之を陟《のぼ》すこと一等。其れ民調は、一夫一婦ごとに、帛一匹、④粟二石とす。民の年十五以上にして未だ娶らざる者、四人ごとに一夫一婦の調を出だす。奴の耕に任《もち》ひ、婢の績に任ふる者は、八口にして未だ娶らざる者の四に當つ。耕牛は二十頭にして奴婢の八に當つ。其れ麻布の鄕、一夫一婦ごとに、布一匹、下、牛に至るまで、此れを以て降と爲す。大率《おほむね》十匹中、五匹を公調と爲し、二匹を調外の費と爲し、三匹を内外百官の俸と爲し、此の外は雜調とす。民年八十已上、一子の役に従はざるを聽す。⑤孤獨・癃老・篤疾・貧窮にして自存すること能はざる者は、⑥三長の内に、迭《たが》ひに之を養食せしめん、と。

〔注釈〕

①魏初不立三長故民多蔭附　『魏書』巻五三李沖伝は、そのより具体的な内容を伝えて、「舊無三長、惟立宗主督護、所以民多隱冒、五十・三十家、方爲一戶。沖以三正治民、所由來遠、於是創三長之制而上之」とある。蔭附は、隠冒に同じで、戸籍に附載される戸口を隠匿し、賦役納入を回避することである。ここでは、数十家の個別家族が宗主と呼ばれる有力家族の戸籍に附載され、戸籍上一戸として登録されている。一戸籍に統合されるため、その実態把握が不可能になり、内部では公賦にまさる収奪が、国家に対しては賦役納入の欺瞞・隠匿がおこなわれることになる。宗主督護の具体例として、『北史』巻三三李霊伝に「(李霊孫)悅祖弟顯甫、豪俠知名、集諸李數千家於殷州西山、開李魚川方五六十里居之、顯甫爲其宗主」とある。

②十年給事中李沖上言　『魏書』巻七高祖紀下に「十年春正月癸亥朔、帝始服袞冕、朝饗萬國。壬午、蠕蠕犯塞。二月甲戌、初立黨・里・鄰三長、定民戶籍」とあり、太和十年（四八六）二月甲戌（十三日）に正式決定されたことが分かる。ただしこの上言は、この提言に基づいて開催された官僚会議の内容から、九年秋と判断される。次節注釈①参照（六〇頁）。

③所復復征戍餘若民　征戍は、編戸百姓の担う兵役であり、辺境警備を主たる内容とする。下文太和十二年条にも、「又別立農官、取州郡戶十分之一、以爲屯民。相水陸之宜、斷頃畝之數、以贓贖雜物、市牛科給、令其肆力。一夫之田、歲責六十斛、甄其正課、并征戍雜役」とあり、百姓が正課以外に征戍・雜役を負担したことが分かる。また『魏書』巻十八太武五王伝元孝友伝に「孝友明於政理、嘗奏表曰、令制、百家為黨族、二十家為閭、五家為比鄰。百家之内、有帥二十五、徴發皆免、苦樂不均。羊少狼多、復有蠶食。此之為弊久矣。京邑諸坊、或七八百家、唯一里正・二史、庶事無闕、而況外州乎。請依舊置、三正之名不改、而百家為四閭、

閭二比。計族省十二丁、得十二匹貲絹。略計見管之戸、應二萬餘族、一歳出貲絹二十四萬匹。十五丁出一番兵、計得一萬六千兵」とあり、三長が徴発を免れていたこと、徴発の内容が十五丁一番兵とその貲絹としての絹一匹であることが分かる。この番兵・貲絹制度は、『魏書』巻四四薛虎子伝に「(太和)四年(四八〇)、徐州民桓和等叛逆。……時州鎮戍兵、資絹自隨、不入公庫、任其私用、常苦飢寒。虎子上表曰、……今江左未賓、鯨鯢待戮、自不委粟彭城、以強豐沛、將何以拓定江關、掃一衡霍。竊惟在鎮之兵、不減數萬、資糧之絹、人十二匹、即自隨身、用度無準、未及代下、不免飢寒」とあって、主として江淮方面に向けられた辺境警備であり、征戍の具体的な内容を知ることができる。十五丁一番兵については、下文「十　漕運について」七二頁注釈②、および拙稿「三五発卒攷実——六朝期の兵役・力役徴発方式と北魏の三長制」(『洛北史学』第二号、二〇〇〇年)参照。

④一夫一婦帛一匹　この絹一匹(麻布一匹)の規定には、さらに綿八両(麻八両)の付随収取規定があった。『魏書』巻三一于栗忠伝に「及世宗崩……忠既居門下、又總禁衛、遂秉朝政、權傾一時。初、太和中軍國多事、高祖以用度不足、百官之祿四分減一。忠既擅權、欲以惠澤自固、乃悉歸所減之祿、職人進位一級。舊制、天下之民絹布一匹之外、各輸綿麻八兩。忠悉以與之」とある。孝文帝・宣武帝二代には、旧制として綿八両(麻八両)の収取規定があり、絹一匹・麻布一匹・綿八両・麻八両及び粟二石を五調と呼んだ。『魏書』巻十九中景穆十二王列伝任城王澄伝に「澄表上皇誥宗制并訓詁各一巻、意欲皇太后覽之、思勸戒之益。又奏利國濟民所宜振擧者十條。一曰律度量衡、公私不同、所宜一之。……四曰五調之外、一不煩民、任民之力、不過三日」とある。この五調のうち綿八両・麻八両が、この任城王澄の上奏後まもなく、すなわち孝明帝初年に、于栗忠によって撤廃されたのである。この綿八両・麻八両が当初の規定にないのは、官僚の俸禄が四分の一に削減されたことから分かるように、太和年間の軍事経費不足によって追加されたからであろう。この綿・麻の調は、まもなく神亀年間に復活提案がなされ、張普惠がその不当性を論じている(九一頁〔補考〕「北魏後期における尺度の長大化について」参照)。

⑤民年八十已上聽一子不從役　『禮記』王制篇に「凡三王養老皆引年。八十者、一子不從政。九十者、其家不從政」とあるのをふまえる。

⑥孤獨癃老篤疾貧窮不能自存　『禮記』王制篇に「廢疾非人不養者、一人不從政。……少而無父者謂之孤、老而無子者謂之獨、老而無妻者謂之矜、老而無夫者謂之寡。此四者、天民之窮而無告者也。皆有常餼」とあるのをふまえる。

これらの規定は、『魏書』巻七高祖紀上延興三年(四七三)条に「十有一月戊寅、詔以河南七州牧守多不奉法、致新邦之民莫能上達、遣使者觀風察獄、黜陟幽明。其有鰥寡孤獨貧不自存者、復其雜徭。年八十已上、一子不從役。力田孝悌、才器有益於時、信義著於郷閭者、具以名聞」とあり、孝文帝期初期にも先行的に施行されている。

〔通釈〕

北魏は初め三長制を施行しなかったので、富豪の戸籍に附載して庇護される人民が多かった。彼らには国家の賦役はまったく掛からなかったが、富豪は国家の租賦に倍する収奪を行った。
太和十年（四八六）、給事中の李沖が上言した。

古典に則って、五家ごとに隣長一人、五隣ごとに里長一人、五里ごとに党長一人を立て、長にはその土地の有力で謹厳な者を取り立てるのが良い。隣長には一夫、里長には二夫、党長には三夫分を免除します。免除対象は辺境警備の兵役とし、その他は一般民戸と同様とします。三年間過失なく務めた者については、昇進を許し、その身分を一階級進めます。

民の調は、一組の夫婦につき帛一匹、穀物二石とします。十五歳以上でまだ結婚していない者は、四人で一夫婦分の調を納入し、耕作と紡績に従事する奴婢は、八人ごとに未婚者の四人分（一夫婦分）を納入し、耕牛は二十頭ごとに奴婢八人分（一夫婦分）を納入します。

麻布を生産する土地では、一組の夫婦ごとに布一匹とし、以下耕牛に至るまで、これを単位として徴収の差等を設けます。

十匹を一単位として、そのうち五匹を公調（中央貢納）とし、二匹を調外の費（中央貢納分以外の地方経費）とし、三匹を内外百官の俸禄とし、それ以外は雑調とします。

八十歳以上の人民には、子供一人の徭役免除を許します。

父親に死なれた子供、子供がいない老人、身体障害者の老人、病の重い者、貧困で自活できない者は、三長制組織内部でかわるがわる養育・介護させます。

書奏、諸官通議、稱善者衆。高祖從之、於是遣使者行其事。

乃詔曰、夫任土錯貢、所以通有無、井乘定賦、所以均勞逸。有無通則民財不匱、勞逸均則人樂其業。此自古之常道也。又鄰里鄉黨之制、所由來久。欲使風教易周、家至日見、以大督小、從近及遠、如身之使手、幹之摠條、然後口筭平均、義興訟息。是以三典所同、隨世洿隆、貳監之行、從時損益。故鄭僑復丘賦之術、鄒人獻盍徹之規。雖輕重不同、而當時倶適。自昔以來、諸州戸口、籍貫不實、包藏隱漏、廢公罔私。富彊者并兼有餘、貧弱者餬口不足。賦税齊等、無輕重之殊、力役同科、無衆寡之別。雖建九品之格、而豐埆之土未融。雖立均輸之楷、而蠶績之鄉無異。致使淳化未樹、民情偸薄。朕每思之、良懷深慨。今革舊從新、爲里黨之法、在所牧守、宜以喩民、使知去煩即簡之要。初百姓咸以爲不若循常。豪富并兼者、尤弗願也。事施行後、計省昔十有餘倍。於是海内安之。

〔訓読〕

書奏するや、諸官通議し①、善と稱する者衆し。高祖之に從ひ、是に於て使者を遣し其の事を行なはしむ②。乃ち詔して曰く、夫れ土を任《もち》ひて貢を錯《な》すは③、有無を通ずる所以にして、井乘もて賦を定むるは④、勞逸を均しくする所以なり。有無通ずれば則ち民財匱《とぼ》しからず、勞逸均しければ則ち人其の業を樂しむ。此れ古自りの常道なり。又た鄰里郷黨の制、由りて來たる所久し⑤。風教をして周り易く、家ごとに至り日ごとに見、大を以て小を督し、近き從り遠きに及ぼし、身の手を使い、幹の條を摠ぶるが如くならしめんことを欲し、然る後に口筭平均に、義興こり訟息む。是を以て三典の同じくする所は⑥、世に隨ひて洿隆し、貳監の行ひは⑦、時に從ひて損益す。故に鄭僑は丘賦の術を復《ふたた》びし⑧、鄒人は盍徹の規を獻ず⑨。輕重同じからずと雖も、而れども時に當たりて倶に適せり。昔自り以來、諸州の戶口、籍貫實ならず、包藏・隱漏もて、公を廢し私を罔《なみ》す。富彊なる者は并兼して餘有り、貧弱なる者は口に餬するに足らず。賦税は齊等にして、輕重の殊なること無く、力役は科を同じくして、衆寡の別無し。九品の格を建つると雖も、而れども豐塉の土、未だ融《あき》らかならず。均輸の楷を立つると雖も⑩、而れども蠶績の鄉、異にする無し。淳化をして未だ樹たず、民情をして偸薄ならしむるを致す。朕、之を思ふ毎に、良《まこと》に深き慨《うれひ》を懷《いだ》く。今、舊きを革め新しきに從ひ、里黨の法を爲る。在所の牧守、宜しく以て民を喩《さと》し、煩を去り簡に即くの要を知らしむべし、と。初め百姓咸な以爲らく、常に循うに若かず、と。豪富の并兼する者、尤も願はざるなり。事施行するの後、計るに昔の十有餘倍を省く。是に於て海内之に安んず。

〔注釈〕

①書奏諸官通議　李沖の上奏後の官僚会議の内容については、『魏書』巻五三李沖伝に「舊無三長、惟立宗主督護、所以民多隱冒、五十・三十家方爲一戶。沖以三正治民、所由來遠、於是創三長之制而上之。文明太后覽而稱善、引見公卿議之。中書令鄭羲、祕書令高祐等曰、沖求立三長者、乃欲混天下一法。言似可用、事實難行。羲又曰、不信臣言、但試行之、事敗之後、當知愚言之不謬。太尉元丕曰、臣謂此法若行、於公私有益。咸稱方今有事之月、校比民戶、新舊未分、民必勞怨、請過今秋、至冬閑月、徐乃遣使、於事爲宜。沖曰、民者、冥也、可使由之、不可使知之。若不因調時、百姓徒知立長校戶之勤、未見均徭省賦之益、心必生怨。宜及課調之月、令知賦税之均。既識其事、又得其利、因民之欲、爲之易行。著作郎傅思益進曰、民俗既異、險易不同、九品差調、爲日已久、一旦改法、恐成擾亂。太后曰、立三長、則課有常準、賦有恒分、苞蔭之戶可出、僥倖之人可止、何爲而不可。群議雖有乖異、然惟以變法爲難、更無異義。遂立三長、公私便之」とある。公卿通議の文中に「方今有事之月」「請過今秋、至冬閑月」の文言があり、この会議が秋に行われたことが分かる。太和十年二月の三長制施行に先だち、太和九年秋に李沖の提案と公卿通議が行われたと考えられる（佐川英治「三長・均田両制の成立過程——『魏書』の批判的検討をつうじて——」（『東方学』第九七輯、一九九九年）。

②遣使者行其事　使者が派遣されたことについては、『魏書』巻四二

堯暄伝に「太和中、遷南部尚書。于時始立三長、暄爲東道十三州使、更比戸籍」とあり、『北史』巻八〇外戚伝閭毗伝に「子豆、後賜名莊。太和中、初立三長、以莊爲定戸籍大使、甚有時譽」とあって、全国的に行われたことが分かる。

③任土錯貢 その地方の産物によって貢納の等級をさだめること。『尚書』禹貢篇序に「禹別九州、隨山濬川、任土作貢」とあり、偽孔安国伝に「任其土地所有、定其貢賦之差」とある。

④井乘定賦 井田制を基礎に軍役を定めること。『晋書』巻十四地理志上総序に引く『司馬法』廣陳三代篇に「古者六尺爲歩、歩百爲畝、畝百爲夫、夫三爲屋、屋三爲井。井方一里、是爲九夫、八家共之。一夫一婦受私田百畝、公田十畝、是爲八百八十畝、餘二十畝爲廬舍、出入相友、守望相助、疾病相救。……因井田而制軍。令地方一里爲井、井十爲通、通十爲成、成方十里。成十爲終、終十爲同、同方百里。同十爲封、封十爲畿、畿方千里。故井四爲邑、邑四爲丘、丘十六井、有戎馬一匹、牛三頭。四丘爲甸、甸六十四井也、有戎馬四匹、兵車一乘、牛十二頭、甲士三人、卒七十二人。是謂乘車之制。……天子畿内方千里、提封百萬井、定出賦六十四萬井、戎馬四萬匹、兵車萬乘、戎卒七十二萬人、故天子稱萬乘之主焉」とある。

⑤隣里鄕黨之制所由來久 『周禮』地官・大司徒条に「乃施教法于邦國都鄙。使之各以教其所治民。令五家爲比。使之相保。五比爲閭。使之相受。四閭爲族。使之相葬。五族爲黨。使之相救。五黨爲州。使之相賙、五州爲鄕、使之相賓」とある。

⑥三典所同 新しく拓かれた国・平穏な国・乱れた国に適用される三種の法典で、軽典・中典・重典を言う。『周禮』秋官・大司寇条に「大司寇之職、掌建邦之三典、以佐王刑邦國、詰四方。一曰、刑新國用輕典。二曰、刑平國用中典。三曰、刑亂國用重典」とある。

⑦貳監之行 貳は中央官府の副長官、監は地方官府の長官。かれらが代表する中央・地方の次官以下の官僚を指す。『周禮』天官・大宰条に「乃施典于邦國、而建其牧、立其監、設其參、傅其伍、陳其殷、置其輔」とあり、鄭玄注に「監、謂公侯伯子男、各監一國」、「貳、謂小宰・小司徒・小宗伯・小司馬・小司寇・小司空」とある。

⑧鄭僑復丘賦之術 鄭僑は、春秋時代の鄭の子産。『春秋左氏伝』昭公四年（前五三八）条に「鄭子産作丘賦、國人謗之」とあり、具体的には『春秋左氏伝』襄公三〇年（前五四三）条に「子産使都鄙有章、上下有服、田有封洫、廬井有伍、大人之忠儉者、從而與之、泰侈者因而斃之。……從政一年、輿人誦之曰、取我衣冠而褚之、取我田疇而伍之、孰殺子産、吾其與之。及三年、又誦之曰、我有子弟、子産誨之、我有田疇、子産殖之、子産而死、誰其嗣之」とある。ここには丘賦を復活したとあるので、この子産の改革を『春秋左氏伝』成公元年（前五九〇）に「爲齊難故、作丘甲」と見える丘甲と同様のものと考えたのであろう。

なお『魏書』巻七高祖紀下太和十四年条に「十有二月壬午、詔依準丘井之式、遣使與州郡宣行條制、隱口漏丁、即聽附實。若朋附豪勢、陵抑孤弱、罪有常刑」とある。「丘井之式」は、戸口の括出について述べられており、三長制と深く関わるものであると同時に、遠くは丘賦・丘甲と関連づけられている。本条及び注釈④「井乘定賦」にもみられるとおり、三長制は、均田制・軍賦と関連することが分かる。

⑨**鄒人獻盍徹之規**　鄒人は、孟子。『史記』巻七四孟子荀卿列伝に「孟軻、騶人也。受業子思之門人」とある。騶は鄒に同じ。盍徹は、魯の哀公に対して有若が勧めた徹法による十分の一税。『論語』顔淵篇第十二に「哀公問於有若曰、年饑、用不足、如之何。有若對曰、盍徹乎。曰、二、吾猶不足、如之何其徹也。對曰、百姓足、君孰與不足。百姓不足、君孰與足」とある。孟子は、滕文公との議論の中で理想の租税収取としてこれを献策した。『孟子』滕文公篇上に「夏后氏五十而貢、殷人七十而助、周人百畝而徹、其實皆什一也。徹者、徹也。助者、藉也。龍子曰、治地莫善於助、莫不善於貢。貢者校數歳之中以爲常。樂歳、粒米狼戻、多取之而不爲虐、則寡取之。凶年、糞其田而不足、則必取盈焉。爲民父母、使民盻盻然、將終歳勤動、不得以養其父母、又稱貸而益之。使老稚轉乎溝壑、惡在其爲民父母也。夫世祿、滕固行之矣。詩云、雨我公田、遂及我私。惟助爲有公田。由此觀之、雖周亦助也」とある。

⑩**九品之格　均輸之楷**　献文帝期に施行された「租輸三等九品之制」を指す。詳しくは三五頁注釈⑤参照。

〔通釈〕

上書が奏進され、諸官が会議したところ、良策だと称する者が多かった。高祖はこの上言に従い、使者を派遣して実行させた。そこで詔勅を下して言った。

そもそもその土地の特産物を中央に貢納するのは、有るものと無いものとを融通するためであり、井田制によって賦役を定めるのは、労苦と安楽を均等にするためである。有るものと無いものとを融通しあえば、人びとの物資は豊かになり、労苦・安楽が平等であれば、人びとは己れの生業を楽しむようになる。これが古くからの正しい政治のあり方である。

さらに、隣里郷党（地方村落）の制度には長い歴史がある。そのねらいは、家ごとに訪ね日ごとに会って指導し、道徳による教化を行きわたらせ易くし、身体が手足を使い、樹の幹が小枝を統括するように、家家の成人が子供を指導し、近親者からだんだんと遠くの他人へと教化を及ぼしてゆく点にある。そうしてのち、一人一人の租税が均等になり、正義が興り、訴訟がやむようになる。軽典・中典・重典の三つの法典は、ともに時代の盛衰によって適用され、中央・地方官の施政は、時勢の推移に従って増減される。それ故、鄭の子産は丘賦を復活させ、孟子は周の税法である徹法を献策したのである。租税負担の軽重は異なるが、施行された当時においてはいずれも適切なものであった。

久しい間、諸州の戸口は、戸籍記載が正確でなく、隠蔽や漏洩など、公私にわたり混乱してきた。富強な者は土地を兼併して余裕があり、貧弱な者は日日の食事にもことかくありさまであった。なのに租税は戸ごとに均一であって、貧富による軽重の差がなく、力役は戸ごとに同一であって、口数の多寡による区別もなかった。貧富による九等戸の制度を作り、戸等に即して租税輸送を均等化する規定を作ったとはいえ、土地の肥沃度は考慮されず、養蚕地方とその他の地方との間にも区別はなかった。淳良な政治が樹立されず、民衆は軽薄になってしまった。朕はこの事態を思うにつけ、誠に感慨深いものがある。このたび旧弊を改めて新制に従い、郷党の法を作った。各地の地方長官は人民を喩し、煩雑を除いて簡易に従うことの大切さを知らしめるがよかろう。

当初、民衆は皆な従来どおりを善しとし、土地を兼併する富豪層は、とりわけ新制度の導入を願わなかった。制度が施行されると、昔にくらべて十数倍の無駄が省けた。こうして国内は安定したのである。

（四）太和十一年の飢饉対策――常平倉と屯田政策

十一年、大旱、京都民飢。加以牛疫、公私闕乏、時有以馬驢及槖駝供駕輓耕載。詔聽民就豐。行者十五六、道路給糧稟、至所在三長贍養之、遣使者時省察焉。留業者、皆令主司審覈、開倉賑貸。其有特不自存者、悉檢集、爲粥於術衢、以救其困。然主者不明牧察、郊甸閒甚多餧死者。

時承平日久、府藏盈積、詔盡出御府衣服珍寶、太官雜器、太僕乘具、内庫弓矢刀鉾十分之八、外府衣物繒布絲纊諸所供國用者、以其太半、班賚百司、下至工商皂隸、逮于六鎭邊戍、畿内鰥寡孤獨貧癃者、皆有差。

〔訓読〕

十一年、大いに旱《ひでり》し①、京都の民飢ゆ。加ふるに牛疫を以てし、公私闕乏し、時に馬驢及び槖駝を以て駕輓・耕載に供ふること有り。詔して民に聽して豐かなるに就かしむ。行く者十の五六、道路に糧稟を給ひ、所在に至れば、三長之を贍養し、使者を遣し時に焉《これ》を省察せしむ。留業する者は、皆な主司をして審覈せしめ、倉を開いて賑貸せしむ。其の特に自存せざる者有れば、悉く檢集せしめ、粥を術衢に爲り、以て其の困しみを救ふ。然れども主者牧察に明らかならず、郊甸の間、甚だ餧死する者多し②。

時に承平の日久しく、府藏盈積す。詔して盡く御府の衣服・珍寶、太官の雜器、太僕の乘具、内庫の弓矢・刀鉾の十分の八を出だし、外府の衣物・繒布・絲纊の諸もろの國用に供ふる所の者は、其の太半を以て、百司に班賚し、下は工商・皂隸に至り、六鎭の邊戍、畿内の鰥寡・孤獨・貧癃なる者に逮ぶまで、皆な差有り③。

〔注釈〕

①**十一年大旱**　『魏書』巻七高祖紀下太和十一年条に「是歳大飢、詔所在開倉賑恤」とある。

②**詔聽至死者**　この状況は、別に『魏書』巻七高祖紀下太和十一年条に「秋七月己丑、詔曰、今年穀不登、聽民出關就食、遣使者造籍、分遣去留、所在開倉賑恤。……九月庚戌、詔曰、去夏以歳旱

民飢、須遣就食、舊籍雜亂、難可分簡、故依局割民、閲戸造籍、欲令去留得實、賑貸平均。然迺者以來、猶有餓死衢路、無人收識。良由本部不明、籍貫未實、廩恤不周、以至於此。朕猥居民上、聞用慨然。可重遣精檢、勿令遺漏」と伝える。

③詔盡至有差　この詔勅は、『魏書』巻七高祖紀下太和十一年条に「十有一月丁未、詔罷尚方錦繡綾羅之工、四民欲造、任之無禁。其御府衣服・金銀・珠玉・綾羅・錦繡、太官雜器、太僕乘具、内庫弓矢、出其太半、班賚百官及京師士庶、下至工商皂隸、逮於六鎮戍士、各有差」とある。

六鎮は、北方辺境に東西千里にわたって設置された六つの軍政管区である懐朔鎮・武川鎮・撫冥鎮・柔玄鎮・沃野鎮・懐荒鎮を言う。正光四年（五二三）、沃野鎮民の挙兵に端を発する六鎮の反乱は、北魏の東西分裂を招いた。

〔通釈〕

太和十一年（四八七）、大旱魃が起こり、首都の民衆は飢えた。それだけでなく、牛に疫病が発生し、公私にわたって牛が欠乏した。時には馬・ロバ、そしてラクダにも車や荷駄を引かせたり、耕作に使用したりすることがあった。そこで詔勅を出して、豊作であった地方へ民衆に移住することを許した。移動する者は半数を超え、彼らに対しては路上で米や食糧を与え、その土地に到着すれば、三長が彼らに食糧を与えて生活させ、時期ごとに使者を遣わしてこれらを視察させた。残留者については、担当官司に詳しく調査させ、倉を開放して食糧を貸与させた。特に自分で生活できない者がいれば、それらの人びとを調査して集め、街路で粥を炊き与え、その困窮を救済した。しかし担当官が地方行政に暗かったため、畿内地域では餓死する者が非常に多かった。

この時、平和が長く続いており、国庫は充実していた。詔勅をくだして、御府の衣服や珍しい宝物、太官で用いる雑器類、太僕の管理する乗物用の器具、内庫の弓矢・刀槍などのほとんどを尽く放出し、外朝の府庫からは衣料や絹織物・絹綿など国家に提供する様ざまな財物の三分の二を放出し、中央諸官庁の官僚をはじめ、しもは官庁に仕える技能工・商人や下級官吏から、辺境の六鎮の兵士、畿内のやもめや寡婦、身寄りのない人びとや貧困者・障害者に及ぶまで、各おのに等級をつけて分配させた。

十二年、詔群臣求安民之術。有司上言、請析州郡常調九分之二、京都度支歳用之餘、各立官司、年豐則加私之十一、糴貯於倉、時儉則減私之十二、糶之於民。[①] **如此、民必力田以買絹、積財以取粟。官年登則常積、歳凶則直給。又別立農官、取州郡戸十分之一、以爲屯民、相水陸之宜、斷頃畝之數、以贓贖雜物、市牛科給、令其肆力。一夫之田、歳責六十斛、甄其正課、并征戍雜役。行此二事、數年之中、則穀積而民足矣。帝覽而善之、尋施行焉。自此公私豐贍、雖時有水旱、不爲災也。**

〔校勘〕

①豐年至於民　百衲本諸本食貨志旧文は「豐年糴貯於倉時儉則加私之一糴之於民」に作る。これでは構文に過不足があり、文意通暢しない。本節注釈①に引く『魏書』李彪伝は「年豐糴積於倉、時儉則加私之二糶之於人」に作り、また『資治通鑑』巻一三六南斉武帝永明六年条も「年豐糴粟積之於倉、儉則加私之二糶之於人」に作る。これらによって「豐年」を「年豐」に乙正して下文の「時儉」と対にし、また「糴之於民」の糴字を糶字に改めて文義通暢ならしめる。

また『通典』巻十二軽重条は「年豐糴積於倉時儉則減私之十二糶之」に作り、本志ならびに前掲諸書と一致しない。ここには凶年時の措置について違いがあり、食貨志・李彪伝は価格増を、『通典』は価格減をいう。文脈より考えて、ここでは価格を減じて貯蔵穀物を民間に売りに出したとみるべきであるから、『通典』の文章に拠るべきであろう。今、『通典』に拠って、食貨志本文「加私之一糶」を「減私之十二糶」に改める。

残る問題は、食貨志本文「時儉則加私之一糶」および李彪伝「時儉則加私之二糶之於人」がともに「加私之一（二）」にしていることである。思うに食貨志原文は、本来「年豐則加私之十一糴貯於倉時儉則減私之十二糶之於民」となっていたものと考えられる。それが恐らく転写の過程で混乱を生じ、「則加私之十一糴」が「則減私之十二糶」に衍入し、もとの「減私之十二糶」が缺落して本志のような構文となったのであろう。今、本志原文を「年豐則加私之十一糴貯於倉時儉則減私之十二糶之於民」に改訂する。

〔訓読〕

十二年、群臣に詔して民を安んずるの術を求む。有司上言すらく①、請ふらくは、州郡の常調の九分の二、京都の度支の歳用の餘を析《さ》き、各おの官司を立て、年豐《みの》れば則ち私の十の一を加へて、倉に糴貯し、時儉なれば則ち私の十の二を減じて、之を民に糶《う》らんことを。此くの如くすれば、民、必ずや田に力《つと》めて以て絹を買い②、財を積《たくは》へて以て粟を取らん。官、年登《みの》れば則ち常に積へ、歳凶なれば則ち直ちに給ふ。又た別に農官を立て、州郡戸の十分の一を取り、以て屯民と爲し、水陸の宜しきを相《み》、頃畝の數を斷じ、贓贖の雜物を以て、牛を市《か》ひて科給し、其れをして力を肆《つく》さしむ。一夫の田、歳ごとに六十斛を責《と》り、其の正課、并びに征戍・雜役を甄《のぞ》く③。此の二事を行なへば、數年の中、則ち穀積へて民足らん、と。帝覽て之を善しとし、尋いで施行す。此れ自り公私豐贍にして、時に水旱有りと雖も、災を爲さざるなり。

〔注釈〕

①有司至足矣　この有司の提案は、李彪によるものである。『魏書』巻六二李彪伝に「彪又表曰、……其三曰、……頃年山東饑、去歳京師儉、内外人庶、出入就豐、既廢營産、疲而乃達、又於國體、實有虚損。若先多積穀、安而給之、豈有驅督老弱餬口千里之外。

以今況古、誠可懼也。臣以爲、宜析州郡常調九分之二、京都度支歳用之餘、各立官司、年豐羅積於倉、時儉則加私之二、糶之於人。如此、民必力田以買官絹、又務貯財以取官粟、年登則常積、歳凶則直給。又別立農官、取州郡戸十分之一、以爲屯民、相水陸之宜、料頃畝之數、以贓贖雜物餘財、市牛科給、令其肆力。一夫之田、歳責六十斛、蠲其正課并征戍雜役。行此二事、數年之中、則穀積而人足、雖災不爲害」とあり、より詳しい提案内容が記されている。

②民必力田以買絹　ここに農民が農作物によって絹を買うとあるのは、この制度が国家の調絹を原資としておこなわれるものであって、穀物と絹との交易が基軸となっていることを示している。北魏では、鋳貨の使用が十分に展開しておらず、絹が実物貨幣として貨幣の役割を果たしていた。北魏における鋳貨・貨幣の現状については、十三「貨幣について」（二〇〇頁以下）参照。

③甄其正課并征戍雜役　甄は除くこと、免除。このことから一般編戸農民には、正課（民調、一夫一婦、帛一匹、粟二石）以外に、辺境警備の兵役と雑役が課せられたことが分かる。

〔通釈〕

太和十二年（四八八）、官僚たちに詔勅をくだし、民衆の生活を安定させる政策の上申を求めた。担当官僚（李彪）が上言した。

地方の州郡では中央に貢納する調絹の九分の二を、首都では度支より年間経費の余剰をさき、中央と地方とにそれぞれ官庁をおき、豊作の年には民間価格の一割増で穀物を買い入れて倉庫に貯え、凶作の年には民間価格の二割減で民衆に売り出すようにします。こうすれば民衆は必ずや農耕に精を出して（豊作時に穀物を国家に売って）絹を手に入れ、財産を蓄えておいて（不作時にはその絹で国家の）穀物を買い入れるでありましょう。国家の側では、豊作の年には常に穀物を蓄えておき、凶作の年には直ちに民間に給付することができます。

また、別に農官を設立し、州郡の戸のうち十分の一を選んでこれらを屯田民とします。土地の水回りや高低の良し悪しを観察して耕地面積の基準を定め、横領・賄賂を贖わせた様ざまな反物で牛を買い、屯田民に割り当て支給し、十分に力を出し尽くさせます。一夫の耕地につき、年に六十斛の税を徴収し、正課ならびに軍役・雑役を免除します。これら二つの政策を行えば、数年のうちに穀物が貯えられ、民衆は豊かになります。

皇帝はこれを見て善しとし、まもなく施行した。これ以来、公私共に豊かになり、時に出水や旱魃があっても、災害にはならなかった。

七　畜産について

世祖之平統萬、定秦隴、以河西水草善、乃以爲牧地。畜産滋息、馬至二百餘萬匹、橐駝將半之、牛羊則無數。高祖遷洛①之後、復以河陽爲牧場、恒置戎馬十萬匹、以擬京師軍警之備。每歳自河西、徙牧於并州、以漸南轉、欲其習水土而無死傷也。

而河西之牧彌滋矣。正光以後、天下喪亂、遂爲群寇所盜掠焉。

〔校勘〕

①高祖遷洛之後　百衲本諸本は「高祖即位之後」に作る。この間の事情については、別に『通典』巻二五職官太僕卿条に「後魏兼置少卿（原註　太武帝平統萬赫連昌、定隴右禿髮・沮渠等、河西水草善、乃以爲牧地、六畜滋息、馬三百餘萬匹、馲駝將半之、牛則無數。孝文帝遷洛陽之後、復以河陽爲牧場、恒置戎馬十萬匹、以擬京師軍警之備。毎歳自河西徙牧於并州、漸南、欲其習水土而無死傷也、而河西之牧滋甚）」とある。これによれば、食貨志本文の「高祖即位之後」は、「遷洛陽之後」のこととなる。孝文帝の牧地移動については、『魏書』巻四四宇文福伝に「（太和）十七年（四九三）、車駕南討、假冠軍將軍、後軍將軍。時仍遷洛、敕福檢行牧馬之所。福規石濟以西、河内以東、拒黄河南北千里爲牧地。事尋施行、今之馬場是也。及從代移雜畜於牧所。福善於將養、並無損耗、高祖嘉之」とある。石済は、石済津で現在の河南省延津県東北、河内は河南省沁陽県に相当し、洛陽東方の黄河南北一帯に牧地（馬場）が設置されている。これはまさに黄河の北側（陽）、すなわち河陽の地を中核とする地帯に相当する。今、食貨志の「即位」を、『通典』によって「遷洛」に改訂する。

〔訓読〕

世祖の統萬を平げ①、秦隴を定むるや②、河西の水草の善《よろ》しきを以て、乃ち以て牧地と爲す。畜産滋息し、馬は二百餘萬匹に至り、橐駝は將《ほとん》ど之に半ばし、牛羊は則ち數ふる無し。高祖洛に遷りし後、復た河陽を以て牧場と爲し、恒に戎馬十萬匹を置き、以て京師の軍警の備へを擬《はか》る。毎歳、河西自り、牧を并州に徙し、漸を以て南に轉じ、其の水土に習ひて死傷すること無きを欲するなり。而して河西の牧彌いよ滋《さか》んなり。正光以後、天下喪亂し、遂に群寇の盜掠する所と爲る。

〔注釈〕

①世祖之平統萬　太武帝が赫連氏の夏に壊滅的打撃をあたえ、夏州（陝西省横山県西）に統萬鎮を置いたのは、始光四年（四二七）のことである。このとき馬三十万匹・牛羊数十万匹を獲得した。『魏書』巻四世祖紀上始光四年条に「是月（四月）、治兵講武、分諸軍、司徒長孫翰・廷尉長孫道生・宗正娥清三萬騎爲前驅、常山王素・太僕丘堆・將軍元太毗歩兵三萬爲後繼、南陽王伏真・執金吾桓貸・將軍姚黄眉歩兵三萬部攻城器械、將軍賀多羅精騎三千爲前候。五月、車駕西討赫連昌。……六月甲辰、昌引衆出城、大破之。事在昌傳。……乙巳、車駕入城、虜昌群弟及其諸母姉妹妻妾宮人萬數、府庫珍寶車旗器物不可勝計。擒昌尚書王買・薛超等及司馬德宗將毛脩之・秦雍人士數千人。獲馬三十餘萬匹・牛羊數千（私按千字當作十字）萬。以昌宮人及生口・金銀・珍玩・布帛、班賚將士各有差」とある。

②定秦隴　太武帝が涼州（甘粛省武威県）による沮渠氏の北涼を破っ

たのは、太延五年（四三九）のことである。このとき牛馬畜産二十餘万匹を獲得した。『魏書』巻四世祖紀上太延五年条に「六月甲辰、車駕西討沮渠牧犍、侍中宜都王穆壽輔皇太子決留臺事。……秋七月己巳、車駕至上郡屬國城、大饗群臣、講武馬射。壬午、留輜重、分部諸軍。撫軍大將軍永昌王健・尚書令鉅鹿公劉潔督諸軍、與常山王素二道並進、爲前鋒。驃騎大將軍樂平王丕・太宰陽平王杜超、督平涼・鄜城諸軍爲後繼。八月甲午、永昌王健獲牧犍牛馬畜産二十餘萬。牧犍遣弟董來率萬餘人拒戰於城南、望塵退走。丙申、車駕至姑臧、牧犍兄子祖踰城來降、乃分軍圍之。九月丙戌、牧犍兄子萬年率麾下來降。是日、牧犍與左右文武五千人面縛軍門、帝解其縛、待以藩臣之禮。收其城内戸口二十餘萬、倉庫珍寶不可稱計。進張掖公禿髮保周爵爲王、與龍驤將軍穆羆・安遠將軍源賀分略諸郡、雜人降者亦數十萬。牧犍弟張掖太守宜得、燒倉庫、西奔酒泉。樂都太守安周南奔吐谷渾。遣鎮南將軍奚眷討張掖、遂至酒泉、牧犍弟酒泉太守無諱及宜得復奔晉昌。使弋陽公元絜守酒泉。鎮北將軍封沓討樂都、掠數千家而還。班賜將士各有差」とある。

〔通釈〕

世祖太武帝（四二三～四五二在位）は、統万（夏国）や秦隴（北涼国）を平定すると、河西地方の水と牧草が良質なので、ここを牧地とした。畜産が繁殖し、馬は二百余万匹にまで増え、ラクダはあらかたその半数にのぼり、牛や羊は数えきれないほどであった。高祖孝文帝（四七一～四九九在位）は洛陽遷都の後、また河陽を牧地とし、常時軍馬十万匹を置いて、首都警備に備えた。毎年、河西から并州（山西省大原県）へ牧馬を移し、次第に南方へ移動させて、その風土になじませ、畜産が死傷しないようにはからった。こうして河西の牧地は、ますます盛んになった。孝明帝の正光年間（五二〇～五二五）以後、国内は混乱し、畜産は徒党を組んだ盗賊に略奪されてしまった。

八　鉱業について

世宗延昌三年春、有司奏長安驪山有銀鑛、二石得銀七兩。其年秋、恒州又上言、白登山有銀鑛、八石得銀七兩、錫三百餘斤、其色潔白、有踰上品。詔並置銀官、常令採鑄。又漢中舊有金戸千餘家、常於漢水沙淘金、年終摠輸。後臨淮王彧爲梁州刺史、奏罷之。其鑄鐵爲農器・兵刃、在所有之、然以相州牽口冶爲工。故常鍊鍛爲刀、送於武庫。

〔訓読〕

世宗の延昌[1]三年春[2]、有司奏すらく、長安の驪山に銀鑛有り、二石ごとに銀七兩を得[3]、と。其の年秋、恒州又た上言すらく、白登山に銀鑛有り、八石ごとに銀七兩、錫三百餘斤を得、其の色潔白にして、上品を踰ゆる有り、と。詔して並びに銀官を置き[4]、常に採鑄せしむ。又た漢中に舊《もと》より金戸千餘家有り、常に漢水の沙より金を淘《えら》び、年終れば摠《す》べて輸《をさ》む。後に臨淮王彧[5]、梁州刺史と爲るや、奏して之を罷む。其の鐵を鑄て農器・兵刃を爲るは、在所に之れ有るも、⑥然れども相州牽口の冶を以て工《たくみ》と爲す。故に常に錬鍛して刀を爲り、武庫に送らしむ。

〔注釈〕

①世宗宣武帝　元（拓跋）恪（四八三～五一五）、高祖孝文帝の第二子、北魏第七代皇帝（在位四九九～五一五）。『魏書』巻八・『北史』巻四に本紀がある。

②世宗至罷之　この間の事情は、別に『通典』巻九銭幣条にも「延昌三年、有司奏、長安驪山有銀鑛、二石得銀七兩。其秋、恆州又上言、白登山有銀鑛、八石得銀七兩、錫三百餘斤、其色潔白、有踰上品。詔並置銀官、常令采鑄。又漢中舊有金戸千餘家、常於漢水沙淘金、年終輸之。後臨淮王彧爲梁州刺史、奏罷之」とある。長安驪山は、現在の陝西省臨潼県に位置する山。恆州は、現在の山西省大同県。白登山は大同県の東に位置する山岳であり、明元帝永興四年（四一二）、太祖道武帝廟が建設され、定期的に祭られた聖地でもある。『通典』巻四七礼・天子宗廟条に「明元帝永興四年、立太祖道武帝廟於白登山。歳一祭、具太牢、帝親奉、無常月。又於白登西太祖舊遊之處、立昭成・獻明・太祖廟。常以九月十月之交、帝親祭、牲用馬牛羊、又親行貙劉之禮」とある。

③二石得銀七兩　北魏の量・衡はつぎのとおり。一石は約二六・七kg、一両は約一三・九g、一斤は約〇・二二kg。

④詔並置銀官　二つの銀官のうち、恒州銀官は、四年後の神亀元年（五一八）に廃止された。『魏書』巻九粛宗紀神亀元年閏七月条に「甲辰、開恒州銀山之禁、與民共之」とある。

⑤臨淮王彧　太武帝の子・臨淮王譚の玄孫、字は文若。北魏末の宗親官僚として政治の中枢にあったが、爾朱氏の動乱の中で殺された。『魏書』巻十八太武五王列伝に本伝がある。

⑥其鑄鐵爲農器兵刃在所有之　北魏の鋳造機構の詳細についてはよく分からない。ただ『隋書』巻二七百官志中には、北斉太府寺の下級官庁に「諸冶東道」・「諸冶西道」があり、全国に散在する諸冶を太府寺が東西に区分して統括していたことが分かる。北斉は、基本的に北魏の諸制度を踏襲しており、鋳造機構も同様であったと考えられる。『魏書』巻四一源賀伝に「長子延、性謹厚好學。初以功臣子拜侍御中散、賜爵武城子、西冶都將。卒、贈涼州刺史、廣武侯、謚曰簡」とあり、北魏後期に「西冶都將」なる官が置かれている。北斉の「諸冶西道」につながるものであろう。この点については、中華書局標点本『魏書』巻四一校勘記（九三七頁）参照。

〔通釈〕

世宗宣武帝（四九九～五一五在位）の延昌三年（五一四）春、担当官僚は、長安の驪山に銀鉱があり、原石二石（約五三・四kg）から銀七両（約九八g）が採れると上奏した。その年の秋、さらに恒州（山西省大同県）が、白登山に銀鉱があり、原石八石（約二一六kg）から銀七両（約九八g）・錫三百余斤（約六六kg）が採れ、その色は純白で最上級品である、と上言してきた。詔を出して銀官を設置し、常時銀鉱を採掘して鋳造させた。また漢中郡（陝西省南鄭県東）には古くから金戸千余家がおり、常に漢水の砂から金をすくい採って、年末にまとめて上納していた。後に臨淮王彧が梁州刺史になると、上奏してこれを止めさせた。鉄を鋳造して農具や兵器を製造する所はいたる所にあったが、相州（河南省臨漳県西）の牽口にある鋳造所が優れていたので、常に鍛錬して刀を造り、武庫に送らせた。

九　北魏末の経済状況

自魏徳既廣、西域東夷、貢其珍物、充於王府。又於南垂立互市、以致南貨。羽毛齒革之屬、無遠不至。神龜正光之際、府藏盈溢。靈太后曾令公卿已下、任力負物而取之。又數賚禁内左右、所費無貲。而不能一丐百姓也。

〔訓読〕

魏の徳既に廣がりて自り、西域・東夷、其の珍物を貢ぎ、王府に充たす。又た南垂に互市を立て①、以て南貨を致す。羽毛齒革②の屬、遠しとして至らざるもの無し。神龜・正光の際、府藏盈溢す。靈太后③曾て公卿已下をして、力に任せて物を負いて之を取らしむ。又た數しば禁内の左右に賚《たま》ふに、費やす所貲《かぎ》り無し。而れども一も百姓に丐《あた》ふること能はざるなり。

〔注釈〕

①立互市　一般に外国との交易を互市と言う。南北朝間の互市が始まるのは、南朝側の史料によれば、孝武帝即位の元嘉三〇年（四五三、北魏文成帝興安二年）のことであり、その可否を諮る官僚会議の一部が残っている。

『宋書』巻九五索虜伝に「世祖即位、索虜求互市。江夏王義恭・竟陵王誕・建平王宏・何尚之・何偃以爲宜許。柳元景・王玄謨・顔竣・謝荘・檀和之・褚湛之以爲不宜許。時遂通之」とある。

このうち反対派の顔竣・謝荘の議が残っている。『宋書』巻七五顔竣伝に「（元嘉中）二十八年、虜自彭城北歸、復求互市、竣議曰、愚以爲、與虜和親無益、已然之明效。何以言其然。夷狄之欲侵暴、正苦力之不足耳。未嘗拘制信義、用輟其謀。昔年江上之役、乃是和親之所招。歷稔交聘、遂求國婚、朝廷羈縻之義、依違不絶、既積歲月、漸不可誣、獸心無厭、重以忿怒、故至於深入。幸今因兵交之後、華戎隔判、若言互市、則復開囊敝之萌。議者不過言互市之利在得馬、今棄此所重、得彼下駟、千匹以上、尚不足言、況所得之數、裁不十百邪。一相交關、卒難閉絶。寇負力玩勝、驕黠已甚、雖云互市、實覘國情、多贍其求、則桀慠罔已、通而爲節、則必生邊虞。不如塞其端漸、杜其觖望、内修德化、外經邊事、保境以觀其釁、於事爲長」とあり、また『宋書』巻八五謝荘伝に「世祖踐阼、除侍中。時索虜求通互市、上詔群臣博議。莊議曰、臣愚以爲、獯獫棄義、唯利是視、關市之請、或以覘國、順之示弱、無明柔遠、距而觀釁、有足表強。且漢文和親、豈止彭陽之寇。武帝修約、不廢馬邑之謀。故有餘則經略、不足則閉關。何爲屈冠帶之邦、通引弓之俗、樹無益之軌、招塵黠之風。交易爽議、既應深杜。和約詭論、尤宜固絶。臣庸管多蔽、豈識國儀、恩誘降逮、敢不披

盡」とある。北魏からの交易品が主として馬であったことが分かる。

②**羽毛齒革**　貢納物の代表であり、その代名詞。『尚書』禹貢篇に「荊及衡陽惟荊州。江漢朝宗于海、九江孔殷、沱潛既道、雲土夢作乂。厥土惟塗泥、厥田惟下中、厥賦上下、厥貢羽毛齒革、惟金三品」とある。

③**靈太后**　胡氏。安定臨涇の人・胡国珍の娘。宣武帝の後宮に入り、孝明帝を生んだ。孝明帝即位の後、皇太妃、ついで皇太后となり、幼い皇帝にかわって政治の実権を掌握し、北魏末の政局を左右した。爾朱氏の動乱の中、武泰元年（五二八）、河陰で殺害された。『魏書』巻十三皇后列伝、『北史』巻十三后妃列伝に本伝がある。

〔通釈〕

魏の優れた政治が広まってから、西域や東夷は珍しい物産を貢納し、国庫を充たした。さらに、南の国境地帯で互市を開き、南朝の物資を購入したので、羽毛や歯革等の物産が、はるか遠くから運ばれてきた。孝明帝の神亀年間（五一八～五二〇）から正光年間（五二〇～五二五）にかけて、国家の倉庫は満ちあふれていた。霊太后はある時、公卿以下の官僚に命じ、力の及ぶかぎり財物を背負わせ、これを取るにまかせた。さらに、しばしば宮中の左右の親近者に財物を与えたが、その費用は計り知れなかった。しかし、民衆にはいささかも与えることはなかった。

十　漕運について

自徐揚内附之後、仍世經略江淮。於是轉運中州、以實邊鎭、百姓疲於道路。乃令番戍之兵、營起屯田。又收內郡兵資、與民和糴、積爲邊備。有司又請於水運之次、隨便置倉。乃於小平石門①白馬津漳涯黑水濟州陳郡大梁凡八所、各立邸閣、每軍國有須、應機漕引。自此費役微省。

〔校勘〕

①**石門**　石字、百衲本諸本もと右に作る。中華書局標点本校勘記に「石門、諸本石作右、冊府卷四九八・五九六四頁、通典卷一〇漕運作石。按地在小平・白馬津之間、應是黃河的津口。水經注卷五河水篇稱、順帝陽嘉中、又自汴口以東、緣河積石、為堰通渠、咸曰金隄。靈帝建寧中又增修石門、以遏渠口。水經注他處所見石門多處、唯此在小平及白馬津之間。當即其地。這裏右乃石形近而訛、今據改」とあるのによって改める。

〔訓読〕

徐揚内附①して自りの後、世を仍《かさ》ねて江淮を經略す。是に於て中州より轉運し、以て邊鎭を實たすに、百姓道路に疲る。乃ち番戍の兵をして、屯田を營起せしむ②。又た内郡の兵資を收め、民と和糴し③、積《たくは》へて邊備と爲す。有司又た水運の次に於て、便に隨ひて倉を置かんことを請ふ。乃ち小平・石門・白馬津・漳涯・黑水・濟州・陳郡・

大梁の凡て八所に於て、各おの邸閣を立て、④軍國に須《もと》め有る毎に、機に應じて漕引す。此れ自り役を費やすこと微《すこ》しく省けり。

〔注釈〕

①徐揚内附　顕祖献文帝の天安元年（四六六）・皇興元年（四六七）の戦役で、淮北・淮西の地が北魏の版図に入ったことを指す（三五頁注釈④参照）。

②番戍之兵營起屯田　番戍の兵は、内郡漢人から徴発された兵であり、この時期には、十二人（丁）一組で兵役を担当した。軍役を担当する者は一年交代で勤務し、軍役を支援するために各丁は一年一匹の資（貲）絹を供出した。これが兵資・資糧と呼ばれるものである。兵資は公庫に入れず、出征兵士が軍務地に携帯し、消費した。この点および番戍兵資による屯田については、『魏書』巻四四薛虎子伝に「（太和）四年（四八〇）、徐州民桓和等叛逆。……時州鎮戍兵、資絹自隨、不入公庫、任其私用、常苦飢寒。虎子上表曰、……今江左未賓、鯨鯢待戮、自不委粟彭城、以強豐沛、將何以拓定江關、掃一衡霍。竊惟在鎮之兵、不減數萬、資糧之絹、人十二匹、即自隨身、用度無準、未及代下、不免飢寒。論之於公、無毫釐之潤。語其利私、則橫費不足。非所謂納民軌度、公私相益也。徐州左右、水陸壤沃、清汴通流、足盈激灌。其中良田十萬餘頃。若以兵絹市牛、分減戍卒、計其牛數、足得萬頭。興力公田、必當大獲粟稻。一歲之中、且給官食、半兵耘植、餘兵尚衆、且耕且守、不妨捍邊。一年之收、過於十倍之絹。暫時之耕、足充數載之食。於後兵資、唯須内庫、五稔之後、穀帛俱溢。匪直戍士有豐飽之資、於國有呑敵之勢。昔杜預田宛葉以平呉、充國耕西零以強漢。臣雖識謝古人、任當邊守、庶竭塵露、有增山海。高祖納之。……在州戍兵、毎歲交代。虎子必親自勞送。喪者給其斂帛」とある。

番戍兵については、また、『魏書』巻十八太武五王伝元孝友伝に「孝友明於政理、嘗奏表曰、令制、百家爲黨族、二十家爲閭、五家爲比鄰。百家之内、有帥二十五、徵發皆免、苦樂不均。羊少狼多、復有蠶食。此之爲弊久矣。京邑諸坊、或七八百家、唯一里正・二史、庶事無闕、而況外州乎。請依舊置、三正之名不改、而百家爲四閭、閭二比。計族省十二丁、得十二匹貲絹。略計見管之戸、應二萬餘族、一歲出貲絹二十四萬匹。十五丁出一番兵、計得一萬六千兵。此富國安人之道也。……詔付有司議、奏不同」とあり、北魏末・東魏には、十五人一組の軍役履行に変化している。

③與民和糴　和糴は、国家が農民との合意の上で、有償で穀物を買い上げること。軍糧を租税以外の手段によって確保することは、北魏に始まり、唐代中期開元年間以後、恒常的に行われるようになった。兵糧を和糴によって蓄積することは、北魏末まで続き、和糴大使を各地に派遣している。和糴の領域は、淮北・淮西から全土に拡大された。『魏書』巻七九鹿悆伝に「（眞定公・元）子直出鎮梁州、悆隨之州。州有兵糧和糴、和糴者靡不潤屋、悆獨不取、子直強之、終不從命。……普泰中（五三一・五三二）、加征東將軍、轉衛將軍・右光祿大夫・兼度支尚書・河北五州和糴大使」とある。和糴大使の例は他にも『魏書』巻七八孫紹伝に「正光初（五二〇）、兼中書侍郎、使高麗。還、爲鎮遠將軍、右軍將軍。久之、爲徐兗和糴使」とあり、また『魏書』巻四五韋彧伝に「彧弟朏、字遵顯、

……解褐太學博士、遷祕書郎中、稍遷左軍將軍、爲荊郢和糴大使。
……永安三年（五三〇）、卒於州」とある。

④各立邸閣　邸閣は、後漢末から南北朝にかけて特徴的に現れる軍糧・兵器貯備用倉庫である。『資治通鑑』巻六一後漢献帝興平二年（一九五）十二月条に「(孫)策攻劉繇牛渚營、盡得邸閣糧穀、戰具。（胡三省注、邸、至也、言所歸至也。閣、庋置也。邸閣、謂轉輸之歸至而庋置之也）」とある。この記事にも現れるように、通常水運の便の良いところに設置され、軍糧・兵器輸送の結節点となった（王国維「邸閣考」『観堂別集』巻一）。

〔通釈〕

徐州（江蘇省銅山県）・揚州（安徽省壽県）一帯が帰順して以後、北魏は代代にわたって江淮地方（長江・淮水の間）を攻略した。こうして中原地方から陸上輸送して国境の要塞に穀物を補給することとなり、民衆は路上で（運送力役のために）疲弊していた。そこで辺防の当番兵に屯田を経営させた。さらに内郡から兵役免除の資絹を徴収し、（それを代価として）民間から穀物を買い上げ、集積して国境防衛の備えとした。担当官はさらに水上輸送の途次に都合のよい地を選んで倉庫を置くよう奏請した。そこで小平（河南省孟津県北）・石門（河南省滎沢県西）・白馬津（河南省滑県北）・漳涯（無考）・黒水（無考）・済州（山東省茌平県西南）・陳郡（河南省淮陽県）・大梁（河南省開封県）の計八箇所に、それぞれ邸閣を設置し、軍事的必要が生ずるたびに、臨機応変に（邸閣の財物を）水上輸送した。これ以後（輸送のための）力役は、わずかながら削減された。

三門都將薛欽上言、計京西水次汾華二州、恒農河北河東正平平陽五郡年常綿絹及貲麻、皆折公物、雇車牛送京、道險人弊、費公損私。略計華州一車、官酬絹八匹三丈九尺、別有私民雇價布六[1]十匹。河東一車、官酬絹五匹二丈、別有私民雇價布五十匹。自餘州郡、雖未練多少、推之遠近、應不減此。今求車取雇絹三匹、市材造舡、不勞採斫。計船一艘、舉十三車、車取三匹、合有三十九匹。雇作手并匠、及船上雜具食直、足以成船。計一船剩絹七十八匹、布七百八十匹。又租車一乘、官格四十斛成載。私民雇價、遠者五斗布一匹、近者一石布一匹。準其私費、一車布遠者八十匹、近者四十匹。造舡一艘、計舉七百石。準其雇價、應有一千四百匹。今取布三百匹、造船一艘、并船上覆治雜事、計一船有剩布一千一百匹。又其造船之處、皆須鋸材人功、并削船茹。依功多少、即給當州郡門兵、不假更召。汾州有租調之處、去汾不過百里、華州去河不滿六十、並令計程依舊酬價、車送船所。船之所運、唯達濡陂。其陸路從濡陂至倉庫、調一車雇絹一匹、租一車布五匹、則於公私爲便。

〔校勘〕

①別有私民雇價布六十匹　『通典』巻十食貨・漕運は、「六十匹」を「八十疋」に作る。計算は六十匹のほうが合うので、『通典』の「八十」は、字画の欠落による形譌であろう。

〔訓読〕

三門都將薛欽上言すらく①、計るに京西水次の汾華二州、恒農・河北・河東・正平・平陽五郡の年常の綿絹及び貲麻、皆な公物に折して②、車牛を雇い京に送る。道険しく人弊《くる》しみ、公を費やし私を損ふ。略計するに、華州は一車ごとに、官、絹八匹三丈九尺を酬い、別に私民の雇價布六十四匹有り。河東は一車ごとに、官、絹五匹二丈を酬い、別に私民の雇價布五十四匹有り。自餘の州郡、未だ多少を練せずと雖も、之を遠近に推《はか》れば、應に此れより減ぜざるべし。今、車に求めて雇絹三匹を取り、材を市《か》ひて舡を造れば、採斫を勞せず。計るに、船一艘ごとに、十三車を擧《つ》む。車ごとに三匹を取れば、合せて三十九匹有り。作手并びに匠を雇ひ、及び船上の雑具・食直、以て船を成すに足る。計るに、一船ごとに絹七十八匹、布七百八十匹を剩《あま》す。又た租車一乘ごとに、官格は四十斛もて載を成す。私民の雇價、遠き者は五斗ごとに布一匹、近き者は一石ごとに布一匹なり。其の私費に準《よ》れば、一車の布、遠き者は八十匹、近き者は四十匹なり。舡一艘を造れば、計るに七百石を擧《つ》む。其の雇價に準《よ》れば、應に一千四百匹有るべし。今、布三百匹を取り、船一艘を造るに、船上の雑事を覆治するを并せて、計るに、一船ごとに有《ま》た布一千一百匹を剩す。又た其の造船の處、皆な鋸材・人功、并びに船を削るの茹《もち》を須ふ。功の多少に依り、即ち當州郡の門兵に給へば、更に召すを假《か》らず。汾州の租調有るの處、汾を去ること百里を過ぎず、華州は河を去ること六十に満たず。並びに程を計り、舊に依りて價を酬い、車もて船所に送らしめよ。船の運ぶ所は③、唯だ灊陂に達するのみ。其の陸路は、灊陂從り倉庫に至るまで、調は一車ごとに絹一匹を雇《むく》い、租は一車ごとに布五匹とすれば、則ち公私に於て便と爲す、と。

〔注釈〕

①三門都將薛欽上言　三門は、下文朱元旭の議文に出てくる底柱（砥柱）。酈道元『水経注』巻四河水注に「砥柱、山名也。昔禹治洪水、山陵當水者鑿之、故破山以通河、河水分流、包山而過、山見水中、若柱然、故曰砥柱也。三穿既決、水流疏分、指状表目、亦謂之三門矣。山在虢城東北大陽城東也」とある。なお底柱については、次節七八頁注釈④、および二〇九頁「隋代両京漕運図」参照。

都将は、「安州都將」（『魏書』巻七高祖紀太和十四年条）、「仇池都將」（『北史』巻三六薛湖伝）、「西治都將」（『魏書』巻四一源賀伝）、「鑄錢都

將長史」（『魏書』巻七七高謙之伝）、「營構左都將」（『魏書』巻七九張熠伝）、「將作都將」（『魏書』巻八九羊祉伝）など、州・郡・県や軍事機構、および作事官府を統括する軍将である。三門都將は、交通・軍事の要衝である三門（厎柱）に設置された都将である。

　三門都將薛欽の上言を発端とする以下の文章は、六朝期の官僚会議の典型的なあり方を示している。薛欽の上言は、皇帝により官僚会議に諮問される。会議に提出された議文の一部が、あとに続く尚書度支郎中朱元旭・尚書崔休の議文であり、最後に尚書の参議が加えられて、皇帝に上申され、裁可をあおぐことになる。この漕運に関する会議が開かれたのは、参加人物の肩書きと没年から考えて、神龜・正光年間（五一八～五二三）のことである。

②皆折公物　折は、後世唐代などに折納と呼んで、租税を別のものに換算して代替納入したときの折の意に同じ。公物は、反物を中核とする国家の財物。たとえば『北史』巻五五房謨伝に「後除晉州刺史、加驃騎大將軍、又攝南汾州事。先時境接西魏、土人多受其官、爲之防守。至是、酋長・鎭將及都督守令前後降附者三百餘人、謨撫接殷勤、人樂爲用。爰及深險胡夷、咸來歸服。謨常以己祿物、充其饗賚、文襄嘉之、聽用公物。西魏懼、乃增置城戍」とある。ここでは、洛陽に輸送する以前に、綿絹貲麻などの調物をそのまま国家の財物、すなわち経費に読み替え、輸送経費として使用することをいう。

③船之所運　水運を利用して軍糧を輸送することは、太和七年（四八三）、刁雍の提案によって北辺の軍糧輸送で実施されている。調絹・租粟の水運を説く薛欽の提案の先駆をなすものであり、ここにその内容を紹介しておきたい。『魏書』巻三八刁雍伝に「七年、雍表曰、奉詔高平・安定・統萬及臣所守四鎭、出車五千乘、運屯穀五十萬斛付沃野鎭、以供軍糧。臣鎭去沃野八百里、道多深沙、輕車來往、猶以爲難、設令載穀、不過二十石、每渉深沙、必致滯陷。又穀在河西、轉至沃野、越度大河、計車五千乘、運十萬斛、百餘日乃得一返、大廢生民耕墾之業。車牛艱阻、難可全至、一歳不過二運、五十萬斛乃經三年。臣前被詔、有可以便國利民者動靜以聞。臣聞鄭・白之渠、遠引淮海之粟、泝流數千、周年乃得一至、猶稱國有儲糧、民用安樂。今求於牽屯山河水之次、造船二百艘、二船爲一舫、一船勝穀二千斛、一舫十人、計須千人。臣鎭內之兵、率皆習水。一運二十萬斛。方舟順流、五日而至、自沃野牽上、十日還到、合六十日得一返。從三月至九月三返、運送六十萬斛、計用人功、輕於車運十倍有餘、不費牛力、又不廢田。詔曰、知欲造船運穀、一冬即成、大省民力、既不費牛、又不廢田、甚善。非但一運、自可永以爲式。今別下統萬鎭出兵以供運穀、卿鎭可出百兵爲船工、豈可專廢千人。雖遣船匠、猶須卿指授、未可專任也。諸有益國利民如此者、續復以聞」とある。

〔通釈〕

三門都将の薛欽が上奏して提案した。

　考えるに、京師洛陽以西の水路上にある汾（山西省隰県東北）・華（陝西省大茘県）二州と、（司州の）恒農（河南省陝県）・河北（山西省平陸県東北）・河東（山西省永済県北）・正平（山西省新絳県西南）・平陽（山西省臨汾県西南）の五郡は、毎年、常調である綿・絹と貲麻を国家経費に換算し、車牛を雇って京師に輸送していますが、道路が険しいので民衆は疲弊し、公私ともに損耗しています。
概算すると、華州では車輌一台を雇うにあたり、国家から絹八匹三丈九尺を支出し、それとは別に民間からの雇用費用として麻布六十匹が必要です。河東では車輌一台あたり、国家から絹五匹二丈、別に民間からの雇用費用として麻布五十匹が必要です。その他の州郡については、まだ費用を詳しく調査してはいませんが、距離を考え合わせると、これより減価することはないはずです。

いまかりに車輌一台ごとに雇用費中の絹三匹を取り分け、それで材木を購入し造船すれば、伐採費がかかりません。計算上、船一隻には車輌十三台分を積載できますから、車輌一台ごとに三匹取り分ければ、合計三九匹となります。造船労働者並びに船大工を雇用し、船上の諸装置・食糧費を合わせて、船一隻を完成するのに十分です。計算上、（華州の場合、車での輸送に比して）船一隻につき、絹七八匹、麻布七百八十匹の余剰が出ます。

また租穀を運ぶ車輌一台について、国家の規定では四十斛を積載量としています。（車輌一台を雇うための）民間の雇用価格は、遠距離では五斗ごとに麻布一匹、近距離では一石ごとに麻布一匹です。この民間の雇用価格を基準とすれは、車輌一台あたり遠距離では麻布八十匹、近距離では四十匹になります。船を一隻造れば、計算上、七百石積載できます。この雇用価格によれば、（遠距離の場合）一千四百匹が必要になります。いまその中から麻布三百匹を取り分けて、船一隻を造れば、船上の諸装置造作費用を合わせても、計算上、船一隻につき、さらに麻布一千百匹の余剰が出ます。

また各造船所では、皆な工具・材木・労働力、並びに造船用の食糧費が必要になります。造船事業の規模に応じて、そのまま各州郡から派遣する三門の兵士に（労賃として）支給すれば、あらためて徭役を徴発するまでもありません。

汾州の租調徴税地域は、汾水からの距離が百里以内、華州のそれは黄河からの距離が六十里未満です。ならびに規定によって計算し、旧来どおりに代価を支払い、車で船着場まで輸送させます。船による輸送は潘陂までとします。そこからの陸路は、潘陂から（京師の）倉庫に到着するまで、調は一車輌あたり絹一匹、租は一車輌あたり布五匹を支払うだけになり、国家・民間にとって好都合となります。

尚書度支郎中朱元旭計稱、效立於公、濟民爲本。政列於朝、潤國是先。故大禹疏決、以通四載之宜。有漢穿引、受納百川之用。厥績顯於當時、嘉聲播於圖史。今校薛欽之説、雖跡驗未彰、而指況甚善。所云以船代車、是其策之長者。若以門兵造舟、便爲闕彼防禦、無容全依。宜令取雇車之物、市材執作、及倉庫所須、悉以營辦。七月之始、十月初旬、令州郡綱典、各①受租調於所在、然後付之。十車之中、留車士四人、佐其守護。粟帛上船之日、隨運至京、將共監愼、如有耗損、同②其陪徵。河中缺失、專歸運司。輸京之時、聽其即納、不得雜合違失常體。必使量上數下、謹其受入、自餘一如其列。計氐柱之難、號爲天險、迅驚千里、未易其功。然既陳便利、無容輒抑。若效充其説、則附例酬庸、如其不驗、徵塡所損。今始開刱、不可懸生減折、③且依請營立、一年之後、須知贏費。歲遣御史、校其虛實、脱有乖越、別更裁量。

〔校勘〕

①各受租調於所在　もと受字を缺く。中華書局標點本校勘記に「諸本脱受字、不可通、今據冊府（同上卷頁）通典卷一〇補。又將所、冊府・通典並作所在、疑是」とあるのにより補う。また所在二字、百衲本諸本は將所二字に作るが、冊府・通典はともに所在に作る。各州郡の陸運輸送から水運への転換地点をいうのであるから、一所に限らないので、文脈上所在のほうが通りがよい。冊府・通典に従い、所在に改める。

②同其陪徵　もと同字を缺く。中華書局標點本校勘記に「諸本無同字、冊府同上卷頁、通典卷一〇有。按文義當有此字、今據補」とあるのにより補う。

③且依請營立　中華書局標點本は、「具依請營立」に作るが、具字では文意やや迂遠である。百衲本『魏書』・『通典』卷十ともに且字に作り、文脈上通りがよい。且は、シバラクと訓じて、ひとまず、当面の意。

〔訓読〕

尚書度支郎中朱元①旭②計りて稱すらく、效を公に立つるは、民を濟《すく》ふを本と爲し、政を朝に列するは、國を潤すを是れ先とす。故に大禹疏決して、以て四載の宜を通じ③、有漢穿引して、百川の用を受納す。厥の績は當時に顯はれ、嘉聲は圖史に播《し》く。今、薛欽の説を校《かんが》ふるに、跡驗未だ彰らかならずと雖も、而れども指況は甚だ善し。云ふ所の船を以て車に代ふるは、是れ其の策の長なる者なり。門兵を以て舟を造るが若きは、便ち彼の防禦を闕くが爲に、全く依る容《べ》からず。宜しく雇車の物を取り、材を市ひて執作せしめ、及び倉庫に須《もち》ふる所は、悉く以て營辦せしむべし。七月の始めより、十月の初旬まで、州郡の綱典をして、各おの租調を所在に受《さづ》け、然る後に之に付せしむ。十車の中、車士四人を留め、其の守護を佐けしむ。粟帛船に上るの日、運ぶに隨ひて京に至り、將《かなら》ず共に監愼し、如し耗損すること有れば、其の陪徵を同《とも》にせしむ。河中の缺失は、專ら運司に歸す。京に輸《をさ》むるの時、其の即《ただ》ちに納むるを聽し、雜合して、常體を違失するを得ざらしむ。必ず上に量り下に數へ、其の受入を謹しましむ。自餘は一に其の列の如くせん。計るに、氐柱の難、號して天險と爲し④、迅驚すること千里、未だ其の功を易《たやす》くせず。然れども既に便利を陳べたれば、輒《みだ》りに抑《おさ》ふ容《べ》からず。若し效其の説に充《あ》たれば、則ち例に附して庸を酬い、如し其れ驗《あき》らかならざれば、損する所を徴塡せしむ。今、始めて開剏したれば、生を懸けて減折す可からず、且《しばら》く請に依りて營立すれば、一年の後、須《すべか》らく贏費を知るべし。歳ごとに御史を遣し、其の虚實を校《かんが》へ、脱《も》し乖越すること有れば、別に更に裁量されんことを、と。

〔注釈〕

①尚書度支郎中　北魏の財政官府である度支尚書には、度支・倉部・左戸・右戸・金部・庫部の六曹があった。度支郎中は度支曹を統括する。『冊府元亀』巻四八三邦計部総序に「後魏……其尚書省……度支尚書之屬、統度支掌計令・凡軍國損益及軍役・糧廩事。倉部掌諸倉帳出入事。左戸掌天下計掾・戸籍等事。右戸掌天下公私田宅・租調等事。金部掌權衡量度・内外諸庫藏文帳等事。庫部掌戎仗器用所須事。北齊因之」とある。

②朱元旭　朱元旭（四七九～五四五）、字は君昇、楽陵の人。尚書度支郎中のほか、尚書右丞、平東將軍尚書左丞、使持節驃騎將軍義州刺史等を歴任した。『魏書』巻七二本伝に「除尚書度支郎中。神龜末、以郎選不精、大加沙汰。元旭與隴西辛雄・范陽祖瑩・泰山羊深・西平源子恭並以才用見留」とあり、尚書度支郎中就任は、神龜年間（五一八～五二〇）であることが分かる。

③大禹疏決以通四載之宜　四載は、禹が洪水を治めるにあたり、河川・陸地・泥地・山地の特性に応じて用いた四種類の乗り物。『尚書』益稷篇に「禹曰、洪水滔天、浩浩懷山襄陵、下民昏墊。予乘四載、隨山刊木、曁益奏庶鮮食。予決九川、距四海、濬畎澮距川、曁稷播奏庶艱食鮮食。懋遷有無化居、烝民乃粒、萬邦作乂」とあり、偽孔安国伝に「所載者四、謂水乘舟、陸乘車、泥乘輴、山乘樏」とある。『漢書』巻二九溝洫志にも「夏書、禹堙洪水十三年、過家不入門。陸行載車、水行乘舟、泥行乘毳、山行則梮、以別九州。隨山浚川、任土作貢。通九道、陂九澤、度九山」とある。

④厎柱之難號爲天險　黄河中流・河南省陝県東北にある水上交通の難所。『漢書』巻二九溝洫志に「後河東守番係言、漕從山東西、歳百餘萬石、更厎柱之艱、敗亡甚多而煩費。穿渠引汾漑皮氏・汾陰下、引河漑汾陰・蒲坂下、度可得五千頃。故盡河壖棄地、民茭牧其中耳、今漑田之、度可得穀二百萬石以上。穀從渭上、與關中無異、而厎柱之東可毋復漕。上以爲然」とある。厎を底に作るものがあるが誤り。厎の音は之履切（シ）である。別に砥柱とも書き、砥の音も軫倚切（シ）。酈道元『水経注』巻四河水注に砥柱の状況を述べて、「自砥柱以下、五戸已上、其間一百二十里、河中竦石傑出、勢連襄陸。蓋亦禹鑿以通河、疑此閼流也。其山雖闢、尚梗湍流、激石雲洄、澴波怒溢、合有一十九灘、水流迅急、勢同三峽、被害舟船、自古所患」と言う。天険については、『周易』坎卦象伝に「習坎、重險也。水流而不盈、行險而不失其信。維心亨、乃以剛中也。行有尚、往有功也。天險不可升也。地險山川丘陵也。王公設險以守其國、險之時用大矣哉」とある。

〔通釈〕

尚書度支郎中の朱元旭が検討して述べた。

公に治績をあげるには、人民救済を根本とし、朝廷で提案する政策は、国家を豊かにすることが第一です。それゆえ禹王は、水路・道路を切り開き、それに適切な四種の乗物を通行させたのであり、漢王朝は運河を開通して、多くの河川の働きを利用したのです。その功績は、その当時からはっきりしており、その名声は絵画や史書にも記されています。

いま、薛欽の提案を検討してみるに、その実積はまだ明らかではないが、趣旨は非常に善い。車に代えて船を用いるという点は、その提案の長所です。しかし三門の兵士に船を造らせるという点については、その地方の防備を削減することになるので、全面的に依拠すべきではない。車輛を雇うための財物を取り分け、それで材木を購入して造船し、ならびに倉庫が必要とする物まで、全てまかなわせるのがよい。

七月の始めから十月初旬まで、州郡の輸送隊長に、各地方の租穀調物を各地の船着場まで運ばせて引き渡し、そのあとは輸送を船に託します。そのとき十車あたり輸送隊士四人を残し、船の守備を助けさせます。(四人は) 租調の穀物・反物を船に積み込んだ日から、漕運に随って京師に到着するまで、必ず共に慎重に監視し、もし数量に損耗があれば、共同で賠償させます。黄河輸送中の減損分は、全責任を運送担当官司のものとします。京師に輸送したら、直ちに倉庫に納入することを許し、各地のものと混合して、正常な運営に支障が出ないようにします。必ず異なる方向から数量を点検し、その納入・受け渡しを慎重にさせます。その他の点については、全て薛欽の提案どおりとします。

思うに底柱の難所は、天険とも称し、流れの速さは千里を飛ぶ様で、功績を立てることは容易ではありません。しかしながら、いますでに有用な意見が提出されたうえは、みだりに抑制するべきではありません。もし効果がこの提案どおりであれば、規則に照らして報酬を与え、もし結果が示されなければ、損失分を補填させればよろしい。いま初めて実行に移すのだから、この提案を中途半端に削減するのはよろしからず、ひとまず薛欽の申請どおり実施することとし、一年の後には、余剰額が必ず分かります。毎年御史を派遣してその実態を調査し、もし問題点がある場合には、別にあらためて検討することとしましょう。

尚書崔休以爲、刳木爲舟、用興上代、鑿渠通運、利盡中古。是以漕輓河渭、留侯以爲偉談、方舟蜀漢、酈生稱爲口實。豈直張純之奏、見美東都。陳勰之功、事高晉世。其爲利益、所從來久矣。案欽所列、實允事宜、郎中之計、備盡公理。但舟檝所通、遠近必至。苟利公私、不宜止在前件。昔人乃遠通褒斜、以利關中之漕、南達交廣、以增京洛之饒。況乃漳洹夷路、河濟平流、而不均彼省煩、同茲巨益。且鴻溝之引宋衛、史牒具存、討虜之通幽冀、古迹備在。舟車省益、理実相懸、水陸難易、力用不等。昔忝東州、親逕□驗、斯損益不可同年而語。請諸通水運之處、皆宜率同此式。縦復五百、三百里、車運水次、校計利饒、猶爲不少。其欽所列州郡、如請興造。東路諸州、皆先通水運、今年租調、悉用舟檝。若船數有闕、且賃假充事、比之僦車、交成息耗。其先未通流、宜遣檢行、閑月修治。使理有可通、必無壅滯。如此、則發召匪多、爲益實廣、一爾蹔勞、久安永逸。

〔訓読〕

尚書崔休①以爲らく、木を刳《く》りて舟を爲るは、用、上代に興り②、渠を鑿ちて運を通ずるは、利、中古に盡く。是を以て河渭に漕輓して、留侯以て偉談と爲し③、舟を蜀漢に方《なら》べて、酈生稱して口實と爲す④。豈に直《ただ》に張純の奏、東都に美とせられ⑤、陳勰の功、事、晉世に高きのみならんや⑥。其の利益を爲すや、從りて來たる所久し。案ずるに、欽が列する所、實に事宜に允《あ》たり、郎中の計、備《つぶ》さに公理を盡す。但だ舟檝の通ずる所、遠近必ず至る。苟しくも公私に利することあれば、宜しく止《ただ》に前件のみに在るべからず。昔人乃ち遠く褒斜《ほうや》を通じ、以て關中の漕を利し⑦、南のかた交廣に達し、以て京洛の饒を增す⑧。況や乃ち漳洹は夷路、河濟は平流にして、彼の省煩を均しくせざるも、茲の巨益を同じくするをや。且つ鴻溝の宋衛に引けるは、史牒具《つぶ》さに存し⑨、討虜の幽冀に通ずるは、古跡備さに在り⑩。舟車の省益は、理寔相ひ懸《はな》れ、水陸の難易は、力用等しからず。昔、東州を忝《かたじけな》くし、親ら□驗を逕たれば、斯《こ》の損益、同年にして語る可からず。請ふらくは、諸もろの水運を通ずるの處、皆な宜しく率ね此の式に同じくすべし。縦《たと》ひ復た五百、三百里あるも、車もて水次に運べば、利饒を校計するに、猶ほ少なからずと爲す。其れ欽が列する所の州郡は、請へるが如く興造せん。東路の諸州は、皆な先に水運を通じたれば、今年の租調、悉く舟檝を用ひん。若し船數に闕くこと有れば、且《しば》らく賃假して事に充つれば、之を僦車に比するに⑪、交《とも》に息耗を成さん。其れ先に未だ通流せざるところは、宜しく遣りて檢行せしめ、閑月に修治すべし。使《も》し理として通ず可きもの有れば、必ず壅滯すること無からしめよ。此の如くすれば、則ち發召多からずして、益を爲すこと實に廣く、一爾蹔《しば》らく勞するも、久しく安んじ永く逸せん、と。

〔注釈〕

①尚書崔休　崔休（四七二～五二三）、字は惠盛、清河の人。平北將軍・幽州刺史、安東將軍・青州刺史を歴任し、末年は中央にあって度

支尚書、七兵尚書、殿中尚書を歴任し、正光四年、五二歳で没した。議文中にある東州刺史は、青州のことである。『魏書』巻六九に本伝がある。

②刳木爲舟用興上代　『周易』繫辞下に「黄帝堯舜垂衣裳而天下治、蓋取諸乾坤。刳木爲舟、剡木爲楫、舟楫之利、以濟不通、致遠以利天下、蓋取諸渙」とある。上代とは、黄帝堯舜の時代である。

③漕輓河渭留侯以爲偉談　留侯は、漢初の張良。長安建都にあたって、その水運の便を述べたもの。『史記』巻五五留侯世家に「劉敬説高帝曰、都關中。上疑之。左右大臣皆山東人、多勸上都雒陽、雒陽東有成皋、西有殽黽、倍河、向伊雒、其固亦足恃。留侯曰、雒陽雖有此固、其中小不過數百里、田地薄、四面受敵、此非用武之國也。夫關中左殽函、右隴蜀、沃野千里。南有巴蜀之饒、北有胡苑之利、阻三面而守、獨以一面東制諸侯。諸侯安定、河渭漕輓天下、西給京師。諸侯有變、順流而下、足以委輸。此所謂金城千里、天府之國也。劉敬説是也。於是高帝即日駕、西都關中」とある。

④方舟蜀漢酈生稱爲口實　酈生は、漢初の酈食其。斉王田広を漢に加担するよう説得するにあたり、蜀・漢中から船団による大量の軍糧輸送の存在を根拠としたことを言う。『史記』巻九七酈生列伝に「而使酈生説齊王曰……項王遷殺義帝、漢王聞之、起蜀漢之兵擊三秦、出關而責義帝之處、收天下之兵、立諸侯之後。降城即以侯其將、得賂即以分其士、與天下同其利、豪英賢才皆樂爲之用。諸侯之兵四面而至、蜀漢之粟、方船而下。項王有倍約之名、殺義帝之負」とあり、索隱に「案方船謂並舟也。戰國策、方船積粟、循江而下也」とある。

⑤張純之奏見美東都　張純（?～後五六）、字は伯仁、京兆杜陵人。典故に通じ、後漢草創期の政府中枢にあって、多くの上奏文を提出して礼制典章の立ち上げに力を尽くした（『後漢書』張純列伝第二五）。この場合は、とくに陽渠の開鑿をいうのであろう。『水経注』巻十六穀水条に「漢司空漁陽王梁之爲河南也、將引穀水以漑京都、渠成而水不流、故以坐免。後張純堰洛水以通漕、洛中公私穰贍、是渠今引穀水、蓋純之創也」とある。東都は後漢の都洛陽。

⑥陳勰之功事高晉世　陳勰は正史に立伝されておらず、経歴不明。將作大匠であったとき古尺を発見し、楽制・度量衡を正すことに貢献した。『晋書』巻五一摯虞伝に「將作大匠陳勰掘地得古尺。尚書奏、今尺長於古尺、宜以古爲正。潘岳以爲習用已久、不宜復改。虞駮曰、……今尺長於古尺幾於半寸、樂府用之、律呂不合、史官用之、暦象失占、醫署用之、孔穴乖錯。此三者、度量之所由生、得失之所取徵、皆絓閡而不得通、故宜改今而從古也。……臣以爲宜如所奏」とある。治水にかかわる業績としては、洛陽の千金堰・運渠の修築が『水経注』に残されている。巻十六穀水条に「東至千金堨。……堨是都水使者陳協（當作勰）所修也。語林曰、陳協數進阮歩兵酒、後晉文王欲修九龍堰、阮舉協、文王用之。掘地得古承水銅龍六枚、堰遂成。……又按傅暢晉書云、都水使者陳狼（當作協）鑿運渠、從洛口入、注九曲、至東陽門」とあり、『洛陽伽藍記』巻四城西に「長分橋西有千金堰、計其水利、日益千金、因以為名。昔都水使者陳勰所造、令備夫一千、歳恆修之」とある。

⑦遠通褒斜以利關中之漕　陝西省終南山の渓谷を縦断する道路で関中と蜀（四川省）とをつなぐ幹線路であった。褒斜道の開通については、『漢書』巻二九溝洫志に「其後人有上書、欲通褒斜道及漕、

事下御史大夫張湯。湯問之、言、抵蜀從故道、故道多阪、回遠。今穿褒斜道、少阪、近四百里、而褒水通沔、斜水通渭、皆可以行船漕。漕從南陽上沔入褒、褒絶水至斜、間百餘里、以車轉、從斜下渭。如此、漢中穀可致、而山東從沔無限、便於底柱之漕。且褒斜材木竹箭之饒、儗於巴蜀。上以爲然。拜湯子卬爲漢中守、發數萬人作褒斜道五百餘里。道果便近、而水多湍石、不可漕」とある。

⑧南達交廣以增京洛之饒　呉を平定した杜預が、南方の水路を整備したことを指す。『晋書』巻三四杜預伝に「預以太康元年正月、陳兵于江陵……於是進逼江陵。呉督將伍延偽請降而列兵登陴、預攻克之。既平上流、於是沅湘以南、至于交廣、呉之州郡皆望風歸命、奉送印綬。預仗節稱詔而綏撫之。……又修邵信臣遺跡、激用滍淯諸水、以浸原田萬餘頃、分疆刊石、使有定分、公私同利、衆庶賴之、號曰杜父。舊水道唯沔漢達江陵千數百里、北無通路。又巴丘湖、沅湘之會、表裏山川、實爲險固、荊蠻之所恃也。預乃開楊口、起夏水達巴陵千餘里、内瀉長江之險、外通零桂之漕。南土歌之曰、後世無叛由杜翁、孰識智名與勇功」とある。

⑨鴻溝之引宋衛史牒具存　『漢書』巻二九溝洫志に「自是之後、滎陽下引河東南爲鴻溝、以通宋鄭陳蔡曹衛、與濟汝淮泗會」とある。

⑩討虜之通幽冀古迹備在　討虜は討虜渠のことか。『三国志』巻二文帝紀黄初六年条に「三月、行幸召陵、通討虜渠。乙巳、還許昌宮」とある。討虜渠の由来は、後漢末の動乱期に、一時期討虜校尉となり、袁紹と幽州冀州を争った公孫瓚がこの渠を穿ったことによるのであろう。『後漢書』臧洪伝第四八に「時討虜校尉公孫瓚與大司馬劉虞有隙、超乃遣洪詣虞、共謀其難。行至河閒而值幽冀交兵、行塗阻絶、因寓於袁紹。紹見洪、甚奇之、與結友好、以洪領青州刺史」とある。

⑪比之僦車　僦車は雇用された車、朱元旭の議文にみえる雇車に同じ。『漢書』巻二四食貨志下に「桑弘羊爲治粟都尉、領大農、盡代僅斡天下鹽鐵。弘羊以諸官各自市相爭、物以故騰躍、而天下賦輸或不償其僦費」とあり、顔師古注に「僦、顧也。言所輸賦物不足償其餘顧庸之費也。僦音子就反」とある。

〔通釈〕

尚書の崔休が議文を提出した。

木をくりぬいて船を造る効用は上代に始まり、運河を開いて水上輸送する利益は、中古の時代に盛んになりました。こうして、黄河・渭水の水上輸送を、留侯張良は長安建都の理由とし、蜀や漢中の船団輸送を、酈食其は斉王説得のための事実としたのです。単に張純の上奏が後漢の都洛陽で称賛され、都水使者陳勰の功績が晋の時代に名高いだけではありません。漕運の利益は長い歴史をもっているのです。

考えるに薛欽の提案はまことに事宜にかなっており、郎中朱元旭の議文もことごとく公理を尽くしています。ただ船運が通じるところは、遠近どこにでも必ず到達します。公私にわたって利益があるのなら、前の提案の範囲に限定するべきではありません。昔の人は、遠くは褒斜道を開通して関中の漕運の利益をはかり、南は交州（ヴェトナム・ハノイ市）・広州（広東省番禺県）にまで到達して京師洛陽の財政を豊かにしました。ましてや漳河・洹水は平坦で、黄河・済水はおだやかな流れであり、輸送の手間を省くことは一様ではありませんが、巨大な利益は同じであります。そのうえ、鴻溝を宋や衛の国に引き入れたことは、歴史書に詳しく書いてあり、討虜渠を幽州（北京市大興県西南）・冀州（河北省冀県）に通じたことは、古い遺跡にことごとく残っています。船数と車数の増減については、理想と現実がかけはなれており、水運と陸運の難易については、かかる労働とその効用も等しくありません。これは昔、東方の州刺史の職を拝領したおりに、自ら経験したことであり、その増減・難易は、一くくりにしては論じられないものです。水運の交通網があるところは全て、この二人の提案に従うのがよろしい。たとえまた五百里・三百里の距離があっても、車輛で水路まで運べば、その利益を見積もるに、かなり大きいものになりましょう。

　薛欽の提案した州郡については、彼の申請どおり水路を造成します。東方諸州は皆な既に水運が通じているので、今年の租調にはすべて船舶を使わせます。船数が足りない場合には、さしあたり賃貸することで処理すれば、車輛を雇うのに比べて、ならびに余剰が出ます。これまでまだ水路が通じていないところについては、実地に調査を行い、農閑期に修築するのがよろしい。もし地理的に水路を疎通しうるところであれば、絶対に塞がったままにはしない。かようにすれば、多大な徭役を徴発せずに幅広い實益を上げ、一時の苦労で永遠の安逸を享受できます。

録尚書高陽王雍、尚書僕射李崇等奏曰、運漕之利、今古攸同、舟車息耗、實相殊絶。欽之所列、關西而已。若城内同行、足爲公私巨益。謹輒參量、備如前計、庶徵召有減、勞止小康。若此請蒙遂、必須溝洫通流、即求開興修築。或先以開治、或古跡仍在、舊事可因、用功差易。此冬閑月、令疎通咸訖、比春水之時、使運漕無滯。

詔從之。而未能盡行也。

〔訓読〕

録尚書・高陽王雍①、尚書僕射李崇②等奏して曰く③、運漕の利、今古同じくする攸《ところ》にして、舟車の息耗、實に相ひ殊絶す。欽が列する所は、關西のみ。若し城内に同《とも》に行なへば、公私の巨益と爲すに足らん。謹んで輒《みだ》りに參量するに、備さに前計の如くすれば、徵召減らすこと有り、勞止小しく康んずるに庶《ちか》からん④。若し此の請、遂《すす》めを蒙れば、必ずや須く溝洫の通流すべく⑤、即ち開興修築するを求む。或は先に以《すで》に開治し、或は古跡仍ほ在り、舊事因る可く、用功差《や》や易し。此の冬の閑月に、疏通して咸《み》な訖《おわ》らしめ、春水の時に比《およ》んで、運漕をして滯ること無からしめよ、と。

詔して之に従ふ。而れども未だ盡くは行なふこと能はざるなり。

〔注釈〕

①**高陽王雍**　元（拓跋）雍、字は思穆。献文帝の子。孝文帝・宣武帝・孝明帝の三代にわたり、宗親官僚として政治の中枢にあった。爾朱栄の反乱の中で、河陰において殺害された。『魏書』巻二一献文六王列傳第九上に本伝がある。

②**尚書僕射李崇**　李崇（四五五〜五二五）、字は継長、頓丘の人。文成元皇后の兄李誕の子、宗親官僚として孝文帝・宣武帝・孝明帝の三代につかえ、孝昌元年（五二五）七一歳で没した。『魏書』巻六六に本伝がある。

③**録尚書高陽王雍尚書僕射李崇等奏**　以下の上奏文は、文中にも「謹輒參量」とあるように尚書参議と呼ばれるもので、官僚会議で提出されたいくつかの議文をとりまとめ、尚書の意見を付して皇帝の裁可をあおぐものである。六朝期の官僚会議の最終段階を構成した。

④**勞止小康**　疲弊した民衆に少しく休息をあたえること。『詩経』大雅・民勞に「民亦勞止、汔可小康。惠此中國、以綏四方」とあり、鄭玄箋に「汔、幾也。康・綏、皆安也。惠、愛也。今周民罷労矣。王幾可以小安之乎」とある。

⑤**溝洫通流**　溝洫は、田間・耕区間の水路。『周禮』考工記に「匠人爲溝洫。耜廣五寸、二耜爲耦。一耦之伐、廣尺深尺謂之畎。田首倍之、廣二尺深二尺謂之遂。九夫爲井、井間廣四尺深四尺、謂之溝。方十里爲成、成間廣八尺深八尺、謂之洫」とある。

〔通釈〕

録尚書・高陽王の元雍、尚書僕射の李崇等が尚書参議を上奏した。

漕運の利益というものは昔も今も同じであり、陸運と水運の損益の差はまことに大きい。薛欽の提案は函谷関以西のみのことです。もし国内共にこれを実行すれば、その利益は公私にわたって巨大なものとなります。つつしんで参議いたしまするに、前の三人の提案を具体化することで、徭役の徴発を減らし、疲弊した民衆を休息させたいものです。

もしこの提案の実行が許可されれば、水路を疎通することが必須となり、直ちに水路の創設や修復が必要になります。なかにはすでに開通しているものや、遺跡がなお残っているものもあります。旧来の水路・遺跡を用いることができれば、工事もやや容易です。この冬の農閑期に疎通工事を全て完成させ、春の雪どけ時には、漕運の遅滞を無くさせたいものです。

詔勅を発してこの提案に従うことにした。しかし、完全にこれを実行することはできなかった。

十一　北魏末東魏の時代

正光後、四方多事、加以水旱、國用不足、預折天下六年租調而徵之。百姓怨苦、民不堪命。有司奏斷百官常給之酒、計一歳所省、合米五万三千五十四斛九斗①、蘗穀六千九百六十斛、麪三十万五百九十九斤。其四時郊廟、百神群祀、依式供營、遠蕃使客、不在斷限。爾後寇賊轉衆、諸將出征、相繼奔敗、所亡器械資粮、不可勝數。而關西喪失尤甚、帑藏益以空

竭。有司又奏、内外百官及諸蕃客稟食及肉、悉二分減一②、計終歳省肉百五十九万九千八百五十六斤、米五万三千九百三十二石。

〔校勘〕

①**計一歳所省合米五万三千五十四斛九斗**　百衲本諸本は、もと九升に作る。『通典』巻五食貨・賦税中は「計一歳所省米五萬三千五十四斛九斗」に作る。升と斗とはよく誤写されるが、九升では零細にすぎるので『通典』の九斗のほうが良い。今、『通典』によって升字を斗字に改める。

②**悉二分減一**　『通典』巻五食貨・賦税中は「悉三分減一」に作る。どちらがよいか判断すべき材料を欠くので、今は本志原文による。

〔訓読〕

正光の後、四方多事にして①、加ふるに水旱を以てし、國用足らず、預め天下六年の租調を折して之を徴す②。百姓怨苦し、民、命に堪へず。有司奏して百官常給の酒を斷《とど》め、一歳の省く所を計ふるに、合せて米五万三千五十四斛九斗、蘖穀六千九百六十斛、麪三十万五百九十九斤なり。其の四時の郊廟、百神の群祀は、式に依りて供營し、遠蕃使客は、斷限に在らず。爾後寇賊轉《うた》た衆く、諸將出征するに、相ひ繼ぎ奔敗し、亡くす所の器械資糧、勝げて數ふ可からず。而して關西の喪失尤も甚しく、帑藏益ます以て空竭たり。有司又た奏して、内外百官及び諸蕃客の稟食及び肉、悉く二分して一を減ず。計るに終歳に肉百五十九万九千八百五十六斤、米五万三千九百三十二石を省く。

〔注釈〕

①**正光後四方多事**　正光四年（五二三）冬の沃野鎮人破落汗抜陵の反乱に端を発する六鎮の乱とその後の動乱を指す。正光年間以後、北魏の国運が衰退に向かい、収奪がはげしくなっていったことは、様ざまな史料に見える。たとえば『魏書』巻一一四釈老志に「魏有天下、至於禪讓、佛經流通、大集中國、凡有四百一十五部、合一千九百一十九巻。正光已後、天下多虞、王役尤甚、於是所在編民、相與入道、假慕沙門、實避調役、猥濫之極、自中國之有佛法、未之有也。略而計之、僧尼大衆二百萬矣、其寺三萬有餘。流弊不歸、一至於此、識者所以歎息也」とある。

②**預折天下六年租調而徴之**　ここに言う「六年租調」が、何時ごろの、どのような措置なのかにわかに断定できない。「六年の租調」については、武泰元年（五二八）正月の長孫稚の上表がある。『魏書』巻二五長孫稚伝に「稚上表曰、……況今王公素餐、百官尸祿、租徴六年之粟、調折來歳之資、此皆出人私財、奪人膂力。豈是願言、事不獲已。臣輒符司監將尉、還率所部、依常收税、更聽後敕」とある。この長孫稚の言によれば、武泰元年頃に「六年の租粟」と「来年の調絹」を前倒しして徴発したことがわかる。これを六

年間の租調と理解することもできる。ただこの表現では、「租徴六年之粟」は順当でも、「調折來歳之資」の理解が苦しい。また『魏書』巻九粛宗紀孝昌元年（五二五）条に「九月乙卯、詔減天下諸（租）調之半」とあり、さらに『魏書』巻十孝荘帝紀建義元年（五二八）四月辛丑条に「詔曰……復天下租役三年」とあって、正光四年（五二三）以降、二～三年ごとに租調の免除措置がおこなわれている。先に徴収したものを、後に減額したり免除したりするのは、不合理である。

「天下六年租調」は、六年間の租調ではなく、正光六年（五二五、六月改元して孝昌元年）の租調の意味であろう。「況今王公素餐、百官尸祿、租徴六年之粟、調折來歳之資」は、「預折天下六年租調而徴之」を対句に分節して表現したものであり、来年・正光六年（六月に改元して孝昌元年）の租・調の意味である。とすればこの措置は、正光五年に出されたもので、翌年の租調収取の前倒しを図ったものとみてよい。このように理解すれば、次節に孝昌二年の記事がくるのにもよくなじむ。本節下文の経費節減も正光五年に出された一連の措置であろう。長孫稚上表については、なお九九頁の「鹽官改廢一覧」⑺引『魏書』巻二五長孫稚伝を参照。

〔通釈〕

孝明帝の正光年間（五二〇～五二四）以降、各地で戦乱が多発し、さらに水害・旱害が重なり、国家財政が逼迫してきたので、国家は正光六年（五二五、孝昌元年）の全国の租調を前倒しして徴収した。民衆は怨みまた苦しみ、国家の命令に耐えられなかった。担当官僚が上奏し、中央官僚に恒常的に支給していた酒を打ち切ったところ、一年間の削減額は、合計して、米（アワ）五万三〇五四斛九斗、雑穀六九六〇斛、麪（麦粉）三〇万五九九斤となった。ただ季節ごとの郊祀・宗廟の祭祀や諸神の祭祀については、規定にのっとって挙行し、異民族の使者・賓客に対する接待についても、打ち切りの対象から除外した。この時期以後、反乱軍がいよいよ多くなったので、諸将たちは軍隊を率いて出征したが、あいついで敗走し、武器・兵糧の損失は計り知れないほど甚大であった。函谷関以西の損失はとりわけ深刻で、国庫は益ます底をつくようになった。担当官僚はさらに上奏し、中央・地方官僚及び諸外国からの使者・賓客に支給される食糧や肉をことごとく二分の一に減らした。合計して、年間で肉一五九万九八五六斤、米（アワ）五万三九三二石を削減した。

孝昌二年冬①、税京師田租畝五升、借賃公田者畝一斗。又税市、入者人一錢。其店舍又爲五等、收税有差。

〔校勘〕

①孝昌二年冬　百衲本諸本は、もと「孝昌二年終」に作る。この記事は、別に『魏書』巻九粛宗紀孝昌二年（五二六）条に「冬十有一月戊戌、杜洛周攻陷幽州、執刺史王延年及行臺常景。丙午、税京師田租、畝五升。借賃公田者、畝一升。閏月、税市人出入者各一錢、店舍爲五等」とある。「孝昌二年終」は、「孝昌二年冬」の誤りで、十一月丙午（十一日）のことである。これにより終字は冬字に改める。

なお粛宗紀の「借賃公田者畝一升」の一升は、『北史』巻四魏本紀四に「借賃公田者、畝一斗」と作り、『通典』巻五食貨・賦税中並びに『冊府元亀』巻四八七邦計部・賦税一にも「孝昌二年冬、税京師田租畝五升、借賃公田者畝一斗」とある。本文記事のとおり一斗が正しい。

〔訓読〕

孝昌二年冬、京師に田租を税すること畝ごとに五升、公田を借賃する者は畝ごとに一斗なり。又た市に税し①、入る者は人ごとに一錢なり。其の店舍は又た五等と爲し、税を收むるに差有り。

〔注釈〕

①税市　このときの市場への課税は、『魏書』巻十一廢出三帝紀・前廢帝廣陵王普泰元年（五三一）二月条に「詔曰、……可大赦天下、以魏爲大魏、改建明二年爲普泰元年。其税市及税鹽之官、可悉廢之」とあり、五年後、前廢帝の即位とともに廢止された。

〔通釈〕

孝昌二年（五二六）冬十一月、京師において一畝あたり五升の田租を課し、公田の小作地については一畝あたり一斗の小作料を課した。さらに市場にも課税し、入場者には一人あたり一銭を課した。店舗については別に五等級に区分し、差等をもうけて収税した。

莊帝初、承喪亂之後、倉廩虚罄、遂班入粟之制。輸粟八千石、賞散侯、六千石、散伯、四千石、散子、三千石、散男。職人輸七百石、賞一大階、授以實官。白民輸五百石、聽依第出身、一千石加一大階。無第者輸五百石、聽正九品出身、一千石加一大階。諸沙門有輸粟四千石入京倉者、授本州統、若無本州者、授大州都。若不入京倉、入外州郡倉者、三千石、畿郡都統、依州格。若輸五百石入京倉者、授本郡維那、其無本郡者、授以外郡。粟入外州郡倉七百石者、京倉三百石者、授縣維那。

〔訓読〕

莊帝①の初め、喪亂の後を承け、倉廩虚罄したれば、遂に入粟の制を班かつ②。粟八千石を輸《をさ》むるものは、散侯を賞し、六千石は散伯、四千石は散子、三千石は散男とす③。職人④の七百石を輸むるものは、一大階を賞し、授くるに實官を以てす。白民⑤の五百石を輸《をさ》むるものは、第に依りて出身するを聽《ゆる》し⑥、一千石は一大階を加ふ。第無き者の五百石を輸むるものは、正九品もて出身するを聽し、一千石は一大階を加ふ。諸もろの沙門の粟四千石を輸めて京倉に入れし者有れば、本州の統を授け、若し本州無き者は、大州の都を授く。若し京倉に入れず、外州郡の倉に入れし者は、三千石もて、畿郡の都統とし、州格に依らしむ。若し五百石を輸めて京倉に入れし者は、本郡の維那⑦を授く。其の本郡無き者は、授くるに外郡を以てす。粟もて外州郡の倉に七百石を入れし者、京倉に三百石なる者は、縣の維那を授く。

〔注釈〕

①荘帝　孝荘帝、元（拓跋）子攸（五〇七～五三〇）、献文帝の孫、彭城王元勰の第三子、北魏第九代皇帝（在位五二八～五三〇）。『魏書』巻十、『北史』巻五に本紀がある。

②班入粟之制　『資治通鑑』巻一五二梁武帝大通二年（北魏建義元年、五二八）五月丙寅条に「時承喪亂之後、倉廩虚竭、始詔入粟八千石者、賜爵散侯、白民輸五百石者、賜出身、沙門授本州統及郡縣維那」とあり、北魏建義元年五月丙寅（十日）に繋年する。この制度は、孝昌三年（五二七）二月の「輸賞之格」を先駆とするものである。『魏書』巻九粛宗紀孝昌三年条に「二月丁酉、詔曰、關隴遭羅寇難、燕趙賊逆憑陵、蒼生波流、耕農靡業、加諸轉運、勞役已甚、州倉儲實、無宜懸匱、自非開輸賞之格、何以息漕運之煩。凡有能輸粟入瀛・定・岐・雍四州者、官斗二百斛賞一階。入二華州者、五百石賞一階。不限多少、粟畢授官」とある。ここに見える喪乱は、六鎮の叛乱に始まる北魏末の内乱である。

③散侯・散伯・散子・散男　北魏は、当初公・侯・伯・子・男の五等爵制を四等爵制にあらためた。『魏書』巻一一三官氏志に「（天賜元年、四〇四）九月、減五等之爵、始分爲四、曰王・公・侯・子、除伯・男二號。皇子及異姓元功上勳者封王、宗室及始蕃王皆降爲公、諸公降爲侯、侯・子亦以此爲差。於是封王者十人、公者二十二人、侯者七十九人、子者一百三人。王封大郡、公封小郡、侯封大縣、子封小縣。王第一品、公第二品、侯第三品、子第四品」とある。後に五等爵制は復活されたようで、『魏書』巻七高祖紀下太和十八年（四九二）の爵制改革までには「己酉、詔王・公・侯・伯・子・男開國食邑者、王食半、公三分食一、侯伯四分食一、子男五分食一」とある。散侯以下の散爵は、その中で実際の封地を持たない者である。本志に見える北魏末の爵制は、太和期の五等爵制を受け継ぐものである。孝文帝の爵制改革を中心とする北魏の爵制については、川本芳昭『魏晋南北朝時代の民族問題』（汲古書院、一九九八年）第二篇第三章「封爵制度」参照。

④職人　品階をもつ官人全体を指す。そのうち品階と実際の職位を持つものを実官といい、五品以下の品階を持ち、職位を持たないものを散官という。たとえば『魏書』巻六四郭祚伝に「祚奏曰、謹案前後考格、雖班天下、如臣愚短、猶有未悟。今須定職人遷轉由狀、超越階級者、即須量折。景明初考格、五年者得一階半。正始中、故尚書中山王英奏考格。被旨、但可正滿三周爲限、不得計殘年之勤。又去年中、以前二制不同、奏請裁決。旨云、黜陟之體、自依舊來恒斷。今未審從舊來之旨、爲從景明之斷、爲從正始爲限。景明考法、東西省文武閑官悉爲三等、考同任事、而前尚書盧昶奏、上第之人、三年轉半階。今之考格、復分爲九等。前後不同、參差

無準。詔曰、考在上中者、得汎以前、有六年以上遷一階、三年以上遷半階、殘年悉除。考在上下者、得汎以前、六年以上遷半階、不滿者除。其得汎以後、考在上下者、三年遷一階。散官從盧昶所奏」とある。また『魏書』巻一一三官氏志に「(天賜元年、四〇四)九月……又制散官五等。五品散官比三都尉、六品散官比議郎、七品散官比太中・中散・諫議三大夫、八品散官比郎中、九品散官比舍人。文官五品已下、才能秀異者總比之造士、亦有五等。武官五品已下堪任將帥者、亦有五等。若百官有闕者、則於中擢以補之」とある。ただ実際の職位を持たない散官にも様ざまな任務が課せられたようである。

⑤白民　北朝期に散見する表現であり、平民・百姓の意味に同じ。ただ白民は、職人に対置して用いられ、より限定されている。平民については、『魏書』巻十一廢出三帝紀・後廢帝安定王紀中興元年(五三二)条に「十有一月己巳、詔曰、王度創開、彝倫方始、所班官秩、不改舊章。而無識之徒、因茲僥倖、謬増軍級、虚名顯位、皆言前朝所授、理難推抑。自非嚴爲條制、無以防其僞竊。諸有虚増官號、爲人發糾、罪從軍法。若入格檢覈無名者、退爲平民、終身禁錮」とある。

⑥聽依第出身　第は姓第を指し、出身は白民から品階を持つ官人になることであり、起家とも言う。姓第の等級によって品階をあたえられ、官人になること。『魏書』巻十孝荘紀建義元年(五二八)六月条に「己酉、詔諸有私馬仗從戎者、職人優兩大階、亦授實官。白民出身、外優兩階、亦授實官。若武藝超倫者、雖無私馬、亦依前條。雖不超倫、但射槊翹關一藝而膽略有施者、依第出身外、特優一大階、授實官。若無姓第者、從八品出身、階依前加、特授實官」とある。

姓第は、州・郡に設置された中正官によって格付けされた漢人士族の等級であり、姓第のないものは庶民である。たとえば『魏書』巻六三宋弁伝に「黄門郎崔光薦弁自代、高祖不許、然亦賞光知人。未幾、以弁兼黄門、尋即正、兼司徒左長史。時大選内外群官、並定四海士族、弁專參銓量之任、事多稱旨。然好言人之陰短、高門大族、意所不便者、弁因毀之。至於舊族淪滯、人非可忌者、又申達之。弁又爲本州大中正、姓族多所降抑、頗爲時人所怨」とあり、また『魏書』巻一一三官氏志に「正光元年(五二〇)……十二月、罷諸州中正、郡縣定姓族。後復」とある。北人胡族に対しては、大和十九年(四九五)の姓族分定によって統一的に画定された(『魏書』巻一一三官氏志)。

⑦州統・維那　州統は、州・鎮に設置された僧曹の僧官の長で沙門統のこと、維那はその次官である。なお中央に設置された僧曹を昭玄曹といい、その長官は都僧統、次官は都維那であった。塚本善隆『魏書釈老志』(平凡社、東洋文庫、一九九〇年)二二九頁参照。文中に見える「大州都」の都は、「本州統」の統に同じもので、下文の「畿郡都統」の都統同様、沙門統を指している。

〔通釈〕

孝荘帝の初年(建義元年(五二八)五月)、戦乱の後をうけ、国庫の備蓄が底をついたので、入粟制度を発布した。

粟八千石を上納した者には散侯の爵位を、六千石を上納した者には散伯の爵位を、四千石を上納した者には散子の爵位を、三千石を上納した者には散男の爵位をそれぞれ与える。

職人の場合は、七百石を上納した者に対しては官品一階を上げ、実官を授ける。平民の場合、五百石を上納すれば、姓第の等級によって、起家することを許し、一千石を上納した場合は官品一階を上乗せする。姓第を持たない者については、五百石を上納すれば、正九品で起家することを許し、一千石を上納した場合は官品一階を上乗せする。

僧侶の場合、粟四千石を輸送して京師洛陽の倉庫に納入する者には、居住する州の沙門統の位を授ける。その州に沙門統の位がない場合には、大州の沙門統を授ける。京師の倉庫に運び入れず、畿外の州郡の倉庫に納入した者には、三千石で州郡の格に応じて畿内の郡の沙門統の位を授ける。粟五百石を京師の倉庫に運び入れた者には、居住する郡の維那の位を授ける。その郡に維那の位がない場合は、畿外の郡の維那の位を授ける。畿外の州郡の倉庫に七百石、或いは京師の倉庫に三百石を納入する者には、県の維那の位を授ける。

孝靜天平初、以遷民草扨、資産未立、詔出粟一百三十万石以賑之。三年夏、又賑遷民稟各四十日。其年秋、并肆汾建晉泰陝東雍南汾九州霜旱、民飢流散。四年春、詔所在開倉賑恤之、而死者甚衆。

時諸州調絹、不依舊式。齊獻武王以其害民、興和三年冬、請班海內、悉以四十尺爲度。天下利焉。

〔訓読〕

孝静①天平の初め、遷民草扨にして、資産未だ立たざるを以て、②詔して粟一百三十万石を出だして以て之を賑《にぎは》す。三年夏、又た遷民に稟を賑すこと各おの四十日。其の年秋、并・肆・汾・建・晉・泰・陝・東雍・南汾の九州霜旱し、民飢えて流散す。③四年春、詔して所在に倉を開いて之に賑恤せしむるも、而れども死者甚だ衆し。

時に諸州の調絹、舊式に依らず。齊の獻武王④、其の民を害するを以て、興和三年冬、海内に班かちて、悉く四十尺を以て度と爲さんことを請ふ⑤。天下焉《これ》を利とす。

〔注釈〕

①孝靜帝　元（拓跋）善見（五二四～五五一）、孝文帝の元孫、清河文宣王元亶の世子、東魏皇帝（在位五三四～五五〇）。北斉の文宣帝高洋に禅位し、翌年毒殺された。『魏書』巻十二、『北史』巻五に本紀がある。

②遷民草扨資産未立　魏の東西分裂と東魏の鄴への遷都を指す。『魏書』巻十二孝静紀天平元年（五三四）十月条に「丙子、車駕北遷于鄴。詔齊獻武王留後部分。改司州爲洛州、以衛大將軍・尚書令元弼爲驃騎大將軍・儀同三司・洛州刺史、鎮洛陽。詔從遷之戶・百官給復三年、安居人五年」とある。また『隋書』巻二四食貨志には、より詳しく前後の状況を記述して「魏自永安之後、政道陵

夷、寇亂實繁、農商失業。官有征伐、皆權調於人、猶不足以相資奉、乃令所在迭相糾發、百姓愁怨、無復聊生。尋而六鎮擾亂、相率內徙、寓食於齊・晉之郊。齊神武因之、以成大業。魏武西遷、連年戰爭、河洛之間、又並空竭。天平元年、遷都於鄴。出粟一百三十萬石以振貧人。是時六坊之衆、從武帝而西者、不能萬人、餘皆北徙、並給常廩、春秋二時賜帛、以供衣服之費。常調之外、逐豐稔之處、折絹糴粟、以充國儲。於諸州緣河津濟、皆官倉貯積、以擬漕運。於滄・瀛・幽・青四州之境、傍海置鹽官以煮鹽、每歳收錢。軍國之資、得以周贍。自是之後、倉廩充實、雖有水旱凶饑之處、皆仰開倉以振之」とある。

③九州霜旱民飢流散　『魏書』巻十二孝静紀天平三年（五三六）条に「八月、并・肆・汾・建四州隕霜、大飢。……冬十有一月戊申、詔尚書可遣使巡檢河北流移飢人、邢陘・滏口所經之處、若有死屍、即爲藏掩。勿使靈臺枯骨、有感於通夢。廣漢露骸、時聞於夜哭」とある。

④齊獻武王　高歡（四九六～五七四）、字は賀六渾。渤海郡の高氏出身とされるが、事実は懐朔鎮の鮮卑系軍人である。六鎮の乱から身を起こし、爾朱氏を滅ぼして実力者となり、孝武帝西遷ののち、孝静帝を立てて自ら大丞相となり、東魏の実権を掌握した。『北史』巻六・『北斉書』巻一に本紀がある。

⑤以四十尺爲度　四十尺＝四丈を一匹とすること。孝文帝延興三年（四七三）の規定に戻したのである（三八頁参照）。

〔通釈〕

孝静帝の天平初年（五三四）、（北魏の分裂によって鄴に）移住したばかりであり、民衆の生計が確立していなかったので、詔勅を発して粟百三十万石を放出して人民に施した。三年（五三六）夏、さらに移住した人民に、それぞれ四十日間、食物を施した。その年の秋、并（山西省太原県）・肆（山西省忻県西）・汾（山西省隰県東北）・建（山西省晋城県東北）・晋（山西省臨汾県）・泰（山西省永済県北）・陝（河南省陝県）・東雍（陝西省華県）・南汾（山西省吉県）の九州に霜と日照りの害が起こり、人びとは飢えて流亡した。四年（五三七）春、詔を発して至る所で倉を開き、民衆に施したが、死者は甚だ多かった。

この時、諸州から中央に送られる調絹は旧来の規定どおりの寸法ではなかった。そのことが民衆に害を与えるので、高歡（斉の献武王）は、興和三年（五四一）冬、国内全域に対し、一律に一匹四十尺を基準とするよう上請した。天下はこの措置を利とした。

〔補考〕北魏後期における尺度の長大化について

孝文帝期以後、とりわけ宣武帝末年から孝明帝初期にかけて、再び尺度が長大化していったことは、いくつかの史料によって知ることができる。

延昌年間（五一二～五一五）のものとしては、『魏書』巻五八楊津伝に「延昌末、起爲右將軍・華州刺史、與兄播前後皆牧本州、當世榮之。先是、受調絹匹、度尺特長、在事因緣、共相進退、百姓苦之。津乃令依公尺度其輪物、尤好者賜以杯酒而出。所輸少劣、亦爲受之、但無酒、以示其恥。於是人競相勸、官調更勝舊日」とある。

熙平年間（五一六～五一八）のものとしては、『魏書』巻七六盧同伝に「熙平初、轉左丞、加征虜將軍。時相州刺史奚康生徵民歲調、皆七八十尺、以邀奉公之譽。部内患之、同於歲祿官給長絹。同乃舉按康生度外徴調。書奏、詔科康生之罪、兼褒同在公之績」とあり、ほぼ二倍になっている。

神龜年間（五一八～五二〇）のものとしては、『魏書』巻七八張普惠伝に「普惠以天下民調、幅度長廣、尚書計奏、復徴綿麻、恐其勞民不堪命、上疏曰、伏聞尚書奏復綿麻之調、尊先皇之軌、夙宵惟度、忻戰交集。何者、聞復高祖舊典、所以忻惟新、俱可復而不復、所以戰違法。仰惟高祖廢大斗、去長尺、改重秤、所以愛萬姓、從薄賦。知軍國須綿麻之用、故云幅度之間、億兆應有綿麻之利、故絹上税綿八兩、布上税麻十五斤。萬姓得廢大斗、去長尺、改重秤、荷輕賦之饒、不適於綿麻而已、故歌舞以供其賦、奔走以役其勤、天子信於上、億兆樂於下。故易曰、悅以使民、民忘其勞。此之謂也。自茲以降、漸漸長闊、百姓嗟怨、聞於朝野。伏惟皇太后未臨朝之前、陛下居諒闇之日、宰輔不尋其本、知天下之怨綿麻、不察其幅廣度長、秤重斗大、革其所弊、存其可存、而特放綿麻之調、以悅天下之心、此所謂悅之不以道、愚臣所以未悅者也。尚書既知國少綿麻、不惟法度之□易、民言之可畏、便欲去天下之大信、棄已行之成詔、追前之非、遂後之失、奏求還復綿麻、以充國用。不思庫中大有綿麻、而群官共竊之。愚臣以爲於理未盡。何者、今宮（私案宮當作官）人請調度、造衣物、必度忖秤量。絹布、匹有尺丈之盈、一猶不計其廣。絲綿、斤兼百銖之剩、未聞依律罪州郡。若一匹之濫、一斤之惡、則鞭戸主、連三長、此所以教民以貪者也。今百官請俸、人樂長闊、并欲厚重、無復準極。得長闊厚重者、便云其州能調、絹布精闊且長、橫發美譽、以亂視聽、不聞嫌長惡廣、求計還官者。此百司所以仰負聖明也。今若必復綿麻者、謂宜先令四海知其所由、明立嚴禁、復本幅度、新綿麻之典、依太和之税。其在庫絹布并及絲綿、不依典制者、請遣一尚書與太府卿・左右藏令、依今官度官秤、計其斤兩廣長、折給請俸之人。總常俸之數、千俸所出、以布綿麻、亦應其一歲之用。使天下知二聖之心、愛民惜法如此、則高祖之軌、中興於神龜、明明慈信照布於無窮、則孰不幸甚。伏願亮臣悾悾之至、下慰蒼生之心」とある。ここには、孝文帝期以後の度量衡の長大化傾向と綿麻の調の廃止と復活の問題が議論されている。

十二　塩政について

河東郡有鹽池、舊立官司以收税利、是時罷之。而民有富彊者、專擅其用、貧弱者不得資益。延昌末、復立監司、量其貴賤、節其賦入、於是公私兼利。孝明即位①、政存寛簡、復罷其禁、與百姓共之。其國用所須、別爲條制、取足而已。自後豪貴之家復乘勢占奪、近池之民、又輒障吝。彊弱相陵、聞於遠近。

〔校勘〕

①**延昌至即位**　百衲本諸本は「延興末、……。世祖即位」に作る。延興は孝文帝期の元号である。「是時罷之」の是の時を、本節注釈②に述べるごとく宣武帝期だとすると、孝文帝期の延興年間にもどることになり、不自然である。『通典』巻十食貨・鹽鐵には「後魏宣武時、河東郡有鹽池、舊立官司以收税利。先是罷之、而人有

富彊者専擅其用、貧弱者不得資益。延興末、復立監司、量其貴賤、節其賦入、公私兼利。孝明即位、復罷其禁、與百姓共之。自後豪貴之家復乘勢占奪、近池之人又輒障恪」とあり、同じく延興末とするが、この元号は、宣武帝の時期と孝明帝即位の時期とにはさまれている。延興（四七一～四七五）は、孝文帝期の年号であり、順当ではない。宣武帝の延昌（五一二～五一五）の誤りだとすれば穏当な表現となる。「延興末」は「延昌末」の誤りであろう。興・昌字形の相似による誤りである。また「世宗即位」も前掲『通典』によれば「孝明帝即位」の誤りである。以上の考察をふまえ、「延興末」を「延昌末」に改め、また「世祖即位」を「孝明即位」に改める。この点については、なお本節注釈②を参照。

〔訓読〕

河東郡に鹽池有り①、舊《も》と官司を立てて以て税利を収めたるも、是の時之を罷む②。而して民に富彊なる者有り、専ら其の用を擅《ほしい》ままにし、貧弱なる者資益するを得ず。延昌の末、復た監司を立て、其の貴賤を量り、其の賦入を節したれば、是に於て公私兼ねて利あり。孝明即位するや、政は寛簡を存し、復た其の禁を罷め、百姓と之を共にす。其の國用の須《もち》ふる所は、別に條制を爲し、足るを取るのみ。自後、豪貴の家、復た勢ひに乘じて占奪し、池に近きの民、又た輒《みだ》りに障吝す。強弱相ひ陵ぐこと、遠近に聞こゆ。

〔注釈〕

①**河東郡有鹽池**　山西省西南部の安邑県西南にある内陸塩池であり、巨大な塩の生産量によって、国家財政のみならず、文明の興亡にまで多大な影響をおよぼした。『水経注』巻六涑水注に「其水又逕安邑故城南、又西流注于鹽池。地理志曰、鹽池在安邑西南。許愼謂之鹽鹽。長五十一里、廣六里、周百一十四里。從鹽省古聲。呂沈曰、宿沙煮海謂之鹽。河東鹽池謂之盬。今池水東西七十里南北十七里、紫色澄渟、潭而不流。水出石鹽、自然印成。朝取夕復、終無減損。惟水暴雨澍、甘潦奔泆、則鹽池用耗。故公私共堨水徑、防其淫濫。謂之鹽水、又爲堨水也。……本司鹽都尉治領兵一千餘人守之。……後罷尉司、分猗氏・安邑、置縣以守之」とある。司鹽都尉による鹽池の国家管理は、数度の改廃をへて、北魏末年には鹽池都将による管理となった。『北史』巻二七寇儁伝に「孝昌中、朝議以國用不足、乃置鹽池都將、秩比上郡。前後居職者多有侵隱、乃以儁爲之、仍主簿」とあり、『北史』巻三六薛善伝に「善字仲良。少爲司空府參軍、再遷鹽池都將。孝武西遷、魏改河東爲秦州、以善爲別駕」とある。寇儁伝の孝昌中は、孝昌三年以前の塩池官設置時期の記事であろう（本節補考参照）。

②**是時罷之**　「是の時」とあるが前の文章を直接受けたものでなく、時期が不明であり、本節全体に時系列上の不備がめだつ。中華書局標点本校勘記は、「是時罷之　冊府卷四九三・五八九四頁是時作既而、通典卷一〇鹽鐵作先是。按是時不知何時。據卷六顯祖紀皇興四年十一月稱詔弛山澤之禁、所云是時、當即指皇興四年十一月、疑上本有敘此事文字、舊本已脫。通典、冊府皆以意改」とし、献文帝皇興四年の事とする。塩池の管理に直接関係する記述ではな

く、充分な説得力をもたない。

『通典』巻十食貨・鹽鐵には「後魏宣武時、河東郡有鹽池、舊立官司以收税利。先是罷之、而人有富彊者專擅其用、貧弱者不得資益。延興末、復立監司、量其貴賤、節其賦入、公私兼利。孝明即位、復罷其禁、與百姓共之。自後豪貴之家復乘勢占奪、近池之人又輒障悋」とあり、是の時が宣武帝期であったことが分かる。宣武帝が鹽池からの鹽税收取をやめたのは、『魏書』巻八世宗紀正始三年（五〇六）条に「夏四月乙未、詔罷鹽池禁」とあるように、正始三年のことである。

これ以前の鹽池に関する記述としては、つぎのものがある。

『魏書』巻七高祖紀下太和二〇年（四九六）条「十有二月甲子、以西北州郡旱儉、遣侍臣循察、開倉賑恤。乙丑、開鹽池之禁、與民共之」

『魏書』巻八世宗紀景明四年（五〇三）七月条「庚午、詔還收鹽池利以入公」。

孝文帝の太和二十年（四九六）十二月に鹽池が開放されたあと、宣武帝の景明四年（五〇三）に再び鹽税が收取されるようになったことが分かる。この鹽税收取が改めてとりやめとなり、民間の経営に開放されたのが本文の「是の時」である。その経緯は、『玉海』巻一八一食貨・鹽鐵条に「景明四年七月庚午、復收鹽池利。正始三年四月乙未、罷之。從甄琛議」とあり、その原註に「琛表云、周禮、山林川澤、有虞衡之官、爲之厲禁。蓋取之以時、不使戕賊、實爲民守之也。今縣官鄣護河東鹽池、而收其利。是專奉口腹、不及四體」とあり、甄琛の議によったものであることが分かる。

この甄琛の議にかかわる一連の官僚会議と皇帝の裁可については、『魏書』巻六八甄琛伝に次のようにある。

世宗踐祚、以琛爲中散大夫・兼御史中尉、轉通直散騎常侍、仍兼中尉。琛表曰、王者道同天壤、施齊造化、濟時拯物、爲民父母。故年穀不登、爲民祈祀。乾坤所惠、天子順之、山川祕利、天子通之。苟益生民、損躬無吝、如或所聚、唯爲賑恤。是以月令稱、山林藪澤、有能取蔬食禽獸者、皆野虞教導之。其迭相侵奪者、罪之無赦。此明導民而弗禁、通有無以相濟也。周禮雖有川澤之禁、正所以防其殘盡、必令取之有時。斯所謂鄣護雖在公、更所以爲民守之耳。且一家之長、惠及子孫、一運之君、澤周天下、皆所以厚其所養、以爲國家之富。未有尊居父母、而醯醢是吝。富有萬品、而一物是規。今者天爲黔首生鹽、國與黔首鄣護、假獲其利、是猶富專口斷不及四體也。且天下夫婦、歳貢粟帛。四海之有、備奉一人。軍國之資、取給百姓。天子亦何患乎貧、而苟禁一池也。古之王者、世有其民、或水火以濟其用、或巣宇以誨其居、或教農以去其飢、或訓衣以除其弊。故周詩稱、教之誨之、飲之食之。皆所以撫覆導養、爲之求利者也。臣性昧知理、識無遠尚、每觀上古愛民之迹、時讀中葉驟税之書、未嘗不歎彼遠大、惜此近狹。今僞弊相承、仍崇關鄽之税。大魏恢博、唯受穀帛之輸。是使遠方聞者、罔不歌德。昔亶父以棄寶得民、碩鼠以受財失衆。君王之義、宜其高矣。魏之簡税、惠實遠矣。語稱出内之吝、有司之福、施惠之難、人君之禍。夫以府藏之物、猶以不施而爲災、況府外之利、而可吝之於黔首。且善藏者藏於民、不善藏者藏於府。藏於民者民欣而君富、藏於府者國怨而民貧。國怨則示化有虧、民貧則君無所取。願弛茲鹽禁、使沛然遠及、依周禮置川衡之法、使之監導而已。

詔曰、民利在斯、深如所陳。付八座議可否以聞。

司徒・録尚書・彭城王勰、兼尚書邢巒等奏、琛之所列、富乎有言、首尾大備、或無可貶。但恐坐談則理高、行之則事闕、是用遲回、未謂爲可。……至乃取貨山川、輕在民之貢、立税關市、裨十一之儲。收此與彼、非利己也、回彼就此、非爲身也。所謂集天地之産、惠天地之民、藉造物之富、賑造物之貧。徹商賈給戎戰、賦四民贍軍國、取乎用乎、各有義已。禁此淵池、不專大官之御、斂此匹帛、豈爲後宮之資。既潤不在己、彼我理一、猶積而散之、將焉所吝。且税之本意、事有可求、固以希濟生民、非爲富賄藏貨。不爾者、昔之君子何爲然哉。是以後來經圖、未之或改。故先朝商校、小大以情、降鑒之流、疑興復鹽禁。然自行以來、典司多怠、出入之間、事不如法、遂令細民怨嗟、商販輕議、此乃用之者無方、非興之者有謬。至使朝廷明識、聽瑩其間、今而罷之、懼失前旨。一行一改、法若易棋、參論理要、宜依前式。

詔曰、司鹽之税、乃自古通典、然興制利民、亦代或不同、苟可以富氓益化、唯理所在。甄琛之表、實所謂助政毗治者也、可從其前計、使公私並宜、川利無擁。尚書嚴爲禁豪強之制也。

『玉海』に引く甄琛の議とやや異なるが、文中に近似の表現があり、同じ議の内容を伝えるものであることはまちがいない。

〔通釈〕

河東郡に塩池があり、元来は官司を設置して租税を徴収していたが、世宗宣武帝の正始三年（五〇六）にこれを廃止した。かくして富裕な民衆がその利益を独占し、貧しい者は生活の糧を得ることができなくなった。延昌末年（五一五）、もう一度監督官司を設置し、塩価の高下を考えて塩税納入額を調節したので、公私共に利益を得た。孝明帝が即位すると、政治は寛容簡潔を旨としたので、再び民間利用の禁止政策を廃止し、塩池の利益を民衆と共有することにした。国家財政に必要なものは、別に法令を定め、充足することにしたのである。その後、豪族・貴族たちが権勢に乗じて池を奪い取るようになり、池の近くの民衆も、別に不当な占有を行なうようになった。強者と弱者が互いに侵奪しあうありさまが、遠近に知れわたった。

神龜初、太師高陽王雍、太傅清河王懌等奏、鹽池天藏、資育群生。仰惟先朝限者、亦不苟與細民、競茲贏利。但利起天地①、取用無法、或豪貴封護、或近者吝守、卑賤遠來、超然絶②望。是以因置主司、令其裁察、強弱相兼、務令得所。且十一之税、自古及今、取輙以次、所濟爲廣。自爾霑洽、遠近齊平、公私兩宜、儲益不少。乃③鼓吹主簿王後興等詞稱、請供百官食鹽二萬斛之外、歳求輸馬千匹・牛五百頭。以此而推、非可稍計。後中尉甄琛啓求罷禁、被敕付議。尚書執奏稱、琛啓坐談則理高、行之則事闕、請依常禁爲允。詔依琛計。乃爲繞池之

民尉保光等擅自固護、語其障禁、倍於官司、取與自由、貴賤任口。若無大宥、罪合推斷。詳度二三、深乖王法。臣等商量、請依先朝之詔、禁之爲便。防姦息暴、斷遣輕重、亦準前旨、所置監司、一同往式。於是復置監官以監檢焉。其後更罷更立、以至於永熙。

〔校勘〕

①**利起天地**　地字百衲本はもと池字に作る。『冊府元亀』巻四九三邦計部山沢一は、地字に作る。先に引用した『魏書』巻六八甄琛伝の官僚会議の尚書八座議文中にも、「所謂集天地之産、惠天地之民」とあり、天地が正しい。今、池字を地字に改める。

②**超然絶望**　『冊府元亀』巻四九三邦計部山沢一は、「貿然絶望」に作る。今は原文による。

③**乃鼓吹主簿**　百衲本は乃字を及字に作る。及では意味がとりにくい。『冊府元亀』巻四九三邦計部山沢一は、「乃至鼓吹主簿王後興等辭稱」に作る。この乃至二字もまたやや意味がとりにくい。及字は乃字の形譌ではあるまいか。乃字には先頃の意味があり、そうだとすれば下文の「後中尉甄琛啓求」と時間的な対応関係が明確になる。今、及字を乃字に改める。

〔訓読〕

神龜の初め、太師・高陽王雍、太傅・清河王懌①等奏すらく、鹽池は天藏にして、群生を資育す。仰いで惟《おもんみ》るに、先朝の限らるるは、亦た苟《いや》しくも細民と茲の贏利を競はざればなり。但だ利は天地に起こるも、取用に法無ければ、或は豪貴の封護し②、或は近き者の吝守し、卑賤遠くより來たるに、超然として絶望す。是を以て因りて主司を置き、其れをして裁察せしめ、強弱相ひ兼ね、務めて所を得しむ。且つ十一の稅③、古自り今に及ぶまで、取るに輙《すなは》ち次を以てし、濟《すく》ふ所廣しと爲す。爾《ちか》き自り霑《さき》洽し、遠近齊平にして、公私兩《ふたつ》ながら宜しく、儲益少なからず。乃ごろ鼓吹主簿王後興等詞稱し、請ひて百官の食鹽二萬斛を供するの外、歳ごとに馬千匹・牛五百頭を輸《をさ》めんことを求む。此れを以て推《おしはか》るに、稍計す可きに非ず。後に中尉甄琛啓して禁を罷めんことを求むるに④、敕を被りて議に付せらる。尚書奏を執りて稱すらく、琛が啓は坐談すれば則ち理高きも、之を行なへば則ち事闕く、請ふらくは常禁に依るを允《あた》ると爲さんことを、と。詔して琛の計に依らしむ。乃ち池を繞るの民尉保光等の爲に擅《ほしい》ままに自ら固護せられ、其の障禁を語れば、官司に倍し、取與は自ら由り、貴賤は口に任す。若し大宥無ければ、罪は合に推斷すべし。詳度すること二三、深く王法に乖《もと》れり。臣等商量したるに、請ふらくは先朝の詔に依り、之を禁ずるを便と爲す。姦を防ぎ暴を息め、輕重を斷遣するも、亦た前旨に準《したが》ひ、置く所の監司、一に往式に同じくせんことを、と。是に於て復た監官を置きて以て焉《これ》を監検せしむ。其の後、更に罷め更に立て、以て永熙に至る。

〔注釈〕

①**清河王懌**　元（拓跋）懌（四八七～五二〇）、字は宣仁。孝文帝の子。孝明帝期には、宗親官僚として、朝廷の中枢にあったが、正光元年（五二〇）、元叉等一派に謀反を誣告され、殺害された。『魏書』巻二二に本伝がある。

②**豪貴封護**　下文の固護・障禁・鄣護などの語に同じ。封固とも言い、農地以外の山林藪澤の地を広範囲にわたって囲い込み、そこから得られる鉱物森林資源・魚獣類などの利益を独占することであり、南北朝時代に広く見られた。同時代の南朝の史料をあげれば、『梁書』巻三武帝紀下大同七年十二月壬寅詔に「詔曰、……又復公私傳・屯・邸・冶、爰至僧尼、當其地界、止應依限守視。乃至廣加封固、越界分斷水陸採捕及以樵蘇、遂致細民措手無所。凡自今有越界禁斷者、禁斷之身、皆以軍法從事。若是公家創內、止不得輒自立屯、與公競作、以收私利。至百姓樵採、以供煙爨者、悉不得禁。及以採捕、亦勿訶問。若不遵承、皆以死罪結正」とある。

③**十一之税**　『冊府元亀』巻四九三邦計部山沢一は、「什一之税」に作る。古来より中正とされた租税の収取率であり、塩税に適用されたものである。『春秋公羊伝』宣公十五年条伝に「初税畝、初者何、始也。税畝者何、履畝而税也。初税畝、何以書、譏。何譏爾、譏始履畝而税也。何譏乎始履畝而税、古者什一而藉。古者曷爲什一而藉、什一者、天下之中正也。多乎什一、大桀小桀、寡乎什一、大貉小貉。什一者、天下之中正也。什一行而頌聲作矣」とある。

④**中尉甄琛啓求罷禁**　甄琛の議論は、宣武帝の正始三年（五〇六）に出されたものであり、その概略は前節注釈①に引く『玉海』・『魏書』巻六八甄琛伝を参照。甄琛（？～五二四）、字は思伯、中山毋極の人であり、漢の太保甄邯の子孫だと言われる。宣武帝・孝明帝期に漢人官僚として政治の中枢にあった。

中尉は、御史中尉。北魏は御史中丞を御史中尉に改めた。『通典』巻二四職官六御史中丞条に「後魏爲御史中尉、督司百僚、其出入、千歩清道、與皇太子分路。王公百辟、咸使遜避。其餘百僚、下馬弛車止路傍。其違緩者、以棒棒之」とある。

〔通釈〕

孝明帝の神亀（五一八～五二〇）初年、太師の高陽王雍、太傅の清河王懌等が上奏した。

塩池は天の藏物であり、これによって生きとし生けるものを生育します。考えてみるに、先代宣武帝の民間利用制限は、決してなまじいに民衆とこの利益を争おうとするものではありませんでした。それは、天地自然から出る利益について、その収取や利用の仕方に規定がなく、豪族・貴族たちが大大的に塩池を囲い込んだり、池の近くの者が少しずつ占有したりした結果、下じもの者や遠くから訪れる者たちが、なすすべもなく絶望するということになってしまい、そこで、担当官司を設置し、その官司に監督させ、勢力のある者もない者も、ともに分に合った利益が得られるように努められたからなのです。

そのうえ収益に対する十分の一税は、上古より今に及ぶまで、収取が秩序立っており、通用範囲は広く、近くの者から恩恵に浴して、遠近ともに公平であり、公私ともに事宜にかない、利益は少なくありません。先ごろ鼓吹主簿の王後興等が申請書を提出し、中央官府用の食塩二万斛を供給する他に、一年につき馬千匹・牛五百頭を納入することを願い出ましたが、これによって推計してみるに、その利益はわずかな額ではありません。

その後、御史中尉の甄琛が塩池についての禁令停止を提案したところ、詔勅によって官僚会議にかけられました。尚書が上奏し、甄琛の提案は机上の議論としては理想は高いが、実行性に欠ける点があり、これまでの禁令に依るのが妥当だと述べました。しかし詔勅は甄琛の提案の方を裁可されました。かくして塩池は、周辺の民衆尉保光等のためにほしいままに囲い込まれてしまいました。彼らの独占ぶりは、官司の禁制に倍するものがあり、その交易は勝手気まま、塩価の高下は口まかせで、お上の大いなる寛容がなければその罪は重刑に相当します。以上二・三の点を詳しく考えてみるに、深く王法に背くものであります。

臣等思量するに、先代宣武帝の詔勅に拠り、塩池の民間利用を禁じるのが良策であります。罪悪の防止と裁判による量刑についても先代の勅旨に従い、監督官司の設置も、あげて従来の規定どおりとするよう願いあげます。

そこで、もう一度監督官司を置いて監督することになった。その後、また禁令をやめたり設けたりして、永熙年間（五三二～五三四）に至ったのである。

〔補考〕北魏後半期における塩官の改廃について

これまで見てきた塩官の改廃について、理解の便宜をはかるために、本志およびその他の関係史料を整理し、太和年間から永熙年間（五三二～五三四）にいたるまでの沿革をまとめておく。鹽池開放と鹽官設置（民間利用禁止、塩税賦課）とが頻繁にくりかえされていることが分かる。

鹽官改廃一覧

(1)孝文帝太和二十年（四九六）十二月鹽池開放「開鹽池之禁、與民共之」（『魏書』本紀）

(2)宣武帝景明四年（五〇三）七月鹽官設置「詔還收鹽池利以入公」（『魏書』本紀・『玉海』・『資治通鑑』巻一四五梁武帝天監二年条）

(3)宣武帝正始三年（五〇六）四月乙未鹽池開放「詔罷鹽池禁」（『魏書』本紀・『玉海』・『資治通鑑』巻一四六梁武帝天監五年条、甄琛の議論に従う）

『資治通鑑』胡三省注は、『資治通鑑目録』によって、甄琛の議を宣武帝即位の景明元年（斉東昏侯永元二年、五〇〇）に繋年すべきだと主張する。『魏書』巻六八甄琛伝には「世宗踐祚、以琛爲中散大夫・兼御史中尉、轉通直散騎常侍、仍兼中尉。琛表曰云々」とあって、宣武帝即位直後の上奏ではなく、一度官職を異動して後のものであり、少なくとも数年を経過しているはずである。胡注には賛成できない。

(4)宣武帝延昌末年（五一五）鹽官設置「復立監司、量其貴賤、節其賦入、公私兼利」（本志・『通典』）

(5)孝明帝即位（熙平元年〔五一六〕）鹽池開放「復罷其禁、與百姓共之」（『通典』）

(6)孝明帝神亀元年（五一八）鹽官設置「復置鹽官」（本志、収税）

(7)孝明帝武泰元年（五二八）正月鹽池開放「時有詔廢鹽池税」、および長孫稚塩官設置上表「依常收税、更聽後敕」による塩官設置。

『魏書』巻二五長孫稚伝に「時薛鳳賢反於正平、薛脩義屯聚河東、分據鹽池、攻圍蒲坂、東西連結、以應（蕭）寶夤。稚乃據河東。時有詔廢鹽池税、稚上表曰、鹽池天資賄貨、密邇京畿、唯須寶而護之、均贍以理。今四境多虞、府藏罄竭。然冀定二州且亡且亂、常調之絹、不復可收。仰惟府庫、有出無入、必須經綸、出入相補。略論鹽税、一年之中、準絹而言、猶不應減三十萬匹也、便是移冀定二州、置於畿甸。今若廢之、事同再失。臣前仰違嚴旨、不先討關賊而解河東者、非是閑長安而急蒲坂。蒲坂一陷、沒失鹽池、三軍口命、濟贍理絶。天助大魏、茲計不爽。昔高祖昇平之年、無所乏少、猶創置鹽官而加典護、非爲物而競利、恐由利而亂俗也。況今王公素餐、百官尸祿、租徴六年之粟、調折來歳之資、此皆出人私財、奪人膂力。豈是願言、事不獲已。臣輒符司監將尉、還率所部、依常收税、更聽後敕」とある。この長孫稚の提言により鹽池税は再び復活した。

この記事が武泰元年（五二八）に繫年しうることは、文中に薛鳳賢・薛脩義が鹽池に拠って反乱し、蕭寶夤に呼応したとあることによって分かる。蕭寶夤の反乱は、『魏書』巻九粛宗紀孝昌三年（五二七）条に「冬十月戊申、曲赦恒農已西、河北・正平・平陽・邵郡及關西諸州。辛亥、以衛將軍、討虜大都督爾朱榮爲車騎將軍・儀同三司。甲寅、雍州刺史蕭寶夤據州反、自號曰齊、年稱隆緒。詔尚書右僕射長孫稚討之」とあり、孝昌三年十月に起きたものである。この反乱を叙述する中で、『資治通鑑』巻一五二梁武帝大通二年（五二八）正月条に「會有詔廢鹽池税、稚上表以爲」とあって、その下に先に引用した長孫稚伝の上奏文を概略引用している。この『資治通鑑』の繫年によって、長孫稚の上奏を武泰元年正月とする。

またこの記事により、河東鹽池税の収入は、年間三〇万匹に及び、定・冀二州の常調に匹敵したことが分かる。

(8)前廢帝普泰元年（五三一）二月鹽池開放「詔曰……改建明二年爲普泰元年。其税市及税鹽之官、可悉廢之」（『魏書』本紀）

自遷鄴後、於滄瀛幽青四州之境、傍海煮鹽。滄州置竈一千四百八十四、瀛州置竈四百五十二、幽州置竈一百八十、青州置竈五百四十六、又於邯鄲置竈四、計終歳合收鹽二十万九千七百二斛四斗。①軍國所資、得以周贍矣。

〔校勘〕

①**收鹽二十万九千七百二斛四斗**　斗字もと升字に作る。『通典』巻十食貨・鹽鐵に「自遷鄴後、於滄・瀛・幽・青四州之境、傍海煮鹽。滄州置竈一千四百八十四、瀛州置竈四百五十二、幽州置竈百八十、青州置竈五百四十六、又於邯鄲置竈四、計終歳合收鹽二十萬九千七百八斛四斗、軍國所資、得以周贍矣」とあり、『冊府元亀』巻四九三邦計部山沢一も同様に作る。『玉海』巻一八一食貨・鹽鐵は、「八斛四升」に作るが、今は『通典』『冊府元亀』に従い、四升を四斗に改める。

〔訓読〕

鄴に遷りて自り後、滄・瀛・幽・青四州の境に於て、海に傍《そ》ひて鹽を煮る。① 滄州に竈一千四百八十四を置き、瀛州に竈四百五十二を置き、幽州に竈一百八十を置き、青州に竈五百四十六を置き、又た邯鄲に於て竈四を置き、計るに、終歳に合して鹽二十万九千七百二斛四斗を收む。軍國の資《と》る所、以て周贍するを得たり。

〔注釈〕

①**自遷至煮鹽**　この間の事情については、べつに『隋書』巻二四食貨志に「天平元年、遷都於鄴、出粟一百三十萬石、以振貧人。……於滄・瀛・幽・青四州之境、傍海置鹽官以煮鹽、毎歳收錢。軍國之資、得以周贍。自是之後、倉廩充實、雖有水旱凶饑之處、皆仰開倉以振之」とある。

〔通釈〕

鄴に遷都してより後、滄（河北省南皮県東南）・瀛（河北省河間県）・幽（北京市大興県西南）・青（山東省益都県）四州の沿岸地域で塩を製造した。滄州に一四八四、瀛州に四五二、幽州に一八〇、青州に五四六の竈を設置し、また邯鄲（河北省邯鄲県西南）に四竈を設置し、一年間で合計二〇万九七〇二斛四斗の塩を生産した。国家財政に必要なものはこれによって充足することができた。

十三　貨幣について

魏初至於太和、錢貨無所周流、高祖始詔天下用錢焉。十九年、冶鑄粗備、文曰太和五銖、詔京師及諸州鎭皆通行之。內外百官、祿皆準絹給錢、絹匹爲錢二百。在所遣錢工備爐冶、民有欲鑄、聽就鑄之、銅必精練、無所和雜。世宗永平三年冬、又鑄五銖錢。肅宗初、京師及諸州鎭或鑄或否、或有止用古錢、不行新鑄、致商貨不通、貿遷頗隔。

〔訓読〕

魏初より太和に至るまで、錢貨周流する所無く、高祖始めて天下に詔して錢を用ひしむ。十九年、冶鑄粗《ほ》ぼ備はり、文を太和五銖①と曰ひ、京師及び諸州鎭に詔して、皆な之を通行せしむ。內外百官、祿は皆な絹に準《したが》ひて錢を給ひ、絹は匹ごとに錢二百と爲す。在所に錢工を遣して爐冶を備へしめ、民に鑄せんと欲するもの有れば、就きて之を鑄するを聽すも、銅は必ず精練し、和雜する所無からしむ。世宗の永平三年冬、又た五銖錢を鑄す。② 肅宗の初め、京師及び諸州鎭③、或は鑄し、或は否《しか》らず、或は止《ただ》に古錢のみ用ひ、新鑄を行なはざる有り、商貨の通ぜず、貿遷頗る隔《とどこほ》るを致す。

〔注釈〕

①太和五銖　洪遵『泉志』巻二太和五銖銭条に「余按此錢、徑八分、重如其文。銅質粗悪、字文湮漫。計當時令民自鑄、故其製不精也」とある。南宋の洪遵の観察では、民間の鋳造を許したため、あまり品質がよくなかったようである。

②永平三年冬又鑄五銖錢　洪遵『泉志』巻二五銖銭条は、『魏書』食貨志の関連する文章を記すだけであるが、銭形を載せており、その文は「五銖」となっている。下文の任城王澄の上言に出てくる新造五銖・新鋳五銖は、永平五銖銭である。

③州鎭　北魏は、州・郡・県の地方組織のほかに、西北辺境を中心とする異民族雑居地域に軍事管区である鎮を設けた。『資治通鑑』巻一三二宋明帝泰始五年（四六九、北魏献文帝皇興三年）五月条に「魏沙門統曇曜奏、平齊戸及諸民、有能歳輸穀六十斛入僧曹者、即爲僧祇戸、粟爲僧祇粟、遇凶歳、賑給飢民。又請民犯重罪及官奴、以爲佛圖戸、以供諸寺掃洒。魏主並許之。於是僧祇戸・粟及寺戸、遍於州鎭矣」とあり、胡三省注に「魏自北方、并有諸夏、亦依魏晉制置諸州刺史。其西北被邊夷晉雜居之地、則置鎭將以鎭之」と解説する。

〔通釈〕

北魏の初めから太和年間（四七七～四九九）に至るまで、鋳貨の流通はなかったが、高祖孝文帝が初めて全国に詔勅を下して通用させた。太和十九年（四九五）、鋳造がおおむねできあがり、銭文を「太和五銖」とし、京師及び諸州鎮に詔し、すべてに鋳貨を通用させた。中央と地方の官吏の俸禄は、皆な絹の価値に従って鋳貨を支給し、その比価を絹一匹につき銭二百文とした。各地に銭工を派遣して鋳造所を設置し、民間で鋳造することを望む者があれば、そこで鋳造することを許し、銅は必ず精錬し混ぜものがないようにさせた。世宗宣武帝の永平三年（五一〇）冬、更に五銖銭を鋳造した。粛宗孝明帝（在位五一五～五二八）の治世の初め、京師および諸州鎮の中には鋳造する所やしない所があり、古銭を用いるだけで新鋳銭を使わない所もあり、商品は流通せず、交易がかなり停滞することになった。

熙平初、尚書令任城王澄上言、臣聞洪範八政、貨居二焉。易稱、天地之大德曰生、聖人之大寶曰位、何以守位曰仁、何以聚人曰財。財者、帝王所以聚人守位、成養群生、奉順天德、治國安民之本也。夏殷之政、九州貢金、以定三品。[1]周仍其舊。太公立九府之法、於是圜貨始行、[2]定銖兩之楷。齊桓循用、以霸諸侯。降及秦始漢文、遂有輕重之異。吳濞鄧通之錢、收利遍於天下、河南之地、猶甚多焉。逮于孝武、乃更造五銖、其中毀鑄、隨利改易、故使錢有小大之品。

〔校勘〕

①夏殷之政九州貢金以定三品　三品二字、諸本もと五品に作る。こ

の文章は、『尚書』禹貢篇の貢金に基づく。禹貢篇に九州からの貢賦を述べる中に「淮海惟揚州。……厥土惟塗泥。厥惟田下下、厥賦下上錯。厥貢惟金三品、……荊及衡陽惟荊州……厥土惟塗泥。厥惟田下中、厥賦上下。厥貢羽毛・齒・革、惟金三品」とあり、「金三品」を僞孔伝は、「金銀銅也」とする。五品は、三品の誤りであろう。今、禹貢篇によって五字を三字に改める。

②圜貨始行　圜字、もと國に作る。中華書局標点本校勘記に「諸本圜訛國、今據冊府巻五〇〇、五九〇頁・通典巻九錢幣改」とあるのによって改める。圜貨は、本節注釈④の九府圜法をうけた記述であり、國字は明らかに形譌である。圜貨は、円錢、丸い鋳造貨幣を意味する。

〔訓読〕

熙平の初め、尚書令任城王澄上言すらく、臣聞ならく、洪範八政、貨は二に居る①。易に稱すらく、天地の大德を生と曰ひ、聖人の大寶を位と曰ふ、何を以て位を守る、曰く仁、何を以て人を聚む、曰く財なり②、と。財なる者は、帝王の人を聚め位を守り、群生を成養し、天の德を奉順し、國を治め民を安んずる所以の本なり。

夏殷の政、九州より金を貢ぎて、以て三品を定む。周、其の舊に仍る。太公、九府の法を立て③、是に於て圜貨始めて行なはれ、銖兩の楷を定む。齊桓循用し、以て諸侯に霸たり。降りて秦始・漢文に及び、遂に輕重の異なること有り。呉濞・鄧通の錢、利を收むること天下に遍く④、河南の地、猶ほ甚だ多し。孝武に逮んで、乃ち更に五銖を造るも、其の中ごろ毀鑄し、利に隨ひて改易す、故に錢をして小大の品有らしむ。

〔注釈〕

①洪範八政貨居二焉　『尚書』洪範篇の八つの基本政策中、貨幣政策が第二位に位置づけられていること。序文注釈①（十三頁）参照。

②易稱至曰財　序文注釈②（十三頁）参照。

③太公立九府之法　『漢書』巻二四下食貨志下に「凡貨、金錢布帛之用、夏殷以前、其詳靡記云。太公爲周立九府圜法、黄金方寸、而重一斤、錢圜函方、輕重以銖。布帛廣二尺二寸爲幅、長四丈爲匹。故貨寶於金、利於刀、流於泉、布於布、束於帛」とある。九府について、顔師古注には、「李奇曰、圜即錢也。圜一寸、而重九兩。師古曰、此説非也。周官太府・玉府・内府・外府・泉府・天府・職内・職金・職幣、皆掌財幣之官、故云九府。圜謂均而通也」とある。「錢圜函方」については、「孟康曰、外圜而内孔方也」、「輕重以銖」については、「師古曰、言黄金以斤爲名、錢則以銖爲重也」と解釈している。

④呉濞鄧通之錢收利遍於天下　『漢書』巻二四下食貨志下に「孝文五年、爲錢益多而輕、乃更鑄四銖錢、其文爲半兩。除盜鑄錢令、使民放鑄。賈誼諫曰……。上不聽。是時、呉以諸侯即山鑄錢、富埒天子、後卒叛逆。鄧通、大夫也。以鑄錢財過王者。故呉・鄧錢布天下」とある。

〔通釈〕

熙平初年（五一六）、尚書令・任城王の元澄が上言した。

私が聞くところでは、『尚書』洪範篇の八つの基本政策の中で、貨幣政策が第二位を占めています。『易』には「天地の大徳は生である。聖人の大宝は位である。何によって位を守るか、仁である。何によって人を集めるか、財である」とあります。財は、帝王が人を集めて位を守り、生きとし生けるものを成育し、天の徳に従って国を治め、民を安んずるための根本なのです。

夏・殷の時代には九州から金属を貢納させ、金銀銅三種の金属が定められました。周は、この規定を踏襲しました。斉の太公望（呂尚）は九府の法を設けましたが、このとき初めて円形鋳貨が流通し、銖両（おもさ）の基準が定められました。斉の桓公はこれを踏襲し、諸侯の覇者となりました。時代が降って秦の始皇帝、漢の文帝の時代になると、重さに様ざまな違いがでてきました。呉王濞や鄧通の鋳貨は、利を得て天下にくまなく行きわたり、河南の地域では現在も多く流通しています。前漢の武帝の時代になって、あらためて五銖銭を鋳造しましたが、今日に至るまでの間に、鋳貨を鋳つぶしては、利益のために改鋳してきたので、銭に大小様ざまな種類があるようになってしまいました。

竊尋太和之錢、高祖留心刱制、後與五銖並行。此乃不刊之式。但臣竊聞之、君子行禮、不求變俗、因其所宜、順而致用。太和五銖、雖利於京邑之肆、而不入徐揚之市。土貨既殊、貿鬻亦異、便於荊郢之邦者、則礙於兗豫之域①。致使貧民有重困之切、王道貽隔化之訟。

去永平三年、都座奏斷天下用錢不依準式者、時被敕云、不行之錢、雖有常禁、其先用之處、權可聽行、至年末②、悉令斷之。暨延昌二年③、徐州民儉、刺史啓奏求行土錢、旨聽權依舊用。

謹尋不行之錢、律有明式、指謂雞眼・鐶鑿、更無餘禁。計河南諸州、今所行者、悉非制限。昔來繩禁、愚竊惑焉。又河北州鎭、既無新造五銖、設有舊者、而復禁斷、並不得行。專以單絲之縑、疎縷之布、狹幅促度、不中常式、裂匹爲尺、以濟有無。至今徒成杼軸之勞、不免飢寒之苦、良由分截布帛、壅塞錢貨。實非救恤凍餒、子育黎元。

謹惟自古以來、錢品不一、前後累代、易變無常。且錢之爲名、欲泉流不已。愚意謂、今之太和與新鑄五銖、及諸古錢、方俗所便用者、雖有大小之異、並得通行、貴賤之差、自依鄉價、庶貨環海内、公私無壅。其不行之錢、及盜鑄毀大爲小、

巧僞不如法者、據律罪之。

詔曰、錢行已久、今東南有事④、且依舊用。

〔校勘〕

①**礙於兗豫之域**　『通典』巻九食貨・銭幣下は「兗徐之域」に作る。『冊府元亀』巻五〇〇は本志に同じ。『通典』の徐字は、上文「徐揚之市」の徐字によって誤ったものであろう。

②**至年末**　『通典』巻九食貨・銭幣下は「至來年末」に作る。『冊府元亀』巻五〇〇は本志に同じ。文章の調子から言えば、「至來年末」のほうが良い。他に時期を特定できる史料が無いので、いまはこのままにしておく。

③**暨延昌二年**　百衲本もと暨字なし。『通典』巻九食貨・銭幣下、『冊府元亀』巻五〇〇は「暨延昌二年」に作る。このほうが文意通暢する。今、二書によって、暨字を補う。

④**今東南有事**　南字もと尚字に作る。『通典』巻九食貨・銭幣下、『冊府元亀』巻五〇〇は「今東南有事」に作る。下文の第二回上奏に「但今戎馬在郊、江疆未一、東南之州、依舊爲便」とあって、この文章と明確に対応する。東南に従うべきであろう。これにより尚字を南字に改める。

〔訓読〕

竊《ひそ》かに尋ぬるに、太和の錢、高祖心を留めて刱制し、後に五銖と並び行なはる。此れ乃ち不刊の式たり①。但だ臣竊かに之を聞く、君子の禮を行なふや、俗を變ふるを求めず②、其の宜しき所に因り、順ひて用を致す③、と。太和五銖、京邑の肆に利ありと雖も、而れども徐揚の市に入らず。土貨既に殊なり、貿鬻も亦た異なれば、荊郢の邦に便なる者は、則ち兗豫の域に礙《とどこほ》る。貧民をして重困の切なること有らしめ、王道をして隔化の訟を貽《のこ》さしむるを致す。

去る永平三年、都座④奏して天下の用錢の準式に依らざる者を斷《とど》めしむるに、時に敕を被りたるに云へらく、行なはざるの錢、常禁有りと雖も、其の先に用ひしの處は、權《か》りに行なふを聽す可し。年末に至りて、悉く之を斷めしめよ、と。延昌二年に暨《およ》び、徐州の民儉《くる》しみ、刺史啓奏して土錢を行なはんことを求めたるに、旨もて權りに舊に依りて用ふるを聽さる。

謹んで尋ぬるに、行なはざるの錢、律に明式有り、指して雞眼・鐶鑿と謂ひ、更に餘禁無し。計るに、河南の諸州、今、行なふ所の者、悉く制限するに非ず。昔來の繩禁、愚竊かに惑へり。又た河北の州鎭⑤、既にして新造五銖無く、設《たと》ひ舊き者有るも、而れども復た禁斷せられて、並びに行なふを得ず、專ら單絲の縑、疎縷の布の、狹き幅促《みじか》き度《たけ》の、常式に中《あ》たらざるを以《もち》ひ、匹を裂きて尺と爲し、以て有無を濟《な》す。今に至るまで徒《いたづら》に杼軸の勞を成すも、飢寒の苦を免れざるは、良《まこと》に布帛を分截し、錢貨を壅塞するに由る。實に凍餒を救恤し、黎元を子育するに非ず。

謹んで惟《おもんみ》るに、古自り以來、錢品一ならず、前後累代、易變して常無し。且つ錢の名爲るや、泉流して已まざるを欲するなり。愚意謂へらく、今の太和と新鑄五銖と、及び諸もろの古錢、方俗の便用する所の者は、大小の異なること有りと雖も、並びに通行するを得しめ、貴賤の差は、自ら鄉價に依らしむれば、貨は海内を環り、公私壅ぐこと無きに庶《ちか》からん。其の行なはざるの錢、及び盜鑄して大を毀ちて小と爲し、巧僞もて法の如くせざる者は、律に據りて之を罪せんことを、と。

詔して曰く、錢行なはるること已に久しく、今、東南に事有り、且《しばら》く舊に依りて用ひよ、と。

〔注釈〕

①不刊之式　『文選』巻十「征西之賦」に「剌哀主於義域、僭天爵於高安。欲法堯而承羞、永終古而不刊」とあり、その李善注に「鄭玄禮記注曰、刊、削也」とある。削除し得ない、不滅の準則を言う。

②君子行禮不求變俗　『禮記』曲禮篇下に「君子行禮、不求變俗。祭祀之禮、居喪之服、哭泣之位、皆如其國之故、謹脩其法而審行之」とある。

③順而致用　『漢書』巻九一貨殖伝に「然後四民因其土宜、各任智力、夙興夜寐、以治其業、相與通功易事、交利而俱贍、非有徵發期會、而遠近咸足。故易曰、后以財成輔相天地之宜、以左右民、備物致用、立成器以爲天下利、莫大乎聖人、此之謂也」顔師古注「上繫之辭也。備物致用、謂備取百物而極其功用」とある。物事の性質にしたがってその働きを充分に発揮させること。

④都座　尚書都座のこと。尚書省の中核施設であり、尚書八座の会議をはじめ、尚書省でおこなわれる様ざまな官僚会議の議場となった。『魏書』巻六二李彪伝に「臣輒集尚書已下、令史已上、并治書侍御史臣酈道元等於尚書都座、以彪所犯罪狀告彪、訊其虚實。若或不知、須訊部下」とある。ここに見える尚書都座の上奏は、尚書省で議定された案奏である。

⑤河南諸州　河北州鎭　ここに見える河南・河北は、北魏に独自の地域区分であり、黄河全流域の北側に位置する流域を河北、南側を河南と呼んでいる。したがって現在の甘粛省・陝西省に位置した諸州なども河南に分類される。『南斉書』巻五七魏虜伝が伝える太和十一年（四八七）頃の北魏の統治領域には、河南二五州、河北十三州、計三八州が存在した。魏虜伝に「（南斉・永明）三年、初令鄰里黨各置一長、五家爲鄰、五鄰爲里、五里爲黨。四年、造戸籍、分置州郡。雍州・涼州・秦州・沙州・涇州・華州・岐州・河州・西華州・寧州・陝州・洛州・荊州・郢州・北豫州・東荊州・南豫州・西兗州・東兗州・南徐州・東徐州・青州・齊州・濟州・［光州］二十五州在河南。相州・懷州・泰州・東雍州・肆州・定州・瀛州・朔州・并州・冀州・幽州・平州・司州十三州在河北。凡分魏晉舊司・豫・青・兗・冀・并・幽・秦・雍・涼十州地、及宋所失淮北爲三十八州矣」とある。この三八州については、なお「北

魏太和年間諸州一覧」（一一八頁）参照。

〔通釈〕

ひそかに考えまするに、太和五銖銭は、高祖陛下が注意深くお造りになったもので、その後、永平の五銖銭と並行して流通しています。これは不刊の準則です。しかし、私は次のように聞いています。君子は、礼儀を行きわたらせるに際し、風俗を変えることを追求せず、各地の風俗の長所に基づき、それに従ってその働きを発揮させるのだと。太和五銖銭は京師の市の店舗では利用されていますが、徐州（江蘇省銅山県）・揚州（安徽省寿県）の市では流通していません。各地方の貨幣が異なる上に、交易の方法も違うので、荊州（河南省魯山県）や郢州（河南省泌陽県）では便利なものも、兗州（山東省滋陽県西）・豫州（河南省汝南県）では流通が滞っています。これでは貧民に甚だしい困窮を与え、天子の御政道に分け隔てがあるとの誹りを残すことになりましょう。

去る永平三年（五一〇）、尚書都座が、国内で通用している鋳貨で法令に合致しないものを使用禁止にするよう奏上したところ、ただちに「通用禁止の銭については法律に規定があるとはいえ、以前から用いている地域では、しばらくその使用を許すべきである。年末になってから、すべて禁止することにせよ」との勅命をいただきました。延昌二年（五一三）になって、徐州の民が飢饉に苦しみ、徐州刺史が土銭を通用するよう上奏したところ、しばらくは旧来どおり使用することを許せ、との聖旨をいただきました。

謹んで考えまするに、通用禁止の鋳貨については律に明らかな規定があり、雞眼銭と鐶鑿銭とを指定しており、それ以外の銭の禁止規定は全くありません。考えるに、河南諸州で現在流通している鋳貨は、すべて禁止されたものではありません。これまでの禁止法令について、（どのように取り計らってよいか）私は迷っております。更に河北の州鎮においては、新鋳の五銖銭がないうえに、たとえ古銭があってもまた禁止されていて、まったく流通を許されておりません。専ら平織りの絹・粗末な麻布で、幅や長さが短く、規定にあっていないものを貨幣として使用し、一匹の布を一尺ごとに切り裂いて、交易を行なっています。今日に至るまで、機織り労働を成しえても、飢えや寒さから逃れられないのは、実に麻布絹布を細切れにして貨幣とし、鋳貨の流通を停滞させているからです。これは、凍え飢えている者を救い、人民を子供のように育む天子の責務にかなうものではありません。

謹んで考えまするに、古来より鋳貨は一種類だけでなく、代代変化して一定していません。その上、銭と名づけられたのは、泉のように止めどなく流れることを願ったからです。私が思いまするに、現今の太和と新鋳の五銖銭、及び様ざまな古銭で、地方において便利なものとして通行している銭貨は、大小の違いがあっても皆な通用させ、それらの価値の差は、それぞれの地方価格に任せることにすれば、物資が国内に流通し、公私にわたって停滞することがなくなるのではないかと期待します。（雞眼銭・鐶鑿銭など）通用禁止の銭貨、盗鋳して大銭を小銭に鋳なおした銭、巧みにごまかして規定に合わない銭貨については、律の規定によって処罰することといたします。
皇帝が詔勅を下した。
　銭が流通してから久しくたっており、現在も東南方面では戦乱が続いているので、ひとまず旧来どおり通用させよ。

澄又奏、臣猥屬樞衡、庶罄心力、常願貨物均通、書軌一範。謹詳周禮、外府掌邦布之入出。布猶泉也、其藏曰泉、其流曰布。然則錢之興也、始於一品、欲令世匠均同、圜流無極。爰曁周景、降逮亡新、易鑄相尋、參差百品、遂令接境乖商、連邦隔貿①。

臣比奏求宣下海內、依式行錢、登被旨敕、錢行已久、且可依舊。謹重參量以爲、太和五銖、乃大魏之通貨、不朽之恒模。寧可專貿於京邑、不行於天下。但今戎馬在郊、江疆未一、東南之州、依舊爲便。至於京西京北域內州鎮未用錢處、行之則不足爲難、塞之則有乖通典。何者、布帛不可尺寸而裂、五穀則有負檐之難。錢之爲用、貫繦相屬、不假斗斛之器、不勞秤尺之平。濟世之宜、謂爲深允。

請並下諸方州鎮、其太和及新鑄五銖、并古錢內外全好者、不限大小、悉聽行之。雞眼鐶鑿、依律而禁。河南州鎮先用錢者、既聽依舊、不在斷限。唯太和五銖二錢、得用公新造者②。其餘雜種、一用古錢、生新之類、普同禁約。諸方之錢、通用京師。其聽依舊之處、與太和錢及新造五銖並行。若盜鑄者、罪重常憲。既欲均齊物品、廛井斯和、若不繩以嚴法、無以肅茲違犯。符旨一宣、仍不遵用者、刺史守令、依律治罪。詔從之。而河北諸州、舊少錢貨、猶以他物交易、錢略不入市也。

〔校勘〕

①**連邦隔貿**　貿字、百衲本もと質に作る。中華書局標点本校勘記に「諸本貿訛質、不可通、今據冊府（同上卷頁）・通典卷九改」とあるのによって改める。

②**得用公新造者**　新造二字、百衲本もと造新に作る。本志前後に新造の語が散見する。ここも新造二字が妥当である。もとの造新を誤倒と見て、ここに乙正する。

〔訓読〕

澄又た奏すらく、臣猥りにも樞衡に屬し、心力を罄さんことを庶《ねが》い、常に貨物の均《あまね》く通じ、書軌の範を一にせんことを願ふ。謹んで周禮を詳らかにしたるに、外府は邦布の入出を掌る。布は猶ほ泉のごときなり、其の藏するを泉と曰ひ、其の流るるを布と曰ふ①、とあり。然れば則ち錢の興るや、一品に始まるは、世匠をして均同ならしめ、圜流して極まること無からしめんと欲するなり。爰《ここ》に周景に曁《およ》び、降りて亡新に逮ぶまで、易鑄相ひ尋《つ》ぎ、參差《しんし》として百品あり②、遂に境を接して商を乖《こと》にし、邦を連ねて貿を隔《とどこほ》らしむ。

臣比《さき》ごろ奏して海内に宣下し、式に依りて錢を行なはんことを求めたるに、登《ただ》ちに旨敕を被りたるに、錢行なはるること已に久し、且《しばら》く舊に依る可し、とあり。謹んで重ねて參量したるに以爲らく、太和五銖、乃ち大魏の通貨にして、不朽の恒模たり。寧んぞ專ら京邑にのみ貿《まじ》へ、天下に行なはざる可けんや。但だ今、戎馬郊に在り、江疆未だ一ならざれば、東南の州、舊に依るを便と爲す。京西・京北域内の州鎭の未だ錢を用ひざるの處に至りては、之を行なへば則ち難《かた》しと爲すに足らず。之を塞げば則ち通典に乖《もと》ること有り。何となれば、布帛は尺寸にして裂く可からず、五穀は則ち負檐の難有り。錢の用を爲すや、貫繦相ひ屬《つら》ね、斗斛の器を假《か》らず、秤尺の平《しょう》を勞せず。世を濟《すく》ふの宜、謂《おも》ふに深く允《あ》たれりと爲す。

請ふらくは並びに諸方の州鎭に下し、其の太和及び新鑄五銖③、并びに古錢の内外全て好しき者は、大小を限らず、悉く之を行なふを聽し、雞眼・鐶鑿のみ④、律に依りて禁ぜられんことを。河南の州鎭の先に錢を用ひし者は、既に舊に依るを聽したれば、斷限に在らず。唯だ太和・五銖の二錢のみ、公の新造する者を用ふるを得。其の餘の雜種、一に古錢を用ひ、生新の類は、普《あまね》く同に禁約せしむ。諸方の錢は、京師に通用せしむ。其の舊に依るを聽すの處、太和錢及び新造五銖と並びに行なはん。若し盜鑄せし者は、罪、常憲より重くす。既にして物品を均齊にし、廛井斯《ここ》に和せんことを欲したれば、若し繩するに嚴法を以てせざれば、以て茲の違犯を肅《ただ》すこと無し。符旨一たび宣せられて、仍ほ遵用せざる者は、刺史守令、律に依りて罪を治めんことを、と。

詔して之に從ふ。而れども河北の諸州、舊《もと》より錢貨少なく、猶ほ他物を以て交易し、錢は略ぼ市に入らざるなり。

〔注釈〕

①周禮至曰布　『周禮』天官・外府条に「外府掌邦布之入出、以共百物、而待邦之用」とあり、その鄭玄注に「布、銭也。布讀爲宣布之布。其藏曰泉、其行曰布」とある。

②爰曁至百品　周の景王、新の王莽が多くの貨幣を鋳造したことを言う。『国語』周語下に「景王二十一年、將鑄大錢。單穆公曰、不可。古者、天災降戾、於是乎量資幣、權輕重、以振救民。民患輕、則爲作重幣以行之、於是乎有母權子而行、民皆得焉。若不堪重、則多作輕而行之、亦不廢重、於是乎有子權母而行、小大利之。…

…王其圖之。王弗聽、卒鑄大錢」とあり、その韋昭注に「景王、周靈王之子景王貴也。二十一年、魯昭之十八年也。錢者、金幣之名、所以貿買物、通財用者也。古曰泉、後轉曰錢。賈侍中曰、虞夏商周金幣三等。或赤、或白、或黄。黄爲上幣、銅鐵爲下幣。大錢者、大於舊、其價重也。唐尚書曰、大錢重十二銖、文曰大泉五十。鄭後司農説周禮云、錢始蓋一品也。周景王鑄大錢而有二品、後數變易、不識本制。至漢、唯五銖久行。至王莽時、錢乃有十品、今存於民、多者有貨布・大泉・貨泉。大泉徑寸二分、重十二銖、文曰大泉五十。則唐君所謂大泉者、乃莽時泉、非景王所鑄明矣。又景王至赧王十三世而周亡、後有戰國秦漢幣物易改、轉不相因、先師所不能紀。或云大錢文曰寶貨、皆非事實。又單穆公云、古者有母平子、子權母而行。則二品之來、古而然矣。鄭君云、錢始一品、至景王而有二品、省之不熟也」とある。鄭司農の周禮注は、食貨志本文の認識に近い。王莽については、『漢書』巻二四食貨志下に「王莽居攝、變漢制、以周錢有子母相權、於是更造大錢、徑寸二分、重十二銖、文曰大錢五十。又造契刀・錯刀。契刀、其環如大錢、身形如刀、長二寸、文曰契刀五百。錯刀、以黄金錯、其文曰一刀直五千。與五銖錢凡四品、並行。莽即真、以爲書劉字有金刀、乃罷錯刀・契刀及五銖錢、而更作金銀龜貝錢布之品、名曰寶貨。……凡寶貨五物、六名、二十八品。鑄作錢布皆用銅、殽以連錫、文質周郭、放漢五銖錢云。其金銀與它物雜、色不純好、龜不盈五寸、貝不盈六分、皆不得爲寶貨。元龜爲蔡、非四民所得居、有者、入大卜受直。百姓憒亂、其貨不行。民私以五銖錢市買」とある。

③新鑄五銖　下文の「新造五銖」と同じく、永平五銖銭を指す。

④雞眼鐶鑿　『資治通鑑』巻一四八梁武帝天監十六年条に引く任城王澄上言の胡三省注に「雞眼者、謂錢薄小、其狀如雞眼也。鐶鑿云者、言鑿好以取銅、僅存其肉也」とある。雞眼銭は、鶏の眼のように小さくて薄い私鋳銭、鐶鑿銭は、周囲だけを残して中心の好（孔・穴）を切り取った変造銭である。

〔通釈〕

元澄はまた上奏した。

臣はみだりにも枢要の地位にあって、全心全力を尽くそうと心掛け、いつも物資があまねく流通し、文字や車の轍が全国的に統一されることを願っています。謹んで『周禮』を調べてみますと、「外府は邦国の貨幣の出納を掌る」とあり、鄭玄注には「布は泉と同義であり、蓄蔵されれば泉と言い、流通するのを布と言う」とあります。さすれば、銭が創始されたときは一種類であり、それは代代の工匠に（貨幣の品質を）均等にさせ、流通して尽きることがないように願ったからであります。周の景王の時代になり、さらに降って新の時代におよぶと、改鋳があいつぎ、さまざまな銭が入り混じって、境界を接する地域で商業が行われず、隣り合った邦国の間で交易を停滞させることになりました。

先頃臣が上奏し、国内に詔を下し、法律に拠って貨幣を流通させるよう要請しましたところ、ただちに「銭の流通はすでに年月を経ているので、ひとまずは旧来通りとする」との勅語をいただきました。謹んで重ねて考えまするに「太和五銖」銭は大魏の通貨であり、不朽の模範です。専ら首都にだけ流通させ、天下に流通させないで良いものでしょうか。ただ、現在軍隊が辺境に展開し、長江一帯の国境はまだ統一されていないので、東南方面の州は旧来どおりとするのが便利でありましょう。京西・京北地域内の州鎮で、まだ銭を使用していない所については、銭を流通させることはむつかしいことではありません。銭を禁止することの方が、古今の法典に悖ることであります。なぜならば、布帛は尺寸の単位で切り裂くことができず、穀物も担ぐという難点があります。銭を用いれば、銭さしに連ねておくことができ、枡に頼らず、秤を使うこともありません。世の中を調整する手だてとしては、まことに意義深いものがあります。

諸方の州鎮すべてに対し、(以下の諸点につき)御下命くださるようお願いします。太和五銖銭と新鋳五銖銭、並びに内外ともに完全な古銭は、大小を限らず、ことごとくその流通を許す。雞眼銭や鐶鑿銭は、法律によって禁止する。河南の州鎮で以前から銭を用いている所は、すでに旧来どおり流通させることを許しているので、制限を設けない。太和五銖・新鋳五銖の二銭は国家が新たに鋳造したものを使用する。その他の雑多な種類の銭については、専ら古銭を用いることとし、新たに出来た雑銭はすべて禁止する。各地方の銭は京師でも通用させる。旧来通りの銭遣いが許されたところでは、太和銭と新造五銖銭をも並びに通用させる。もし盗鋳する者があれば常法よりも罪を重くする。鋳貨の品質を均一にし、市場の調和を願う以上、厳法をもって正すのでなければ、違反を取り締まることはできません。詔勅がひとたび宣告されて、なお守らない者があれば、刺史・太守・県令を、法律によって断罪すること。

詔が下ってこの上奏に従った。しかし河北諸州はもとより銭が少なく、なお銭以外の現物によって交易したので、銭は全く市場に入らなかった。

二年冬、尚書崔亮奏、恒農郡銅青谷有銅鑛、計一斗得銅五兩四銖、葦池谷鑛、計一斗得銅五兩、鸞帳山鑛、計一斗得銅四兩、河內郡王屋山鑛、計一斗得銅八兩。南青州苑燭山、齊州商山、並是往昔銅官、舊迹見在。謹按、鑄錢方興、用銅處廣。既有冶利、並宜開鑄。詔從之。自後所行之錢、民多私鑄、稍就小薄、價用彌賤。

〔訓読〕

二年冬、尚書崔亮①奏すらく、恒農郡の銅青谷に銅鑛有り、計るに一斗ごとに銅五兩四銖を得、葦池谷の鑛は、計るに一斗ごとに銅五兩を得、鸞帳山の鑛は、計るに一斗ごとに銅四兩を得、河內郡の王屋山の鑛は、計るに一斗ごとに銅八兩を得。南青州の苑燭山、齊州の商山、並びに是れ往昔の銅官にして②、舊迹見《げん》に在り。謹んで按ずるに、鑄錢方《まさ》に興り、銅を用ふるの處廣し、既にして冶利有れば、並びに宜しく開鑄すべし、と。詔して之に從ふ。自後、行なふ所の銭、民多く私鑄し、稍《やうや》く小薄と就《な》り、價用《もつ》て彌いよ賤《やす》し。

〔注釈〕

①崔亮　崔亮（?〜五二一）、字は敬儒、清河郡東武城の人。漢人官僚として、後期北魏の政界を指導した。「停年格」を作って、年功による官位昇進の円滑化を図ったが、これによって北魏の官僚登用に人才を欠くことになったともいわれる。『魏書』巻六六に本伝がある。

②南青州苑燭山齊州商山並是往昔銅官　斉州商山に冶官が設置されていたことについては、『晋書』巻一二七慕容徳載記建平二年（四〇一）条に「遂問（晏）謨以齊之山川丘陵、賢哲舊事。謨歴對詳辯、畫地成圖。徳深嘉之、拜尚書郎、立冶於商山、置鹽官于烏常澤、以廣軍國之用」とある。苑燭山については未詳。

〔通釈〕

熙平二年（五一七）の冬、尚書の崔亮が上奏して言った。

恒農郡（河南省陝県）の銅青谷に銅鉱があり、一斗につき銅五両四銖が採取でき、葦池谷の銅鉱は一斗につき五両、鸞帳山の銅鉱は一斗につき四両、河内郡（河南省沁陽県）の王屋山の銅鉱は一斗につき銅八両が採取できます。南青州（山東省沂水県）の苑燭山・斉州（山東省歴城県）の商山はともに昔の銅官（銅を採掘・鋳造する機関）で、旧跡が残っています。謹んで考えるに、鋳銭が始まったばかりで、銅を用いる範囲は広くなっています。鋳造の利益がある以上、並びに鋳造所を開いて銭を鋳造すべきでありましょう。

詔が下ってこれに従った。この後、流通する銭は民間で私鋳したものが多く、すこしずつ小さく薄くなり、価値はますます低下していった。

建義初、重盜鑄之禁、開糾賞之格。至永安二年秋、詔更改鑄、文曰永安五銖。官自立爐、亦聽人就鑄①、起自九月、三年正月而止。官欲貴錢、乃出藏絹、分遣使人、於二市賣之②、絹匹止錢二百、而私市者猶三百。利之所在、盜鑄彌衆、巧僞既多、輕重非一、四方州鎭、用各不同。

〔校勘〕

①亦聽人就鑄　この句、百衲本もとなし。『通典』巻九食貨・銭幣下は、「官自立爐」の下に「亦聽人就鑄」五字を挿入する。『通典』は本節を襲っており、この五字もと本志に存在したはずである。また「亦聽人就鑄」の亦字は、太和五銖鋳造時の「在所遺錢工備爐冶、民有欲鑄、聽就鑄之」をうけた記述であり、この五字を欠くと、国家が爐を造ることだけになり、鋳造形態が不足し、文意疎通しない。今、『通典』に拠り「亦聽人就鑄」五字を補う。これによれば、太和五銖銭と同様、官鑪で民間の鋳銭を許したことになる。

②分遣使人於二市賣之　賣字、百衲本はもと賞に作る。中華書局標

点本校勘記に「諸本賣作賞、冊府巻五〇〇、五九九二頁、通典巻九作賣。按下云絹匹止錢二百、而私市者猶三、這裏説官使人在二市貶價賣絹、故云官欲貴錢。賞乃賣形近而訛、今據改」とある。洪遵『泉志』巻二永安五銖銭条に引く「後魏食貨志」は「分遣使人于二市賣之」に作る。いま、『泉志』引「後魏食貨志」により、賞を賣に改める。

〔訓読〕

建義の初め、①盗鑄の禁を重くし、糾賞の格を開く。永安二年秋に至り、詔して更に改鑄せしめ、②文を永安五銖と曰ふ。③官自ら爐を立て、亦た人に聽して就きて鑄せしめ、九月自り起こし、三年正月にして止めしむ。官、錢を貴くせんと欲し、乃ち藏絹を出だし、分かちて使人を遣し、二市に於て之を賣らしめたるに、④絹は匹ごとに止《ただ》に錢二百のみにして、而して私市する者は猶ほ三百なり。利の在る所、盗鑄彌いよ衆く、巧僞既に多く、輕重一に非ず、四方の州鎭、用各おの同じからず。

〔注釈〕

①**建義初**　前節の熙平二年（五一七）の尚書崔亮の上奏以後、この建義初年（五二八）に至るまでの間にも銭貨鋳造に関する議論が展開されているので、以下に本志を補っておく。『魏書』巻七七高謙之伝に「於時朝議鑄錢、以謙之爲鑄錢都將長史。乃上表求鑄三銖錢曰、蓋錢貨之立、本以通有無、便交易。故錢之輕重、世代不同。太公爲周置九府圜法、至景王時、更鑄大錢。秦兼海內、錢重半兩。漢興、以秦錢重、改鑄楡莢錢。至文帝五年、復爲四銖。孝武時、悉復銷壞、更鑄三銖、至元狩中、變爲五銖。又造赤仄之錢、以一當五。王莽攝政、錢有六等、大錢重十二銖、次九銖、次七銖、次五銖、次三銖、次一銖。魏文帝罷五銖錢、至明帝復立。孫權江左、鑄大錢、一當五百。權赤烏年、復鑄大錢、一當千。輕重大小、莫不隨時而變。竊以食貨之要、八政爲首、聚財之貴、詒訓典文。是以昔之帝王、乘天地之饒、御海內之富、莫不腐紅粟於太倉、藏朽貫於泉府、儲畜既盈、民無困敝、可以寧謐四極、如身使臂者矣。昔漢之孝武、地廣財豐、外事四戎、遂虛國用。於是草萊之臣、出財助國、興利之計、納稅廟堂。市列榷酒之官、邑有告緡之令。鹽鐵既興、錢幣屢改、少府遂豐、上林饒積。外闢百蠻、內不增賦者、皆計利之由也。今群妖未息、四郊多壘、徵稅既煩、千金日費、資儲漸耗、財用將竭、誠楊氏獻說之秋、桑・兒言利之日。夫以西京之盛、錢猶屢改、並行小大、子母相權、況今寇難未除、州郡淪敗、民物凋零、軍國用少、別鑄小錢、可以富益、何損於政、何妨於人也。且政興不以錢大、政衰不以錢小、惟貴公私得所、政化無虧、既行之於古、亦宜效之於今矣。昔禹遭大水、以歷山之金鑄錢、救民之困。湯遭大旱、以莊山之金鑄錢、贖民之賣子者。今百姓窮悴、甚於曩日、欽明之主、豈得垂拱而觀之哉。臣今此鑄、以濟交乏、五銖之錢、任使並用、行之無損、國得其益、穆公之言、於斯驗矣。臣雖術愧計然、識非心算、暫充錢官、頗覩其理。苟有所益、不得不言。脱以爲疑、求下公卿博議。如謂爲允、即乞施行。詔將從之、事未就、會卒」とある。三銖銭を鋳造し、五銖銭と併用するとい

う提案であるが、提案者の死去により頓挫した。記年はないが、孝明帝孝昌初年の記事のあとに記述されており、また『冊府元亀』巻五〇〇銭幣二に「孝昌三年正月、詔立鑄錢之制。是時朝議鑄錢、以國子博士高謙之爲鑄錢都將長史。乃上表求鑄三銖錢曰……」とある。孝昌年間（五二五～五二七）、おそらく孝昌三年の議論であろう。

②至永安二年秋詔更改鑄　この時の議論については、つぎの史料に具体的な内容が記されている。『魏書』巻七七高恭之（字道穆）伝に「於時用錢稍薄、道穆表曰、四民之業、錢貨爲本、救弊改鑄、王政所先。自頃以私鑄薄濫、官司糾繩、挂網非一。在市銅價、八十一文得銅一斤、私造薄錢、斤餘二百。既示之以深利、又隨之以重刑、罹罪者雖多、姦鑄者彌衆。今錢徒有五銖之文、而無二銖之實、薄甚楡莢、上貫便破、置之水上、殆欲不沉。此乃因循有漸、科防不切、朝廷之愆、彼復何罪。昔漢文帝以五分錢小、改鑄四銖、至武帝復改三銖爲半兩。此皆以大易小、以重代輕也。論今據古、宜改鑄大錢、文載年號、以記其始、則一斤所成止七十六文。銅價至賤五十有餘、其中人功食料、錫炭鉛沙、縱復私營、不能自潤。直置無利、自應息心、況復嚴刑廣設也。以臣測之、必當錢貨永通、公私獲允。後遂用楊侃計、鑄永安五銖錢」とある。

楊侃の提案は、『魏書』巻五八楊侃伝に「時所用錢、人多私鑄、稍就薄小、乃至風飄水浮、米斗幾直一千。侃奏曰、昔馬援至隴西、嘗上書求復五銖錢、事下三府、不許。及援徴入爲虎賁中郎、親對光武、申釋其趣、事始施行。臣頃在雍州、亦表陳其事、聽人與官並鑄五銖錢、使人樂爲、而俗弊得改。旨下尚書八座、不許。以今況昔、即理不殊。求取臣前表、經御披析。侃乃隨事剖辨、孝莊從之、乃鑄五銖錢、如侃所奏」とある。

③文曰永安五銖　洪遵『泉志』巻二永安五銖銭条に「舊譜曰、徑九分、文曰永安五銖、重如其文。李孝美曰、此錢經八分、周郭完厚、所見至多」とある。

④分遣使人於二市賣之　北魏洛陽には、大市と小市の二市があった。大市については、『洛陽伽藍記』巻四城西条に「出西陽門外四里、御道南有洛陽大市、周迴八里。……市東有通商・達貨二里。里内之人、盡皆工巧、屠販爲生、資財巨萬。……市南有調音・樂律二里。里内之人、絲竹謳歌、天下妙伎出焉。……市西有延酤・治觴二里。里内之人、多醞酒爲業。……市北慈孝・奉終二里。里内之人、以賣棺槨爲業、賃輀車爲事。……別有阜財・金肆二里、富人在焉。凡此十里、多諸工商貨殖之民、千金比屋、層樓對出、重門啓扇、閣道交通、迭相臨望。金銀錦繡、奴婢緹衣、五味八珍、僕隸畢口。神龜年中、以工商上僭、議不聽金銀錦繡。雖立此制、竟不施行」とあり、その繁華ぶりが分かる。小市についても『洛陽伽藍記』巻二城南条に「孝義里東即是洛陽小市」とある。

〔通釈〕

建義初年（五二八）、盗鋳の禁制を重くし、告発者に褒賞を与える法律を作った。永安二年（五二九）の秋になると、詔勅を下して更に改鋳し、銭文を「永安五銖」とした。政府自ら炉を作り、これもまた民衆がそこで鋳造することを許し、九月より開始し、永安三年正月に至って停止した。政府は銭の価値を上げようとし、国家が蓄蔵している絹を放出し、使者を洛陽の大市・小市に派遣してこれを売らせた。絹一匹の値段を二百銭と規定したが、民間の取り引きはなお三百銭であった。利益が存在するところはどこでも、盗鋳がますます横行し、ごまかしが多い上、銭の重量も一様ではなかった。各地の州・鎭では、銭の使用がそれぞれ異なっていたのである。

遷鄴之後、輕濫尤多。武定初、齊文襄王奏革其弊。於是詔遣使人、詣諸州鎭、收銅及錢、悉更改鑄、其文仍舊。然姦僥之徒、越法趨利、未幾之間、漸復細薄。

六年、文襄王以錢文五銖、名須稱實、宜稱錢一文重五銖者、聽入市用。計百錢重一斤四兩二十銖、自餘皆準此爲數。其京邑二市、天下州鎭郡縣之市、各置二稱、懸於市門、私民所用之稱、皆準市稱、以定輕重。凡有私鑄、悉不禁斷、但重五銖、然後聽用。若入市之錢、重不五銖、或雖重五銖、而多雜鈆鑞、並不聽用。若有輒以小薄雜錢入市、有人糾獲、其錢悉入告者。其小薄之錢、若即禁斷、恐人交乏絶。畿内五十日、外州百日爲限。群官參議、咸以時穀頗貴、請待有年。上從之而止①。

〔校勘〕

①上從之而止　洪遵『泉志』巻二東魏永安五銖銭条引後魏食貨志及び『通典』巻九食貨九・銭幣下は、「王從之而止」に作る。王であれば文襄王高澄のことになるが、官僚会議の決裁は、いかに傀儡とはいえ皇帝がおこなうべきものであり、ここでも孝静帝による決裁がなされたと考えるべきである。本食貨志の記述を是としたい。

〔訓読〕

鄴に遷りしの後、輕濫尤も多し①。武定の初め、齊の文襄王奏②して其の弊を革む。是に於て詔して使人を遣し、諸もろの州鎭に詣り、銅及び錢を收め、悉く更に改鑄せしめ、其の文は舊に仍《よ》らしむ③。然れども姦僥の徒、法を越えて利に趨り、未だ幾《いくばく》ならざるの間、漸く復た細薄たり。

六年、文襄王以《おもへ》らく、錢文の五銖、名は須《すべか》らく實に稱《かな》ふべし。宜しく錢一文重さ五銖に稱ひし者のみ、市に入りて用ふるを聽すべし。計るに、百錢の重さ一斤四兩二十銖、自餘は皆な此れに準《したが》ひて數と爲す。其れ京邑の二市④、天下の州鎭郡縣の市、各おの二稱を置き、市門に懸け、私民が用ふる所の稱、皆な市稱に準ひ、以て輕重を定む。凡有《あらゆる》私鑄は、悉く禁斷せず、但だ重さ五銖にして、然る後、用ふるを聽す。若し市に入るの錢、重さ五銖ならず、或は重さ五銖なりと雖も、而れども多く鈆鑞を雜へたるものは、並びに用ふるを聽さず。若し輒《みだ》りに小薄の雜錢を以て市に入るもの有り、人有りて糾獲すれば、其の錢悉く告ぐる者に入れよ。其れ小薄の錢、若し即ち禁斷すれば、恐るらくは人交《とも》に乏絶せん。畿内は五十日、外州は百日を限と爲さんことを、と。

群官參議したるに、咸な時に穀頗る貴きを以て、年有《みのり》るを待たんことを請ふ。上、之に從ひて止む。

〔注釈〕

①**遷鄴之後輕濫尤多**　東魏期の貨幣状況については、別に『隋書』巻二四食貨志に「齊神武霸政之初、承魏猶用永安五銖。遷鄴已後、百姓私鑄、體制漸別、遂各以爲名。有雍州青赤、梁州生厚・緊錢・吉錢、河陽生澀・天柱・赤牽之稱。冀州之北、錢皆不行、交貿者皆以絹布。神武帝乃收境内之銅及錢、仍依舊文更鑄、流之四境。未幾之間、漸復細薄、姦僞競起。文宣受禪、除永安之錢、改鑄常平五銖、重如其文」とある。

②**文襄王**　高澄（五二一～五四九）、高歓の長子、字は子恵。高歓の死後、代わって大丞相となり、東魏の実権を握ったが、武定七年、禅譲を目前にして暗殺された。『北史』巻六斉本紀、『北斉書』巻三文襄帝紀に伝記がある。文襄は、北斉成立後の追尊である。

③**悉更改鑄其文仍舊**　東魏にあっても永安五銖銭がひきつづき鋳造されたことを言う。洪遵『泉志』巻二は東魏の銭貨として永安土字銭・永安五銖銭・背文四出銭の三種をあげている。永安土字銭条に「面文永安五銖、幕文有一土字。徑九分、重二銖四絫、銅色純赤、輪闊皆夷。計後魏所鑄。余按、東西魏皆鑄永安五銖、故存于今甚多。其品有三。面文獨曰永安五銖者、幕文土字者、背文四出者」とある。

背文四出銭は、令公百爐銭とも呼ばれ、『泉志』巻十四令公百爐銭条に「丘悦『三國典略』曰、西魏大統七年（五四一、東魏興和三年）正月、東魏有雀銜永安錢、置渤海王高歡前。歡世子澄乃令百爐別鑄此錢。鄴中號令公百爐錢。封氏曰、背文四出。張台曰、徑八分、重二銖五絫。李孝美曰、按此錢、據所有者、背文大小、皆如封・張所説。面文輕重、不與魏錢小異。銅色深赤、肉郭尚外漸薄、如碾輪状然。不知其他如何也」とある。

④**京邑二市**　鄴南城には東市・西市があった（顧炎武『歴代帝王宅京記』巻十二鄴下）。東市については、『北史』巻十九獻文六王伝元韶伝に「（天保）十年、太史奏云、今年當除舊布新。……於是乃誅諸元以厭之。遂以五月誅元世哲・景式等二十五家、餘十九家並禁止之。韶幽於京畿地牢、絶食、啗衣袖而死。及七月、大誅元氏、自昭成已下並無遺焉。或父祖爲王、或身常貴顯、或兄弟強壯、皆斬東市」とあり、西市については『北史』巻五一齊宗室諸王伝上高思好伝に「武平五年、遂舉兵反、與并州諸貴書曰、主上少長深宮、未辨人之情僞、昵近凶狡、疏遠忠良。……仍縱子立奪馬於東門、光弁掣鷹於西市。駮龍得儀同之號、逍遙受郡君之名。犬馬班位、榮冠軒冕、人不堪役、思長亂階」とある。

〔通釈〕

鄴に遷都した後（東魏）、銭の軽量化による混乱はことに甚だしくなった。武定初年（五四三）、斉の文襄王高澄が、その弊害を改革しようと奏上した。そこで詔を下して、諸方の州・鎮に使者を派遣し、銅と銭を回収し、ことごとく改鋳したが、文面は旧来どおり永安五銖とした。しかし、悪賢い連中は、法を無視して利益を追求したので、いくらもたたないうちに、銭は次第にまた小さく薄くなっていった。

武定六年（五四八）、文襄王高澄が提案した。

　銭の文面が五銖となっているのだから、その名目は実体に一致させるべきである。銭一文の重さが五銖のものだけ、市に入れて使用することを許すのがよい。百銭単位で計量して、重さを一斤四両二十銖とし、その他については皆なこの数値を基準とする。鄴都の東西二市、全国の州・鎮・郡・県の市には、各おの秤を二つ設置し、これを市の門にかけておき、民間で使用する秤は、全て市秤を基準にして軽重を定めることとする。あらゆる私鋳銭については、すべて禁止することはせず、ただ重さが五銖であれば使用を許す。もし、市に入ってくる銭で五銖の重さがないもの、或いは重さが五銖であっても鉛や鑞（鉛と錫の合金）が多く混じっているものについては、断じて使用を許さない。もしみだりにも小さくて薄い雑銭を持って市に入場して来る者があり、それを告発する者があれば、その銭は全て告発者の所有とする。小さくて薄い銭を直ちに禁止すれば、人びとの交易が途絶えてしまうであろう。（法の施行については）畿内は五十日後、外州は百日後を期日としたい。

諸官がこの提案を参議したが、皆なこの時の穀物価格がかなり高いことを理由に、豊作の年を待って実行するよう要請した。皇帝はこの参議に従い、提言を退けた。

〔補考〕北朝期の鋳銭記事について

『魏書』食貨志・『隋書』食貨志本文並びに注釈記載の北朝期の鋳銭記事を次頁に一覧にしておく。北魏・北朝期の通貨問題については、内田吟風「後魏通貨に関する二三の問題」（『北アジア史研究――鮮卑柔然突厥篇』同朋舎、一九七五年）及び宮澤知之「魏晋南北朝時代の貨幣経済」（『鷹陵史学』第二六号、二〇〇〇年）、同氏『中国銅銭の世界――銭貨から経済史へ』（思文閣、二〇〇七年）参照。

食貨志六第十五　　魏書一百一十

北　朝　鋳　銭　一　覧　表

銭　名	年　代	事　項	提案者	出　典
太和五銖銭	太和十九年（495）	鋳造		『魏書』食貨志
五銖銭	永平三年（510）	鋳造		『魏書』食貨志
三銖銭	孝昌年間（525～527）	未実施	高謙之	『魏書』巻 77 本伝
永安五銖銭	永安二年（529）	鋳造	高道穆 楊侃	『魏書』巻 77 本伝 『魏書』巻 58 本伝
令公百爐銭	興和三年（541）	鋳造	高澄	『泉志』巻２・巻 14
永安五銖銭	武定元年（543）	鋳造	高澄	『魏書』食貨志
常平五銖銭	天保四年（553）	鋳造	文宣帝	『北斉書』巻４
五銖銭	大統六年（540）	鋳造	文帝	『北史』巻５
五銖銭	大統十二年（546）	鋳造	文帝	『北史』巻５
布泉	保定元年（561）	鋳造	武帝	『隋書』食貨志
五行大布銭	建徳三年（574）	鋳造	武帝	『隋書』食貨志
永通万国銭	大象元年（579）	鋳造	宣帝	『隋書』食貨志
五銖銭	開皇元年（581）	鋳造	文帝	『隋書』食貨志

北魏太和年間諸州一覧（太和18年洛陽遷都以前）

	『南斉書』魏虜伝（設置年代）	『魏書』食貨志（設置年代）	地形志州治城（近代地名）
河南二十五州	雍　州	雍　州	長安（陝西省長安県西北）
	涼　州（太和年間477～499）	涼　州（太和年間477～499）	隴（甘肅省秦安県東）
	秦　州	秦　州	上邽（甘肅省天水県西南）
	沙　州	梁　州（太和12年・488）	水南（甘肅省西和県北）
	涇　州	涇　州	臨涇（甘肅省鎮原県南）
	岐　州（太和11年・487）	岐　州（太和11年・487）	雍城（陝西省鳳翔県南）
	河　州（大平眞君6年・445）	東秦州（太和15年・491）	杏城（陝西省中部県西）
	西華州	夏　州（太和11年・487）	大夏（陝西省横山県西）
	寧　州（東魏興和中、疑誤）	豳　州（皇興2年・468）	彭陽（甘肅省慶陽県南）
	華　州（太和11年・487）	華　州（太和11年・487）	華陰（陝西省大荔県）
	陝　州（太和11年・487）	陝　州（太和11年・487）	陝城（河南省陝県）
	洛　州	洛　州	洛陽（河南省洛陽県）
	荊　州（太延5年・439）	荊　州（太延5年・439）	上洛（陝西省商県）
	東荊州（太和年間477～499）		
	郢　州（太和13年・489）	郢　州（太和13年・489）	南安（河南省葉県南）
	北豫州（泰常年間416～423）	豫　州（皇興年間467～470）	虎牢（河南省汜水県）
	南豫州（太和年間477～499）	南豫州（太和年間477～499）	懸瓠（河南省汝南県）
	西兗州（孝明帝孝昌3年、疑誤）	兗　州（皇興年間467～470）	滑台（河南省滑県）
	東兗州（皇興年間467～470）	東兗州（皇興年間467～470）	瑕丘（山東省滋陽県西）
	南徐州（太和20年、南字疑衍）	徐　州（皇興年間467～470）	彭城（江蘇省銅山県）
	東徐州（皇興年間467～470）	東徐州（皇興年間467～470）	団城（山東省沂水県）
	青　州（皇興年間467～470）	青　州（皇興年間467～470）	東陽（山東省益都県）
	齊　州（皇興3年・469）	齊　州（皇興3年・469）	歴城（山東省歴城県）
	濟　州（泰常8年・423）	濟　州（泰常8年・423）	碻磝城（山東省茌平県西）
	光　州（皇興4年・470）	光　州（皇興4年・470）	掖（山東省掖県）
河北十三州	相　州（天興4年・401）	相　州（天興4年・401）	鄴（河南省臨漳県西）
	懐　州（天安2年・467）	懐　州（天安2年・467）	野王（河南省沁陽県）
	泰　州（延和元年・432）	泰　州（延和元年・432）	蒲坂（山西省永済県北）
	肆　州（大平眞君7年・446）	肆　州（大平眞君7年・446）	定襄（山西省忻県西）
	定　州（皇始2年・397）	定　州（皇始2年・397）	盧奴（河北省定県）
	并　州（皇始元年・396）	并　州（皇始元年・396）	晋陽（山西省大原県）
	冀　州（皇始2年・397）	冀　州（皇始2年・397）	信都（河北省冀県）
	幽　州（泰常元年・416）	幽　州（泰常元年・416）	薊（北京市大興県西南）
	平　州	平　州	肥如（河北省盧龍県北）
	司　州（天興元年・398奠都）	司　州（天興元年・398奠都）	平城（山西省大同県）
	東雍州（太平眞君4年・443）	汾　州（太和12年・488）	蒲子城（山西省隰県東北）
	朔　州（後改爲雲州）	安　州（皇興2年・468）	密雲（北京市密雲県）
	瀛　州（太和11年・487）	営　州（大平眞君5年・444）	和龍城（遼寧省朝陽県）

＊作成するにあたって、銭大昕『二十二史考異』巻28至巻30「魏書」条を参照した。

第二部　『隋書』食貨志訳注

志第十九　　隋書二十四

太尉揚州都督監修國史上柱國①趙國公臣長孫無忌等奉勅撰

序文

食貨

王者量地以制邑、度地以居人、總土地所生、料山澤之利、式遵行令、敬授人時、農商趣向、各本事業。書稱懋遷有無、言穀貨流通、咸得其所者也。周官太府、掌九貢九賦之法、王之經用、各有等差。所謂取之有道②、用之有節、故能養百官之政、勗戰士之功、救天災、服方外、活國安人之大經也。

〔校勘〕

①上柱國　百衲本は、柱國趙國公に作る。食貨志以外の志の内題はすべて「太尉揚州都督監修國史上柱國趙國公」と記している。本志内題は、上字を脱落したものであり、上柱國が正しい。

②取之有道用之有節　中華書局標点本は、有道を以道に作るが以下の用例から見て、百衲本に従うのがよい。『新書』禮篇に「禮、聖王之於禽獸也、……取之有時、用之有節、則物蕃多」とある。また『文選』巻三張衡「東京賦」に「賦政任役、常畏人力之盡也。取之以道、用之以時」とあり、李善注に「毛萇詩傳曰、太平而微物衆多、取之有時、用之有道」とある。

〔訓読〕

王者は地を量りて以て邑を制し、地を度《はか》りて以て人を居らしめ①、土地の生む所を總《す》べ②、山澤の利を料《はか》り、式《つつし》んで行令に遵ひ③、敬んで人に時を授け④、農商は趣向し、各おの事業を本とす。書に懋《つと》めて有無を遷すと稱するは⑤、穀貨流通し、咸《み》な其の所を得るを言へる者なり⑥。周官の太府、九貢九賦の法を掌《つかさど》り⑦、王の經用⑧、各おの等差有り。所謂《いはゆる》之を取るに道有り、之を用ふるに節有るものなり。故に能く百官の政を養ひ、戰士の功を勗《つと》め、天災を救ひ、方外⑨を服し、國を活し人を安んずるの大經なり⑩。

〔注釈〕

①王者量地以制邑度地以居人　『禮記』王制篇に「凡居民、量地以制邑、度地以居民、地邑民居、必參相得也。無曠土、無游民、食節事時」とある。

②總土地所生　『漢書』巻二八地理志上に「冀州既載、壺口治梁及岐。既脩太原、至于嶽陽。覃懐底績、至于衡章。厥土惟白壤。

厥賦上上錯、厥田中中」とあり、師古注に「賦者、發斂土地所生之物以供天子也。上上、第一也。錯、雜也。言賦第一、又雜出諸品也」とある。

③**式遵行令**　行令は、『禮記』月令篇に規定された月ごとに行なうべき政令を言う。『後漢書』郎顗伝第二〇下に「方春東作、布德之元、陽氣開發、養導萬物。王者因天視聽、奉順時氣、宜務崇温柔、遵其行令」とあり、その李賢注に「禮記月令、孟春、天子命相布德和令、行慶施惠、下及兆人。仲春、安萌牙、養幼少、存諸孤、省囹圄、去桎梏、止獄訟。是遵其行令也」とある。

④**敬授人時**　『尚書』堯典篇に「乃命羲・和、欽若昊天、厤象日月星辰、敬授人時。……帝曰、咨、汝羲暨和、期三百有六旬有六日、以閏月定四時成歲。允釐百工、庶績咸熙」とある。

⑤**書稱懋遷有無**　『尚書』益稷篇に「禹曰、洪水滔天、浩浩懷山襄陵、下民昏墊。予乘四載、隨山刊木、暨益奏庶鮮食。予決九川、距四海、濬畎澮距川、暨稷播奏庶艱食鮮食。懋遷有無化居、烝民乃粒、萬邦作乂」とある。

⑥**言穀貨流通咸得其所者也**　『周易』繫辞下に「包犧氏沒、神農氏作。……日中爲市、致天下之民。聚天下之貨、交易而退、各得其所。蓋取諸噬嗑」とある。

⑦**周官太府掌九貢九賦之法**　太府は、大宰の貳官として九貢・九賦・九功の財政運用を実行する官府である。『周禮』天官・大府に「大府掌九貢九賦九功之貳、以受其貨賄之入、頒其貨于受藏之府、頒其賄于受用之府。凡官府都鄙之吏、及執事者受財用焉。凡頒財、以式灋授之。關市之賦、以待王之膳服。邦中之賦、以待賓客。四郊之賦、以待稍秣。家削之賦、以待匪頒。邦甸之賦、以待工事。邦縣之賦、以待幣帛。邦都之賦、以待祭祀。山澤之賦、以待喪紀。幣餘之賦、以待賜予」とある。

九賦・九貢は、『周禮』天官・大宰に「以九賦斂財賄、一曰邦中之賦、二曰四郊之賦、三曰邦甸之賦、四曰家削之賦、五曰邦縣之賦、六曰邦都之賦、七曰關市之賦、八曰山澤之賦、九曰弊餘之賦。……以九貢致邦國之用。一曰祀貢、二曰嬪貢、三曰器貢、四曰幣貢、五曰材貢、六曰貨貢、七曰服貢、八曰斿貢、九曰物貢」とある。

⑧**王之經用**　経用は、通常財政、通常経費を言う。『漢書』巻二四食貨志下に「此後四年、衛青比歲十餘萬衆擊胡、斬捕首虜之士、受賜黄金二十餘萬斤、而漢軍士馬死者十餘萬、兵甲轉漕之費不與焉。於是大司農陳臧錢經用、賦稅既竭、不足以奉戰士」とあり、その顔師古注に「陳謂列奏之。經、常也。既、盡也。言常用之錢及諸賦稅並竭盡也」とある。

⑨**方外**　方外は、中国・天下の外部にあり、夷狄の居住する領域である。『漢書』巻六四上嚴助伝に「越、方外之地、劗髮文身之民也。不可以冠帶之國法度理也。自三代之盛、胡越不與受正朔、非彊弗能服、威弗能制也。以爲不居之地、不牧之民、不足以煩中國也」とある。

⑩**活國安人之大經也**　『漢書』巻二四食貨志上に「殷周之盛、詩書所述、要在安民、富而教之。故易稱、天地之大德曰生、聖人之大寶曰位。何以守位曰仁、何以聚人曰財。財者、帝王所以聚人守位、養成群生、奉順天德、治國安民之本也」とある。

〔通釈〕

王者は、大地を測量して城邑を定め、土地の状態を考えて人びとを居住させ、耕地の生産物を総括し、山林藪沢の収穫物を考え、つつしんで月ごとの政令を遵守し、人びとに暦を授ける者であり、農民や商人はそれによって方向を見定め、それぞれの生業にはげむのである。『尚書』に「懋メテ有無ヲ遷ス」と述べているが、それは、穀物や財貨が流通して、秩序がある状態を意味する。『周官』（周礼）には、太府が九貢・九賦の法を掌ったと述べており、王の財政活動には、各おの等級があった。「道理によって租税を収取し、節度をもって使用する」と言われる。それゆえに財政こそ、政務を執る官僚を養い、功賞を争う戦士を励まし、天災を救い、異民族を服従させ、国家を活性化し、人民を安心させうる偉大な政道なのである。

爰自軒頊、至于堯舜、皆因其所利而勸之、因其所欲而化之。不奪其時、不窮其力、輕其征、薄其賦、此五帝三皇不易之教也。古語曰、善爲人者、愛其力而成其財。若使之不以道、斂之如不及、財盡則怨、力盡則叛。

〔訓読〕
爰《ここ》に軒・頊自り、堯・舜に至るまで、①皆な其の利とする所に因りて之を勸め、其の欲する所に因りて之を化す。②其の時を奪はず、③其の力を窮めず、其の征を輕くし、其の賦を薄くすること、此れ五帝三皇、不易の教へなり。④古語に曰く、善く人を爲《をさ》むる者は、其の力を愛《いつく》しんで其の財を成す、と。若し之を使ふに道を以てせず、之を斂《と》ること及ばざるが如くすれば、⑤財盡きて則ち怨み、力盡きて則ち叛す。

〔注釈〕
①**自軒頊至于堯舜**　軒頊は、黄帝軒轅氏と顓頊高陽氏。これに帝嚳高辛氏と堯・舜とを加えて五帝を構成する（『史記』巻一五帝本紀）。

②**皆因其所利而勸之因其所欲而化之**　『藝文類聚』巻五二治政部上・論政引劉向『新序』に「其牧民之道、養之以仁、教之以禮、因其所欲而與之、從其所好而勸之」とある。また『隋書』巻七三循吏伝序に「古之善牧人者、養之以仁、使之以義、教之以禮、隨其所便而處之、因其所欲而與之、從其所好而勸之。如父母之愛子、如兄之愛弟、聞其飢寒爲之哀、見其勞苦爲之悲、故人敬而悅之、愛而親之」とある。

③**不奪其時**　『孟子』梁惠王篇上に「百畝之田、勿奪其時、數口之家可以無飢矣」とある。

④**此五帝三皇不易之教**　『漢書』巻七三韋玄成伝に「立廟京師之居、躬親承事、四海之內、各以其職來助祭、尊親之大義、五帝三王所共、不易之道也」とあり、その顔師古注に「易、改也」とある。

⑤**斂之如不及**　『論語』泰伯篇第八に「子曰、學如不及、猶恐失

之」とある。

〔通釈〕

こうして黄帝・顓頊より堯・舜に至るまでの五帝の時代にあっては、どの帝王も人びとの利益に従って奨励し、欲求に従って教化していった。農時を奪わず、労働力を使い果たさず、力役を軽くし、租税を軽くすること、これが三皇五帝の不易の教えである。古語に「よく人を治める者は、労働力を大切にして財貨を成す人である」とある。もし王者が道理に基づいて人民を使役せず、失うことを恐れるかのように収奪することになれば、人民は財貨を納め尽くして王者を怨み、労働力を使い果たして反乱を起こすことになる。

昔禹制九等而康歌興、周人十一而頌聲作。於是東周遷洛、諸侯不軌、魯宣初税畝、鄭産爲丘賦、先王之制、靡有孑遺。秦氏起自西戎、力正天下、驅之以刑罰、棄之以仁恩。以太半之收、長城絶於地脈、以頭會之斂、屯戍窮於嶺外。

〔訓読〕

昔《むかし》禹、九等を制して康歌興り①、周人、十一にして頌聲作《おこ》る②。是に於て東周の洛に遷るや、諸侯軌《したが》はず③、魯宣初めて畝に税し④、鄭産丘賦を爲り⑤、先王の制、孑遺有ること靡《な》し⑥。秦氏起こること西戎自りし⑦、力もて天下を正し⑧、之を驅るに刑罰を以てし、之を棄つるに仁恩を以てす。太半の收を以《もち》ひて、長城は地脈を絶ち⑨、頭會の斂を以ひて、屯戍は嶺外に窮《くる》しむ⑩。

〔注釈〕

①**禹制九等而康歌興**　禹が九州を画定し、その土田と貢賦とを九等に分けたことを言う。『漢書』巻二四食貨志上に「禹平洪水定九州、制土田、各因所生遠近、賦入貢棐」とあり、『漢書』巻一〇〇叙傳下に「坤作墬勢、高下九則、自昔黄唐、經略萬國、燮定東西、疆理南北。三代損益、降及秦漢、革参剗五等、制立郡縣、略表山川、彰其剖判。述地理志第八」とあり、その顔師古注に「劉德曰、九則、九州土田上中下九等也」とある。

康歌は、太平をことほぐ歌。『尚書』益稷篇に「帝庸作歌曰、勑天之命、惟時惟幾。……乃賡載歌曰、元首明哉。股肱良哉。庶事康哉」とあり、また『藝文類聚』巻五四刑法部引魏・傅幹「肉刑議」に「蓋禮樂所以導民、刑罰所以威之。是故君子忌禮、而小人畏刑。雖湯武之隆、成康之盛、不專用禮樂、亦陳肉刑之法、而康哉之歌興、清廟之頌作。由此推之、肉刑之法、不當除一也」とある。

②**周人十一而頌聲作**　十一は、収穫物の十分の一を収取する租税徴収法であり、天下の中正と言われる古典的収取法を指す。『春秋公羊伝』宣公十五年条伝に「初税畝、初者何、始也。税畝者何、履畝而税也。初税畝、何以書、譏。何譏爾、譏始履畝而税也。何譏乎始履畝而税、古者什一而藉。古者曷爲什一而藉、什

一者、天下之中正也。多乎什一、大桀小桀、寡乎什一、大貉小貉。什一者、天下之中正也。什一行而頌聲作矣」とある。

③東周遷洛諸侯不軌　『史記』巻十四・十二諸侯年表序に「是後或力政、彊乘弱、興師不請天子。然挾王室之義、以討伐爲會盟主、政由五伯、諸侯恣行、淫侈不軌、賊臣簒子滋起矣」とある。

④魯宣初税畝　魯宣は、春秋魯国の国君宣公、名は倭（前六〇八～前五九一在位）。宣公十五年（前五九四）に初めて耕地に対して直接に田租をかけたことを言う。前掲注釈②『春秋公羊伝』参照。

⑤鄭産爲丘賦　鄭産は、春秋鄭国の指導者であった子産、名は僑（?～前五二二年頃）。『春秋左氏伝』昭公四年（前五三八）条に「鄭子産作丘賦、國人謗之」とあり、具体的には『春秋左氏伝』襄公三〇年（前五四三）条に「子産使都鄙有章、上下有服、田有封洫、廬井有伍、大人之忠儉者、從而與之、泰侈者因而斃之。……從政一年、輿人誦之曰、取我衣冠而褚之、取我田疇而伍之、孰殺子産、吾其與之。及三年、又誦之曰、我有子弟、子産誨之、我有田疇、子産殖之、子産而死、誰其嗣之」とある。

⑥靡有子遺　『毛詩』大雅・雲漢に「旱既太甚、則不可推、兢兢業業、如霆如雷、周餘黎民、靡有子遺、昊天上帝、則不我遺、胡不相畏、先祖于摧」とある。

⑦秦氏起自西戎　秦が夷狄に近い存在であったことについては、『史記』巻十五・六国年表序に「今秦雜戎翟之俗、先暴戻後仁義、位在藩臣而臚於郊祀、君子懼焉」とある。

⑧力正天下　力正は、力政・力征に同じ。武力によって天下を征服することを言う。『漢書』巻九二游侠伝に「周室既微、禮樂征伐、自諸侯出。桓文之後、大夫世權、陪臣執命。陵夷至於戰國、合從連衡、力政爭彊」とあり、その顔師古注に「力政者、棄背禮義、專任威力也」とある。

⑨以太半之收長城絶於地脈　大半（太半）は三分の二。三分の二に及ぶ賦銭の収奪をおこなったことを言う。『漢書』巻二四食貨志上に「至於始皇、遂并天下、内興功作、外攘夷狄、收泰半之賦、發閭左之戍」とあり、その顔師古注に「泰半、三分取其二」とあり、また『漢書』巻一高帝紀上高祖四年条に「張良・陳平諫曰、今漢有天下太半」とあり、その顔師古注に「韋昭曰、凡數三分有二爲太半、有一分爲少半」とある。

長城が地脈を断ち切ったことについては、『史記』巻八八蒙恬列伝に「蒙恬喟然太息曰、我何罪於天、無過而死乎。良久、徐曰、恬罪固當死矣。起臨洮屬之遼東、城塹萬餘里、此其中不能無絶地脈哉。此乃恬之罪也。乃呑藥自殺」とある。

⑩以頭會之斂屯戍窮於嶺外　『漢書』巻三二張耳陳餘伝に「耳・餘爲左右校尉、與卒三千人、從白馬渡河、至諸縣。説其豪桀曰、秦爲亂政虐刑、殘滅天下。北爲長城之役、南有五領（私案、『史記』作五嶺）之戍、外内騷動、百姓罷敝、頭會箕斂、以供軍費、財匱力盡、重以苛法、使天下父子、不相聊」とある。

頭會箕斂について、顔師古注は、「服虔曰、吏到其家、人人頭數出穀、以箕斂之」と解釈する。家口数によって穀物を収奪したことを言う。

また五領（五嶺）について、顔師古注は、「服虔曰、山領有五、因以爲名。交趾・合浦界有此領。師古曰、服説非也。領者、西自衡山之南、東窮於海、一山之限耳。而別標名、則有五焉。裴氏廣州記云、大庾・始安・臨賀・桂陽・掲陽、是爲五領。鄧德

明南康記曰、大庾領一也、桂陽騎田領二也、九眞都龐領三也、臨賀萌渚領四也、始安越城領五也。裴説是也」とある。顔師古—裴氏説によれば、衡山（湖南省衡山県西北）から東方の沿岸に至るまでの一連の山塊を五嶺と言う。嶺外は、その外側南方の領域、今日の広東省・廣西荘族自治区一帯にあたる。

　屯戍は、二三歳から五六歳にいたる漢代の男子である正（正卒）がその義務期間中に一年間担当する辺境警備で、徭戍ともよばれた。『漢書』巻二四食貨志上に引く董仲舒上言に「至秦則不然、用商鞅之法、改帝王之制……又加月爲更卒、已復爲正、一歳屯戍、一歳力役、三十倍於古」とあり、その顔師古注に「更卒、謂給郡縣一月而更者也。正卒、謂給中都官者也。率計今人一歳之中、屯戍及力役之事、三十倍多於古也」とある。

〔通釈〕

　そのかみ禹が九等の田賦を制定すると、太平の歌が興り、周人が十分の一税を制定すると、ほめ歌がわきおこった。東周が洛邑に都を移すと、諸侯は王法に従わず、魯の宣公が初めて耕地に課税し、鄭の子産が丘賦を制定するなど、先王の制度は、その残滓さえなくなった。

　秦は西戎から興って、武力で天下を征服すると、刑罰によって人民を駆り立て、仁恩の政治を捨て去った。三分の二にも及ぶ賦銭の収奪によって遂行された長城建設は、大地の地脈を断ち切り、個人を対象に収取した穀物をつぎ込んだ対外遠征によって、辺境守備の兵士は、五嶺の南方で苦しんだのである。

漢高祖承秦凋敝、十五税一、中元繼武、府廩弥殷。世宗得之、用成雄侈、開邊撃胡、蕭然咸罄。宮宇捫於天漢、巡遊跨於海表、旱歳除道、凶年嘗秣、戸口以之減半、盗賊①以之公行。於是譎詭賦税、異端倶起、賦及童齓、筭至舡車。

〔校勘〕

①**盗賊以之公行**　賊字、百衲本は賦字に作るが、盗賦では意味を成さない。下文に二つの賦字があるのによって誤写したのであろう。中華書局標点本等によって、賊字に改める。

〔訓読〕

　漢の高祖、秦の凋敝を承け、十五にして一を税し①、中元武を繼ぎ②、府廩弥いよ殷《ゆた》かなり。世宗③之を得、用て雄侈を成し、邊を開き胡を撃《つ》つに、蕭然として咸な罄きたり。宮宇は天漢を捫《とら》へ④、巡遊は海表を跨《こ》え⑤、旱歳に道を除し、凶年に秣《まぐさ》を嘗《か》い、戸口之を以て半ばを減じ⑥、盗賊之を以て公行す。是に於て譎詭なる賦税、異端倶に起こり、賦は童齓に及び⑦、筭は舡車に至る⑧。

〔注釈〕

①**漢高祖承秦凋敝十五税一**　高祖は、前漢初代皇帝劉邦（在位前二〇六～一九五年）、その治績は、『史記』巻八高祖本紀・『漢書』

巻一高帝紀に記す。『漢書』巻二四食貨志上に「漢興、接秦之敝、諸侯並起、民失作業、而大饑饉。……上於是約法省禁、輕田租、什五而税一、量吏祿度官用、以賦於民」とある。

②中元繼武　中元は、前漢第六代皇帝景帝劉啓（前一八八～前一四一、在位前一五七～一四一年）の治世を指す。景帝は、十七年間の治世中、二度改元し、それは中元（前一四九～前一四四）、後元（前一四三～前一四一）と称された。

繼武の武は足跡。繼武は祭祀における歩行の禮容で、両足をつぎつぎに踏み出して歩むこと。『禮記』玉藻篇に「君與尸行接武、大夫繼武（鄭玄注、迹相及也）、士中武。徐趨皆用是、疾趨則欲發、而手足毋移」とある。ここでは高祖の事業を継承することをいう。『漢書』巻五景帝紀賛に「漢興、掃除煩苛、與民休息。至于孝文、加之以恭儉、孝景遵業、五六十載之間、至於移風易俗、黎民醇厚。周云成康、漢言文景、美矣」とある。「孝景遵業」は、「中元繼武」に同じい。

③世宗至舡車　世宗は、前漢の第七代皇帝武帝劉徹（前一五六～前八七、在位前一四一～前八七）。景帝の子。その治績は、『漢書』巻六武帝紀に記す。宣帝の時代にその廟号を世宗と定めた。『漢書』巻八宣帝紀本始二年（前七二）条に「有司奏請宜加尊號。六月庚午、尊孝武廟爲世宗廟、奏盛德・文始・五行之舞、天子世世獻」とある。

なお本文以下の記述、すなわち武帝期の外征・土木事業による財政逼迫と新税制の出現については、『漢書』巻九六西域伝賛に「於是廣開上林、穿昆明池、營千門萬戸之宮、立神明通天之臺、興造甲乙之帳……及賂遺贈送、萬里相奉、師旅之費、不可勝計。至於用度不足、乃榷酒酤筦鹽鐵、鑄白金造皮幣、算至車船、租及六畜。民力屈財用竭、因之以凶年、寇盜並起、道路不通、直指之使始出、衣繡杖斧、斷斬於郡國、然後勝之」とある。

④宮宇捫於天漢　天漢は天の川。天にいたる宮殿とは、通天臺を言う。『漢書』巻六武帝紀元封二年（前一〇九）四月条に「還、作甘泉通天臺・長安飛廉館」とあり、その顔師古注に「通天臺者、言此臺高、上通於天也。漢舊儀云、高三十丈、望見長安城」とある。

⑤巡遊跨於海表　武帝元封元年（前一一〇）の泰山封禅にかかわる巡行中、海上に至ったことを言う。『漢書』巻六武帝紀元封元年条に「行、遂東巡海上。夏四月癸卯、上還、登封泰山。……行自泰山、復東巡海上、至碣石。自遼西歴北邊九原、歸于甘泉」とある。

⑥戸口以之減半　武帝期の奢侈と外征によって戸口が半減したことについては、『漢書』巻七昭帝紀賛に「大矣哉。承孝武奢侈餘敝・師旅之後、海内虚耗、戸口減半、（霍）光知時務之要、輕繇薄賦、與民休息」とあり、また『漢書』巻二七五行志中之下に「武帝元光四年（前一三一）四月、隕霜殺草木。先是二年、遣五將軍三十萬衆、伏馬邑下、欲襲單于、單于覺之而去。自是始征伐四夷、師出三十餘年、天下戸口減半」とある。

⑦賦及童齔　口錢二三錢を三歳の子供に賦課したことを言う。『漢書』巻七二貢禹伝に「自禹在位、數言得失、書數十上。禹以爲、古民亡賦算口錢、起武帝征伐四夷、重賦於民、民産子三歳則出口錢、故民重困、至於生子輒殺、甚可悲痛。宜令兒七歳去齒乃出口錢、年二十乃算」とある。この提言ののち、口銭は、七歳

から一四歳までの男女に賦課されることとなった。

⑧**筭至舡車**　算至船車と言うに同じ。算銭は、一五歳から五六歳までの男女に賦課された毎年一二〇銭の人頭税。ここでは算銭が船や車にまで課せられたことを言う。『漢書』巻六武帝紀元光六年（前一二九）条に「六年冬、初算商車」とあり、その顔師古注に「李奇曰、始税商賈車船、令出算」とある。具体的には、告緡令の施行にかかわって『漢書』巻二四食貨志下に「商賈以幣之變、多積貨逐利。於是公卿言、……異時算軺車賈人之緡錢皆有差、請算如故。諸賈人末作貰貸賣買、居邑貯積諸物、及商以取利者、雖無市籍、各以其物自占、率緡錢二千而算一。諸作有租及鑄、率緡錢四千算一。非吏比者・三老・北邊騎士、軺車一算、商賈人軺車二算、船五丈以上一算。匿不自占、占不悉、戍邊一歳、沒入緡錢。有能告者、以其半畀之。賈人有市籍及家屬、皆無得名田、以便農。敢犯令、沒入田貨」とある。

〔通釈〕

漢の高祖劉邦は、秦の弊害の後をうけて、田租を十五分の一に減じ、景帝がその治績を継承したので、国家の倉庫は、益ます豊かになっていった。世宗武帝は豊かな財力を手に入れると、莫大な奢侈にふけり、辺境を開拓して異民族を討ったので、財物はにわかに皆な底をついてしまった。武帝が建設した宮殿は、天の川にまでとどき、巡幸は海上にまで及び、日照りの年にも巡幸の為に道路を掃き清め、凶作の年でも軍馬にマグサを供給したので、戸口の数は半減し、盗賊が横行することとなった。こうして奇怪な租税や不正規の取立てが一時に始まり、口銭は三歳の子供にも及び、算銭は船や車にまで課せられるにいたった。

光武中興、聿遵前事、成賦單薄、足稱經遠。靈帝開鴻都之牓、通賣官之路、公卿州郡、各有等差。漢之常科、土貢方物、帝又遣先輸中署、名爲導行、天下賄成、人受其敝。自魏晉二十一帝、宋齊十有五主、雖用度有衆寡、租賦有重輕、大抵不能傾人産業、道闕政亂。①

〔校勘〕

①**道闕政亂**　中華書局標点本等は、「道闕政亂」に作り、校勘記に「政當作治、唐人諱改」と記して、高宗李治の避諱であろうと考える。しかし百衲本の闕字を無視し、政字を治字に改めて理解するのは問題である。本志下文にも「魏自永安之後、政道陵夷、寇亂實繁」とあり、政道の混乱状態を指したものと考えるべきであろう。いま百衲本によって釈読をしておく。

〔訓読〕

光武、中興するや、前事に聿遵し①、成賦は單薄にして、經遠と稱するに足る②。靈帝、鴻都の牓を開き③、賣官の路を通じ、公卿州郡、各おの等差有り。漢の常科、土貢方物あり④、帝又た先に中署に輸《をさ》めしめ、名づけて導行と爲し⑤、天下賄もて成り、人、其の敝を受く。

魏・晉の二十一帝自り⑥、宋・齊の十有五主まで⑦、用度に衆寡有り⑧、租賦に重輕有りと雖ども、大抵、人の産業を傾け、道闕け政亂ること能はず。

〔注釈〕

①**光武中興聿遵前事**　光武帝は、後漢の初代皇帝劉秀、字は文叔（前六～後五七、在位後二五～後五七年）、『後漢書』光武帝紀第一に事績を記す。前漢宣帝期以後にできあがった漢の諸制度を復興した。本文のような評価は、袁宏『後漢紀』巻七光武皇帝紀建武十五年（後三九）条の論にも、「光武中興、振而復之、奄有天下、不失舊物、而建封略、一遵前制」とある。

②**成賦單薄足稱經遠**　成賦は、禹が九州・中国に施行したような貢賦法を指し、單薄は、それが一重の衣のように薄いことを言う。『尚書』禹貢篇に「九州攸同、四隩既宅、……咸則三壤、成賦中邦」とあり、僞孔安國伝に「皆法壤田上中下、大較三品、成九州之賦、明水害除」とある。また『法言』吾子篇第二に「緑衣三百、色如之何矣。紵絮三千、寒如之何矣」とあり、その李軌注に「緑衣雖有三百、領色雜、不可入宗廟。紵絮雖有三千、紙單薄、不可以禦冬寒。文賦雜子、不可以經聖典」とある。經遠は、はかりごとの射程が長いこと。『漢書』巻九四匈奴伝賛に「夫規事建議、不圖萬世之固、而媮恃一時之事者、未可以經遠也」とある。

③**靈帝開鴻都之牓**　靈帝は、後漢第十二代皇帝劉宏（一五六～一八九、在位一六八～一八九年）、実質的には最後の皇帝である。『後漢書』孝靈帝紀第八に事績を記す。鴻都門に榜示して官爵を売買したことは、『後漢書』崔寔列伝第四二に「寔從兄烈、有重名於北州、歴位郡守・九卿。靈帝時、開鴻都門榜賣官爵、公卿州郡下至黄綬各有差。其富者則先入錢、貧者到官而後倍輸、或因常侍・阿保、別自通達」とあり、また『續漢書』志第一四五行志二に「中平二年二月己酉、南宮雲臺災。……而靈帝曾不克己復禮、虐侈滋甚、尺一雨布、騶騎電激、官非其人、政以賄成、内嬖鴻都、並受封爵」とある。

④**漢之常科土貢方物**　土貢・方物は、ともにその地方に産出する物資を中央・天子に貢納すること。『漢書』巻九四匈奴伝賛に「故先王度土、中立封畿、分九州、列五服、物土貢、制外内、或脩刑政、或昭文德、遠近之勢異也」とあり、その顔師古注に「物土貢者、各因其土所生之物而貢之也。制外内、謂五服之差、遠近異制」とある。また『春秋左氏伝』僖公七年条に「齊侯脩禮於諸侯、諸侯官受方物」とあり、その杜預注に「諸侯官司各於齊受其方所當貢天子之物」とある。

漢代の常制としては、高祖十一年（前一九六）に定められた獻費（賦、貢献）の制度があり、各郡国からその人口数に六三銭を乗じた銭額相当の物（鋳貨・絹帛等）を中央に貢納し、中央財政を構成した。『漢書』巻一高祖紀下高祖十一年二月条に「詔曰、欲省賦甚。今獻未有程、吏或多賦以爲獻、而諸侯王尤多、民疾之。令諸侯王・通侯、常以十月朝獻、及郡各以其口數率、人歳六十三錢、以給獻費」とある。『鹽鐵論』本議篇第一に「大夫曰、往者、郡國諸侯各以其物貢輸、往來煩雜、物多苦惡、或不償其費。故郡置輸官以相給運、而便遠方之貢、故曰均輸」とある。この貢納制度については、拙稿「漢代の財政運営と国家的物流」(『京都府立大学学術紀要』人文第四一号、一九八九年)参照。

⑤**先輸中署名爲導行**　大司農の中央財政を構成すべき前掲注④の貢獻(賦)を、靈帝が内廷諸府に導入し、皇帝直属財政を形成したことをいう。『後漢書』宦者列伝第六八呂強伝に「時(靈)帝多稸私臧、收天下之珍。毎郡國貢獻、先輸中署、名爲導行費。強上疏諫曰、天下之財、莫不生之陰陽、歸之陛下。歸之陛下、豈有公私。而今中尚方斂諸郡之寶、中御府積天下之繒、西園引司農之臧、中厩聚太僕之馬、而所輸之府、輒有導行之財。調廣民困、費多獻少、姦吏因其利、百姓受其敝。又阿媚之臣、好獻其私、容諂姑息、自此而進」とある。文中の中署・導行費について、李賢注は、「中署、内署也。導、引也。貢獻外別有所入、以爲所獻希之導引也」と注釈する。

⑥**魏晉二十一帝**　魏晋期の皇帝は、曹魏文帝曹丕、明帝曹叡、斉王曹芳、高貴郷公曹髦、陳留王曹奐、西晋武帝司馬炎、恵帝司馬衷、懐帝司馬熾、愍帝司馬鄴、東晋元帝司馬睿、明帝司馬紹、成帝司馬衍、康帝司馬岳、穆帝司馬聃、哀帝司馬丕、海西公司馬奕、簡文帝司馬昱、孝武帝司馬曜、安帝司馬徳宗、恭帝司馬徳文の二十帝である。二十一帝とするのは理解しがたいが、しばらく本文のままにしておく。

⑦**宋齊十有五主**　宋武帝劉裕、少帝劉義符、文帝劉義隆、孝武帝劉駿、前廢帝劉子業、明帝劉彧、後廢帝劉昱、順帝劉凖、南斉高帝蕭道成、武帝蕭賾、鬱林王蕭昭業、海陵王蕭昭文、明帝蕭鸞、東昏侯蕭宝巻、和帝蕭宝融の十五帝である。

⑧**用度有衆寡**　用度は、天下公用とも言われ、中央政府が管理する財政を指す。『漢書』巻七七毋將隆伝に「時侍中董賢方貴、上使中黄門發武庫兵、前後十輩、送董賢及上乳母王阿舍。隆奏言、武庫兵器、天下公用、國家武備、繕治造作、皆度大司農錢。大司農錢自乘輿不以給共養、共養勞賜、壹出少府。蓋不以本臧給末用、不以民力共浮費、別公私示正路也」とあり、その顔師古注に「蘇林曰、用度皆出大司農」とある。

〔通釈〕

光武帝が漢を再興すると、前漢時代の政治に従い、全国の租税を単一にかつ薄くしたが、これは永遠の道理であると言える。霊帝は、鴻都門外に高札を立てて売官の道を開いたが、公卿・州郡の官僚になるには各おの価格に差があった。漢の常法として、地方の産物が貢納されたが、霊帝はこれを先に内廷の官署に送らせ、それを名づけて「導行」と言ったので、天下の政治は賄賂によって行われ、人民はその弊害を受けた。

魏晋期の二十一人の皇帝より宋斉期の十五人の君主に至るまで、それぞれ国家財政の規模には大小があり、徴収される賦税にも軽重はあったが、おおよそ、人びとの財産をだいなしにし、政治が混乱するほどのものではなかった。

隋文帝既平江表、天下大同、躬先儉約、以事府帑。開皇十七年、戸口滋盛、中外倉庫、無不盈積。所有賚給、不踰

經費、京司帑屋既充、積於廊廡之下。高祖遂停此年正賦、以賜黎元。

〔訓読〕

隋の文帝①、既に江表を平げて②、天下大同し③、躬ら儉約を先にし、以て府帑を事とす。開皇十七年、戸口滋盛し、中外の倉庫、盈積せざる無し。所有《あらゆる》賚給、經費を踰えず、京司の帑屋既に充《み》ち、廊廡の下に積む。高祖遂に此の年の正賦を停《とど》め④、以て黎元に賜ふ。

〔注釈〕

①隋文帝　楊堅（五四一～六〇四）、小名は那羅延。隋の初代皇帝、廟号は高祖（在位五八一～六〇四）。名門弘農郡華陰県の楊氏と自称するが、父は北周の柱國・大司空・隋国公楊忠、鮮卑系の血を引く関隴武人貴族集団の一員。父の功績によって早くから高位に就き、外戚の地位を利用して実権を握り、開皇元年（五八一）北周を簒奪し、ついで開皇九年（五八九）陳を滅ぼして天下を再統一した。その事績は、『隋書』巻一・二高祖帝紀上下、『北史』巻十一隋本紀に記す。

②既平江表　『隋書』巻二高祖帝紀下開皇九年条に「九年春正月己巳、白虹夾日。辛未、賀若弼拔陳京口、韓擒虎拔陳南豫州。癸酉、以尚書右僕射虞慶則爲右衛大將軍。丙子、賀若弼敗陳師於蔣山、獲其將蕭摩訶。韓擒虎進師入建鄴、獲其將任蠻奴、獲陳主叔寶。陳國平、合州三十・郡一百・縣四百」とある。

③天下大同　大道がおこなわれ天下に公共性が充満する世の中を言う。『禮記』禮運篇に「大道之行也、天下爲公、選賢與能、講信脩睦。故人不獨親其親、不獨子其子、使老有所終、壯有所用、幼有所長、矜寡孤獨廢疾者、皆有所養、男有分、女有歸。貨惡其弃於地也、不必藏於己。力惡其不出於身也、不必爲己。是故謀閉而不興、盜竊亂賊而不作、故外戸而不閉。是謂大同」とある。

天下大同の意識は、文帝の自負するところであった。陳を平定して天下統一を成し遂げた『隋書』巻二高祖帝紀下開皇九年四月壬戌詔に「往以呉越之野、群黎塗炭、干戈方用、積習未寧。今率土大同、含生遂性、太平之法、方可流行」とあり、同仁壽四年（六〇四）七月丁未条の遺詔に「嗟乎、自昔晉室播遷、天下喪亂、四海不一、以至周齊、戰爭相尋、年將三百。故割疆土者非一所、稱帝王者非一人、書軌不同、生人塗炭。上天降鑒、爰命於朕、用登大位、豈關人力。故得撥亂反正、偃武修文、天下大同、聲教遠被、此又是天意欲寧區夏。所以昧旦臨朝、不敢逸豫、一日萬機、留心親覽、晦明寒暑、不憚劬勞、匪曰朕躬、蓋爲百姓故也」とある。

④開皇至正賦　開皇十七年（五九七）の租税免除は、他の史料には見えない独自の記事である。

〔通釈〕

隋の高祖文帝が江南を平定し、天下が平和になると、皇帝自ら率先して倹約を行い、国庫の充実に努めた。開皇十七年（五九七）、戸口はますます増加し、内外の倉庫はどれも物資で満たされた。どんなに褒美を与えても、経常経費を上まわることはなく、京師の財務官司の倉庫は満杯となり、廂の下にまで物資を積むありさまだった。高祖はこの年の正税の徴収を停止し、人民に恩恵をたまわった。

煬皇嗣守鴻基、國家殷富。雅愛宏翫、肆情方騁。初造東都、窮諸巨麗。帝昔居藩翰、親平江左、兼以梁陳曲折、以就規摹。曾雉踰芒、浮橋跨洛、金門象闕、咸竦飛觀、頽巖塞川、構成雲綺、移嶺樹以爲林藪、包芒山以爲苑囿。

長城御河、不計於人力、運驢武馬、指期於百姓、天下死於役而家傷於財。

〔訓読〕

煬皇①、鴻基を嗣守するや、國家殷富なり。雅《も》と宏翫を愛し、情を肆《ほしい》ままにして方騁す。初め東都を造るや②、諸もろの巨麗を窮む。帝、昔し藩翰に居り、親《みづか》ら江左を平げ③、兼ぬるに梁・陳の曲折を以てし、以て規摹を就《な》す。曾雉は芒を踰え、浮橋は洛を跨ぎ④、金門象闕、咸な飛觀を竦《そびやか》し、巖を頽《こぼ》ち川を塞ぎて、雲綺を構成し、嶺樹を移して以て林藪と爲し⑤、芒山を包みて以て苑囿と爲す⑥。

長城・御河、人力を計らず⑦、運驢・武馬、期を百姓に指《しめ》したれば、天下は役に死し、而して家は財を傷《そこな》ふ。

〔注釈〕

①煬皇　隋第二代皇帝煬帝、名は廣、一名英、文帝の第二子（五六九～六一八、在位六〇四～六一八）。太子勇を排して皇太子となり、帝位に即いたが、文帝の死もその謀殺であるといわれる。その主な事績は、以下の本文に見え、ならびに『隋書』巻三・四煬帝紀上下、『北史』巻十一隋本紀に記す。

②初造東都　漢魏洛陽城の西、現在の河南省洛陽市にはじめて都城が建造されたのは、煬帝大業元年（六〇五）のことである。『隋書』巻三煬帝紀上大業元年条に「三月丁未、詔尚書令楊素・納言楊達・將作大匠宇文愷、營建東京、徙豫州郭下居人以實之」とあり、大業五年（六〇九）条に「春正月丙子、改東京爲東都」とある。『資治通鑑』巻一八〇大業元年三月丁未条には「詔楊素與納言楊達・將作大匠宇文愷、營建東京、毎月役丁二百萬人、徙洛州郭内居民及諸州富商大賈數萬戸以實之」とあり、東都建造の労働力の規模と住民移住についての異伝を記す。

宮城の築造については、徐松輯『元河南志』巻三に「宮城曰紫微城、在都城之西北隅（原注、衞尉卿劉權・祕書丞韋萬頃監築宮城兵夫七十萬人。城周市兩重。延袤三十餘里、高三十七尺。六十日成。其内諸殿及牆院又役十餘萬人。直東都土工監當役八十餘萬人。其木工・瓦工・金工・石工又十餘萬人）」とあり、築造に用いられた労働の規模が分かる。

③**帝昔居藩翰親平江左**　『隋書』巻三煬帝紀上即位前記に「開皇元年（五八一）、立爲晉王、拜柱國・并州總管、時年十三。……八年（五八八）冬、大舉伐陳、以上爲行軍元帥。及陳平、執陳湘州刺史施文慶・散騎常侍沈客卿・市令陽慧朗・刑法監徐析・尚書都令史暨慧、以其邪佞、有害於民、斬之右闕下、以謝三呉。於是封府庫、資財無所取、天下稱賢」とある。

④**浮橋跨洛**　浮橋は船を繋いで渡しかけた橋を言う。洛水をまたぐ浮橋については、徐松輯『元河南志』巻四に「洛水西自苑内上陽宮之南流入外郭城、東流經積善坊之北、分三道、當端門之南、立三橋。過橋又合而東流。……又東經安衆・慈惠二坊之北、有浮橋」とある。隋代には利渉橋と呼ばれた。

⑤**移嶺樹以爲林藪**　長江以南、五嶺以北の樹木を運ばせたことを言う。『隋書』食貨志下文に「始建東都……又命黄門侍郎王弘・上儀同於士澄、往江南諸州採大木、引至東都。所經州縣、遞送往返、首尾相屬、不絶者千里。而東都役使促迫、僵仆而斃者、十四五焉」とある。また次の注⑥『資治通鑑』をも参照。

⑥**包芒山以爲苑囿**　顯仁宮を言うのであろう。『資治通鑑』巻一八〇大業元年三月条に「敕宇文愷・内史舍人封德彝等、營顯仁宮、南接皁澗、北跨洛濱。發大江之南、五嶺以北奇材異石、輸之洛陽。又求海内嘉木異草、珍禽奇獸、以實園苑」とあり、『隋書』食貨志下文にも「始建東都……又於皁澗營顯仁宮、苑囿連接、北至新安、南及飛山、西至澠池、周圍數百里。課天下諸州、各貢草木花果、奇禽異獸於其中」とある。隋代にはまた會通苑（上林苑・西苑）と呼ぶ苑囿があった。徐松輯『元河南志』巻四に「東都苑（注、隋曰會通苑。又曰……東抵宮城、西臨九曲、北背邙阜、南拒非山）周一百二十六里、東面十七里、南面三十九里、西面五十里、北面二十四里（注、隋舊苑方二百二十九里一百三十八歩。太宗嫌其廣、毀之以賜居人）」とある。

⑦**長城御河不計於人力**　長城の修築については、『隋書』巻三煬帝紀上大業三年（六〇七）七月条に「發丁男百餘萬築長城、西距楡林、東至紫河、一旬而罷、死者十五六」とあり、また大業四年（六〇八）七月条に「辛巳、發丁男二十餘萬築長城、自楡谷而東」とある。

御河は、直接には通濟渠を指す。『隋書』食貨志下文に「開渠、引穀・洛水、自苑西入、而東注于洛。又自板渚引河、達于淮海、謂之御河。河畔築御道、樹以柳」とある。ここでは、永濟渠をも含めた大運河を包括的に述べたものとみてよい。大運河の建造については、『隋書』巻三煬帝紀上大業元年（六〇五）三月条に「辛亥、發河南諸郡男女百餘萬、開通濟渠、自西苑引穀・洛水達于河、自板渚引河通于淮」とあり、また同書大業四年（六〇八）正月条に「乙巳、詔發河北諸郡男女百餘萬開永濟渠、引沁水南達于河、北通涿郡」とある。大業元年から四年にかけての長城修築と大運河建造とに用いられた労働は、延べ人数にして三百数十万人である。

〔通釈〕

煬帝が皇位を継承した時、国家は富裕であった。元来壮大な娯楽を好む性格であった皇帝は、欲望のおもむくにまかせた。まず東都洛陽を造営するにあたっては、壮大な装飾をこらした。皇帝は、かつて諸侯（晉王）の位にあって、自ら江南地方を平定し、あわせて梁・陳時代の詳しい事情をわきまえており、その都城制度を規範とした。城壁は芒山を越えるほど高く、浮橋は洛水にまたがり、金門や門闕はみな楼閣より高くそびえ立ち、岩石を砕き、川の流れを塞いで、あやなす景色をつくりあげ、嶺南の瑞木を移して園林をつくり、芒山を囲い込んで苑囿を築いた。
　長城・御河の建設に際しては、人民の労力を計算せず、輸送用の驢馬と軍馬の徴発に際しては、期日まで指定したので、天下の百姓は徭役で命を落とし、家家は財産を失うことになった。

既而一討渾庭、三駕遼澤、天子親伐、師兵大擧、飛糧輓秣、水陸交至。疆場之所傾敗、勞敝之所殂殞、雖復太半不歸、而每年興發、比屋良家之子、多赴於邊陲、分離哭泣之聲、連響於州縣。老弱耕稼、不足以救飢餒、婦工紡績、不足以贍資裝。

九區之內、鸞和歲動、從行宮掖、常十萬人、所有供須、皆仰州縣。租賦之外、一切徵斂、趣以周備、不顧元元、吏因割剝、盜其太半。遐方珍膳、必登庖廚、翔禽毛羽、用爲玩飾、買以供官、千倍其價。人愁不堪、離棄室宇、長吏叩扉而達曙、猛犬迎吠而終夕。

〔訓読〕
既にして一たび渾庭を討ち①、三たび遼澤に駕するや②、天子親ら伐ち、師兵大擧し③、糧を飛ばし秣を輓き、水陸交《とも》に至る④。疆場の傾敗する所、勞敝の殂殞する所、復た太半歸らずと雖ども、而れども年每に興發し、比屋良家の子⑤、多く邊陲に赴き、分離哭泣の聲、連《しき》りに州縣に響く。老弱耕稼するも、以て飢餒を救ふに足らず、婦工紡績するも、以て資裝を贍《たら》はすに足らず。
　九區の內、鸞和歲ごとに動き⑥、從行・宮掖、常に十萬人あり⑦、所有《あらゆる》供須、皆な州縣に仰ぐ。租賦の外、一切に徵斂し、趣《うなが》して以て周備せしめ、元元を顧《かへり》みず、吏は因りて割剝し、其の太半を盜む。遐方の珍膳、必ず庖廚に登《すす》め、翔禽毛羽、用ひて玩飾と爲し、買ひて以て官に供したれば、其の價を千倍にす。人は愁《うれ》ひて堪へず、室宇を離棄し、長吏は扉を叩きて曙《あした》に達し、猛犬は迎吠して夕べを終《つ》す。

〔注釈〕
①一討渾庭　大業四年（六〇八）・五年の対吐谷渾戦争を指す。『隋書』巻三煬帝紀上大業四年条に「秋七月……乙未、左翊衛大將軍宇文述破吐谷渾於曼頭・赤水。……（五年）五月乙亥、上大獵於拔延山、長圍周亙二千里。……吐谷渾王率衆保覆袁川。帝分

命内史元壽、南屯金山、兵部尚書段文振、北屯雪山、太僕卿楊義臣、東屯琵琶峽、將軍張壽、西屯泥嶺、四面圍之。渾主伏允以數十騎遁出、遣其名王詐稱伏允、保車我眞山。壬辰、詔右屯衛大將軍張定和往捕之。定和挺身挑戰、爲賊所殺。亞將柳武建擊破之、斬首數百級。甲午、其仙頭王被圍窮蹙、率男女十餘萬口來降。六月丁酉、遣左光祿大夫梁默・右翊衛將軍李瓊等追渾主、皆遇賊死之。癸卯、經大斗拔谷、山路隘險、魚貫而出。風霰晦冥、與從官相失、士卒凍死者太半。丙午、次張掖」とある。

②三駕遼澤　大業八年（六一二）・九年・十年の三次にわたる対高句麗戦争を指す（注③『隋書』巻四煬帝紀下記事参照）。

③天子親伐師兵大擧　煬帝の親征については、『隋書』巻四煬帝紀下大業八年三月条に「癸巳、上御師。甲午、臨戎于遼水橋。戊戌、大軍爲賊所拒、不果濟。右屯衛大將軍左光祿大夫麥鐵杖・武賁郎將錢士雄・孟金叉等、皆死之。甲午、車駕渡遼。大戰于東岸、擊賊破之、進圍遼東」とあり、同書大業九年四月条に「庚午、車駕渡遼。壬申、遣宇文述・楊義臣趣平壤」とあり、また同書大業十年三月条に「壬子、行幸涿郡。癸亥、次臨渝宮、親御戎服、禡祭黃帝、斬叛軍者以釁鼓。……秋七月癸丑、車駕次懷遠鎭。……甲子、高麗遣使請降、囚送斛斯政。上大悅。八月己巳、班師」とある。

　大軍の派遣については、『隋書』巻四煬帝紀下大業八年正月条に「總一百一十三萬三千八百、號二百萬、其餽運者倍之。癸未、第一軍發、終四十日、引師乃盡、旌旗亙千里。近古出師之盛、未之有也」とある。兵士・輸送隊あわせて三百万人以上の規模であった。

④飛糧輓秣水陸交至　水陸から軍糧を輸送したことについては『隋書』食貨志下文に「（大業）七年冬、大會涿郡。分江淮南兵、配驍衛大將軍來護兒、別以舟師濟滄海、舳艫數百里。並載軍糧、期與大兵會平壤」とある。

⑤比屋良家之子　『史記』巻一〇九李將軍列伝に「李將軍廣者、隴西成紀人也。……孝文帝十四年、匈奴大入蕭關、而廣以良家子從軍擊胡、用善騎射、殺首虜多、爲漢中郎」とあり、その索隱に「如淳云、非醫・巫・商賈・百工也」と解釈する。良家子は漢唐間の史乘に散見するが、この解釈によれば、商人・手工業者以外の編戸農民を主体とする人びとである。

⑥九區之内鸞和歲動　九區は九服、九州に同じ。「九區之内」は、また「四海之内」・海内に同じく、天下を表わす。『文選』巻一四顏延之「赭白馬賦」に「曁明命之初基、罄九區而率順」とあり、その李善注に「九區、九服也。…劉騊駼郡太守箴曰、大漢遵周、化洽九區」とある。鸞・和は天子の車につける鈴であり、ひいては天子そのものを指示する。『禮記』経解篇に「天子者、與天地參。故德配天地、兼利萬物。與日月並明、明照四海、而不遺微小。其在朝廷、則道仁聖禮義之序。燕處、則聽雅頌之音。行步、則有環佩之聲。升車、則有鸞和之音。居處有禮、進退有度、百官得其宜、萬事得其序」とあり、鄭玄注に「鸞和、皆鈴也。所以爲車行節也」とある。皇帝の車が毎年全国土を巡行することを言う。

⑦從行宮掖常十萬人　従行は巡行のお供をする人びと、宮掖は後宮を指す。隋の後宮制度については、『隋書』巻三六后妃伝に「開皇二年、著内官之式、略依周禮、省減其數。嬪三員、掌教四德、

視正三品。世婦九員、掌賓客祭祀、視正五品。女御三十八員、掌女工絲枲、視正七品。又採漢晉舊儀、置六尚・六司・六典、遞相統攝、以掌宮掖之政。一曰尚宮、掌導引皇后及閨閤廩賜。管司令三人、掌圖籍法式、糾察宣奏。典琮三人、掌琮璽器玩。二曰尚儀、掌禮儀教學。管司樂三人、掌音律之事。典贊三人、掌導引内外命婦朝見。三曰尚服、掌服章寶藏。管司飾三人、掌簪珥花嚴。典櫛三人、掌巾櫛膏沐。四曰尚食、掌進膳先嘗。管司醫三人、掌方藥卜筮。典器三人、掌樽彝器皿。五曰尚寢、掌幃帳牀褥。管司筵三人、掌鋪設灑掃。典執三人、掌扇傘燈燭。六曰尚工、掌營造百役。管司製三人、掌衣服裁縫。典會三人、掌財帛出入。六尚各三員、視從九品、六司視勳品、六典視流外二品。初、文獻皇后功參歴試、外預朝政、内擅宮闈、懷嫉妬之心、虚嬪妾之位、不設三妃、防其上逼。自嬪以下、置六十員。加又抑損服章、降其品秩。至文獻崩後、始置貴人三員、増嬪至九員、世婦二十七員、御女八十一員。貴人等關掌宮闈之務、六尚已下、皆分隷焉。煬帝時、后妃嬪御、無釐婦職、唯端容麗飾、陪從醼遊而已。帝又參詳典故、自製嘉名、著之於令。貴妃・淑妃・徳妃、是爲三夫人、品正第一。順儀・順容・順華・修儀・修容・修華・充儀・充容・充華、是爲九嬪、品正第二。婕妤一十二員、品正第三、美人・才人一十五員、品正第四、是爲世婦。寶林二十四員、品正第五。御女二十四員、品正第六。采女三十七員、品正第七、是爲女御。總一百二十、以敘於宴寢。又有承衣刀人、皆趨侍左右、並無員數、視六品已下。時又増置女官、準尚書省、以六局管二十四司。……」とある。従行・後宮十万人は、成数であるところからみても誇張であろう。

〔通釈〕

ややあって吐谷渾を一度討伐し、遼東の高句麗に三度遠征するにあたり、皇帝は自ら親征し、軍隊が大挙動員されたため、水陸両方から軍糧や秣糧が急遽輸送された。辺境で敗死したり、労役の疲れで命を落としたりする者が続出し、三分の二に及ぶ人びとが帰郷していないのに、毎年軍役・徭役が徴発され、良家の子弟は軒並み辺境に出征し、別離の号泣がつぎつぎと州県に響きわたった。残された老人・子供の農耕では飢えをいやすに足らず、婦人の紡織も戦いの仕度を整えるには不充分であった。

皇帝は毎年全国各地を巡行し、お供の者や後宮の女官たちは常に十万人に登ったが、あらゆる必要物資はすべて州や県に命じてそろえさせた。通常の租税の外に臨時の物資徴発があり、完納をせきたてて、人民の苦労を顧みず、官吏はそれをよいことに搾取し、その三分の二をかすめ盗った。皇帝は、遠方の珍味を必ず料理させ、鳥獣の羽毛を儀仗用の装飾としたが、それらを購入して供給したので、価格は千倍にもなった。人民は悲しみに耐え切れず、住居を捨てて逃亡したが、長吏が民家の戸を叩く音は明け方まで絶え間なく、猛犬は官吏を迎えて、一晩中吠え続けるというありさまであった。

自燕趙跨於齊韓、江淮入於襄鄧、東周洛邑之地、西秦隴山之右、僭僞交侵、盗賊充斥。宮觀鞠爲茂草、郷亭絶其煙

火、人相啖食、十而四五。關中癘疫、炎旱傷稼、代王開永豐之粟、以振飢人、去倉數百里、老幼雲集。吏在貪殘、官無攸次、咸資鎩貨、動移旬月、頓臥墟野、欲返不能、死人如積、不可勝計。雖復皇王撫運、天祿有終、而隋氏之亡、亦由於此。

〔訓読〕

燕・趙自り齊・韓を跨《こ》え①、江・淮より襄・鄧に入るまで②、東周洛邑の地③、西秦隴山の右④、僭僞交ごも侵し、盜賊充斥す。宮観は鞠して茂草と爲り、鄉亭は其の煙火を絶ち、人相ひ啖食すること、十の四五なり。關中癘疫し、炎旱稼を傷《そこな》ふや、代王、永豐の粟を開き、以て飢人を振《にぎ》はすに⑤、倉を去ること數百里、老幼雲集す。吏は貪殘に在り、官に攸次無く、咸な鎩貨に資《と》り、動《たちまち》に旬月を移し、頓《とみ》に墟野に臥せりて、返らんと欲するも能はず、死人は積めるが如く、勝げて計ふ可からず。復た皇王運を撫《めぐ》らし、天祿に終り有りと雖ども⑥、而して隋氏の亡べるも、亦た此れに由るなり。

〔注釈〕

①**自燕趙跨於齊韓**　これ以下隋末の群雄割拠と混乱を言う。河北省一帯の燕・趙には高開道と竇建德が割拠していた。

高開道（?～六二四）は、漁陽郡に拠って燕王と称し、一時期斉王と称したことがある。『舊唐書』巻五五高開道伝に「高開道、滄州陽信人也。少以煮鹽自給、有勇力、走及奔馬。隋大業末、河間人格謙擁兵於豆子䴚、開道往從之、署爲將軍。……武德元年……開道又取其地、進陷漁陽郡、有馬數千匹、衆且萬人、自立爲燕王、都于漁陽。先是、有懷戎沙門高曇晟者、因縣令設齋、士女大集、曇晟與其僧徒五十人擁齋衆而反、殺縣令及鎭將、自稱大乘皇帝、立尼靜宣爲耶輸皇后、建元爲法輪。至夜、遣人招誘開道、結爲兄弟、改封齊王。開道以衆五千人歸之、居數月、襲殺曇晟、悉并其衆。三年、復稱燕王、建元、署置百官」とある。

竇建德（五七三～六二一）は、はじめ河間、ついで洺州（武安郡）に本拠を置き、現在の河北省中南部に割拠した。『舊唐書』巻五四竇建德伝に「竇建德、貝州漳南人也。……此後隋郡長吏稍以城降之、軍容益盛、勝兵十餘萬人。（大業）十三年正月、築壇場於河間樂壽界中、自稱長樂王、年號丁丑、署置官屬。……（武德二年）攻陷洺州、虜刺史袁子幹。遷都于洺州、號萬春宮」とあり、のちに李世民の軍に敗れて唐に降った。

②**江淮入於襄鄧**　長江淮水流域から江南にかけては、斉州出身の杜伏威（?～六二四）・輔公祏（?～六二四）や朱粲等が割拠した。『舊唐書』巻五六杜伏威伝に「杜伏威、齊州章丘人也。……乘勝破高郵縣、引兵據歷陽、自稱總管、分遣諸將略屬縣、所至輒下、江淮間小盜爭來附之。……武德四年、遣其將軍王雄誕討李子通於杭州、擒之以獻。又破汪華於歙州、盡有江東、淮南之地、南接於嶺、東至于海」とあり、また同巻朱粲伝に「時又有朱粲・

林士弘・張善安、皆僭號於江淮之間。朱粲者、亳州城父人也。初爲縣佐史。大業末、從軍討長白山賊、遂聚結爲群盜、號可達寒賊、自稱迦樓羅王、衆至十餘萬。……義寧中、招慰使馬元規擊破之。俄而收輯餘衆、兵又大盛、僭稱楚帝於冠軍、建元爲昌達、攻陷鄧州、有衆二十萬」とある。

③**東周洛邑之地**　洛陽をめぐっては李密と王世充とが対立した。李密（五八二～六一八）は、隋・唐初期の権力中枢を構成した関隴貴族集団の出身で、李弼の曾孫にあたる。『舊唐書』巻五三李密伝に「李密、字玄邃、本遼東襄平人。魏司徒弼曾孫、後周賜弼姓徒何氏。祖曜、周太保・魏國公。父寛、隋上柱國・蒲山公、皆知名當代。徙爲京兆長安人。……密乘勝陷偃師、於是修金墉城居之、有衆三十餘萬。留守韋津又與密戰於上春門、津大敗、執於陣。將作大匠宇文愷叛東都、降于密。東至海岱、南至江淮、郡縣莫不遣使歸密。竇建德・朱粲・楊士林・孟海公・徐圓朗・盧祖尚・周法明等並隨使通表於密勸進、於是密下官屬咸勸密即尊號、密曰、東都未平、不可議此。……俄而宇文化及率衆、自江都北指黎陽、兵十餘萬、密乃自將歩騎二萬拒之。隋越王侗稱尊號、遣使授密太尉・尚書令・東南道大行臺行軍元帥・魏國公、令先平化及、然後入朝輔政」とあり、のち王世充に敗れ、唐に降った。

王世充（?～六二一）は、はじめ隋の軍将として反乱軍鎮圧に功績があり、洛陽に拠って隋の越王侗を即位させ、李密を破ったのち、武徳二年四月に禅譲のかたちで帝位につき、国号を鄭とした。『舊唐書』巻五四王世充伝に「王世充、字行滿、本姓支、西域胡人也。寓居新豐。……四月、假爲侗詔策禪位、遣兄世惲廢侗於含涼殿、世充僭即皇帝位、建元曰開明、國號鄭」とあり、のち李世民の軍に敗れて唐に降った。

④**西秦隴山之右**　甘粛省一帯の地には薛擧（?～六一八）・薛仁杲（?～六一八）父子が割拠し、西秦覇王と称した。『舊唐書』巻五五薛擧伝に「薛擧、河東汾陰人也。其父汪、徙居金城。……大業末、隴西群盜蜂起、百姓飢餒……自稱西秦霸王、建元爲秦興、封仁杲爲齊公、少子仁越爲晉公」とある。

⑤**代王開永豐之粟以振飢人**　食貨志下文には「代王侑與衛玄守京師、百姓饑饉、亦不能救。義師入長安、發永豐倉以賑之、百姓方蘇息矣」とあり、実際に倉穀を開放したのは唐軍であったと記す。

代王楊侑は、煬帝の長子であった元徳太子楊昭の子で、隋の第三代皇帝・恭帝（六〇五～六一九、在位六一七～六一八）。大業十三年（六一七）、代王として長安を守っていたとき、唐軍が入城し、代王を奉じて皇帝とした。翌年唐に禅譲した。

永豐倉は、長安東方の華州に設置された重要穀倉で、隋唐両代にわたって、中央政府の管轄下に置かれた。『通典』巻七食貨七の論に「隋氏資儲遍於天下、人俗康阜、熲之力焉。功規蕭葛、道亞伊呂、近代以來、未之有也。（原注、隋氏西京太倉、東京含嘉倉・洛口倉、華州永豐倉、陝州太原倉、儲米粟多者千萬石、少者不減數百萬石。天下義倉又皆充滿。京都及并州庫布帛各數千萬、而錫賚勳庸、並出豐厚、亦魏晉以降之未有）」とある。

⑥**皇王撫運天祿有終**　皇王は、古の堯舜二帝、夏・殷・周三代の帝王を指し、撫運は、期運にしたがって天命を受け、天子となること。『文選』巻四六顔延之「三月三日曲水詩序」に「夫方策

既載、皇王之迹已殊」とあり、李善注に「春秋説題辭曰、尚書者、二帝之迹、三王之義、所推期運、明受命之際。郭象莊子注曰、皇王殊迹、隨世爲名」とあり、また『陳書』巻一高祖紀上の梁陳禅譲の際の策文に「我高祖應期撫運、握樞御宇、三后重光、祖宗齊聖」とある。

「天祿有終」は、天の幸いによって天子の位にあるのにも限度があること。『文選』巻六左思「魏都賦」に「算祀有紀、天祿有終。傳業禪祚、高謝萬邦」とあり、『尚書』大禹謨篇に「四海困窮、天祿永終」とある。

〔通釈〕

燕・趙から斉・韓に至る地域、長江・淮河流域から襄州・鄧州に至る地域、東周・洛陽の地から西秦・隴山の西方一帯に至る地域まで、勝手に帝号を称する者があちこちに起こり、盗賊が充満した。宮殿はうちそろって草の茂みに変わり、村落の家家は火を絶やし、人びとは飢えに苦しみ、ほぼ半数がお互いに食べあうというありさまであった。関中では疫疾が蔓延し、日照りが農作物に被害を与えたので、代王楊侑（恭帝）が永豊倉の穀物を開放し、飢えた人びとにふるまったところ、倉から数百里も離れた場所から老人・子供がわき起こるようにおし寄せた。役人は貪欲第一で、官僚には秩序がなく、みな銭貨だけを頼みとし、十日や一箇月がたちまちに過ぎてしまった。老人・子供はにわかに荒野に倒れ臥し、帰郷したくとも帰れず、死体は山積し、数え切れないほどであった。古の帝王は、定められた時の巡りに応じて天子の位につき、天の幸いが終末を迎えることによって滅んだのではあるが、隋王朝の滅亡もまたこのことに由るのである。

馬遷爲平準書、班固述食貨志、上下數千載、損益粗舉、自此史官曾無概見。夫厥初生人、食貨爲本。聖王割廬井以業之、通貨財以富之。富而教之、仁義以之興、貧而爲盜、刑罰不能止。故爲食貨志、用編前書之末云。

〔訓読〕

馬遷、平準書を爲《つく》り①、班固《はんこ》、食貨志を述べ、上下數千載、損益粗ぼ擧るも、此れ自り史官、曾《すなは》ち概見無し。夫れ厥の初め人を生ずるや、食貨を本と爲す②。聖王、廬井を割きて以て之を業とし、貨財を通じて以て之を富ましむ。富みて之に教ふれば③、仁義之を以て興り、貧しくして盜を爲せば、刑罰も止《とど》むること能はず。故に食貨志を爲り、用て前書の末に編むと云ふ。

〔注釈〕

①馬遷爲平準書班固述食貨志　馬遷は、司馬遷（前一四五〜?）、字は子長、太史令司馬談の子。龍門（陝西省韓城縣北）で生まれた。自らも太史令となり、『史記』一三〇巻を著し、太史公と呼ばれた。『漢書』巻六二に本伝が立てられている。平準書は、制度文物の記録である八書の一つで、前漢初から武帝期にいたる

までの財務・経済政策について記す。

班固、字は孟堅、扶風郡安陵県の人（三二〜九二）。父班彪のあとをうけて『漢書』百巻を著述した。『後漢書』列伝第三〇に立伝される。食貨志は、『史記』平準書をうけて著述されたもので、前漢を中心に上古以来の財務・経済政策について記す。

②**夫厥至貨志**　この記述全体の趣旨は、『漢書』巻一〇〇叙伝に「厥初生民、食貨惟先。割制廬井、定爾土田、什一供貢、下富上尊。商以足用、茂遷有無、貨自龜貝、至此五銖。揚搉古今、監世盈虚。述食貨志第四」とあるのを襲う。

「厥初生人」は「厥初生民」。『毛詩』大雅・生民に「厥初生民、時維姜嫄、生民如何、克禋克祀、以弗無子」とみえる。

③**富而教之**　『論語』子路篇第十三に「子適衛、冉有僕。子曰、庶矣哉。冉有曰、既庶矣。又何加焉。曰、富之。曰、既富矣、又何加焉。曰、教之」とあるのをふまえる。豊かになってから教化すること。

〔通釈〕

司馬遷は『史記』平準書をつくり、班固が『漢書』食貨志を祖述し、上下数千年の経済事情の変動について、そのあらましを書きあげたが、これ以後の史官には、経済状態についての大きな見識をもつ者がまるでいなかった。そもそも最初に人間が誕生したときから、食物と財貨が生活の根本となった。聖王はそこで井田を区画して人びとの生業とし、財貨を流通させて人びとを豊かにした。豊かになった上で人民を教化すると仁義がわきおこり、貧しいと盗みをはたらき、刑罰を用いても止めることはできない。こういうわけで食貨志をつくり、『史記』・『漢書』の後につづけてこれを編纂する次第である。

一　租税・穀物政策について

（一）　南朝の租税・穀物政策

晉自中原喪亂、元帝寓居江左、百姓之自拔南奔者、並謂之僑人。皆取舊壤之名、僑立郡縣、往往散居、無有土著。而江南之俗、火耕水耨、土地卑濕、無有蓄積之資。諸蠻陬俚洞、霑沐王化者、各隨輕重、收其賧物、以裨國用。又嶺外酋帥、因生口翡翠明珠犀象之饒、雄於鄉曲者、朝廷多因而署之、以收其利。歷宋齊梁陳、皆因而不改。

〔訓読〕

晉、中原喪亂し、元帝①江左に寓居して自り、百姓の自ら拔《ぬ》きて南奔する者、並びに之を僑人と謂ふ。皆な舊壤の名を取り、郡縣を僑立するも②、往往にして散居し、土著するもの有る無し。而して江南の俗、火耕水耨③、土地は卑濕にして、蓄積の資有ること無し。諸もろの蠻陬俚洞の王化に霑沐する者、各おの輕重に隨ひ、其の賧物を收め④、以て國用を裨《おぎな》ふ。又た嶺外の酋帥、生口・翡翠・明珠・犀象の饒に因り、郷曲に雄たる者、朝廷多く因りて之を署し、以て其の利を收む。宋・齊・梁・陳を歴て、皆な因りて改めず。

〔注釈〕

①元帝　東晋初代皇帝司馬睿、字は景文、司馬懿の曾孫（二七六～三二二、在位三一七～三二二）。事績は『晋書』巻六元帝紀に記す。

②僑立郡縣　永嘉の乱をきっかけとする江南への移住と郡県の僑立については、たとえば揚州について、『晋書』巻十五地理志下揚州条に「自中原亂離、遺黎南渡、並僑置牧司在廣陵、丹徒南城、非舊土也。及胡寇南侵、淮南百姓皆渡江。成帝初、蘇峻・祖約爲亂於江淮、胡寇又大至、百姓南渡者轉多、乃於江南僑立淮南郡及諸縣、又於尋陽僑置松滋郡、遙隸揚州。咸康四年、僑置魏郡・廣川・高陽・堂邑等諸郡、并所統縣並寄居京邑、改陵陽爲廣陽。孝武寧康二年、又分永嘉郡之永寧縣置樂成縣。是時上黨百姓南渡、僑立上黨郡爲四縣、寄居蕪湖。尋又省上黨郡爲縣、又罷襄城郡爲繁昌縣、並以屬淮南」とある。郡県僑置は、東晋一代にわたるものであった。

③江南之俗火耕水耨　『史記』巻一二九貨殖列伝に「總之、楚越之地、地廣人希、飯稻羹魚、或火耕而水耨、果隋嬴蛤、不待賈而足、地勢饒食、無饑饉之患、以故呰窳偸生、無積聚而多貧。是故江淮以南、無凍餓之人、亦無千金之家」とある。火耕水耨は、人力をあまり加えない粗放な稲作を慣用句として表現したものであり、この時期の江南水稲農作の一般的な生産力段階を表示するものではない。火耕水耨の解釈については、拙稿「火耕水耨の背景――漢六朝の江南農業――」（日野開三郎博士頌寿記念『論集　中国社会・制度・文化史の諸問題』中国書店、一九八七年）を参照。

④諸蠻至賧物　六朝時代には、荊・雍・豫州（現在の河南省南部から長江以南）の山岳地帯に、蠻と呼ばれる諸民族が居住していた。『宋書』巻九七夷蛮伝に「荊・雍州蠻、槃瓠之後也。分建種落、布在諸郡縣。荊州置南蠻、雍州置寧蠻校尉以領之。世祖初、罷南蠻併大府、而寧蠻如故。蠻民順附者、一戸輸穀數斛、其餘無雜調、而宋民賦役嚴苦、貧者不復堪命、多逃亡入蠻。蠻無徭役、強者又不供官税、結黨連群、動有數百千人、州郡力弱、則起爲盜賊、種類稍多、戸口不可知也。所在多深險、居武陵者有雄谿・樠谿・辰谿・酉谿・舞谿、謂之五谿蠻。而宜都・天門・巴東・建平江北諸郡蠻、所居皆深山重阻、人跡罕至焉。前世以來、屢爲民患。……豫州蠻、廩君後也。盤瓠及廩君事、並具前史。西陽有巴水・蘄水・希水・赤亭水・西歸水、謂之五水蠻。所在並深岨、種落熾盛、歷世爲盜賊。北接淮汝、南極江漢、地方數千里」とある。

また俚については、『隋書』巻三一地理志下揚州条に「自嶺已南二十餘郡、大率土地下濕、皆多瘴厲、人尤夭折。……其俚人則質直尚信、諸蠻則勇敢自立、皆重賄輕死、唯富爲雄。巣居崖處、盡力農事。刻木以爲符契、言誓則至死不改。父子別業、父貧、乃有質身於子。諸獠皆然」とあり、また『隋書』巻八二南

蠻伝に「南蠻雜類、與華人錯居、曰蜒、曰獽、曰俚、曰獠、曰㐌、倶無君長、隨山洞而居、古先所謂百越是也。其俗斷髮文身、好相攻討、浸以微弱、稍屬於中國、皆列爲郡縣、同之齊人、不復詳載」と見える。

蠻民のうち王朝に帰順した者は一戸あたり数石の租税を負担した。『晋書』巻二六食貨志にみえる戸調式中の「遠夷不課田者輸義米、戸三斛、遠者五斗、極遠者輸算錢、人二十八文」とあるのはこのことを指す。

それ以外の者で時に財物を貢納する場合、これを賧物と呼んだ。賧物は、元来非漢民族が贖罪のために納入した財物をいう。『魏書』巻九七島夷劉裕伝に「凡蠻夷不受鞭罰、輸財贖罪、謂之賧」とある。また『資治通鑑』巻一七五陳宣帝太建十三年（五八一）十二月条に「廣州刺史馬靖、得嶺表人心、兵甲精鍊、數有戰功。朝廷疑之、遣吏部侍郎蕭引、觀靖擧措、諷令送質、外託收督賧物。引至番禺、靖即遣子弟入質」とあり、その胡三省注に「蠻蜑所輸貨物曰賧。一曰、夷人以財贖罪曰賧」とある。

〔通釈〕

晋代に中原が争乱状態となり、元帝が江南に暫定政権をうち立てて以後、自力で南方へ移住した百姓をすべて僑人と呼んだ。彼らは皆な故郷の地名を取って郡県を僑立したが、往往にして散居するのみで、土着する者はなかった。しかも江南の風俗は火耕水耨と呼ばれる粗放農業を行ない、土地は低くて湿気が多く、財貨を蓄積する者もなかった。奥地に住む諸蛮族の中で天子の教化に浴しているものは、その程度に従って各おの財貨（賧物）を貢納し、国家財政を補った。また嶺南地方の蛮族の首長たちは、豊富に産出する奴隷・翡翠・明珠・犀角・象牙によって地方に割拠していた。朝廷は、彼らをそのまま地方官に任命し、その利益を手に入れた。宋・斉・梁・陳の時代を通じて、これらすべての事が引き続き行われ、改められなかった。

其軍國所須雜物、隨土所出、臨時折課市取、乃無恒法定令。列州郡縣、制其任土所出、以爲徵賦。其無貫之人、不樂州縣編戸者、謂之浮浪人。樂輸亦無定數、任量、准①所輸、終優於正課焉。

〔校勘〕

①**准所輸**　『通典』巻五食貨五賦税中は、准字を惟字に作るが、意味が通暢しない。本志によるべきであろう。

〔訓読〕

其の軍國の須《もち》ふる所の雜物、土の出だす所に隨ひ、時に臨んで課を折して市取し①、乃ち恒法定令無し。列州郡縣、制して其の土の出だす所を任《もち》ひ、以て徵賦と爲す②。其の無貫の人にして、州縣の編戸たるを樂《ねが》はざる者、之を浮浪人と謂ふ③。樂輸も亦た定數無く、量るに任《まか》せたるも、輸《をさ》むる所に准《よ》るに、終に正課に優《まさ》れり④。

〔注釈〕

①**軍國所須雜物隨土所出臨時折課市取**　軍国は、中央政府が指揮する中央及び辺境軍事財政を指し、下文の列州郡県に対比される。中央・辺境軍事財政に必要な様ざまな物産を、正課である租調（穀物・布絹・銭貨）に代替して現地で購入し、貢納させたことをいう。『通典』巻五食貨五賦税中に「齊高帝初、竟陵王子良上表曰……。又啓曰、諸賦税所應納錢、不限大小、但令所在兼折布帛、若雜物是軍國所須者、聽隨價准直、不必盡令送錢。於公不虧其用、在私實荷其渥」とある。『南斉書』巻三武帝紀永明五年（四八七）九月丙午詔条に「凡下貧之家、可蠲三調二年。京師及四方出錢億萬、糴米穀絲綿之屬、其和價以優黔首。遠邦嘗市雜物、非土俗所產者、皆悉停之。必是歲賦攸宜、都邑所乏、可見直和市、勿使逋刻」とある。遠方の州郡ではその土地に産出しない物産を交易して貢納していたため問題になっていたことが分かる。

　雑物は、穀物・銭・布絹以外の物産を言う。『宋書』巻九後廢帝紀元徽四年（四七六）五月条に「尚書右丞虞玩之表陳時事曰、……尋所入定調、用恒不周、既無儲畜、理至空盡。積弊累耗、鍾於今日。昔歲奉敕、課以揚徐衆逋、凡入米穀六十萬斛、錢五千餘萬、布絹五萬匹、雜物在外、賴此相贍、故得推移」とある。

②**制其任土所出以爲徵賦**　賦調はその地方に産出する物産を中央に貢納させることが『尚書』禹貢篇以来の礼制である。禹貢篇序に「禹別九州、隨山濬川、任土作貢」とあり、その僞孔安國伝に「任其土地所有、定其貢賦之差」とある。この考えは六朝時代にも継承された。たとえば、『太平御覧』巻九九一引『傅子』に「先王之制、九州異賦。天不生、地不養、君子不以爲禮。若河内諸縣、去北山絶遠、而各調出御上黨眞人參上者十斤、下者五十斤。所調非所生、民以爲患」とある。ここでは、国家財政（軍国）だけでなく地方の州郡次元でもこの原則が適用されたことを言う。中央財政・地方財政に必要な物資を直接的に産出地に割り当てる方式は、収入と経費とが一体不可分となるものであり、財政の家産制的性格（オイコス）を意味する。

③**浮浪人**　浮浪は、正規の戸籍を離脱した者を言う。『通典』巻一二食貨一二軽重に「管子曰、……以正人籍謂之離情（原注、正數之人、若丁壯也。離情、謂離心也）、以正戸籍謂之養贏（原注、贏謂大賈蓄家也。正數之戸既避其籍、則至浮浪為大賈蓄家之所役屬、增其利耳）」とあり、杜佑の理解は本志に同じい。

④**終優於正課焉**　正課は、編戸百姓が出す正規の法定租税である。下文にみえる「其課、丁男調布絹各二丈、絲三兩、綿八兩、祿絹八尺、祿綿三兩二分、租米五石、祿米二石」。その合計よりも浮浪人が任意に納める財物のほうが量的に多かったことを言う。国家に把握されていた編戸よりも、浮浪人のほうが多かったのである。

〔通釈〕

国家財政に必要な雑物は、それぞれ産出する地方から、正課の一部を代替して、臨時に交易して買い入れたのであり、恒常的な法制はまるでなかった。地方の州郡県でも、その土地で産出する物産を指定して徴賦とした。戸籍の無い人で、州県に編戸されるのを願わない者を浮浪人と言った。彼らからの自主的な納税にもまったく定額は無く、任意の額ではあったが、納入総額によれば、結局は正課をもまさる量があった。

都下人多爲諸王公貴人左右佃客典計衣食客之類、皆無課役。官品第一第二、佃客無過四十戸。第三品三十五戸。第四品三十戸。第五品二十五戸。第六品二十戸。第七品十五戸。第八品十戸。第九品五戸。其佃穀、皆與大家量分。其典計、官品第一第二、置三人。第三第四、置二人。第五第六及公府參軍殿中監監軍長史司馬部曲督關外侯材官議郎已上、一人。皆通在佃客數中。官品第六已上、并得衣食客三人。第七第八、二人。第九品及轝輦跡禽前驅由基強弩司馬羽林郎殿中冗從武賁殿中武賁持椎斧武騎武賁持鈒冗從武賁命中武賁武騎、一人。客皆注家籍。

〔訓読〕

都下の人①、多《おおむ》ね諸もろの王公・貴人・左右の佃客・典計・衣食《いし》客の類と爲り、皆な課役無し。官品第一第二は、佃客、四十戸を過ぐること無し。第三品は、三十五戸。第四品は、三十戸。第五品は、二十五戸。第六品は、二十戸。第七品は、十五戸。第八品は、十戸。第九品は、五戸。其の佃穀、皆な大家と量分す。其の典計、官品第一第二は、三人を置く。第三第四は、二人を置く。第五第六、及び公府參軍・殿中監・監軍・長史・司馬・部曲督・關外侯・材官・議郎②已上は、一人。皆な通じて佃客の數中に在り。官品第六已上は、并びに衣食客三人を得。第七第八は、二人。第九品及び轝輦・跡禽・前驅・由基・強弩司馬、羽林郎、殿中冗從武賁、殿中武賁、持椎斧武騎武賁、持鈒冗從武賁、命中武賁武騎③は、一人。客は皆な家籍に注す④。

〔注釈〕

①都下人　梁の都城建康支配下の地域を指す。具体的には、『太平寰宇記』巻九〇江南東道二昇州条に「按金陵記云、梁都之時、城中二十八萬餘戸、西至石頭城、東至倪塘、南至石子岡、北過蔣山、東西南北、各四十里」とある方四〇里の領域であろう。南朝期の国家登録戸口数は、充分な史料が残ってはいないが、最大でしかも具体的な数を記録しているのは、『通典』巻七食貨七歴代盛衰戸口条の劉宋・孝武帝大明八年（四六四）の九〇万六八七〇戸、四六八万五五〇一人である。仮に梁代の国家登録戸数を百万戸余りとするならば、その四分の一が首都建康に集中していたことになる。浮浪人などを含めるならば、建康周辺の人口は、百万人をはるかに越える規模となる。

②公府至議郎　公府参軍は、『通典』巻三五職官一七俸禄条に「梁武帝天監初、定九品令。……揚・徐等大州比令・僕班（原注、揚州督王畿、理在建康。徐州督重鎮、理京口。並外官刺史最重者。尚書令・僕射、官品第三也）。寧・桂等小州比參軍班（原注、寧州理建寧、今雲南郡。桂州理始安、今郡。並與外官刺史最輕者。公府參軍、官品第六也）」とあり、杜佑の注釈に拠れば六品官である。ただ、六品官であれば、ここに特記するまでもないはずである。その他の武官等は七品であったと考えられるので、公府参軍も七品の可能性がある。

関外侯・監軍・長史・司馬・部曲督・材官については、『通典』巻六三禮二三天子諸侯玉佩劍綬璽印条に「梁制、乘輿印璽、並如齊制。……關外侯、銀印珪鈕、青綬、獸頭鞶、腰劍。……弘訓衛尉、衛尉、司隷校尉、左右衛・驍騎・游擊・前後左右軍將軍・龍驤・寧朔・建威・振威・奮威・揚威・廣威等將軍、積弩・積射・強弩將軍、監軍、銀章青綬、佩水蒼玉、獸頭鞶。……公府司馬、領、護軍司馬、諸軍司馬、護匈奴中郎將護羌戎夷蠻越烏丸戊己校尉長史・司馬、銅印環鈕、墨綬、獸頭鞶。……部曲督・司馬吏・部曲將、銅印環鈕。……諸四品將兵都尉・牙門將・崇毅・材官……・廣野、領兵滿五十人、給銀章、不滿五十人、除板而已、不給章」とある。その官品は不明であるが、これらの官職は、西晋期より受け継がれてきたものが多い。『通典』巻三七職官一九晋官品条第七品に「殿中監……諸軍長史司馬秩六百石者……部曲部督殿中……議郎　關外侯爵」とあり、第八品に「水衡・典虞・牧官・典牧・材官・州郡國都尉司馬」とある。これらによれば、第七品の特定武官について、五品・六品なみに典計一人を許したことがわかる。

③轝輦至武騎　『晋書』巻二四職官志に「左右衛將軍、案文帝初置中衛及衛。武帝受命、分爲左右衛、……二衛始制前驅・由基・強弩爲三部司馬、各置督史。……二衛各五部督。其命中武賁・驍騎・遊擊各領之。又置武賁・羽林・上騎・異力四部、并命中爲五督。……更制殿中將軍・中郎・校尉・司馬比驍騎。持椎斧武賁、分屬二衛。尉［殿］中武賁・持鈒冗從・羽林司馬、常從人數各有差。武帝甚重兵官、故軍校多選朝廷清望之士居之」とあり、また『晋書』巻二五輿服志中朝大駕鹵簿条に「次金根車、駕六馬、中道。……司馬史九人、引大戟楯二行、九尺楯一行、刀楯一行、由基一行、細弩一行、跡禽一行、椎斧一行、力人刀楯一行」とある。彼らは、西晋以来の左右衛に所属する近衛軍団の武官であり、九品官相当とみなして優遇したのであろう。

④客皆注家籍　客の戸籍に注記するという説と官人・大家の戸籍に注記・附載されたとみなす説とがある。ここでは、後者の説にしたがう。その理由については補考参照。

〔通釈〕

首都建康一帯に住む人びとは、王公・貴人や皇帝側近の佃客・典計・衣食客の類となる者が多かったが、彼らには皆な正課・役が課せられなかった。佃客の保有については、官品第一品・二品の者は四十戸以下とし、第三品の者は三十五戸以下、第四品の者は三十戸以下、第五品の者は二十五戸以下、第六品の者は二十戸以下、第七品の者は十五戸以下、第八品の者は十戸以下、第九品の者は五戸以下とする。佃客の収穫した穀物は、大家（である王公貴人や側近）と分割した。典計については、官品第一・第二品は三人、第三・第四品は二人、第五・第六品及び公府参軍・殿中監・監軍・長史・司馬・部曲督・関外侯・材官・議郎以上は一人を置き、皆な佃客の数の中に通算した。衣食客については、官品第六品以上はならびに三人、第七・第八品は二人、第九品および轝輦司馬・跡禽司馬・前駆司馬・由基司馬・強弩司馬、羽林郎、殿中冗従武賁・殿中武賁・持椎斧武騎武賁・持鈒冗従武賁・命中武賁武騎は一人を置くことができた。客は皆な大家の戸籍に注記された。

〔補考〕佃客・衣食客および典計について

本節では、戸籍を離脱し正課を負担しなかった浮浪人について記した前節をうけ、戸籍には登録されているが、官人・大家に庇護・従属して正課と年二〇日の力役を納めない者を記載する。つぎの段落が編戸百姓の納める正課・力役についての記述であることからいえば、梁代には、全体として国家による把握の緩やかな人びとである浮浪人から、他人の戸籍に附載されて国家に正課・力役を納めない衣食客・佃客、および国家に登録管理された百姓までの三類型の民衆が制度的論理的に区別されていることが分かる。

佃客と衣食客とについては、『晋書』巻二六食貨志に「又制戸調之式。……而又得蔭人以爲衣食客及佃客、品第六已上得衣食客三人、第七第八品二人、第九品及轝輦・跡禽・前驅・由基・強弩司馬、羽林郎、殿中冗従武賁、殿中武賁、持椎斧武騎武賁、持鈒冗従武賁、命中武賁武騎一人。其應有佃客者、官品第一第二者佃客無過五十戸（私案、五十當作十五）、第三品十戸、第四品七戸、第五品五戸、第六品三戸、第七品二戸、第八品第九品一戸」とある。戸数・人数に違いはあるが、西晋以来の制度が、梁初まで基本的に維持されていたことがわかる。

佃客は、戸単位で把握され、主家と生産物を分割しているところから見て、自己の個別経営をもつ農民である。衣食客は、個人単位で把握され、衣食（生活手段）を支給される人びとであり、主家の家内にあって諸種の役務に従事した者であろう。典計は、これも個人単位で把握されていることから、主家の家内にあって家計・家政を担当するものであったと考えられる。

『晋書』巻二六食貨志に「又制戸調之式。……而又得蔭人以爲衣食客及佃客」とあるように「人を蔭」することが佃客・衣食客となる重要な手続きである。蔭の初義は、『説文解字』第一篇下に「蔭、艸陰地」とあり、草が地を覆うことである。段玉裁注は、「左氏傳曰、若去枝葉、則本根無所庇蔭矣。楚語、玉足以庇蔭嘉穀。引伸爲凡覆庇之義也」と述べる。「人を蔭」するとは、「人を覆庇」し、庇護することである。『魏書』巻一一〇食貨志に「魏初不立三長、故民多蔭附。蔭附者皆無官役、豪彊徴斂、倍於公賦」とあり、また『魏書』巻五三李沖伝には、そのより具体的な内容を伝えて、「舊無三長、惟立宗主督護、所以民多隱冒、五十・三十家方爲一戸。沖以三正治民、所由來遠、於是創三長之制而上之」とある。蔭附は、隱冒に同じで、戸籍に附載される戸口を隠匿し、賦役納入を回避することである。「人を蔭」するとは、宗主督護のように人を蔭附させることであり、一戸籍内に多くの家（世帯）を隠匿・庇護することである。それはまさしく、大家（宗主）の戸籍に附籍されることにほかならない。宗主督護と晋南朝の給客制との違いは、法的に官人に限定し、客の保有数の限度を設けて容認したか否かにある。北魏では、最終的に三長制施行によってその解体が企図された。

この隋志の記事について、多くの論者は、これを東晋期のものと理解しているが、誤りであろう。すでに述べたように隋志は、五代史志の食貨志であり、その記述範囲は、南朝の場合梁・陳に限定される。食貨志以外の他志にあっても、この範囲を逸脱して、東晋にまで遡及するものはない。

ここには九品官制が記されている。九品官制は、天監二年（五〇三）から同七年（五〇八）までおこなわれ、七年以後十八班制に改訂された。『隋書』巻二六百官志上に「天監初、武帝命尚書刪定郎濟陽蔡法度、定令爲九品。秩定。帝於品下注一品秩爲萬石、第二第三爲中二千石、第四第五爲二千石。至七年、革選。徐勉爲吏部尚書、定爲十八班。以班多者爲貴、同班者、則以居下者爲劣」とある。天監初とは、『梁書』巻二武帝紀中天監二年条に「夏四月癸卯、尚書刪定郎蔡法度上梁律二十巻・令三十巻・科四十巻」とあって、天監二年制定の令をいう。『大唐六典』巻六刑部尚書条に注記する歴代の令の編目には、蔡法度等が編纂した梁令三十篇を紹介し、その第四篇に官品令を記載している。隋志の記事は、梁初の状況を記したものとみてよい。かさねて言えば、この前後の記述は、梁朝初期統治下の民衆について浮浪人・客・編戸の三類型を記述したものである。

其課、丁男調布絹各二丈、絲三兩、綿八兩、祿絹八尺、祿綿三兩二分、租米五石、祿米二石。丁女並半之。男女年十六已上至六十、爲丁。男年十六、亦半課、年十八正課、六十六免課。女以嫁者爲丁、若在室者、年二十乃爲丁。其男丁、毎歲役不過二十日。又率十八人出一運丁役之。[1]

其田、畝稅米二斗[2]。蓋大率如此。

其度量、斗則三斗當今一斗、稱則三兩當今一兩、尺則一尺二寸當今一尺。

〔校勘〕

①**其課至役之**　本節は、『通典』巻五食貨五賦税中では「其課、丁男調布絹各二丈、絲三兩、綿八兩、祿絹八尺、祿綿三兩二分、租米五石、祿米二石。丁女並半之。男年十六亦半課、年十八正課、六十六免課。其男丁、毎歲役不過二十日」となっている。隋志とかなり出入りがあるので注記しておこう。

まず隋志の「男女年十六已上至六十爲丁」が削除されている。これは、下文の男子「十八歲正課、六十六歲免課」とあわず、女子の「若在室者、年二十乃爲丁」とも齟齬するので、『通典』が衍文として削除した可能性がある。

つぎに『通典』には、本志に「女以嫁者爲丁、若在室者、年二十乃爲丁」とある、女子の丁年規定を欠いている。これは隋志によるべきである。

また『通典』は、「又率十八人出一運丁役之」なる運丁規定を欠いている。これも隋志によるべきであろう。以上、若干問題は残るが、本稿ではしばらく隋志にしたがって理解しておく。

②其田畝税米二斗　『通典』巻五賦税中に「其田畝税米二升」とあり、二升に作る。斗・升しばしば互いに誤用されるが、ここでは隋志によって二斗とすべきである。具体的な論証は、拙稿「占田・課田の系譜――晋南朝の税制と国家的土地所有――」(『中国中世史研究　続編』京都大学学術出版会、一九九五年)参照。

〔訓読〕

其の課、丁男は、布絹各おの二丈、絲三両、綿八両、祿絹八尺、祿綿三両二分、租米五石、祿米二石を調す。丁女は、並びに之を半ばにす。男女、年十六已上、六十に至るまでを、丁と爲す。男は、年十六にして、亦た半ばを課し、年十八にして正課とし、六十六にして課を免ず。女は、嫁《とつ》げる者を以て丁と爲し、若し室に在る者は、年二十にして乃ち丁と爲す。

其の男丁、毎歳役すること二十日を過ぎず。又た率ね十八人ごとに一運丁を出だして之を役す。

其の田、畝ごとに米二斗を税す。蓋し大率此くの如し。

其の度量、斗は則ち三斗にして今の一斗に當たり、稱は則ち三兩にして今の一兩に當たり、尺は則ち一尺二寸にして今の一尺に當たる。①

〔注釈〕

①其度至一尺　『隋書』巻十六律暦志上に「開皇以古斗三升爲一升。大業初、依復古斗。……開皇以古稱三斤爲一斤、大業中、依復古秤」とあり、また『通典』巻一四四楽四権量に「隋制、前代三升當今一升、三兩當今一兩、一尺二寸當今一尺」とある。今とあるのは『隋書』食貨志編纂時の唐初を指し、隋唐初期の度量衡制度を言う。唐代にあっては、『通典』巻六賦税下大唐条に「凡權衡度量之制。度、以北方秬黍中者一黍之廣爲分、十分爲寸、十寸爲尺、一尺二寸爲大尺、十尺爲丈。量、以秬黍中者容千二百爲龠、二龠爲合、十合爲升、十升爲斗、三升爲大升、三斗爲大斗、十斗爲斛。權衡、以秬黍中者百黍之重爲銖、二十四銖爲兩、三兩爲大兩、十六兩爲斤。調鍾律、測晷景、合湯藥及冠冕制、用小升・小兩、自餘公私用大升・大兩」とあり、音楽の調律・天体観測・薬の調合・礼服の調製など、礼楽制度にかかわるものは、古代以来の小尺制を用い、それ以外は公私共に大尺制によった。小尺は王莽尺二三・一cm、大尺はその一・三倍で約三〇cm。現存する唐尺は、二九・六cm～三一・三cmである(矩斎「古尺考」『文物参考資料』一九五七年第三期)。

〔通釈〕

正課について、丁男は調として麻布か絹布を各おの二丈・絲三両・綿八両を納め、また祿絹八尺・祿綿三両二分・租米五石・祿米二石を納める。丁女はすべて丁男の半分の量を納める。一般に男女とも十六歳以上六十歳までの者を丁とする。男は十六歳になれば半課を納め、十八歳で正課を納め、六十六歳で課を免じる。女は婚嫁した者を丁とし、未婚の場合は二十歳を丁とする。

男丁の労役は毎年二十日以内とする。さらに十八人に一人の割合で運丁を出し、その役に当たらせる。

田税は、畝ごとに米二斗とした。課役制度は、おおむね以上のとおりである。

度量については、斗は当時の三斗が現在（隋唐初）の一斗に相当し、両は当時の三両が現在の一両に相当し、尺は当時の一尺二寸が現在の一尺に相当する。

〔補考〕戸調制と丁女の課役負担

この段落中の「丁女並半之」の規定について、従来の諸研究は、丁女も丁男の正課の半分を納入したと理解し、戸調の丁調化とみなしている。ここには、考慮すべき問題がある。梁制では、確かに男女を問わず、丁単位で収取する規定になっている。しかしこれを直ちに丁調制とみるのは、早計である。『大唐六典』巻六刑部尚書条に注記する歴代の令の編目によれば、晋令四十篇の第九篇が戸調令であり、宋・南斉令も晋令と同様だったとあり、ついで天監二年（五〇三）に蔡法度等が編纂した梁令三十篇を紹介し、その第八篇戸調令を記載している。これによれば、西晋以来、南朝にいたるまで、戸調制が一貫して存続したことになる。

隋志に記載する梁制は、丁を計算基準として正課負担量を算出し、戸単位で納入する戸調制規定であり、戸内の丁男数に麻布・絹布各二丈、絲三兩、綿八兩、祿絹八尺、祿綿三兩二分、租米五石、祿米二石を乗じて算出した正課量と、戸内の女丁数に男丁の半額を乗じた正課量とを合計し、戸調として収取する規定であったと理解すべきであろう。

また力役は、本志に男丁の徭役規定を明記するように、男丁が担うことを原則とした。ただ女丁にも、力役がかけられることがあった。『梁書』巻三武帝紀下大同七年（五四一）条に「十一月丙子、詔停在所役使女丁」とある。さらに『梁書』巻五三良吏伝沈瑀伝に「永泰元年（四九八）爲建德令、教民一丁種十五株桑・四株柿及梨栗、女丁半之。人咸歡悅、頃之成林」とあるように、県令の勧農の対象となることもあった。

梁制は、丁男戸主を収取の基本対象とする魏晋宋斉期の戸調制を改め、戸内の男女丁数を算出基準として収取する戸調制を創出したものであり、それは、北朝の民調制、牀調制に対応するものである。

〔訓読〕

其倉、京都有龍首倉、即石頭津倉也、臺城内倉、南塘倉、常平倉、東西太倉、東宮倉、所貯總不過五十餘萬。在外有豫章倉、釣磯倉、錢塘倉、並是大貯備之處。自餘諸州郡臺傳、亦各有倉。

其の倉、京都に龍首倉、即ち石頭津倉なり、臺城内倉、南塘倉、常平倉、東・西太倉、東宮倉有り、貯ふる所總て五十餘萬を過ぎず。[1]外に在りては豫章倉、釣磯倉、錢塘倉有り、並びに是れ大いに貯備するの處なり。[2]自餘、諸もろの州郡の臺傳も、亦た各おの倉有り。[3]

〔注釈〕

①京都至餘萬　建康一帯方四〇里内に設置された穀物倉庫。「即石頭津倉也」は、龍首倉についての注記である。石頭津倉については、『景定建康志』巻二三城闕志四諸倉条に「古石頭倉、在石頭城内。呉置。晉曰常平倉、南朝因之」とある。これによれば、石頭津倉と常平倉とは同じものとなる。ただ『晉書』巻七三庾翼伝に「如往年偸石頭倉米一百萬斛、皆是豪將輩、而直打殺倉督監以塞責」とあり、また『梁書』巻五三良吏伝沈瑀伝に「縣南又有豪族數百家、子弟縱横、遞相庇廕、厚自封植、百姓甚患之。瑀召其老者爲石頭倉監、少者補縣僮。皆號泣道路、自是權右屛跡」とあって、石頭倉は南朝にも存続したようである。

常平倉については、『通典』巻二六職官八太府卿・常平署条に「漢宣帝時、耿壽昌請於邊郡皆築倉、穀賤時增價而糴、貴時減價而糶、名曰常平倉。常平之名、起於此也。後漢明帝置常滿倉。晉又曰常平倉、自後無聞。梁亦曰常平倉、而不糴糶。陳因之」とあり、前漢期に物価調節を目的として設置されたものである。西晋以後廃れていたらしく、梁代に復活したが、穀物の貯備はおこなわなかったようである。

太倉は、国家の中央穀物倉庫であり、秦以来、歴代王朝が都城に設置した。南朝の太倉・東倉については、『通典』巻二六職官八司農卿・太倉署条に「秦官有太倉令・丞。漢因之、屬大司農。……（原注　晉江左以來、又有東倉・石頭倉、丞各一人）。北齊亦然」とある。東晋以後、南朝期にかけて、太倉・東倉・石頭倉の設置が認められる。東倉は、恐らく東太倉であり、その設置にともなって従来の太倉を西太倉と呼んだのであろう。

太倉の位置については、『景定建康志』巻二三城闕志四諸倉条に「古苑倉。呉大帝赤烏三年（二四〇）、使御史郗隃、鑿城西南、自秦淮北抵倉城、名運瀆。咸和中（三二六〜三三四）、修苑城。惟倉不毀、故名。太倉在西華門内道北・宮城之西北」とある。これによれば、太倉は苑倉とも呼ばれ、建康宮城内西北にあり、運河によって秦淮河とつながっていたことが分かる。

②在外至之處　地方に設置された主要穀物倉庫。豫章倉は、豫章郡豫章県（江西省南昌県）に設置された倉庫。釣磯倉は、彭澤県（江西省糊口県東）の釣磯に設置された倉庫。『隋書』巻三一地理志下九江郡彭澤県条に「彭澤、梁置太原郡、領彭澤・晉陽・和城・天水。平陳、郡縣並廢、置龍城縣。開皇十八年改名焉。有釣磯」とある。錢塘倉は、杭州錢塘県（浙江省杭州市）に設置された倉庫。

③自餘諸州郡臺傳亦各有倉　台伝は、御史台属官の台伝御史によって管理される中央直轄の地方財務機構であり、州・郡に倉庫を設置し、山沢地を利用した営利活動、民間との交易、免役銭等雑収入管理、地方官俸給経費の管理、財政的物流を担当した。詳細は、中村圭爾「台伝——南朝の財政機構——」（『中国史研究』

第八号、一九八四年）参照。

〔通釈〕

国家の穀物倉として、首都には龍首倉つまり石頭津倉・台城内倉・南塘倉・常平倉・東太倉・西太倉・東宮倉などがあったが、貯えは総計で五十餘萬石を超えることはなかった。地方には、豫章倉・釣磯倉・銭塘倉があり、これらは皆な大きな穀物貯蔵庫である。そのほか諸州郡の台伝にもそれぞれ倉庫があった。

大抵自侯景之亂、國用常褊。京官文武、月別唯得廩食、多遙帶一郡縣官、而取其祿秩焉。揚徐等大州、比令僕班。寧桂等小州、比參軍班。丹陽呉郡會稽等郡、同太子詹事尚書班、高涼晉康等小郡、三班而已。大縣六班、小縣兩轉方至一班。品第既殊、不可委載①。

州郡縣祿米絹布絲綿、當處輸臺傳倉庫。若給刺史守令等、先准其所部文武人物多少、由敕而裁。凡如此祿秩、既通所部兵士給之、其家所得蓋少。

諸王諸主、出閤就第、婚冠所須、及衣裳服飾、并酒米魚鮭香油紙燭等、並官給之。王及主婿外祿者、不給。解任還京、仍亦公給云。

〔校勘〕

①**不可委載**　百衲本等ともに「不可妄載」につくるが、文意通暢しない。中華書局標点本は、『通典』巻三五職官一七俸禄条により、妄字を委字に作る。いま『通典』により、妄字を委字の形譌とみて改正する。

『通典』巻三五には杜佑の注記があり、本文理解の参考となるので、長くなるが以下に引用しておく。「梁武帝天監初、定九品令。帝於品下注、一品秩爲萬石、第二第三品爲中二千石、第四第五品爲二千石。及侯景之亂、國用常褊、京官文武月別唯得廩食、多遙帶一郡縣官、而取其祿秩焉。揚・徐等大州、比令・僕班（原注、揚州督王畿、理在建康。徐州督重鎮、理京口。並外官刺史最重者。尚書令・僕射、官品第三也）。寧・桂等小州比參軍班（原注、寧州理建寧、今雲南郡。桂州理始安、今郡。並與外官刺史最輕者。公府參軍、官品第六也）。丹陽郡・呉郡・會稽等郡、同太子詹事・尚書班（原注、丹陽尹理建康。呉郡・會稽即今郡。並列郡重者。詹事・尚書、官品第三也）。高涼・晉康等小郡、三班而已（原注、高涼・晉康即今郡。並列郡最輕者。梁武帝定九品後、其内官吏爲十八班、以班多者爲貴、同班者即以居下爲劣、則與品第高下不倫、當是其時、更以清濁爲差耳。本史既略、不可詳審焉）。大郡（私案、郡當作縣）六班、小縣兩轉、方至一班。品第既殊、不可委載。其州郡縣祿米絹布絲綿、當處輸臺傳倉庫。若給刺史守令等、先準其所部文武人物多少、由敕而裁。凡如此祿秩、既通所部兵士給之、其家得蓋少。諸王諸主出閣就第婚冠所須、及衣裳服飾、并酒米魚鮭香油紙燭等、並官給之。王及主婿外禄者不給、解任還京、仍亦公給」とある。

〔訓読〕

大抵、侯景①の亂自り、國用常に褊《せま》し。京官文武、月別に唯に稟食を得るのみにして、多《おほむ》ね一郡縣官を遙帶し、而して其の禄秩を取る。揚・徐等の大州は、令・僕の班に比し②、寧・桂等の小州は、參軍の班に比す③。丹陽・呉郡・會稽等の郡は、太子詹事・尚書の班に同じくし④、高涼・晉康等の小郡は、三班のみ。大縣は六班、小縣は兩轉して方《はじめ》て一班に至る⑤。品第既に殊り、委《つまび》らかに載《しる》す可からず。

州郡縣の禄米絹布絲綿⑥は、當處にて臺傳の倉庫に輸《をさ》む。若し刺史守令等に給ふには、先に其の部する所の文武の人物の多少に准り、敕に由りて裁《さだ》む。凡そ此の如きの禄秩、既にして部する所の兵士を通じて之を給ひたれば、其の家の得る所、蓋し少なし。

諸王諸主、閤を出でて第に就けば、婚冠に須《もち》ふる所、及び衣裳服飾、并びに酒米魚鮭香油紙燭等、並びに官、之を給ふ。王及び主婿の外に禄する者《とき》は、給はず。任を解きて京に還れば、仍《よ》りて亦た公、給ふと云ふ。

〔注釈〕

①**侯景**　侯景（五〇三～五五二）、字は萬景、朔方の人。雁門の人ともいう。はじめ爾朱栄の部下となり、ついで高歓の部下となったが、高歓の死後、東魏に叛き、梁に降った。やがて梁にも叛き、太清三年（五四九）建康を落し、天正元年（五五一）十一月、帝位についたが、王僧辯の挙兵をうけて、建康を脱出する際に殺された。『梁書』巻五六・『南史』巻八〇に本伝がある。

②**揚徐等大州比令僕班**　すでにみたように梁は、天監二年（五〇三）から同七年（五〇八）まで九品官制を施行したが、七年以後十八班制に改訂した。『通典』巻三七職官一九秩品二・梁官品条に「其州二十三、並列其高下、選擬略視内職。郡守及丞爲十班、縣制七班、各擬内職」とあり、内職（中央官）十八班に対応して、州郡県の班秩が決定された。本志にはその対応関係の一部が示されている。令僕の班とは、尚書令と左右僕射を指す。『通典』巻三七職官一九秩品二・梁官品条に列挙する内職十八班中、尚書令は第十六班、尚書左右僕射は第十五班に見える。

③**參軍班**　ここに見える參軍班は、校勘①に引用した『通典』巻三五の杜佑原注によれば、公府參軍である。『通典』巻三七職官一九秩品二・梁官品条に列挙する内職十八班中、第六班に嗣王府庶姓公府録事・中記室・中直兵參軍があり、第五班に庶姓公府録事・記室・中兵參軍がある。

④**太子詹事尚書班**　『通典』巻三七職官一九秩品二・梁官品条に列挙する内職十八班中、第十四班に太子詹事、第十三班に列曹尚書が見える。

⑤**小縣兩轉方至一班**　南朝の地方官の昇進・転遷については不分

明なところが多い。『通典』巻十九職官一・歴代官制総序に「爰及宋齊、亦無改作。……郡縣有三歳爲滿之期（原注、宋州郡縣居職、以三周爲小滿）。梁武受終、多遵齊舊。……陳遵梁制、不失舊物（原注、……亦無年常考校黜陟之法。既不爲此式、所以勤惰無辨。凡選官無定期、隨闕即補、多更互遷官、未必即進班秩。其官唯論清濁。從濁官得微清、即勝於轉。若有遷授、或由別敕、但移轉一人爲官、則諸官多須改動）」とある。転は、一任期ごとに考課（人事査定）をうけ、その成績によって班秩・官階を昇ってゆくことである。これによれば、南朝の地方官は、三年を一任期としていたが、恒常的な人事考課法がなく、必要に応じて転遷していたようであり、班秩の昇進（転）より官職の清濁が重んじられた。

⑥**州郡縣祿米絹布絲綿**　この祿米絹布絲綿は、前掲本文正課中の「祿絹八尺、祿綿三兩二分、祿米二石」を指示する。この記事によって、地方官俸給経費は、中央経費と収取段階で明確に区別して確保され、州・郡に設置された中央直轄の台伝倉庫に貯備され、皇帝の直裁をへて支出されたことが分かる。

〔通釈〕

およそ侯景の乱以後、国家財政は常に不足していた。中央の文武官は月ごとに食糧だけを支給され、多くの場合、遠方にある郡や県の官職を兼任して、その俸禄をうけ取った。この場合、揚州・徐州など大州の刺史は、尚書令第十六班または尚書僕射第十五班相当として、寧州・桂州など小州の刺史は、公府参軍第六班または第五班相当として兼任させた。丹陽郡・呉郡・会稽郡など大郡の太守は、太子詹事第十四班または列曹尚書第十三班と同等とし、高涼郡・晋康郡など小郡の太守は、第三班のみ同等として兼任させた。大県の県令は第六班に相当するものとし、小県の県令は二度の転遷を経てはじめて第一班に昇進することとした。官品の序列が既に現在（唐初）と異なっており、詳しく記載することはできない。

州郡県が収取する禄米・禄絹・禄糸・禄綿は、その州郡県の台伝倉庫に納められた。州刺史・郡太守・県令などに俸禄を支給する場合は、前もって支配下の文武官員の人数にしたがって申請し、勅命による決裁を仰いだ。この様な俸禄支給法は支配下の兵士たちの給与をも通算して支給したので、地方官たちの家の所得は概して少なかった。

諸王や諸公主については、宮中を出て私邸に居住する場合、婚礼や成人式などを行なうのに必要なもの、及び衣服・装飾品、ならびに酒・米・魚類・香油・紙・蝋燭などにいたるまで、すべて国家が支給した。王や公主の婿が地方官の俸禄を受給している場合は支給しなかったが、任務を解かれて京師に帰ると、また国家が支給するという次第であった。

（二）　北朝の租税・穀物政策

(1)東魏・北斉時代

魏自永平之後①**、政道陵夷、寇亂實繁、農商失業。官有征伐、皆權調於人、猶不足以相資奉。乃令所在迭相糾發、百**

姓愁怨、無復聊生。尋而六鎮擾亂、相率内徙、寓食於齊・晉之郊。齊神武因之、以成大業。魏武西遷、連年戰爭、河・洛之間、又並空竭。

天平元年、遷都於鄴、出粟一百三十萬石、以振貧人。是時六坊之衆、從武帝而西者、不能萬人、餘皆北徙。並給常廩、春秋二時賜帛、以供衣服之費。常調之外、逐豐稔之處、折絹糴粟、以充國儲。於諸州緣河津濟、皆官倉貯積、以擬漕運。於滄瀛幽青四州之境、傍海置鹽官、以煮鹽、每歲收錢、軍國之資、得以周贍。自是之後、倉廩充實、雖有水旱凶饑之處、皆仰開倉以振之。

元象・興和之中、頻歲大穰、穀斛至九錢。是時法網寬弛、百姓多離舊居、闕於徭賦。神武乃命孫騰高隆之、分括無籍之戸、得六十餘萬。於是僑居者各勒還本屬。是後租調之入有加焉。

及文襄嗣業、侯景背叛、河南之地、困於兵革。尋而侯景亂梁、乃命行臺辛術、略有淮南之地。其新附州郡、羈縻輕税而已。

〔校勘〕

①**魏自永平之後政道陵夷**　永平二字、各本もと永安に作る。永安は、北魏孝荘帝（在位五二八～五三〇）の年号（五二八～五三〇）。本文の記載のままであれば、霊太后による孝明帝暗殺を機に、爾朱栄が挙兵し、武泰元年（五二八）四月、霊太后以下北魏官人二千余人が殺害された河陰の変以後、爾朱氏一族を中心とする内乱が起こり、政局が不安定化し、東西魏の分裂をみちびくにいたった一連の動乱を言う。ただ下文に正光四年（五二三）、沃野鎮民の挙兵に端を発する六鎮の反乱が記述されており、時間の推移が前後逆転して繫年に問題が残る。

　六鎮の反乱が起こった正光末孝昌初年以前に、北魏の政局が不安定化し始めるのは、宣武帝後期である。たとえば『魏書』巻九粛宗紀史臣賛に「史臣曰、魏自宣武已後、政綱不張。粛宗沖齢統業、靈后婦人專制、委用非人、賞罰乖舛。於是釁起四方、禍延畿甸、卒於享國不長。抑亦淪胥之始也。嗚呼」とある。本文の記述は、ここにあるように宣武以後としなければ、繫年上つじつまが合わない。永安の年号は、宣武帝期の年号が入るべきであろう。

　宣武帝期後半に永平の年号（五〇八～五一二）がある。永平元年八月には冀州刺史・京兆王・元愉の反乱が起こって権力上層部の政治的不安定化が始まり、以後延昌年間にかけて邢蛮の反乱や宗教反乱、あるいは自然災害があいついで起こり、政局が不安定化した時期である。本文の永安は、永平の譌誤とみて改正する。

〔訓読〕

魏、永平自りの後、政道陵夷し、寇亂實《まこと》に繁く、農商業を失ふ。官に征伐有れば、皆な權《かり》に人より調するも、猶ほ以て相ひ資奉するに足らず。乃ち所在に令して迭《たが》ひに相ひ糾發せしむるに、百姓愁怨し、復は生を聊《たの》しむこと無し。尋いで六鎮擾亂し①、相ひ率ゐて内徙し、齊・晉の郊に寓食す。齊の神武之に因り、以て大業を成す②。魏武西遷するや、連年戰爭し、河・洛の間、又た並びに空竭たり。

天平元年、鄴に遷都するや、粟一百三十萬石を出だし、以て貧人を振《にぎ》はす③。是の時、六坊の衆、武帝に從ひて西する者、萬人なること能はず、餘は皆な北に徙る④。並びに常廩を給ひ、春秋二時に帛を賜ひ、以て衣服の費に供《そな》ふ。常調の外、豐稔の處を逐ひ、絹を折して粟を糴《か》ひ、以て國儲に充つ。諸州の緣河の津濟に於て、皆な官倉もて貯積し、以て漕運を擬《はか》る。滄・瀛・幽・青四州の境に於て、海に傍《そ》ひて鹽官を置き、以て鹽を煮、毎歳錢を收めたれば、軍國の資、以て周贍するを得⑤。是れ自りの後、倉廩充實し、水旱凶饑の處有りと雖ども、皆な仰せて倉を開き、以て之を振《にぎ》はす。

元象・興和の中、頻歳大いに穰《みの》り、穀は斛ごとに九錢に至る。是の時、法網寛弛し、百姓多く舊居を離れ、徭賦を闕く。神武乃ち孫騰・高隆之に命じ、分かちて無籍の戸を括《けみ》せしめ、六十餘萬を得⑥。是に於て僑居する者、各おの勒して本屬に還らしむ。是の後、租調の入加ふること有り。

文襄、業を嗣ぐに及び、侯景背叛し⑦、河南の地、兵革に困《くる》しむ。尋いで侯景梁を亂すや、乃ち行臺辛術に命じ、淮南の地を畧有せしむ⑧。其の新附の州郡、羈縻して輕く税するのみ⑨。

〔注釈〕

①**六鎮至空竭**　六鎮は、北方辺境に東西千里にわたって設置された六つの軍政管区である懐朔鎮・武川鎮・撫冥鎮・柔玄鎮・沃野鎮・懐荒鎮を言う。正光四年（五二三）、沃野鎮民の挙兵に端を発する六鎮の反乱は、華北の荒廃をまねき、北魏の東西分裂を導いた。

この反乱以後の華北の荒廃について、『魏書』巻一〇六地形志序に「孝昌之際、亂離尤甚。恒代而北、盡爲丘墟。崤潼已西、煙火斷絶。齊方全趙、死如亂麻。於是生民耗減、且將大半」と伝える。

②**齊神武因之以成大業**　斉の神武、高歓（四九六～五四七）、字は賀六渾。渤海郡の高氏出身とされるが、事実は懐朔鎮の鮮卑系軍人である。六鎮の乱から身を起こし、爾朱氏を滅ぼして実力者

となり、孝武帝西遷ののち、孝静帝を立てて自ら大丞相となり、東魏の実権を掌握した。神武は、北斉成立後の追尊である。『北史』巻六・『北斉書』巻一に本紀がある。

③天平至貧人　『魏書』巻一一〇食貨志に「孝静天平初、以遷民草刱、資産未立、詔出粟一百三十万石以賑之。三年夏、又賑遷民稟各四十日。其年秋、并・肆・汾・建・晉・泰・陜・東雍・南汾九州霜旱、民飢流散。四年春、詔所在開倉賑恤之、而死者甚衆」とある。一三〇万石の主要な部分は、諸州に蓄えられる予定の和糴粟であった。『北史』巻六斉本紀上天平元年条に「初、神武自京師將北、以爲洛陽久經喪亂、王氣衰盡、雖有山河之固、土地褊狹、不如鄴、請遷都。魏帝曰、高祖定鼎河洛、爲永永之基、經營制度、至世宗乃畢。王既功在社稷、宜遵太和舊事。神武奉詔。至是、復謀焉。遣兵千騎鎮建興、益河東及濟州兵、於白溝虜船、不聽向洛、諸州和糴粟、運入鄴城」とある。和糴は、北魏献文帝の天安元年（四六六）・皇興元年（四六七）の戦役で、淮北・淮西の地が北魏の版図に入り、飛躍的に高まった南方辺境での軍糧補給をまかなう手だての一つとして始まったものである。『魏書食貨志訳注』七二頁本文並びに注釈③参照。

④六坊至北徙　六坊の軍府については、『隋書』巻二高祖紀下開皇一〇年（五九〇）五月乙未詔に「魏末喪亂、宇縣瓜分、役車歳動、未遑休息。兵士軍人、權置坊府、南征北伐、居處無定。家無完堵、地罕包桑、恒爲流寓之人、竟無鄉里之號。朕甚愍之。凡是軍人、可悉屬州縣、墾田籍帳、一與民同。軍府統領、宜依舊式。罷山東河南及北方縁邊之地新置軍府」とある。『資治通鑑』巻一七七に同詔があり、「權置坊府」に付す胡三省注は、「元魏之季、兵制有六坊、後齊因之、亦曰六府」と解説する。北魏の主力軍は六軍と呼ばれ、皇帝が主帥となって親征することがしばしばあった。六坊軍は、この皇帝親衛軍としての六軍をもとに、北魏末の動乱期に編成された中央軍で、主力は、本志に記述するとおり鮮卑軍であった。

『魏書』巻七高祖紀下太和十九年（四九五）八月乙巳条に「詔選天下武勇之士十五萬人爲羽林・虎賁、以充宿衛」とあり、孝文帝は、洛陽遷都にともない、新たに十五万人からなる親衛軍を編成した。さらに同書翌二〇年一〇月戊戌には、「以代遷之士、皆爲羽林・虎賁」とあって、平城から移住してきた軍士をすべて親衛軍に編入している。孝文帝期の羽林・虎賁を主体とする親衛軍は、二〇万前後の規模をもっていたことが分かる。

のちに孝武帝は、長安への西遷直前には、六軍十数万人を率いて河橋に駐屯している。『魏書』巻十一出帝（孝武帝）紀永熙三年（五三四）条に「秋七月辛巳朔、以鎮東將軍・前大鴻臚卿・太原王昶特爲車騎大將軍・儀同三司。己丑、帝親總六軍十餘萬衆、次於河橋。以斛斯椿爲前軍大都督、尋詔椿鎮虎牢」とある。このうちの一万人足らずが孝武帝にしたがって西遷し、あとの十数万人は残留し、のちの東魏・北斉の六坊軍の中核を構成したものと考えられる。

『魏書』巻八二常景伝に「天平初、遷鄴、景匹馬從駕。是時詔下三日、戸四十萬狼狽就道、收百官馬、尚書丞郎已下非陪從者盡乘驢。齊獻武王以景清貧、特給車牛四乘、妻孥方得達鄴」とあり、鄴への遷都は、ほとんど何の準備もないうちに四〇万戸を移住させた。この中に六坊の鮮卑軍団が含まれていたのである。

⑤**於滄至周贍**　『魏書』巻一一〇食貨志に「自遷鄴後、於滄・瀛・幽・青四州之境、傍海煮鹽。滄州置竈一千四百八十四、瀛州置竈四百五十二、幽州置竈一百八十、青州置竈五百四十六、又於邯鄲置竈四、計終歳合收鹽二十万九千七百二斛四斗。軍國所資、得以周贍矣」とある。

⑥**分括無籍之戸得六十餘萬**　『北史』巻五魏本紀孝静帝武定二年（五四四）十月条に「丁巳、太保孫騰・大司馬高隆之各爲括戸大使、凡獲逃戸六十餘萬」とある。この括戸政策は、すでに高隆之によって試みられたものである。『北史』巻五四本伝に「魏自孝昌之後、天下多難、……自軍國多事、冒名竊官者、不可勝數。隆之奏請檢括、旬日獲五萬餘人。而群小讙囂、隆之懼而止。詔監起居事、進位司徒」とある。

⑦**文襄嗣業侯景背叛**　文襄は、高澄（五二一～五四九）、高歓の長子、字は子恵。高歓の死後、代わって大丞相となり、東魏の実権を握ったが、武定七年、禅譲を目前にして暗殺された。『北史』巻六斉本紀、『北斉書』巻三文襄帝紀に伝記がある。文襄は、北斉成立後の追尊である。

侯景については、一五二頁注釈①参照。

⑧**乃命行臺辛術畧有淮南之地**　行臺は、戦闘地域に置かれた臨時の行政機構で、魏晋期に始まる。当初は、軍事にともなう行政処理を中心としたが、後には占領地域の軍管区政府となり、いくつかの州を統括した。北斉にあっては、辛術の行臺就任が最初の行臺設置となった。その間の事情は、『通典』巻二二職官四行臺省条に「行臺省、魏晉有之。昔魏末晉文帝討諸葛誕、散騎常侍裴秀・尚書僕射陳泰・黄門侍郎鍾會等以行臺從。至晉永嘉四年、東海王越帥衆許昌、以行臺自隨、是也。（原注、越請討石勒、表以行臺隨軍）。及後魏、謂之尚書大行臺、別置官屬。（原注、後魏道武帝置中山行臺、以秦王儀爲尚書令以鎮之。孝武永熙三年、以宇文泰爲大行臺、以蘇綽爲行臺度支尚書）。北齊行臺兼統民事、自辛術始焉。（原注、武定八年、辛術爲東南道行臺。東徐州刺史郭志殺郡守。文宣聞之、勅術曰、江淮初附、百姓難向京師、留卿爲行臺、亦欲理邊民冤枉、監理牧守。自今以後、所統十餘州地諸有犯法者、刺史先啓聽報、以下先理後表。齊代行臺兼總民事、自術始也）。其官置令・僕射、其尚書丞郎皆隨時權制。（原注、江左無行臺、唯梁末以侯景爲河南王大行臺、承制如鄧禹故事）。隋謂之行臺省」とある。

⑨**羈縻輕税而已**　羈縻は、牛や馬を繫ぎとめておくように、夷狄・異民族をゆるやかに従属させること。『漢書』巻五七下司馬相如伝下に「蓋聞天子之於夷狄也、其義羈縻勿絶而已」とあり、その顔師古注に「羈、馬絡頭也。縻、牛紖也。言牽制之。故取諭也」とある。

〔通釈〕

魏は、宣武帝の永平年間（五〇八～五一二）以後、政治が次第に衰え、動乱が頻発して農民や商人は生業を失った。戦争が起こると、国家は臨時に人民から税を徴収したが、戦費をまかなうには不十分であった。そこで各地方で厳しく徴発させ合うこととなり、人びとは愁い怨み、もはや生活を楽しむことはなかった。ついで六鎮の反乱が起こると、反乱軍は相次いで中国内地に移動し、斉や晋の郊外に駐留して生活した。斉の高歓（神武帝）は、この情勢を利用して北斉の土台を完成したのである。北魏の孝武帝が西方長安に移動し、戦争が幾年も続くと、洛陽とその周辺地域はさらに全くの空隙地と化した。

高歓は、天平元年（五三四）、鄴に遷都し、粟一三〇万石を放出して貧しい人びとを救済した。このとき六坊の近衛軍兵士で、孝武帝に従って西遷した者は一万人もおらず、残りは皆な鄴へ移住した。彼らには皆な給料として穀物を支給し、春と秋の二回、絹を与えて、生活の費用とさせた。正規の調を租税として徴収するほか、豊作地域をたずねあてては、調絹にかえて粟を折納させ、国家の穀物倉を充たした。黄河沿いの諸州の渡し場には、皆な官倉を設置して穀物を蓄積し、漕運に備えた。滄（河北省南皮県東南）・瀛（河北省河間県）・幽（北京市大興県西南）・青（山東省益都県）四州の境界では、海沿いに塩官を設置して製塩し、毎歳租税として銭を納めさせたので、国家財政を充足しえるようになった。これ以後、穀物倉は充実し、大水や日照りによって飢饉が起きる地方はあっても、皆な倉を開き、人びとを救済させたのである。

元象・興和年間（五三八～五四二）には、豊作の年がひき続き、穀類は一斛九銭にまで値下がりした。このとき法令は弛緩し、多くの人びとがもとの住居を離れたため、徭役や租税徴収に穴があくようになった。高歓は、そこで孫騰・高隆之に命じ、戸籍のない人びとを手分けして調べ出し、六十餘万戸を集めた。こうして僑居していた者たちは、各おの強制的に本籍に連れ戻された。これ以後、租税収入は増加した。

高澄（文襄帝）が政権をひき継ぐと侯景が反乱を起こし、河南地方は戦争で苦しんだ。まもなく侯景は梁を混乱に陥れた。そこで行台尚書の辛術に命じて淮南の地を占領させた。この新しく支配下に入った州郡については、つなぎとめて軽く税をかけるだけにした。

及文宣受禪、多所創革。六坊之内徙者、更加簡練、毎一人必當百人、任其臨陣必死、然後取之、謂之百保鮮卑。又簡華人之勇力絶倫者、謂之勇士①、以備邊要。始立九等之戸、富者税其錢、貧者役其力。北興長城之役、南有金陵之戰。其後南征諸將、頻歲陷沒、士馬死者、以數十萬計。重以脩創臺殿、所役甚廣。而帝刑罰酷濫、吏道因而成姦、豪黨兼并、戸口益多隱漏。舊制、未娶者輸半牀租調。陽翟一郡、戸至數萬、籍多無妻。有司劾之、帝以爲生事、不許②。由是姦欺尤甚。戸口租調、十亡六七。

是時用度轉廣、賜與無節、府藏之積、不足以供。乃減百官之祿、撤軍人常廩、併省州郡縣鎭戍之職。又制刺史守宰行兼者、並不給幹、以節國之費用焉。

〔校勘〕

①**謂之勇士以備邊要**　百衲本諸本はもと勇夫二字に作る。中華書

局標点本は勇士に作るが、校記はない。『通典』巻五食貨五賦税中には、同じ文章を記し、勇士に作る。漢人の勇士の選抜徴募については、『魏書』巻十二孝静帝紀興和元年六月条に「乙酉、以尚書左僕射司馬子如爲山東黜陟大使、尋爲東北道大行臺、差選勇士。庚寅、前潁州刺史奚思業爲河南大使、簡發勇士」とある。勇士の設置は、東魏時代のことである。『通典』『魏書』の記述から、勇夫は、勇士に作るべきであろう。

②**帝以爲生事不許**　不許二字、百衲本諸本もと無し。『通典』巻五食貨五賦税中に、同じ文章を記し、「帝以爲生事、不許」に作り、不許二字が多い。不許二字が無ければ、文義貫通しない。今、『通典』により不許二字を補う。

〔訓読〕

文宣受禪するに及び①、創革する所多し。六坊の内徙する者、更に簡練を加へ、一人每に必ず百人に當たり、其の陣に臨んで必ず死するに任《た》へて、然る後に之を取り、之を百保鮮卑②と謂ふ。又た華人の勇力絶倫なる者を簡《えら》び、之を勇士と謂ひ、以て邊要に備ふ。始めて九等の戸を立て、富める者は其の錢を稅し、貧しき者は其の力を役し、北のかた長城の役を興し③、南のかた金陵の戰い有り④。

其の後、南征の諸將、頻歳陷沒し、士馬死する者、數十萬を以て計《かぞ》ふ。重《かさ》ぬるに臺殿を脩創するを以てし⑤、役する所甚だ廣し。而して帝の刑罰酷濫にして、吏道因りて姦を成し、豪黨兼并⑥して、戸口益ます多く隱漏す。舊制、未だ娶らざる者は半牀の租調を輸《をさ》む⑦。陽翟一郡、戸、數萬に至るに⑧、籍に多く妻無し。有司之を劾するに、帝以て事を生ずと爲し、許さず。是れに由りて姦欺尤も甚だし。戸口租調、十に六七を亡くす。

是の時、用度轉《うた》た廣く、賜與に節無く、府藏の積、以て供ふるに足らず。乃ち百官の祿を減じ⑨、軍人の常廩を撤し、州郡縣鎮戍の職を併省す⑩。又た刺史守宰の行兼する者に制し、並びに幹を給はず⑪、以て國の費用を節す。

〔注釈〕

①**文宣受禪**　文宣帝、高洋（五二九～五五九）字は子進。高歡の第二子、高澄の弟、北斉の初代皇帝（在位五五〇～五五九）。『北斉書』巻四、『北史』巻七に本紀がある。

②**百保鮮卑**　百保鮮卑は、百保軍士とも呼ばれ、皇帝の親衛軍を構成した。『北史』巻七齊本紀中文宣帝紀末に、その軍事的才能を述べて「至於軍國機策、獨決懷抱、規謀宏遠、有人君大略。又以三方鼎峙、繕甲練兵、左右宿衛、置百保軍士。每臨行陣、親當矢石、鋒刃交接、唯恐前敵不多。屢犯艱厄、常致剋捷」とある。

③**北興長城之役**　天保年間にはたびたび長城の築造がおこなわれ、膨大な力役が徴発された。『北史』巻七齊本紀中文宣帝天保三年（五五二）十月条に「乙未、次黄櫨嶺。仍起長城、北至社于戍、

四百餘里、立三十六戍」とあり、同天保六年条に「是歳、高麗・庫莫奚並遣使朝貢。詔發夫一百八十萬人築長城、自幽州北夏口、西至恒州、九百餘里」とあり、同天保七年条に「是歳、庫莫奚・契丹遣使朝貢。修廣三臺宮殿。先是、自西河總秦戍、築長城、東至海、前後所築、東西凡三千餘里、六十里一戍、其要害置州鎮凡二十五所」とあり、同天保八年条に「是歳、周閔帝元年。周冢宰宇文護殺閔帝而立明帝、又改元焉。初於長城内築重城、庫洛拔而東、至於塢紇戍、凡四百餘里」とある。

④**南有金陵之戦**　金陵は、南朝の都城建康（南京市）。建康での戦闘は、侯景の乱後から陳覇先による陳朝創業までの権力争いの中で、北斉が介入して引き起こされた、天保六年（五五五）十一月から翌年六月にかけての一連の戦役を言う。『北史』巻七齊本紀中文宣帝天保六年条に「十一月、梁秦州刺史徐嗣徽、南豫州刺史任約等襲據石頭城、並以州内附。壬辰、大都督蕭軌帥衆至江、遣都督柳達摩等度江、鎮石頭」とあり、同天保七年条に「三月丁酉、大都督蕭軌等帥衆濟江。……六月乙卯、蕭軌等與梁師戰於鍾山西、遇霖雨失利、軌及都督李希光・王敬寶・東方老・軍司裴英起並沒、士卒還者十二三」とあり、また『梁書』巻六敬帝紀太平元年（五五六）条に「五月癸未、太傅建安公淵明薨。庚寅、齊軍水歩入丹陽縣。丙申、至秣陵故治。敕周文育還頓方丘、徐度頓馬牧、杜稜頓大桁。癸卯、齊軍進據兒塘、輿駕出頓趙建故籬門、内外纂嚴。六月甲辰、齊潛軍至蔣山龍尾、斜趨莫府山北、至玄武湖西北。乙卯、司空陳霸先授衆軍節度、與齊軍交戰、大破之、斬齊北兗州刺史杜方慶及徐嗣徽、弟嗣宗、生擒徐嗣彦・蕭軌・東方老・王敬寶・李希光・裴英起・劉歸義等、皆誅之。戊午、大赦天下、軍士身殞戰場、悉遣斂祭、其無家屬、即爲瘞埋。辛酉、解嚴」とある。

⑤**重以脩創臺殿所役甚廣**　『北史』巻七齊本紀中文宣帝天保九年（五五八）八月条に「先是、發丁匠三十餘萬人營三臺於鄴、因其舊基而高博之、大起宮室及遊豫園。至是、三臺成。改銅爵曰金鳳、金武曰聖應、冰井曰崇光」とある。

⑥**豪黨至六七**　東魏・北斉期の土地所有を中心とする社会状況については、『通典』巻二食貨二田制下に引く『關東風俗傳』に「其時強弱相淩、恃勢侵奪、富有連畛亙陌、貧無立錐之地。昔漢氏募人徙田、恐遺墾課、令就良美。而齊氏全無斟酌、雖有當年權格、時蹔施行、爭地文案有三十年不了者、此由授受無法者也。其賜田者、謂公田及諸横賜之田。魏令、職分公田。不問貴賤、一人一頃、以供芻秣。自宣武出獵以來、始以永賜、得聽賣買。遷鄴之始、濫職衆多、所得公田、悉從貨易。又天保之代、曾遙壓首人田、以充公簿。比武平以後、横賜諸貴及外戚佞寵之家、亦以盡矣。又河渚山澤有可耕墾肥饒之處、悉是豪勢、或借或請、編戸之人不得一壟。糾賞者、依令、口分之外、知有買匿、聽相糾列、還以此地賞之。至有貧人、實非膽長買匿者、苟貪錢貨、詐吐壯丁口分、以與糾人、亦既無田、即便逃走。帖賣者、帖荒田七年、熟田五年、錢還地還、依令聽許。露田雖復不聽賣買、賣買亦無重責。貧戸因王課不濟、率多貨賣田業、至春困急、輕致藏走。亦有懶惰之人、雖存田地、不肯肆力、在外浮遊。三正賣其口田、以供租課。比來頻有還人之格、欲以招慰逃散。假使蹔還、即賣所得之地、地盡還走、雖有還名、終不肯住、正由縣聽其賣帖田園故也。廣占者、依令、奴婢請田亦與良人相似。以

無田之良口、比有地之奴牛。宋世良天保中獻書、請以富家牛地先給貧人。其時朝列、稱其合理。（原注、宋孝王撰）」とみえる。

⑦**舊制未娶者輸半牀租調**　一夫一妻を一牀という。本志下文の河清三年令にも「率人一牀、調絹一疋、綿八兩」とあり、租調は、夫婦を基本単位として徴収された。ここでは、未婚の男子についてその半分を収取したことを言う。

⑧**陽翟一郡戸至數萬**　陽翟郡は、現在の河南省禹県。東魏武定年間（五四三～五五〇）の記録に基づく『魏書』巻一〇六地形志中鄭州条の記載によれば、「陽翟郡、領縣二、戸一萬四千八百二、口六萬三千八百七十」となっている。天保年間（五五〇～五五九）には、登録戸数がほぼ倍になっている。

⑨**減百官之祿**　北斉期の官人の俸禄体系は、『隋書』巻二七百官志中後齊官制中に記されている。そこでは、北斉中央官僚の具体的な俸禄支給に言及し、「祿率一分以帛、一分以粟、一分以錢。事繁者優一秩、平者守本秩、閑者降一秩。長兼・試守者、亦降一秩。官非執事、不朝拜者、皆不給祿。又自一品已下、至於流外勳品、各給事力。一品至三十人、下至於流外勳品、或以五人爲等、或以四人・三人・二人・一人爲等。繁者加一等、平者守本力、閑者降一等焉」と述べる。これによって、絹帛で示された俸禄は、具体的には絹帛・穀物・鋳貨を三分の一ずつ支給されたこと、事力と呼ばれる従者を支給されたことなどが分かる。

⑩**併省州郡縣鎮戍之職**　『北史』巻七齊本紀宣帝天保七年（五五六）十一月条に「壬子、併省州三、郡一百五十三、縣五百八十九、鎮三、戍二十六」とある。

⑪**制刺史守宰行兼者並不給幹**　『北斉書』巻四文宣帝天保七年十一月壬子条に「於是併省三州、一百五十三郡、五百八十九縣、二鎮、二十六戍。又制刺史令盡行兼、不給幹物」とある。

　幹は、漢代以来存在する地方官府最下級の吏員で、後には徭役に近い存在となった。『續漢書』百官志第二八州郡条に「本注曰、諸曹略如公府曹、無東西曹。有功曹史、主選署功勞。有五官掾、署功曹及諸曹事。其監屬縣、有五部督郵、曹掾一人。正門有亭長一人。主記室史、主録記書、催期會。無令史。閤下及諸曹各有書佐、幹主文書」とある。

　北斉期には、絹一八匹を納入することにより、この吏役を免除された。この絹が『北斉書』に言う「幹物」である。納入された絹（幹物）は、特別手当として地方官の俸禄の一部を構成した。『隋書』巻二七百官志中後齊官制中に「諸州刺史・守・令已下、幹及力、皆聽敕乃給。其幹出所部之人。一幹輸絹十八匹、幹身放之。力則以其州・郡・縣白直充」とある。ここでは特別手当としての幹一人当り絹一八匹が支給されなかったことを言う。

〔通釈〕

　文宣帝高洋（在位五五〇～五五九）は、禅譲を受けて即位すると、多くの改革を行なった。鄴に移住した六坊の禁軍の中からさらに選別し、一人で百人に匹敵する程の兵士で、戦陣に臨んで必死の覚悟がある者を採用し、百保鮮卑と呼んだ。また武力に優れた漢人を選んで勇士と呼び、これを辺境の要地に配備した。初めて九等戸制を定め、富める者からは税銭を徴収し、貧しい者からは力役を徴発することとし、北方では長城の修築のために人民を使役し、南方では金陵（建康）での戦役に兵士として徴発した。

その後、南朝征討に赴いた将軍達は連年敗退を重ね、死んだ兵士や馬は数十万を数えた。のみならず宮殿を修造したため、それらに使役された人民は非常に多かった。しかも皇帝の行なう刑罰は残酷で、統一性がなく、官吏はそれをよいことに不正をはたらき、豪族は土地を兼併し、戸口の隠蔽や登録もれが益ます多くなった。旧制では未婚の男子は半牀分の租調を納人する規定であった。陽翟郡（河南省禹県）の場合、数万の戸数があっても、戸籍にはほとんど妻が登録されていなかった。担当官庁はこれを弾劾したが、皇帝は事を荒立てるものだと考え、許さなかった。このため、不正は頂点に達し、戸口数や租税収入の大部分を失うことになった。

この時、経費は益ます拡大し、賜物を与えるにも節度がなく、国庫の蓄積では十分に供給することができなかった。そこで、官僚の俸禄や、軍人の食料を削減し、州・郡・県や鎮・戍の役職を統合・廃止した。また刺史・太守・県令を兼任しているものには、皆な幹物を支給しないこととし、国の経費を節約した。

〔補考〕東魏・北斉の軍事編制

ここで百保鮮卑・勇士にかかわって、東魏・北斉の軍事編制について概観しておこう。東魏・北斉の軍制は三層からなる。第一は、畿内の軍坊に駐屯する近衛軍としての百保鮮卑（百保軍士）であり、東魏軍制の中核部隊をなす。第二は、漢族から選抜され、長城線を中心とする北方辺境に配備された勇士軍である。百保鮮卑と勇士は、軍士と呼ばれ、百姓とは異なる専門兵士である。第三は、三長制に組み込まれ、編戸百姓から徴兵された地方軍としての州兵と番兵である。彼らは、十五人で一組を構成し、毎年一人絹一匹、合計十五匹の資助を出して、一年交替で兵役義務を果たした。番兵の勤務地域は、主として南朝と接する江淮前線地帯であった。

『隋書』巻二七百官志中・五兵尚書条に「五兵統左中兵（原注、掌諸郡督告身・諸宿衛官等事）。左外兵（原注、掌河南及潼關已東諸州丁帳、及發召征兵等事）。右中兵（原注、掌畿内丁帳・事力・蕃兵等事）。右外兵（原注、掌河北及潼關已西諸州、所典與左外同）」とあり、北斉では五兵尚書の各曹の編制自体が、地域編成をも含めて、上記軍制の三層構造に対応するようになっている。十五丁一番兵制度については、拙稿「三五発卒攷実――六朝期の兵役・力役徴発方式と北魏の三長制――」（『洛北史学』第二号、二〇〇〇年）参照。

天保八年、議徙冀定瀛無田之人、謂之樂遷、於幽州范陽寬鄉以處之。百姓驚擾。屬以頻歲不熟、米糴踊貴矣。廢帝乾明中、尚書左丞蘇珍芝、議脩石鼈等屯、歲收數十萬石。[①]自是淮南軍防、糧廩充足。孝昭皇建中、平州刺史嵇曄建議、開幽州督亢舊陂、長城左右營屯、歲收稻粟數十萬石、北境得以周贍。又於河内置懷義等屯、以給河南之費。自是稍止轉輸之勞。

〔校勘〕

①歳收數十萬石　石鼈等屯の年間収穫量について、百衲本・中華書局標点本等諸版本は「歳收數萬石」に作り、十字を缺く。『太平御覧』巻三三三兵部引『北斉書』に「廢帝乾明中、尚書左丞蘇珍芝、又議脩石鼈等屯、歳收數十萬石。自是淮南防粮足」とあり、また『通典』巻二食貨二屯田にも本志と同じ文章を記載するが、「歳收數萬石」を「歳收數十萬石」に作る。北辺の督亢陂と長城近傍の屯田の歳収が数十万石であったのと対比すれば、南辺淮水戦線この記述も『太平御覧』引『北斉書』・『通典』によって「歳收數十萬石」に作るべきである。今、『御覧』引『北斉書』並びに『通典』により、十字を補う。

〔訓読〕

天保八年、冀・定・瀛の無田の人を徙さんことを議し、之を樂《がう》遷と謂ひ、幽州范陽の寛鄕に於て以て之を處らしむ。百姓驚擾す①。屬たま頻歳熟さざるを以て②、米糴踊貴せり。廢帝の乾明中③、尚書左丞蘇珍芝、議して石鼈等の屯を脩め、歳ごとに數十萬石を收む。是れ自り淮南の軍防、糧廪充足す。孝昭の皇建中④、平州刺史嵇曄建議し、幽州の督亢舊陂、長城左右の營屯を開き、歳ごとに稻粟數十萬石を收め、北境以て周贍するを得。又た河内に於て懷義等の屯を置き、以て河南の費に給す。是れ自り稍《やうや》く轉輸の勞を止む⑤。

〔注釈〕

①天保至驚擾　冀・定・瀛三州からの徙民政策は、直接には、天保八年の夏から秋にかけて、河北・河南で発生した蝗害にともなう不作に対処するものであろう。『北史』巻七齊本紀中文宣帝天保八年条に「自夏至九月、河北六州、河南十三州、畿内八郡大蝗、飛至鄴、蔽日、聲如風雨。甲辰、詔今年遭蝗處、免租」とある。

②屬以頻歳不熟　『北史』巻七齊本紀中文宣帝天保九年七月条に「戊申、詔趙・燕・瀛・定・南營五州、及司州廣平・清河二郡、去年螽澇損田、兼春夏少雨、苗稼薄者、免今年租税」とある。天保八年の蝗害、同九年の旱害が続いたことを言う。この詔勅によって、天保八年の徙民政策が被害の多い地域の貧農を対象にしたものであることが裏づけられる。

③廢帝乾明中　廃帝、高殷（五四五～五六一）、字は正道、文宣帝の長子、北斉第二代皇帝（在位五五九～五六〇）。乾明はその年号。元年（五六〇）八月壬午（三日）に廃され、叔父の孝昭帝が立って皇建と改元したので、乾明中とは元年正月から八月三日までの七箇月余りを言う。廃帝の事績は、『北史』巻七齊本紀・『北斉書』巻五に記述する。

④孝昭皇建中　孝昭帝、高演（五三五～五六一）、字は延安、高歓の第六子、文宣帝の同母弟、北斉第三代皇帝（在位五六〇～五六一）。皇建はその年号。乾明元年八月三日に即位して、皇建元年と改元したが、翌二年一一月病死した。孝昭帝の事績は、『北史』巻七齊本紀・『北斉書』巻六に記述する。

⑤**廢帝至之勞**　『資治通鑑』巻一六八陳文帝天嘉元年条末尾は、一連の記述をまとめて、「初齊顯祖之末、穀糴踊貴。濟南王即位、尚書左丞蘇珍芝建議、修石鼈等屯。自是淮南軍防、食足。肅宗即位、平州刺史嵇曄建議、開督亢陂、置屯田、歲收稻粟數十萬石、北境周贍。又於河内、置懷義等屯、以給河南之費。由是稍止轉輸之勞」と記す。胡三省は、「此是五代志序齊濟南王至孝昭時軍餉。通鑑取之、附見於此」と述べて、この文章が『五代史志』の叙述によるものだと指摘している。胡注が何に拠ったのか不明であるが、記事をすこし異にしており、『五代史志』と『隋書』食貨志との継承関係を考える上で、注意すべき指摘である。

「石鼈等屯」について、胡注は、「杜佑曰、石鼈在楚州安宜縣西八十里。鄧艾築城於此、作白水塘、北接連洪澤、屯田一萬三千頃。安宜、唐寶應元年、改爲寶應縣」と注記する。安宜県は、江蘇省寶應県西南にある。石鼈は、淮水下流域の対南朝前線基地である。

「督亢陂」について、胡注は、「督亢陂在唐涿州新城縣界、燕荊軻獻圖於秦、即此地」と注記する。この土地は、戦国燕の肥沃の地であり、有名な荊軻による始皇帝暗殺未遂事件の際に、秦国への献上物とされたものである。『史記』巻八六刺客列伝に「荊軻曰、微太子言、臣願謁之。今行而毋信、則秦未可親也。夫樊將軍、秦王購之金千斤・邑萬家。誠得樊將軍首與燕督亢之地圖、奉獻秦王、秦王必説見臣、臣乃得有以報」とあり、その三家注に『集解』、徐廣曰、方城縣有督亢亭。駰案、劉向別録曰、督亢、膏腴之地。『索隱』、地理志、廣陽國有薊縣。司馬彪郡國志曰、薊縣方城有督亢亭。徐説是也。『正義』、督亢坡在幽州范陽縣東南十里。今固安縣南有督亢陌、幽州南界」とある。また『水経注』巻十二巨馬河注にも「地理書上古聖賢冢地記曰、督亢地在涿郡。今故安縣南有督亢陌、幽州南界也」とある。故（固）安縣は、河北省易県東南に位置する。

陂は、傾斜地にダムを造って水を蓄えた灌漑池。督亢陂の修築は、北魏孝明帝期に裴延儁等によっておこなわれている。『魏書』巻六九本伝に「范陽郡有舊督亢渠、徑五十里。漁陽燕郡有故戾陵諸堰、廣袤三十里。皆廢毀多時、莫能修復。時水旱不調、民多飢餒、延儁謂疏通舊跡、勢必可成、乃表求營造。遂躬自履行、相度水形、隨力分督、未幾而就、漑田百萬餘畝、爲利十倍、百姓至今賴之」とあり、『北史』巻三〇盧文偉伝に「年三十八、始擧秀才、除本州平北府長流參軍。説刺史裴儁、案舊跡修督亢陂、漑田萬餘頃、人賴其利。儁修立之功、多以委之」とある。

「懷義等屯」について、胡注は、「齊分河内汲郡爲義州、置懷義等屯」と注記する。義州は、河南省汲縣の地にある。

〔通釈〕

天保八年（五五七）、建議して冀州（河北省冀県）・定州（河北省定県）・瀛州（河北省河間県）の田地をもたない者を移し、これを楽遷と呼んで、幽州范陽郡（河北省涿県）の寛郷の地（人口希薄で田地の多い土地）に住まわせた。人民はそのため驚き混乱した。おりから連年の不作続きで穀物価格が騰貴した。廃帝高殷の乾明年間（五六〇）、尚書左丞の蘇珍芝が建議し、石鼈などの地に屯田を設置し、毎年数十万石の収穫をあげた。これ以後、淮南の守備軍の穀物は充実した。孝昭帝高演の皇建年間（五六〇〜五六一）、平州刺史の嵇曄が建議し、幽州の古い督亢陂や、長城近辺の屯田を修築経営すると、毎年稲・粟数十万石の収穫を上げ、北辺の軍糧を十分まかなうことができるようになった。また、河内では懐義などに屯田を設置し、河南地域の経費をまかなった。これ以後穀物を転運する労役が少しずつなくなっていった。

至河清三年定令。

乃命人居十家爲比鄰、五十家爲閭里、百家爲族黨。

男子十八以上、六十五已下爲丁。十六已上、十七已下爲中。六十六已上爲老、十五已下爲小。

率以十八受田、輸租調、二十充兵、六十免力役、六十六退田、免租調。

〔訓読〕

河清三年に至り、令を定む①。

乃ち命じて人居十家を比鄰と爲し、五十家を閭里と爲し、百家を族黨と爲さしむ②。

男子十八以上、六十五已下を丁と爲せ。十六已上、十七已下を中と爲せ。六十六已上を老と爲し、十五已下を小と爲せ。

率ね十八を以て受田し、租調を輸《をさ》め、二十にして兵に充て、六十にして力役を免じ、六十六にして退田し、租調を免ぜよ③。

〔注釈〕

①至河清三年定令　河清三年（五六四）は、武成帝高湛（在位五六一～五六五）の年号。河清三年令については、『隋書』巻二五刑法志に「河清三年、尚書令・趙郡王叡等、奏上齊律十二篇。一曰名例、二曰禁衛、三曰婚戸、四曰擅興、五曰違制、六曰詐僞、七曰鬪訟、八曰賊盗、九曰捕斷、十曰毀損、十一曰廏牧、十二曰雜。其定罪九百四十九條。又上新令四十卷、大抵採魏晉故事」とあり、また『大唐六典』巻六刑部尚書条注に「北齊令趙郡王叡等撰令五十巻、取尚書二十八曹爲其篇名。又撰權令二巻。兩令並行」とある。巻数に異同があるが、『隋書』巻三三経籍志二刑法類には、「北齊律十二巻　北齊令五十巻　北齊權令二巻」の著録があり、『大唐六典』・経籍志の五〇巻によるべきであろう。

②乃命人居十家爲比鄰五十家爲閭里百家爲族黨　『通典』巻三食貨三郷党には、この記事に続けて「北齊令、人居十家為鄰比、五十家為閭、百家為族黨。一黨之内、則有黨族一人、副黨一人、閭正二人、鄰長十人、合有十四人、共領百家而已。至於城邑、一坊僑舊、或有千戸以上、唯有里正二人・里吏二人。里吏不常置。隅老四人、非是官府、私充事力、坊事亦得取濟。若論外黨、便是煩多」とある。北斉期の百家一党内部の三長編成が分かるとともに、郷村の三長制と都市の坊制とでは編成原理を異にしたことが分かる。郷村と都市との二系統の人民編成の出現は、北魏に始まり、唐代に受け継がれる。

なお『魏書』巻十八元孝友伝に、北魏末・東魏の三長制について「孝友明於政理、嘗奏表曰、令制、百家爲黨族、二十家爲閭、五家爲比鄰。百家之内、有帥二十五、徴發皆免、苦樂不均。羊少狼多、復有蠶食。此之爲弊久矣。京邑諸坊、或七八百家、唯一里正・二史、庶事無闕、而況外州乎」とある。河清三年の三長制は、北魏末・東魏の人民編成の枠組みを受け継ぎつつ、租調・兵役の徴発を免除される三長の数を半減することによって、その弊害を改めたものである。

③男子至租調　『通典』巻二食貨二田制下に「北齊給授田令、仍依魏朝、毎年十月、普令轉授。成丁而受、丁老而退、不聽賣易」とある。この給授田令は、河清三年令に先行するものであろう。参考としてあげておく。

〔通釈〕

（武成帝の）河清三年（五六四）になって令を定めた。住民の十家を比鄰とし、五十家を閭里とし、百家を族党とせよ。男子は十八歳以上、六十五歳以下を丁とし、十六歳及び十七歳を中とし、六十六歳以上を老とし、十五歳以下を小とせよ。十八歳で受田し、租・調を納め、二十歳で兵役を課し、六十歳で力役を免除し、六十六歳で退田し、租・調の納入を免ぜよ。

京城四面、諸坊之外三十里内爲公田。受公田者、三縣代遷戸執事官一品已下、逮于羽林武賁、各有差。其外畿郡、華人官第一品已下、羽林武賁已上、各有差。

職事及百姓請墾田者、名爲永業田。①

〔校勘〕

①名爲永業田　百衲本は永田に作る。中華書局標点本は、『冊府元亀』巻四九五邦計部田制・『通典』巻二食貨二田制下に引く河清三年令により、永業田に作る。いま案ずるに『玉海』巻一七六田制に引く河清三年令もまた永業田に作る。これらによって、永田を永業田に改める。

〔訓読〕

京城の四面、諸坊の外①、三十里の内を公田と爲せ②。公田を受くる者は、三縣の代遷戸③の執事官一品已下、羽林・武賁に逮ぶまで、各おの差有り。其の外《そと》の畿郡、華人の官第一品已下④、羽林・武賁已上、各おの差有り。

職事及び百姓の墾田を請へる者は、名じて永業田と爲せ⑤。

〔注釈〕

①京城四面諸坊之外　京城は、東魏・北齊の都城鄴城。東魏の成立に際し、鄴城の西部を割いて臨漳県をつくり、北斉に入ってさらに成安県を分置して、都城清都尹三県を形成した。『隋書』巻二七百官志中北斉官制条に「鄴・臨漳・成安三縣令、各置丞・

中正・功曹・主簿・門下督・録事・主記・議及功曹・記室・戸・田・金・租・兵・騎・賊・法等曹掾員。鄴又領右部・南部・西部三尉、又領十二行經途尉。凡一百三十五里、里置正。臨漳又領左部・東部二尉、左部管九行經途尉。凡一百一十四里、里置正。成安又領後部・北部二尉、後部管十一行經途尉、七十四里、里置正」とある。諸坊の坊は里とも言い、里正(坊正)が置かれた。『魏書』巻十八元孝友伝に、東魏の状況として「京邑諸坊、或七八百家、唯一里正・二史、庶事無闕、而況外州乎」とあり、坊には里正一人・吏二人が置かれた。

『隋書』によれば、三県で合計三二三の里(坊)があった。『魏書』巻八世宗紀景明二年(五〇一)九月条に「丁酉、發畿内夫五萬人、築京師三百二十三坊、四旬而罷」とある。北斉鄴城三二三坊は、北魏洛陽の坊制に倣うものであったことが分かる。

②三十里内爲公田　京城三〇里内は、北周にあっても特別の地域としてあつかわれた。『周書』巻五武帝紀上保定二年(五六二)二月条に「癸丑、以久不雨、降宥罪人、京城三十里内禁酒」とある。

北斉期の公田の実態については、『通典』巻二食貨二田制下に引く『關東風俗傳』に「其賜田者、謂公田及諸横賜之田。魏令、職分公田。不問貴賤、一人一頃、以供芻秣。自宣武出獵以來、始以永賜、得聽賣買。遷鄴之始、濫職衆多、所得公田、悉從貨易。又天保之代、曾遙壓首人田、以充公簿。比武平以後、横賜諸貴及外戚佞寵之家、亦以盡矣」と見える。

③三縣代遷戸　三県は、鄴・臨漳・成安の三県。代遷戸については、補考参照。

④其外畿郡華人官第一品已下　其外二字は、「諸坊之外三十里内」の外側の領域について述べたもので、都城を中心に領域を区別するときの常套句である。たとえば『周禮』夏官・大司馬条に「乃以九畿之籍、施邦國之政職。方千里曰國畿、其外方五百里曰侯畿、又其外方五百里曰甸畿、又其外方五百里曰男畿、又其外方五百里曰采畿、又其外方五百里曰衛畿、又其外方五百里曰蠻畿、又其外方五百里曰夷畿、又其外方五百里曰鎮畿、又其外方五百里曰蕃畿」とある。「其外畿郡」は、「諸坊之外三十里内」と対応して、三〇里の外側にある畿郡内の領域を指示する。

畿郡は、畿内を構成する司州牧管轄下の諸郡。東魏天平元年の畿郡は、補考に引いた『魏書』巻一二孝静帝紀天平元年十一月条に見える九郡であり、東魏武定年間(五四三〜五五〇)の畿郡は、『魏書』巻一〇六地形志上司州条に記載があり、魏尹・陽平郡・廣平郡・汲郡・廣宗郡・東郡・北廣平郡・林慮郡・頓丘郡・濮陽郡・黎陽郡・清河郡の一二郡・六五県で構成される。北斉期の畿郡については未詳であるが、大枠は変らないものであろう。「其外畿郡」は、「諸坊之外三十里内爲公田」と対応して、「畿内諸郡の公田」を含意している。

華人官は、鮮卑系の三県代遷戸と対になる漢人中央官僚である。京城三〇里以内に設けられた公田の受領者を鮮卑系官人・軍士とし、その外側にある畿内諸郡の公田受領者を漢人系中央官人・軍士として区別しているのである。

なお、この部分を含む河清三年令の田令部分の解釈については、曾我部静雄氏と西嶋定生氏との間に論争があった。その経緯と解釈上の問題点については、西嶋『中国経済史研究』第二部第三章「北斉河清三年田令について」（東京大学出版会、一九六六年）参照。

⑤職事及百姓請墾田者名爲永業田　永業田の名称は、河清三年令に始まる。名は占に同じ。国家の籍帳に登録すること。

この一条は、公田規定にかかわるものである。前段で鮮卑系・漢人系中央官僚に対する公田の支給規定を述べたのに対し、ここでは地方官をも含めた職事官と民衆とを対象とする。この永業田規定により、官人・富豪層による公田・山林叢沢地の開拓が広範に展開し、土地所有の不均等化が一層進んだ。『通典』巻二食貨二田制下に引く『關東風俗傳』に「又河渚山澤有可耕墾肥饒之處、悉是豪勢、或借或請、編戸之人不得一壟」とあるのは、北斉期における永業田の実態を示すものであろう。

〔通釈〕

京城の四方、諸坊の外側三十里以内を公田とせよ。公田を受領する者は、清都尹三県（鄴・臨漳・成安）の代遷戸（鮮卑系住民）とし、執事官（現職就任者）の一品官以下、羽林・武賁の軍士に及ぶまで、各おの等級を設けて与えよ。その外側にある畿内諸郡の公田については、漢人の一品官以下中央官僚から羽林・武賁の軍士にいたるまで、各おの等級を設けて与えよ。

現職の官僚や人民が公田の開墾を申請する場合、その田を登録して永業田の地目とせよ。

〔補考〕代遷戸と鄴都の種族別住民編成について

代遷戸は、孝文帝太和十八年（四九四）の北魏平城から洛陽への遷都にあたって、平城代尹から洛陽へ移住した人びとで、基本的には鮮卑系住民であり、洛陽住民の中核を構成した。『魏書』巻七高祖紀下太和十八年条に「冬十月……辛亥、車駕發平城宮。……十有一月……己丑、車駕至洛陽。……十有二月……癸卯、詔中外戒嚴。戊申、優復代遷之戸租賦三歳」とある。『魏書』巻八世宗紀正始元年（五〇四）条に「十有二月丙子、以苑牧公田、分賜代遷之戸」とあり、同延昌二年（五一三）条に「閏二月辛丑、以苑牧之地、賜代遷民無田者」とあるように、たびたび特別の対策を講じられている。また代遷戸の中の軍士がすべて親衛軍である羽林・虎賁軍に編入されたことは、一五六頁注釈④を参照。したがってここにいう羽林・虎賁は、百保鮮卑とよばれた六坊の親衛軍である。

東魏孝静帝天平元年（五三四）の洛陽から鄴城への遷都に際しても、多くの洛陽住民が移住させられた。すでに見たように『魏書』巻八二常景伝に「天平初、遷鄴、景匹馬從駕。是時詔下三日、戸四十萬狼狽就道、收百官馬、尚書丞郎已下非陪從者盡乘驢。齊獻武王以景清貧、特給車牛四乘、妻孥方得達鄴」とあり、四〇万戸があわただしく移住した。また『魏書』巻十二孝静帝紀天平元年一〇月条に「丙子、車駕北遷于鄴。詔齊獻武王留後部分。改司州爲洛州、以衛大將軍・尚書令元弼爲驃騎大將軍・儀同三司・洛州刺史、鎮洛陽。詔從遷之戸、百官給復三年、安居人五年」とある。この移住民の中に多くの代遷戸（鮮卑系住民）が含まれていたのである。

都城・畿内の画定にあたり、東魏政府は、鄴の西部百里内に居住していた旧住民を移し、洛陽からの移住民のために、臨漳県を分置して居住させている。『魏書』巻十二孝静帝紀天平元年十一月条に「庚寅、車駕至鄴、居北城相州之廨。改相州刺史爲司州牧、魏郡太守爲魏尹、徙鄴舊人西徑百里以居新遷之人、分鄴置臨漳縣、以魏郡・林慮・廣平・陽丘・汲郡・黎陽・東濮陽・清河・廣宗等郡爲皇畿」とある。この代遷戸を中核とする旧洛陽住民の特別領域編成は、都城外三十里内の公田を代遷戸・鮮卑系官人・武人層への支給対象とし、さらにその外部の畿内九郡の公田を漢人系官人・武人層への支給対象とする耕作地領域の編成とあいまって、東魏・北斉における北族を中核とする支配構造の特質を闡明するものである。

奴婢受田者、親王止三百人、嗣王止二百人、第二品嗣王已下及庶姓王、止一百五十人、正三品已上及皇宗、止一百人、七品已上、限止八十人、八品已下至庶人、限止六十人。奴婢限外不給田者、皆不輸。

其方百里外及州人、一夫受露田八十畝、婦四十畝。奴婢依良人、限數與在京百官同。丁牛一頭、受田六十畝、限止四牛。①

又毎丁給永業二十畝、爲桑田。其中種桑五十根、楡三根、棗五根、不在還受之限。非此田者、悉入還受之分。土不宜桑者、給麻田、如桑田法。

〔校勘〕

①限止四牛　四牛二字、百衲本等諸本は四年二字に作る。中華書局標点本は、『通典』巻二食貨二田制下・『冊府元亀』巻四九五邦計部田制に引く河清三年令が「四牛」に作るのにより、年字を牛字に改める。六朝期華北における牛耕農法は、両牛牽引の牛犂一具を中核とし、農地約一・五頃（一五〇畝）、労働者五、六人によって編成された（拙著『中国古代社会論』第四章「二世紀から七世紀に至る大土地所有と経営」青木書店、一九八六年）。丁牛一頭につき六〇畝の授田は、両牛では一具牛一二〇畝、四牛では二具牛二四〇畝の編成となり、当時の農業生産力に照応した規定となる。また下文にも「牛調二尺（丈）」の規定があり、四牛に作るほうがより自然である。『冊府元亀』・『通典』により、四年を四牛に改める。

〔訓読〕

奴婢の受田する者、親王は三百人に止《とど》め、嗣王は二百人に止め、第二品嗣王已下、庶姓王に及ぶまでは、一百五十人に止め、正三品已上、皇宗に及ぶまでは、一百人に止め、七品已上は、限りて八十人に止め、八品已下、庶人に至るまでは、限りて六十人に止めよ。①奴婢の限外にして給田せざる者、皆な輸めざれ。

其の方百里の外、及び州人、一夫ごとに露田八十畝を受け、婦は四十畝とせよ。奴婢は良人に依り、限數は在京の百官と同じくせよ。丁牛一頭、田六十畝を受け、限りて四牛に止めよ。

又た毎丁、永業二十畝を給ひ、桑田と爲せ。其の中に桑五十根、楡三根、棗五根を種ゑしめ、還受の限に在らざらしめよ。此の田に非ざる者《とき》は、悉く還受の分に入れよ。土の桑に宜しからざる者は、麻田を給ひ、桑田の法の如くせよ。

〔注釈〕

①奴婢至十人　奴婢に対する授田規定は、庶姓王を除いて、すべて高氏諸親族に対するものであり、皇帝宗親を特別に優遇するものである。

親王・嗣王・庶姓王・皇宗については、体系的な史料が残されていない。『通典』巻六五禮二五嘉禮一〇・公侯大夫等車輅条に「後魏三公及王車、朱屋青蓋、制同五輅、名曰高車、駕三馬。庶姓王侯及尚書令・僕射以下、列卿以上、並給軺車、駕一馬。或乘四望通幰車、駕一牛。北齊因之。王・庶姓王・儀同三司以上、翟尾扇・紫傘。皇宗及三品以上官、青傘朱裏。其青傘碧裏、達於士人、不禁。正從一品執事官・散官及儀同三司、乘油朱絡網車、車牛飾得用金塗及純銀。二品・三品乘巻通幰車、車牛金飾。七品以上、乘偏幰車、車牛飾以銅」とある。親王・庶姓王・皇宗は、北魏以来の制度であった。親王は皇帝の子、嗣王は初封の親王の正嫡、皇宗は皇帝の父系親族であろう。『大唐六典』巻二吏部尚書司封郎中条に、唐代の制度として「皇兄弟皇子、皆封國、謂之親王。親王之子承嫡者爲嗣王」とある。

庶姓王は、『魏書』巻一一三官氏志に「(天賜元年・四〇四)九月、減五等之爵、始分爲四、曰王・公・侯・子、除伯・男二號。皇子及異姓元功上勳者封王、宗室及始蕃王皆降爲公、諸公降爲侯、侯・子亦以此爲差」とあり、『魏書』巻五〇尉元伝に「(太和)十三年、進位司徒。十六年、例降庶姓王爵、封山陽郡開國公、食邑六百戸」とあり、また『魏書』巻七高祖紀下太和十六年正月条に「乙丑、制諸遠屬非太祖子孫及異姓爲王、皆降爲公、公爲侯、侯爲伯、子男仍舊、皆除將軍之號」とあるように、主として托跋氏以外の胡族系有力官人や漢人官僚を封じたものである。北斉末には、庶姓王が乱封され、数百人に及んだと言う。『北史』巻八斉本紀下幼主紀末に「諸官奴婢・閹人・商人・胡戸・雜戸・歌舞人・見鬼人濫得富貴者、將以萬數。庶姓封王者百數、不復可紀」とある。太和年間より、北斉末にいたるまでには、なお幾段かの変遷を経ているようであるが、主題ではないので、ここではこれ以上追究しない。

正三品以上、四品から七品、八品以下の三等に区分される官僚は、下文の規定に「奴婢依良人、限數與在京百官同」とあることから、在京百官すなわち中央官僚であることが分かる。

〔通釈〕

所有奴婢に対する授田限度は、親王は三百人以内、嗣王は二百人以内、第二品の嗣王以下庶姓王までは百五十人以内、正三品以上の中央官僚及び皇族は百人以内、七品以上の中央官僚は八十人以内、八品以下の中央官僚から庶民に至るまでは、六十人以内に制限せよ。制限外の奴婢で授田されない者は、皆な租・調を納めない。

京城の百里より外側及び各州に居住する者は、男性一人につき露田八十畝、女性は四十畝を受田せよ。奴婢は良人規定に依って受田し、その制限数は中央官僚と同様とせよ。丁牛は一頭につき六十畝を受田し、四頭を限度とせよ。

また、一丁ごとに永業田二十畝を支給し、桑田とせよ。その中には、桑五十本・楡三本・棗五本を植え、それらは還受の対象外とせよ。この地目でないものは、すべて還受の地目に入れよ。桑に適さない土地では、桑田規定と同様に麻田を支給せよ。

率人一牀、調絹一疋、綿八兩。凡十斤綿中、折一斤作絲。墾租二石、義租五斗。奴婢各准良人之半。牛調二丈①、墾租一斗、義租五升。墾租送臺、義租納郡、以備水旱。

其賦税常調、則少者直出上戸、中者及中戸、多者及下戸②。墾租皆依貧富爲三梟③、上梟輸遠處、中梟輸次遠、下梟輸當州倉、三年一校焉。租入臺者、五百里內輸粟、五百里外輸米。入州鎮者、輸粟。人欲輸錢者、准上絹收錢。

〔校勘〕

①牛調二丈　百衲本諸本は、もと二尺に作る。『通典』巻五食貨五賦税中は「牛調二丈」に作り、『冊府元亀』巻四八七邦計部賦税一は「牛調絹二丈」に作る。牛に対する調絹が二尺であるのは、あまりにも少ない（一匹は四丈、一丈は一〇尺）。牛調二尺は、後人が牛の墾租一斗（良人墾租二石の二十分の一）に対応させるために、良人牀調一匹（四丈＝四十尺）の二十分の一に改めたものであろう。授田規定によれば、奴婢への授田は良人と同じく、男は露田八〇畝、女は四〇畝であり、これに対する調は良人の半分、すなわち二丈である（奴婢の場合、個人単位であるとすれば、半牀の一丈）。このことから考えて、丁牛が六〇畝を受田するのに対して、調二尺では、あまりにも収取量が少なくて不自然である。丁牛六〇畝に対する調が二丈であれば、良人一牀一二〇畝の受田に対する調絹一匹（四丈）とみごとに対応する。いま『通典』・『冊府元亀』により、二尺を二丈に改める。

②其賦税常調則少者直出上戸中者及中戸多者及下戸　この二二字は、もと「墾租皆依貧富爲三梟」の下にあったものである。しかし、この二二字がその下に入ると、三梟を説明する「上梟輸遠處、中梟輸次遠、下梟輸當州倉、三年一校焉」との繋がりが甚だ悪く、文意が疎通しない。また「其賦税常調」の其字は、法令の文章にあっては、条文冒頭に来る助辞であり、文章の中間に入るのは落ち着かない。旧抄本には一行二〇字前後の体式をもつものがあり、また宋元版には一行二二字の体式をもつものがかなりある。百衲本『隋書』、すなわち元大徳九路刻本も一行二二字である。おそらくは転写・版刻の過程で、一行二二字が前後に錯雑したのであろう。いま「其賦税常調」以下二二字を条文冒頭に配し、「墾租皆依貧富爲三梟」と「上梟輸遠處、中

梟輸次遠、下梟輸當州倉、三年一校焉」とを直接に繋いでおく。

③墾租皆依貧富爲三梟　梟は、『説文解字』六篇上に「不孝鳥也。故日至捕梟磔之。從鳥在木上」とあり、不吉の鳥を意味する。文脈上、梟字は等級や階層を表わすはずであるが、その意味はどこにもない。梟字、おそらくは臬字の形譌ではあるまいか。『説文解字』六篇上に「臬、射準的也」とあり、転じて標準・基準を意味する。上臬・中臬・下臬は、上準・中準・下準を意味するのではあるまいか。一解を示して後考に竢ちたい。

〔訓読〕

率ね人一牀ごとに、絹一疋、綿八兩を調せ。凡そ十斤の綿中、一斤を折して絲と作《な》せ。墾租は二石、義租は五斗。奴婢は各おの良人の半ばに准《よ》れ。牛は二丈を調し、墾租は一斗、義租は五升。墾租は臺に送り、義租は郡に納め、以て水旱に備へよ①。

其の賦税常調、則《も》し少なき者《とき》は直《ただ》に上戸のみ出ださしめ、中なる者は中戸に及ぼし、多き者は下戸に及ぼせ②。

墾租は皆な貧富に依りて三梟と爲し、上梟は遠處に輸め、中梟は次遠に輸め、下梟は當州の倉に輸めしめ③、三年ごとに一たび焉《これ》を校《かぞ》へよ。租の臺に入《をさ》むる者、五百里の内は粟を輸め、五百里の外は米を輸めよ④。州鎮に入むる者は、粟を輸めよ。人の錢を輸めんと欲する者は、上絹に准りて錢を收めしめよ。

〔注釈〕

①墾租送臺義租納郡以備水旱　台は、天子の居所を意味し、古の天子・諸侯の宮殿・宮門が高く建造してあって、その尊貴を表わしたのによる。『禮記』礼器篇第一〇に「有以高爲貴者。天子之堂九尺、諸侯七尺、大夫五尺、士三尺。天子諸侯臺門、此以高爲貴也」とある。漢代には、都城にある中央政府の官府にも適用され、尚書台・御史台・謁者台などと呼ばれた。ここから転じて、六朝期には広く中央政府を意味するようになった。たとえば『通典』巻二二職官四尚書上・尚書省并總論尚書条に「漢初、尚書雖有曹名、不以爲號。及靈帝以侍中梁鵠爲選部尚書、於是始見曹名、總謂之尚書臺、亦謂之中臺」とある。

義租の義は、中央政府に納める正租としての墾租に対し、二次的・副次的な穀物租税であることを示す。地方に蓄積して保険的経費に充当する制度の設立は、隋唐期の義倉・地税に先行するものである。

②其賦税常調則少者直出上戸中者及中戸多者及下戸　文中の上戸・中戸・下戸は、九等戸中の上中下三層を言う。北斉成立期に九等戸制が作られたことは、本志上文に「及文宣受禪、多所創革。……始立九等之戸、富者税其錢、貧者役其力」とある。

③墾租至州倉　この三梟制は、北魏献文帝期に施行された「租輸三等九品之制」を受け継ぐものである。『魏書』巻一一〇食貨志に「遂因民貧富、爲租輸三等九品之制。千里内納粟、千里外納米。上三品戸入京師、中三品入他州要倉、下三品入本州」とある。その三五頁注釈⑤⑥をも参照。

④五百里内輸粟五百里外輸米　五百里内外は、都城を中心とする方千里の内外を言う。方千里は、具体的な数値ではなく、王畿の範囲を言い、実態的には畿内を指示する。すなわち、本志上文一六七頁注釈④の司州牧十二郡・畿郡にほかならない。『周禮』夏官・職方氏条に「乃辨九服之邦國。方千里曰王畿、其外方五百里曰侯服、又其外方五百里曰甸服、又其外方五百里曰男服、又其外方五百里曰采服、又其外方五百里曰衛服、又其外方五百里曰蠻服、又其外方五百里曰夷服、又其外方五百里曰鎮服、又其外方五百里曰藩服」とある。五百里内外とは、畿内とそれ以外の地域のことである。

また『尚書』禹貢篇の五服条に「五百里甸服、百里賦納總、二百里納銍、三百里納秸服、四百里粟、五百里米。五百里侯服、百里采、二百里男邦、三百里諸侯。五百里綏服、三百里揆文教、二百里奮武衛。五百里要服、三百里夷、二百里蔡。五百里荒服、三百里蠻、二百里流」とある。本条は、この五百里甸服内の「四百里粟、五百里米」をも踏まえたものである。粟は籾つきの穀物一般、米は脱穀した穀物一般を指す。

〔通釈〕
人民は夫婦一組につき絹一疋・綿八両を正調として納めよ。十斤の綿につき一斤を絹糸に代えて納めよ。墾租は二石、義租は五斗を納めよ。奴婢の調は各おの良民の半ばとせよ。牛の調は絹二丈、墾租は一斗、義租は五升とせよ。墾租は中央へ送り、義租は郡に納めて水害や旱害に備えよ。

（中央に納入する）正調は、納入額が少ない場合は、ただ上三等戸からだけ負担させ、中程度の場合は中三等戸からも出させ、多い場合は下三等戸からも出させよ。

墾租は、貧富によって三つの階層に区分し、上層に属する戸は遠所の穀物倉まで輸送し、中層に属する戸はその次に遠い所の穀物倉まで、下層に属する戸はその州の穀物倉まで輸送し、納入せよ。階層区分は、三年に一度改訂せよ。

中央に納入する租については、畿内の地はモミを、畿内以外の地は脱穀済みの穀物を納めよ。州や鎮にはモミを納入せよ。銭を納入したい者は、上級絹の価格を基準にして銭を納めよ。

〔補考〕北斉期の牀調制と戸調制

ここで注目したいのは、牀調制によって一律賦課基準（絹一疋・綿八両）が定められているにもかかわらず、実際の中央への常調（正調）納入に際しては、各地方（州・郡）の中央への貢納量に応じて、戸等制を利用しながら三等差調を実施していることである。これは、西晋戸調制以来の賦課方式に半ば回帰したことを意味する。西晋以来、各州郡は、その支配戸数に一律賦課基準（西晋期一戸当り絹三匹・綿三斤・租四石）を乗じて得られた貢納額（公調）を中央に納めた。しかし、県段階では、農民各戸の家産評價額にもとづいて九等級に區分し、累進課税がおこなわれ、税物は地方に収納・貯備された。この地方貯備の中から公調が貢納されたのである。この中央への貢納と地方での収取とからなる二元的収取方式は、北魏太和一〇年（四八六）の均賦制によって公調（中央経費）と調外費（地方経費）とを区別することにより一元化された。この河清三年令にいたって、いま一度、一律賦課基準による貢納総額の算定と実際の各戸の負担とが分離する収取方式に転換したのである。西晋戸調制と異なるのは、各州郡の貢納総額を三段階に区別し、それに応じて戸調負担者の階層を上層から下層へ拡大する点にあり、その意味では、貢納と戸調とは有機的に連結されているといえる。西晋戸調制および北魏戸調制については、拙稿「戸調制の成立――賦斂から戸調へ」（『東洋史研究』第六〇巻第三号、二〇〇一年）ならびに平成十一年度～平成十四年度科学研究費補助金研究成果報告書『北朝財政史の研究――『魏書』食貨志を中心に――』第一部「北魏の財政構造――孝文帝・宣武帝期の経費構造を中心に――」（二〇〇二年）参照。

諸州郡皆別置富人倉。初立之日、准所領中下戸口數、得支一年之糧、逐當州穀價賤時、斟量割當年義租充入。穀貴、下價糶之、賤則還用所糶之物、依價糴貯。

〔訓読〕

諸もろの州郡、皆な別に富人倉を置け①。初め立つるの日、領する所の中下の戸口數に准《よ》り、一年を支《ささ》ふるの糧を得、當州の穀價の賤《やす》き時を逐ひ、量を斟《はか》り、當年の義租を割《さ》いて充入せよ。穀貴《たか》ければ、價を下して之を糶《う》り、賤ければ則ち還《ま》た糶《う》る所の物②を用ひ、價に依りて糴貯せよ。

〔注釈〕

①**別置富人倉**　富人倉は、本来富民倉の名で、唐の太宗李世民の民字を恭代したものであろう。穀物価格の調節と保険的経費を貯備するための穀倉としては、唐代の常平倉に先行する制度である。

②**所糶之物**　物は、多くの場合絹織物を中心とする反物を指す。本志前段の地方官の特別手当としての幹物が絹織物であったことは、その好例である。一六一頁注釈⑪参照。なおこの記述によって、穀物の売買が実物貨幣としての絹・反物によって行なわれたことが分かる。

〔通釈〕

各州郡には、皆な別に富人倉を設置せよ。設立にあたって、支配下の中等戸・下等戸の戸口数により、一年間の食糧必要量を算定し、その州の穀物価格が低い時を追跡し、必要量を見計らい、その年の義租を割いて倉に貯備せよ。穀物価格が高い時には価格を下げて売り出し、低くなれば、また売った時に得た反物を使用して、価格どおり穀物を買い入れ、倉に貯備せよ。

毎歳春月、各依郷土早晩、課人農桑①。自春及秋、男十五已上、皆布田畝②。桑蠶之月、婦女十五已上、皆營蠶桑。孟冬、刺史聽審邦教之優劣、定殿最之科品。人有人力無牛、或有牛無人力者③、須令相便、皆得納種。

使地無遺利、人無遊手焉。
縁邊城守之地、堪墾食者、皆營屯田、置都使子使以統之。
一子使當田五十頃、歳終考其所入、以論褒貶。

〔校勘〕

①課人農桑　百衲本は「課入農桑」に作る。この入字、中華書局標点本『隋書』校勘記は、『冊府元亀』巻四九五邦計部田制・『通典』巻二食貨二田制下によって人字に改める。本条は、春令による勧農を規定するものであり、人字の方が文意通暢する。いま標点本校勘記に従う。

②男十五已上皆布田畝　百衲本は、「男二十五已上、皆有田畝」に作るが、「男二十五」の二字は『冊府元亀』巻四九五・『通典』巻二ともに無く、有字はともに布字に作る。いま『冊府元亀』・『通典』により、二字を削除し、有字を布字に改める。

③或有牛無人力者　この句、百衲本は「或有牛無力者」に作り、人字を欠く。『通典』巻二食貨二田制下・『冊府元亀』巻四九五邦計部田制はともに「或有牛無人力者」に作る。文義上、人字のある方が完善である。おそらくは本志転写過程における脱漏であろう。いま『通典』・『冊府元亀』により、人字を補う。

〔訓読〕

毎歳の春月、各おの郷土の早晩に依り、人に課して農桑せしめよ。春自り秋に及ぶまで、男の十五已上、皆な田畝に布《おもむ》かせよ。桑蠶の月、婦女の十五已上、皆な蠶桑を營ましめよ。①孟冬、刺史、邦教の優劣を審《つまびら》かにし、殿最の科品を定むるを聽《ゆる》す。②

人に人力有るも牛無く、或は牛有るも人力無き者は、須らく相《たが》ひに便《か》らしめ、③皆な納種するを得しめよ。地をして遺利無く、人をして遊手すること無からしめよ。

縁邊城守の地、墾食に堪ふる者は、皆な屯田を營み、都使・子使を置き、以て之を統べしめよ。一子使ごとに田五十頃を當て、歳終に其の入る所を考へ、以て褒貶を論ぜよ。

〔注釈〕

①毎歳至蠶桑　このような年初の農業奨励（勧農）は、西魏・北周にも見える。『周書』巻二三蘇綽伝六条詔書三尽地利条に「諸州郡縣、毎至歳首、必戒敕部民、無問少長、但能操持農器者、皆令就田、墾發以時、勿失其所。及布種既訖、嘉苗須理、麥秋在野、蠶停於室、若此之時、皆宜少長悉力、男女併功、若援溺救火、寇盗之將至、然後可使農夫不廢其業、蠶婦得就其功。若有遊手怠惰、早歸晩出、好逸惡勞、不勤事業者、則正長牒名郡縣、守令隨事加罰、罪一勸百。此則明宰之教也」とある。

②孟冬至科品　冬季に地方長官が管下の地方官の政務の審査をおこない、人事査定を実施することは、漢代以来のことである。『續漢書』百官志五県令条に「本注曰……秋冬集課、上計於所屬郡國」とあり、李賢注に「胡廣曰、秋冬歳盡、各計縣戸口墾

田・銭穀入出・盗賊多少、上其集簿。丞尉以下、歳詣郡、課校其功。功多尤爲最者、於廷尉勞勉之、以勸其後。負多尤爲殿者、於後曹別責、以糾怠慢也」とある。本志の記載は、毎年末に地方から中央へ提出される上計制度（年間の行政実績報告）にかかわる令文である。

「邦教之優劣」の邦教は、地方郡県の教化、政治教導のあり方を言う。『古文尚書』周官篇に「冢宰掌邦治、統百官、均四海。司徒掌邦教、敷五典、擾兆民」とあり、その偽孔安国伝に「地官卿司徒主國教化、布五常之教、以安和天下衆民、使小大皆協睦」とある。具体的には、前掲注釈①蘇綽「六条詔書」に挙げた「明宰之教」の内容にあるとおり、また本志前段にも説くように時節にかなった生産の奨励と農村社会の安定である。それは、『續漢書』百官志の上計集簿の主用項目「戸口墾田・銭穀入出・盗賊多少」として表現される。

③人有至手焉　「相便」の便字は貸借の意。唐代敦煌文書に多くの例がある。また『資治通鑑』巻二七三後唐荘宗同光二年（九二四）年正月条に「豆盧革嘗以手書便省庫銭數十萬」とあり、その胡三省注に「今俗謂借銭爲便銭、言借貸以便用也」とある。本志の便字は、その早い用例である。

人力と牛との交換は、六朝期華北でたびたび奨励された。河清三年令の規定もその一環である。一例のみあげれば、『魏書』巻四世祖紀下に「初、恭宗監國、曾令曰、……其制有司、課畿内之民、使無牛家、以人牛力相貿、墾殖鋤耨。其有牛家與無牛家、一人〔一牛〕種田二十二〔二十〕畝、償以私〔耘〕鋤功七畝、如是爲差、至與小・老無牛家種田七畝、小・老者償以鋤功二畝。皆以五口下貧家爲率。各列家別口數、所勸種頃畝、明立簿目。所種者於地首標題姓名、以辨播殖之功。又禁飲酒・雜戲・棄本沽販者。墾田大爲增闢」とある。

〔通釈〕

毎年春の季節には、各地方の気候にあわせて、人民に農業と養蚕とを奨励せよ。春から秋まで、十五歳以上の男子には、皆な農場におもむかせよ。養蚕の季節（三月～五月）には、十五歳以上の女子には、皆な蚕を飼わせ、桑採みをさせよ。十月には、州刺史が支配下の郡・県の統治の優劣を審査し、官吏の成績の等級を定めるのを許す。

人手があっても牛が無い場合、あるいは牛がいても人手が無い場合は、互いに貸し借りしあって、皆な播種できるようにせよ。利用されない土地や遊んでいる人民がないようにせよ。

農業が可能な辺境の城塞地域では、皆な屯田を経営し、都使・子使を置いてこれを統轄せよ。一子使あたり耕地五十頃とし、年末にその収穫量を査定し、昇進・降格を決定せよ。〔以上、河清三年令令文〕

是時頻歳大水、州郡多遇沉溺、穀價騰踊。朝廷遣使開倉、從貴價以糶之、而百姓無益、饑饉尤甚。重以疾疫相乘、死者十四五焉。

〔訓読〕

是の時、頻歳大水し①、州郡多く沈溺に遇ひ、穀價騰踊す。朝廷使を遣して倉を開き、貴價に従りて以て之を糶《う》らしめ、而して百姓に益無く、饑饉尤も甚だし。重ぬるに疾疫の相ひ乗ずるを以てし②、死する者十の四五なり。

〔注釈〕

①**是時頻歳大水**　河清三年前後には水害とその対策の記録がめだつ。『北史』巻八斉本紀下武成帝河清二年（五六三）十二月条に「是時、大雨雪連月、南北千餘里、平地數尺、霜晝下、雨血於太原」とあり、同河清三年（五六四）六月条に「庚子、大雨、晝夜不息、至甲辰乃止」とあり、同年閏九月条に「乙未、詔遣十二使巡行水潦州、免其租調」とあり、同年末是歳条に「山東大水、飢死者不可勝計、詔發振給、事竟不行」とあり、同河清四年（五六五）三月条に「戊子、詔給西兗・梁・滄・趙州、司州之東郡・陽平・清河・武都、冀州之長樂・勃海遭水潦之處貧下戸粟各有差。家別斗升而已、又多不付」とあり、同後主天統三年条（五六七）に「是秋、山東大水、人飢、僵尸滿道」とある。

②**重以疾疫相乗**　疫病の流行については、『北史』巻八斉本紀後主天統元年（五六五）是歳条に「河南大疫」とある。

〔通釈〕

この時毎年大水が出て、州や郡の多くが水没の害にあい、穀物価格が騰貴した。朝廷は使者を派遣して倉を開いたが、高い価格で穀物を売りだしたので、民衆には利益が及ばず、飢饉はとりわけ甚だしくなった。かさねて疫病が追い討ちをかけ、死者は半数近くにのぼった。

至天統中①、又毀東宮、造修文偃武隆基嬪嬙諸院、起玳瑁樓。又於遊豫園穿池、周以列館、中起三山構臺、以象滄海。并大修佛寺、勞役鉅萬計。財用不給、乃減朝士之祿、斷諸曹糧膳、及九州軍人常賜以供之。

武平之後、權幸並進、賜與無限、加之旱蝗、國用轉屈。乃料境内六等富人、調令出錢。而給事黄門侍郎顏之推奏請立關市邸店之税、開府鄧長顒贊成之、後主大悅。於是以其所入、以供御府聲色之費、軍國之用不豫焉。未幾而亡。

〔校勘〕

①**至天統中**　天統二字、百衲本諸本もと大統に作る。大統は西魏の年号であり、北斉期の叙述には適合しない。中華書局標点本校勘記が『通典』巻五食貨五賦税中の記述によって大字を天字に改め、天統中と作るのに従う。

〔訓読〕

天統中に至り、又た東宮を毀《こぼ》ち、修文・偃武・隆基の嬪嬙の諸院を造り①、玳瑁《たいまい》樓を起こす②。又た遊豫園③に於て池を穿ち、周《めぐ》らすに列館を以てし、中に三山を起こして臺を構へ、以て滄海に象《なぞら》ふ。并びに大いに佛寺を修め、勞役は鉅萬もて計ふ。財用給《た》らず、乃ち朝士の祿を減じ、諸曹の糧膳、及び九州の軍人の常賜を斷《とど》め、以て之に供《そな》ふ。

武平の後、權幸並びに進み④、賜與に限り無く、之に加へて旱蝗あり⑤、國用轉《うた》た屈す。乃ち境内六等の富人を料り⑥、調して錢を出ださしむ。而して給事黄門侍郎顔之推、關市邸店の税を立てんことを奏請し⑦、開府鄧長顒之に贊成し、後主大いに悦ぶ⑧。是に於て其の入る所を以て、以て御府聲色の費に供へ、軍國の用、焉《これ》に豫《あづか》らず。未だ幾《いくばく》ならずして亡ぶ。

〔注釈〕

①**毀東至諸院**　後宮の殿院築造については、顧炎武『歴代宅京記』巻十二鄴脩文殿偃武殿条に「鄴中故事云、齊武成帝高湛、河清中、以後宮嬪妃稍多、椒房既少、遂拓破東宮、更造修文・偃武二殿及聖壽堂。裝飾用玉珂八百、大小鏡萬枚。又以曲鏡抱柱、門囪並用七寶裝飾。每至玄雲夜興、晦魄藏耀、光明猶分數十歩」とあり、また『北史』巻八斉本紀下後主紀末に「承武成之奢麗、以爲帝王當然。乃更增益宮苑、造偃武・修文臺、其嬪嬙諸院中、起鏡殿・寶殿・瑇瑁殿、丹青彫刻、妙極當時」とある。

②**起玳瑁樓**　顧炎武『歴代宅京記』巻十二鄴下玳瑁樓条に「鄴中記曰、聖壽堂北置門、門上有玳瑁樓。純用金銀裝飾、懸五色珠簾、白玉鈎帶、内有鍮石床數合、用相思子玳瑁爲龜甲文、鋪以十色錦繡褥也」とある。

③**遊豫園**　顧炎武『歴代宅京記』巻十二鄴下遊豫園条に「周回十二里、内包葛屨山、作臺于上。鄴都故事云、齊文宣天保七年（五五六）、于銅雀臺西・漳水之南、築此圍、以爲射馬之所」とある。

④**武平之後權幸並進**　寵臣たちの進出の総括的な叙述は、『北史』巻八斉本紀幼主紀末に「任陸令萱・和士開・高阿那肱・穆提婆・韓長鸞等宰制天下、陳德信・鄧長顒・何洪珍參預機權。各引親黨、超居非次、官由財進、獄以賄成、其所以亂政害人、難以備載。諸官奴婢・閹人・商人・胡戸・雜戸・歌舞人・見鬼人濫得富貴者、將以萬數。庶姓封王者百數、不復可紀。開府千餘、儀同無數。領軍一時三十、連判文書、各作依字、不具姓名、莫知誰也。諸貴寵祖禰追贈、官歳一進、位極乃止。宮掖婢皆封郡君。宮女寶衣玉食者五百餘人、一裙直萬疋、鏡臺直千金、競爲變巧、朝衣夕弊」と見える。

⑤**加之旱蝗**　『北史』巻八斉本紀下後主武平五年（五七四）五月条に「大旱、晉陽得死魃、長二尺、面頂各二目。帝聞之、使刻木爲其形以獻」とあり、同武平七年（五七六）正月条に「壬辰、詔去秋已來、水潦、人飢不自立者、所在付大寺及諸富戸、濟其性命」とあり、また同年七月条に「丁丑、大雨霖。是月、以水澇、遣使巡撫流亡人戸」とある。これらによれば、むしろ水害の方が深刻である。

⑥六等富人　六等は、北斉期の六等爵制のこと、すなわち王・公・侯・伯・子・男六等の有爵者のことであろう。『通典』巻三一職官一三歴代王侯封爵に「北齊有王・公・侯・伯・子・男六等之爵。王位列大司馬上、非親王則在三公下、封内之調、盡以入臺、三分食一、公以下四分食一」とある。

⑦給事黄門侍郎顔之推奏請立關市邸店之税　『北史』巻八斉本紀下後主武平六年（五七五）閏八月条に「辛巳、以軍國資用不足、税關市・舟車・山澤・鹽鐵・店肆、輕重各有差、開酒禁」とある。これによれば、かなり広範囲に及ぶ増税策である。

なお酒の専売が開始されたのは、河清四年（五六五）である。『北史』巻八斉本紀下武成帝河清四年二月条に「壬申、以年穀不登、禁酤酒。己卯、詔減百官食稟各有差」とある。

顔之推（五三一～六〇二）、字は介、琅邪郡臨沂県の出であるが、祖先が永嘉の乱に際して南渡し、東晋に仕え、建康に居住した。顔之推は、梁末の侯景の乱後、苦難の流移を経た後、北斉に仕え、北斉滅亡後は北周・隋に仕えた。関市・邸店の税の提案は、戸籍把握が弱く、商業・流通課税に基礎を置かざるをえない南朝の財政手法を北朝にもたらしたものであり、隋志の記述は、明らかにこれを北斉の滅亡の要因とみなしている。著書に『顔氏家訓』七巻があり、『北斉書』巻四五・『北史』巻八三に伝がある。

⑧後主大悦　後主は、高緯（五五六～五七八）、字は仁綱、武成帝の長子。事実上最後の北斉皇帝（在位五六五～五七六）。後主の事績は、『北史』巻八齊本紀下・『北斉書』巻八本紀に記述する。

〔通釈〕

（後主の）天統年間（五六五～五六九）に入ると、さらに東宮をとりこわし、修文・偃武・隆基など、女官たちの宮殿を造営し、玳瑁楼を建てた。また遊豫園に池をつくり、その周囲に館をつらね、池中には蓬莱・方丈・瀛洲の三神山を築造して台（うてな）を構え、滄海に見たてた。あわせて仏寺を大大的に修築したので、労役は膨大なものとなった。財政が足りなくなったので、中央官僚の俸禄を減らし、諸官庁の食費と全国の軍人の常賜（ボーナス）を停止し、土木事業の費用にあてた。

武平年間（五七〇～五七五）以後、寵臣たちが一斉に進出すると、恩賜には限度がなくなり、そのうえ日照りと蝗害が重なって、国庫はいよいよ窮屈になってしまった。そこで国内の王・公・侯・伯・子・男六等の爵位をもつ富裕層を割り出し、銭を中央政府に納入させた。給事黄門侍郎の顔之推が関市・邸店の税の創設を奏上すると、開府の鄧長顒もこれに賛成し、後主（在位五六五～五七七）は大いに満足した。しかしながらその税収は、御府や音楽・女色の費用に当てられ、国家の財政にはまわされることがなかった。まもなく北斉は滅んだ。

(2)西魏・北周時代

後周太祖作相、創制六官。載師掌任土之法。辨夫家田里之數、會六畜車乘之稽、審賦役斂弛之節、制畿疆修廣之域、頒施惠之要、審牧産之政。

〔訓読〕

後周の太祖、相と作《な》るや、創めて六官を制す①。

載師は、土を任《もち》ふるの法を掌る②。夫家田里の數を辨じ、六畜《りくきふ》車乘の稽を會《かぞ》へ③、賦役斂弛の節を審かにし④、畿疆修廣の域を制し⑤、施惠の要を頒かち⑥、牧産の政を審かにす⑦。

〔注釈〕

①**後周太祖作相創制六官** 太祖は、宇文泰（五〇五～五五六）、字は黒獺、武川鎮（山西省武川県）の鮮卑系軍人出身。西魏の実権を掌握し、府兵制の源流となる西魏二十四軍や六官制を始めるなど、北周の事実上の創業者であった。北周成立後、太祖・文帝を追号された。『周書』巻一巻二・『北史』巻九に本紀がある。

六官制の創設については、『周書』巻二文帝紀下魏恭帝三年（五五六）条に「正月丁丑、初行周禮、建六官。以太祖爲太師・大冢宰、柱國李弼爲太傅、大司徒趙貴爲太保、大宗伯獨孤信爲大司馬、于謹爲大司寇、侯莫陳崇爲大司空。初、太祖以漢魏官繁、思革前弊。大統中、乃命蘇綽・盧辯、依周制改創其事、尋亦置六卿官、然爲撰次未成、衆務猶歸臺閣。至是始畢、乃命行之」とある。ここに「相と作る」とあるのは、大冢宰を指す。

また『周書』巻二四盧辯伝に「初、太祖欲行周官、命蘇綽專掌其事。未幾而綽卒、乃令辯成之。於是依周禮建六官、置公・卿・大夫・士、並撰次朝儀。車服器用、多依古禮、革漢魏之法。事並施行。今録辯所述六官、著之於篇、天官府（管冢宰等衆職）、地官府（領司徒等衆職）、春官府（領宗伯等衆職）、夏官府（領司馬等衆職）、秋官府（領司寇等衆職）、冬官府（領司空等衆職）。史雖具載、文多不記載。辯所述六官、太祖以魏恭帝三年、始命行之。自茲厥後、世有損益」とあり、その沿革のあらましが分かる。

輓近の王仲犖『北周六典』上・下（中華書局、一九七九年）は、諸書から北周の六官制を復原した労作であり、その全貌を知ることができる。

②**載師掌任土之法** 載師は、『周禮』地官司徒・載師条に「載師掌任土之法、以物地事授地職、而待其政令」とあり、地官大司徒に属する官である。北周六官制にあっても、地官府に属したはずである。「任土之法」について、鄭玄注に「任土者、任其力勢所能生育、且以制貢賦也」とある。土地の地力・形勢によって生産物を指定し、租税の種類を決定することを言う。

③**辨夫家田里之數會六畜車乘之稽** 『周禮』地官司徒・縣師条に「縣師掌邦國都鄙稍甸郊里之地域、而辨其夫家人民田萊之數、及其六畜車輦之稽」とある。

會・稽は簿書・帳簿による統計的管理を言う。『周禮』天官冢宰・小宰条に「以官府之八成經邦治、一曰聽政役、以比居。……八曰聽出入、以要會」とあり、その鄭玄注に「要會謂計最之簿書。月計曰要、歳計曰會」とある。

④**審賦役斂弛之節** 『周禮』天官冢宰・小宰条に「以官府之六聯、合邦治。一曰祭祀之聯事、二曰賓客之聯事、三曰喪荒之聯事、四曰軍旅之聯事、五曰田役之聯事、六曰斂弛之聯事」とあり、斂弛について、その注に「杜子春、弛讀爲施。（鄭）玄謂荒政弛

力役」とある。斂は賦役の徴収、弛はその免除および緩和を言う。

⑤制畿疆修廣之域　畿疆は畿内の境界を言う。『周禮』地官司徒・大司徒条に「掌建邦之土地之圖、與其人民之數、以佐王安擾邦國。……制其畿疆而溝封之」とあり、その鄭玄注に「千里曰畿、疆猶界也」とある。

⑥頒施惠之要　施恵は、災害・疾病に対する救済を言う。『周禮』地官司徒・司救条に「凡歳時有天患民病、則以節巡國中及郊野、而以王命施惠」とあり、その鄭玄注に「施惠、賙恤之」とある。

⑦審牧産之政　『周禮』地官司徒・牧人条に「牧人掌牧六牲、而阜蕃其物、以共祭祀之牲牷」とあり、同牛人条に「牛人掌養國之公牛、以待國之政令」とあり、また同充人条に「充人掌繫祭祀之牲牷」とある。これらは、国家祭祀に用いられる動物の飼育・管理をおこなう官人である。本志に言う牧産の政令もこのような祭祀に使用する動物の飼育と管理を言うのであろう。

〔通釈〕

北周の太祖（宇文泰）は、宰相となると、六官制を創設した。載師は土地利用と租税納入の法制を掌る。その内容は、家口・耕地・村落の全国総数を管理し、家畜・車輌の全国総数を帳簿管理し、租税・力役徴収の調節を明らかにし、畿内の領域区画を定め、救済政策を実施し、牧畜に関する政務を明らかにすることである。

司均掌田里之政令。凡人口十已上、宅五畝、口九已下[1]、宅四畝、口五已下、宅三畝。有室者、田百四十畝、丁者田百畝。

〔校勘〕

①口九已下　百衲本諸本もと已上に作る。中華書局標点本校勘記は、「應作口九已下、才能和下文口五已下相銜接」と述べる。いまこれに従い、上字を下字に改める。

〔訓読〕

司均は田里の政令を掌る。凡そ人口十已上は、宅五畝、口九已下は、宅四畝、口五已下は、宅三畝なり。室有る者は、田百四十畝、丁者は田百畝なり。

〔通釈〕

司均は、田土の政令を掌る。戸口数が十人以上の家は五畝の土地を、九人以下の家は四畝の土地を、五人以下の家は三畝の土地を園宅地とする。妻帯者には百四十畝の耕地を、未婚の成年男子には百畝の耕地を支給する。

司賦掌功賦之政令[1]。凡人自十八以至六十有四、與輕癃[2]者、

皆賦之。其賦之法、有室者、歳不過絹一疋、綿八兩、粟五斛、丁者半之。其非桑土、有室者、布一疋、麻十斤、丁者又半之。豐年則全賦、中年半之、下年三之③、皆以時徵焉。若艱凶札、則不徵其賦。

〔校勘〕

①司賦掌功賦之政令　功賦二字、『通典』巻五食貨五賦税中は、賦均二字に作る。ここでは百衲本による。

②輕癃者　『通典』巻五食貨五賦税中は、「輕疾者」に作る。ここでは百衲本による。

③下年三之　『通典』巻五食貨五賦税中は、「下年一之」に作る。一字、三字いずれにせよ分明でない。思うに原文は「下年三之一」だったのではあるまいか。他に傍証がないので、今は百衲本の三字にしたがい、意味は三分の一で理解しておく。

〔訓読〕

司賦は功賦の政令を掌る。凡そ人、十八自り以て六十有四に至るまでと、輕癃者と、皆な之に賦す。其の賦の法、室有る者は、歳ごとに絹一疋、綿八兩、粟五斛を過ぎず、丁者は之を半ばにす。其の桑土に非ざるは、室有る者は、布一疋、麻十斤とし、丁者は又た之を半ばにす。豐年なれば則ち全て賦し、中年なれば之を半ばにし、下年なれば之を三にし、皆な時を以て焉《これ》を徵す。若し凶札に艱《くる》しめば、則ち其の賦を徵せず①。

〔注釈〕

①豐年至其賦　豐年（上年）・中年・下年・凶札（凶年）の四等の収穫量にあわせて調の収取量を逓減することは、つぎの力役の徴発にも適用される。また官僚の禄秩の支給に際しても、この収穫量が基準として用いられた。『隋書』巻二七百官志中に「其制祿秩、下士一百二十五石、中士已上、至於上大夫、各倍之。上大夫是爲四千石。卿二分、孤三分、公四分、各益其一。公因盈數爲一萬石。其九秩一百二十石、八秩至於七秩、毎二秩六分而下各去其一、二秩一秩、俱爲四十石。凡頒祿、視年之上下。畝至四釜爲上年、上年頒其正。三釜爲中年、中年頒其半。二釜爲下年、下年頒其一。無年爲凶荒、不頒祿」とある。

これによれば、畝当り収穫量四釜を上年、三釜を中年、二釜を下年、収穫が無いのを凶年としている。釜（鬴）は、『周禮』冬官考工記・㮚氏に「量之以爲鬴、深尺、内方尺而圜其外、其實一鬴」とあり、その鄭玄注に「以其容爲之名也。四升曰豆、四豆曰區、四區曰鬴、鬴、六斗四升也」とある。一釜六斗四升であるから、上年は畝収二石五斗六升、中年は畝収一石九斗二升、下年は畝収一石二斗八升となる。

〔通釈〕

司賦は、租税賦課の政令を掌る。十八歳から六十四歳までは、軽度身障者とともに、皆な租税を賦課する。租税賦課の方法は、未婚の妻帯者には一年に絹を一疋・綿八両・粟五斛を納めさせ、未婚の成年男子は妻帯者の半分とする。桑を栽培するのに適さない土地では、妻帯者には麻布一疋・麻糸十斤を納めさせ、未婚の成年男子はその半分とする。豊作の年は規定の通り完納させ、平年作の時はその半分を、不作の時は三分の一を、その納入期限に合わせて徴収する。凶作と疫病とに苦しむ場合は、その租税を徴収しない。

司役掌力役之政令。

凡人自十八以至五十有九、皆任於役。豊年不過三旬、中年則二旬、下年則一旬。

凡起徒役、無過家一人。其人有年八十者、一子不従役、百年者、家不従役。廢疾非人不養者、一人不従役。若凶札、又無力征。

〔訓読〕

司役は力役の政令を掌る。

凡そ人、十八自り以て五十有九に至るまで、皆な役に任《もち》ふ。豊年は三旬を過ぎず、中年は則ち二旬、下年は則ち一旬。

凡そ徒役を起こすに、家ごとに一人を過ぐること無かれ①。其れ人に年八十なる者有れば、一子、役に従はず、百年なる者は、家、役に従はず②。廢疾にして人に非ざれば養はれざる者は、一人、役に従はず。若し凶札なれば、又た力征すること無し。

〔注釈〕

①凡起徒役無過家一人　この規定は、『周禮』地官司徒・小司徒条に「凡起徒役、毋過家一人、以其餘爲羨」とあるのに基づく。

②其人至従役　この規定は、『禮記』王制篇に「凡三王養老皆引年。八十者、一子不従政。九十者、其家不従政。廢疾非人不養者、一人不従政」とあるのに基づく。

〔通釈〕

司役は、力役の政令を掌る。

十八歳から五十九歳までの人びとは皆な力役に用いる。力役日数は、豊作の年は三十日、平年作の年は二十日、不作の年は十日までとする。

力役の徴発は家ごとに一人とする。家の中に八十歳以上の老人がいる場合、子供一人は力役に従事せず、百歳以上の老人がいる家はだれも力役に従事しない。家の中に介護者がいなければ生きていけない重度身障者がいる場合は、一人は力役に従事しない。凶作や疫病の際には、まったく力役の徴発をおこなわない。

掌鹽掌四鹽之政令。一曰散鹽、煮海以成之。二曰盬鹽、

引池以化之。三曰形鹽、物地以出之。①四曰飴鹽、於戎以取之。凡盬鹽形鹽、毎地爲之禁、百姓取之、皆税焉。

〔校勘〕

①**物地以出之**　物字、『通典』巻一〇食貨一〇塩鉄・『冊府元亀』巻四九三邦計部山沢一は、ともに掘字に作る。物字には、相（観察）の意味があり、このままでも文義通じる。物・掘字形が近いので形譌した可能性もあるが、ここでは百衲本による。

〔訓読〕

掌鹽は四鹽の政令を掌る。一を散鹽と曰ひ、海を煮て以て之を成す。二を盬鹽と曰ひ、池を引きて以て之を化す。三を形鹽と曰ひ、地を物《み》て以て之を出だす。四を飴鹽と曰ひ、戎に於て以て之を取る。①凡そ盬鹽・形鹽、地毎《ごと》に之が禁を爲し、百姓之を取れば、皆な焉《これ》に税す。

〔注釈〕

①**掌鹽至取之**　散鹽・盬（苦）鹽・形鹽・飴鹽の四種類の塩とその管理については、『周禮』天官冢宰・鹽人条に「鹽人掌鹽之政令、以共百事之鹽。祭祀、共其苦鹽・散鹽（注、杜子春讀苦爲盬、謂出鹽直用、不湅治。鄭司農云、散鹽、湅治者。玄謂、散鹽、鬻水爲鹽）。賓客、共其形鹽・散鹽（注、形鹽、鹽之似虎形）。王之膳羞、共飴鹽、后及世子亦如之（注、飴鹽、鹽之恬者、今戎鹽有焉）」とある。また『史記』巻一二九貨殖列伝に「猗頓用盬鹽起」とあり、その索隱に「盬音古。案、周禮鹽人云、共苦鹽、杜子春以爲苦讀如盬。盬謂出鹽直用不煉也。一説云、盬鹽、河東大鹽。散鹽、東海煮水爲鹽也」とある。盬（苦）塩は河東塩池産の塩、散塩は海水を煮て作った海塩を言う。

〔通釈〕

掌塩は、四種類の塩の政令を掌る。第一を散塩といい、海水を煮てつくる。第二を盬塩といい、塩池の水を引き、干上がらせて塩をつくる。第三を形塩といい、大地を観察して掘り出す。第四を飴塩といい、異民族の地で採取する。盬塩と形塩とは、その産地ごとに規制し、人民が塩を生産する場合には、皆な租税をかける。

司倉掌辨九穀之物、以量國用。國用足、即蓄其餘、以待凶荒。不足則止餘用、足則以粟貸人。春頒之、秋斂之。

〔訓読〕

司倉は九穀の物を辨じ、以て國用を量るを掌る。國用足れば、即ち其の餘を蓄へ、以て凶荒に待《そな》ふ。足らざれば則ち餘用を止《とど》め、足れば則ち粟を以て人に貸す。春に之を頒かち、秋に之を斂《をさ》む①。

〔注釈〕

①**司倉至斂之**　司倉の職掌は、『周禮』地官司徒・倉人に「倉人掌粟入之藏、辨九穀之物、以待邦用。若穀不足、則止餘法用。有餘則藏之、以待凶而頒之（鄭玄注、止猶殺也。殺餘法用）」とあるのに基づく。なお中華書局標点本は「不足則止、餘用足則以粟貸人」と句読するが、文意通じない。ここは明らかに『周礼』を典拠としているので、その句法を踏襲すべきである。

九穀については、『周禮』天官冢宰・大宰に「以九職任萬民、一曰三農、生九穀」とあり、鄭玄注に「九穀、黍（モチキビ）・稷（アワ）・秫（モチアワ）・稲・麻・大小豆・大小麥」と見える。

〔通釈〕

司倉は、あらゆる穀物類を管理し、財政を調整することを掌る。財政が充足すれば、その余剰を蓄積し、災害に備える。財政が不足すれば、余分な経費を節減し、充足すれば、穀物を人民に貸出する。その場合、春に穀物を貸与し、秋に回収する。

閔帝元年、初除市門税。及宣帝即位、復興入市之税。

武帝保定元年、改八丁兵爲十二丁兵、率歳一月役。建徳三年①、改軍士爲侍官、募百姓充之、除其縣籍。是後夏人半爲兵矣。宣帝時、發山東諸州兵②、増一月功爲四十五日役、以起洛陽宮。并移相州六府於洛陽、稱東京六府。

武帝保定二年正月、初於蒲州開河渠、同州開龍首渠、以廣溉灌。

〔校勘〕

①**建徳三年**　百衲本をはじめ、諸本皆な「建徳二年」に作る。『周書』巻五武帝紀上建徳三年（五七四）十二月条に「丙申、改諸軍軍士、並爲侍官」とあり、『北史』巻一〇周本紀下武帝建徳三年十二月条にも「丙申、改諸軍軍人、並名侍官」とある。二年は、三年の誤りである。

②**發山東諸州兵**　この句、百衲本等諸本は「發山東諸州」に作り、兵字を缺く。『通典』巻五食貨五賦税中は、「發山東諸州兵」に作り、兵字をともなう。下文に引く『北史』巻一〇周本紀下宣帝大象元年（五七九）二月癸亥条にも「發山東諸州兵」とある。このほうが隋志本文より明確であり、隋志は兵字を脱落したものである。いま『通典』・『北史』により、兵字を補う。

〔訓読〕

閔帝の元年、初めて市門税を除く①。宣帝即位するに及び、復た入市の税を興す②。

武帝の保定元年、八丁兵を改めて十二丁兵と爲し、率ね歳ごとに一月役す③。建徳三年、軍士を改めて侍官と爲し、百姓を募りてこれに充て、其の縣籍を除く。是の後、夏人半ば兵と爲れり。宣帝の時、山東諸州の兵を發し、一月の功を増して四十五日の役と爲し、以て洛陽宮を起こす。并びに相州六府を洛陽に移し、東京六府と稱す④。

武帝の保定二年正月、初めて蒲州に於て河渠を開き、同州に龍首渠を開き、以て漑灌を廣む⑤。

［注釈］

①閔帝元年初除市門税　『周書』巻三孝閔帝紀元年（五五七）正月条に「甲辰、祠太社。初除市門税」とある。この市門税の開始時期については、『資治通鑑』巻一六七陳武帝永定元年（北周孝閔帝紀元年）正月甲辰条に「除市門税」とあり、その胡三省注に「魏末盜賊群起、國用不足、税入市門者人一錢、今除之」と解釈する。胡三省の言う魏末の事例は、『魏書』巻九粛宗紀孝昌二年（五二六）条の「冬十有一月戊戌、……閏月、税市人出入者各一錢、店舍爲五等」であろう。この時の市門税は、『魏書』巻一一廃出三帝紀・前廃帝廣陵王普泰元年（五三一）二月条に「詔曰、……可大赦天下、以魏爲大魏、改建明二年爲普泰元年。其税市及税鹽之官、可悉廢之」とあり、五年後、前廃帝の即位とともに廃止されている。孝閔帝紀元年に廃止された市門税は、普泰元年（五三一）二月以後に設置されたものとなるが、その時期は未詳である。

　孝閔帝、宇文覚（五四二～五五七）、字は陁羅尼。宇文泰の第三子、北周初代皇帝（在位五五七年）。一六歳で天王位に即いたが、在位九箇月にして、宇文護に殺害された。『周書』巻三・『北史』巻九に本紀がある。

②及宣帝即位復興入市之税　『周書』巻七宣帝紀大象二年（五八〇）正月乙卯条に「詔江左諸州新附民、給復二十年。初税入市者、人一錢」とある（『北史』巻一〇周本紀下同じ）。

　宣帝、宇文贇（五五九～五八〇）、字は乾伯、武帝の長子。北周第四代皇帝（在位五七八～五八〇）。『周書』巻七・『北史』巻一〇に本紀がある。

③武帝至月役　武帝、宇文邕（五四三～五七八）、字は禰羅突、宇文泰の第四子、北周第三代皇帝（在位五六〇～五七八年）。建徳六年（五七七）、北斉を滅ぼして華北を再統一した。『周書』巻五巻六・『北史』巻一〇に本紀がある。

　八丁兵については、『周書』巻五武帝紀上保定元年条に「三月丙寅、改八丁兵爲十二丁兵、率歳一月役」とある。ほぼ同文が『資治通鑑』巻一六八陳文帝天嘉二年三月丙寅条にあり、その胡三省注に「八丁兵者、凡境内民丁、分爲八番、遞上就役。十二丁兵者、分爲十二番、月上就役、周而復始」と解釈する。八丁兵は、八人一組の兵丁が、四五日ずつ交替勤務してゆく制度である。下文宣帝期の洛陽宮建造の際には、十二丁兵一箇月勤務が八丁兵四五日勤務にもどされている。

　十二丁兵制度については、本志下文にも隋文帝即位当初のこととして、「及受禪、又遷都、發山東丁、毀造宮室。仍依周制、役丁爲十二番、匠則六番」とある。十二丁兵制度は、十二人一組の兵丁が、一箇月ずつ交替勤務してゆくことを言う。

④宣帝至六府　六府は、上述の宇文泰の創った六官制。北斉の滅

亡に際し、北斉が宮殿を設置した相州鄴都と并州晋陽宮に六官（六府）制を置き、山東支配の拠点とした。『周書』巻六武帝紀下建徳六年（五七七）二月条に「齊諸行臺州鎮悉降、關東平。合州五十五・郡一百六十二・縣三百八十五、戸三百三十萬二千五百二十八・口二千萬六千八百八十六。乃於河陽・幽・青・南兗・豫・徐・北朔・定、並置總管府、相・并二總管各置宮及六府官」とある。『資治通鑑』巻一七三陳宣帝太建九年二月条に付す胡三省注は、「相・并二州、皆有齊舊宮及省。故仍置官、若別都然、置六府官、以代省也。六府官蓋倣長安六官之府、未必備官也」と解説する。このうち并州宮六府は、『周書』巻六武帝紀下建徳六年（五七七）十二月条に「庚申、行幸并州宮。移并州軍人四萬戸於關中」とあり、同年のうちに廃止された。并州宮六府には、少なくとも四万戸の宿衞兵がいたのであり、相州宮六府にもそれ以上の宿衞兵が設置されたはずである。

北周宣帝の洛陽宮造営と相州六府の洛陽への移動については、『北史』巻一〇周本紀下宣帝大象元年（五七九）二月癸亥条に「詔曰、河洛之地、舊稱朝市、自魏氏失馭、城闕爲墟。我太祖受命酆鎬、有懷光宅。高祖往巡東夏、布政此宮。朕以眇身、祇承寶運、雖庶幾聿修之志、敢忘燕翼之心。一昨駐蹕金墉、備嘗遊覽。百王制度、基址尚存。今若因循、爲功易立。宜命邦事、修復舊都。奢儉取文質之間、功役依子來之義。北瞻河內、咫尺非遙、前詔經營、今宜停罷。於是發山東諸州兵、增一月功爲四十五日役、起洛陽宮。常役四萬人、以迄晏駕。并移相州六府於洛陽、稱東京六府」とある。ここには、「發山東諸州兵」とあり、徴発対象を兵としている。

宣帝大象元年（五七九）二月に相州六府を移動して成立した東京六府は、隋文帝の開皇元年（五八一）八月に廃止された。『隋書』巻一高祖紀上開皇元年八月壬午条に「廢東京官」とある。

⑤**武帝至溉灌**　『周書』巻五武帝紀上保定二年正月条に「壬寅、初於蒲州開河渠、同州開龍首渠、以廣溉灌」とある。

〔通釈〕

孝閔帝元年（五五七）、初めて市門税を止めた。宣帝が即位すると（五七八）、市門税を再興した。

武帝の保定元年（五六一）、八丁兵を改めて十二丁兵とし、一年に一箇月間の力役を負担させた。建徳三年（五七四）、軍士を改め侍官と名づけ、人民から募集してこれに充て、彼らを県籍から除外した。こののち漢人の半ばが兵（侍官）となった。宣帝の時、山東諸州（旧北斉領）の兵を徴発し、一箇月間の力役を四十五日間に延長し、洛陽宮を建造した。あわせて相州六府を洛陽に移し、東京六府と称した。

武帝の保定二年（五六二）正月、初めて蒲州（山西省永済県）に運河を開き、同州（陝西省大茘県）に龍首渠を開いて、灌漑地を拡大した。

（三）　隋の租税・穀物政策

(1)高祖文帝の時代

高祖登庸、罷東京之役、除入市之税。是時尉迥王謙司馬

消難、相次叛逆、興師誅討、賞費鉅萬。及受禪、又遷都、發山東丁、毀造宮室。仍依周制、役丁爲十二番、匠則六番。

〔訓読〕

高祖登庸するや、東京の役を罷め①、入市の税を除く②。是の時、尉迥・王謙・司馬消難、相ひ次ぎ叛逆し③、師を興して誅討するに、賞、鉅萬を費やす。受禪するに及んで、又た都を遷し④、山東の丁を發し、宮室を毀造す。仍《な》ほ周制に依り、丁を役して十二番と爲し、匠は則ち六番なり⑤。

〔注釈〕

①**罷東京之役**　北周宣帝の洛陽宮造営については、一八七頁注釈④参照。洛陽宮造営の停止については、『北史』巻一〇周本紀下静帝紀大象二年（五八〇）五月条に「乙未、宣帝寢疾、詔帝入宿路門學。己酉、宣帝崩、帝入居天臺、廢正陽宮。大赦、停洛陽宮作」とある。

②**除入市之税**　『北史』巻一〇周本紀下宣帝大象二年（五八〇）正月乙卯条に「詔江右諸州新附人、給復二十年。初税入市者、人一錢」とあり、同巻静帝紀大象二年五月条に「隋公楊堅爲假黄鉞左大丞相・柱國、秦王贄爲上柱國。帝居諒闇、百官總己以聽於左大丞相。壬子、以上柱國鄖公韋孝寬爲相州總管。罷入市税錢」とある。

③**尉迥王謙司馬消難相次叛逆**　いずれも大象二年（五八〇）五月の楊堅の大丞相就任にともなう実権掌握に対する反乱であるが、ほどなく鎮圧された。『隋書』巻一高祖紀上大象二年六月条に「相州總管尉遲迥自以重臣宿將、志不能平、遂舉兵東夏。趙・魏之士、從者若流、旬日之間、衆至十餘萬」とあり、同七月条に「韋孝寬破尉遲迥於相州、傳首闕下、餘黨悉平。初、迥之亂也、鄖州總管司馬消難據州響應、淮南州縣多同之。命襄州總管王誼討之、消難奔陳。荊郢群蠻乘釁作亂、命亳州總管賀若誼討平之。先是、上柱國王謙爲益州總管、既見幼主在位、政由高祖、遂起巴蜀之衆、以匡復爲辭。高祖方以東夏・山南爲事、未遑致討。謙進兵屯劍閣、陷始州。至是、乃命行軍元帥・上柱國梁睿討平之、傳首闕下」とある。

④**及受禪又遷都**　長安に新都大興城を造営して移ったことを言う。『隋書』巻一高祖紀上開皇二年（五八二）六月條に「仍詔左僕射高熲・將作大匠劉龍・鉅鹿郡公賀婁子幹・太府少卿高龍叉等創造新都」とあり、同年十二月丙子条に「名新都曰大興城」とあり、また開皇三年正月庚子条に「將入新都、大赦天下」、同年三月丙辰条に「雨。常服入新都」と見える。正式の遷都は、開皇三年三月である。

⑤**仍依周制役丁爲十二番匠則六番**　ここに言う周制は、本志上文の「武帝保定元年（五六一）、改八丁兵爲十二丁兵、率歲一月役」を指す。十二番は、十二人一組の兵丁が一年間順次交替勤務してゆくことを言い、一人の兵丁について言えば、毎年一箇月の力役義務を負うことになる。丁匠の場合は、六人一組の丁匠が二箇月ずつ交替勤務してゆくことを言う。

〔通釈〕

高祖楊堅（在位五八一～六〇四）は、北周の左大丞相になると、東京洛陽宮建造の役をやめ、入市の税を廃止した。このとき尉遲迥・王謙・司馬消難らがあいついで反逆したので、軍隊を興して征伐し、褒賞に鉅万を費やした。彼は禅譲を受けて即位すると、また遷都し、山東（旧北斉）地域の民丁を徴発して宮殿を造営した。なお北周の制度により、役丁は十二番勤務、役匠は六番勤務とした。

及頒新令、制人五家爲保、保有長。保五爲閭、閭四爲族、皆有正。畿外置里正、比閭正、黨長比族正、以相檢察焉。

男女三歳已下爲黄、十歳已下爲小、十七已下爲中、十八已上爲丁。丁從課役、六十爲老、乃免。

自諸王已下、至于都督、皆給永業田、各有差。多者至一百頃、少者至四十畝。① 其丁男中男永業露田、皆遵後齊之制。並課樹以桑楡及棗。其園宅、率三口給一畝、奴婢則五口給一畝。丁男一牀、租粟三石。桑土調以絹絁、麻土調以布。② 絹絁以疋、加綿三兩。布以端、加麻三斤。單丁及僕隸各半之。未受地者皆不課。有品爵及孝子順孫義夫節婦、並免課役。

京官又給職分田。一品者給田五頃。毎品以五十畝爲差、至五品、則爲田三頃、六品二頃五十畝。其下毎品以五十畝爲差、至九品爲一頃。外官亦各有職分田。

又給公廨田、以供公用。

〔校勘〕

①**少者至四十畝**　この句、『通典』巻二食貨二田制下・『冊府元亀』巻四九五邦計部田制は、ともに「少者至三十頃」に作る。唐代の官人永業田規定は、『通典』巻二食貨二田制下に「大唐開元二十五年令……其永業田、親王百頃、職事官正一品六十頃、郡王及職事官從一品各五十頃、國公若職事官正二品各四十頃、郡公若職事官從二品各三十五頃、縣公若職事官正三品各二十五頃、職事官從三品二十頃、侯若職事官正四品各十四頃、伯若職事官從四品各十頃、子若職事官正五品各八頃、男若職事官從五品各五頃、上柱國三十頃、柱國二十五頃、上護軍二十頃、護軍十五頃、上輕車都尉十頃、輕車都尉七頃、上騎都尉六頃、騎都尉四頃、驍騎尉・飛騎尉各八十畝、雲騎尉・武騎尉各六十畝」とある。これによれば、親王百頃から武騎尉六〇畝までの規定があり、隋の規定を踏襲したものと考えられる。『通典』・『冊府元亀』の三十頃には何か理由があるのかもしれないが、ここでは本志の記述に従う。

②麻土調以布　百衲本等諸本は、「麻土以布」に作る。『通典』巻五食貨五賦税中は「麻土調以布」に作って一調字多く、また『冊府元亀』巻四八七邦計部賦税一は「麻土調以絹布」に作る。『冊府元亀』の「麻土調以絹布」の絹字は、明らかに衍文であるが、それを正せば、『通典』の記事に同じい。調字が無くとも文意は通じるが、ある方が文章としては完善である。いま『通典』・『冊府元亀』により、調字を補う。

〔訓読〕

新令を頒かつに及び①、制して人（民）五家を保と爲し、保に長有り。保五を閭と爲し、閭四を族と爲し、皆な正有り。畿外に里正を置き、閭正に比《なぞら》へ、黨長は族正に比へ、以て相ひ檢察せしむ。

男女三歳已下を黄と爲し、十歳已下を小と爲し、十七已下を中と爲し、十八已上を丁と爲せ。丁は課役に從ひ、六十にして老と爲し、乃ち免ぜよ。

諸王自り已下、都督に至るまで、皆な永業田を給ふに、各おの差有り。多き者は一百頃に至り、少なき者は四十畝に至る②。

其の丁男・中男の永業・露田、皆な後齊の制に遵へ③。並びに課して樹ゆるに桑楡及び棗を以てせよ。

其の園宅、率ね三口ごとに一畝を給ひ、奴婢は則ち五口ごとに一畝を給へ。

丁男一牀、租粟は三石なり。桑土は調するに絹絁を以てし、麻土は調するに布を以てせよ。絹絁は疋を以てし、綿三兩を加へ、布は端を以てし、麻三斤を加へよ。單丁及び僕隷は各おの之を半ばとせよ④。未だ地を受けざる者は、皆な課せず。品爵有るもの及び孝子・順孫・義夫・節婦は、並びに課役を免ぜよ。

京官又た職分田を給へ⑤。一品なる者は田五頃を給へ。品毎《ごと》に五十畝を以て差と爲し、五品に至れば、則ち田三頃と爲し、六品は二頃五十畝とせよ。其の下、品毎に五十畝を以て差と爲し、九品に至りて一頃と爲せ。外官も亦た各おの職分田有り。

又た公廨田を給ひ、以て公用に供《そな》へよ⑥。

〔注釈〕

①及頒新令　ここに言う新令は、律とともに開皇元年に制定にむけて着手されたものであり、律は開皇三年に完成した。『隋書』巻二五刑法志に「高祖既受周禪、開皇元年、乃詔尚書左僕射・勃海公高熲、上柱國・沛公鄭譯、上柱國・清河郡公楊素、大理前少卿・平源縣公常明、刑部侍郎・保城縣公韓濬、比部侍郎李諤、兼考功侍郎柳雄亮等、更定新律、奏上之」とあり、『大唐六典』巻六刑部尚書・律条原注に「隋開皇元年、命高熲等七人、定律。至三年、又敕蘇威・牛弘、删定。凡十二篇」とあり、同令条原注に「隋開皇、命高熲等、撰三十巻」とある。以下、隋の三長制から下段公廨田規定までは、開皇令の規定に基づくも

のである。

②自諸王已下至于都督皆給永業田各有差　官人永業田規定はここに始まる。

諸王以下は、九等の有爵者を指す。『隋書』巻二八百官志下に「國王・郡王・國公・郡公・縣公・侯・伯・子・男、凡九等。皇伯叔昆弟皇子爲親王」とある。

また都督は、上柱国以下都督に至る十一級の散実官を指し、唐代の勲官にあたる。『隋書』巻二八百官志下に「高祖又採後周之制、置上柱國・柱國・上大將軍・大將軍・上開府儀同三司・開府儀同三司・上儀同三司・儀同三司・大都督・帥都督・都督、總十一等、以酬勤勞。又有特進・左右光祿大夫・金紫光祿大夫・銀青光祿大夫・朝議大夫・朝散大夫、並爲散官。以加文武官之德聲者、並不理事。六品已下、又有翊軍等四十三號將軍、品凡十六等、爲散號將軍、以加汎授。居曹有職務者爲執事官、無職務者爲散官。戎上柱國已下爲散實官、軍爲散號官。諸省及左右衛・武候・領左右監門府爲內官、自餘爲外官」とある。有爵者・散実官のみならず、実職をもつ執事官にも永業田が与えられたことは、容易に推定できる。

③其丁男中男永業露田皆遵後齊之制　ここにある北斉の制度とは、本志上文河清三年令の規定であろう。そこには「其方百里外及州人、一夫受露田八十畝、婦四十畝。奴婢依良人、限數與在京百官同。丁牛一頭、受田六十畝、限止四牛。又每丁給永業二十畝、爲桑田。其中種桑五十根・楡三根・棗五根。不在還受之限」とある。

④單丁及僕隸各半之　僕隸は、奴婢および部曲・客女を指す。部曲・客女の法制上の成立は、北周武帝建徳六年（五七七）十一月である。『周書』巻六武帝紀下建徳六年十一月条に「詔、自永熙三年（五三四）七月已來、去年十月已前、東土之民、被抄略在化內爲奴婢者、及平江陵之後、良人沒為奴婢者、並宜放免。所在附籍、一同民伍。若舊主人猶須共居、聽留爲部曲及客女」とある。

⑤京官又給職分田　職分田は、官職に対して支給される公田で、通常賃作（小作）に出して得られる小作料を官人の取り分に当てる。職分田の始まりは、『魏書』食貨志・北魏孝文帝太和九年（四八五）均田詔第十五条「諸宰民之官、各隨地給公田。刺史十五頃、太守十頃、治中・別駕各八頃、縣令・郡丞六頃。更代相付。賣者坐如律」の規定にある。杜佑は、のちの職分田の起源をこの条文にもとめている。『通典』巻一食貨田制上所引均田規定の杜佑原注に「職分田起於此」とある。詳細は、『魏書』食貨志訳注五五頁下段注釈①参照。

⑥又給公廨田以供公用　公廨田は、各官司の行政経費をまかなうために支給される公田で、通常賃作（小作）に出して得られる小作料を経費に当てる。『通典』巻十九職官一祿秩条に「隋京官正一品祿九百石、其下每以百石爲差、至正四品、是爲三百石。從四品二百五十石。其下每以五十石爲差、至正六品、是爲一百石。從六品九十石、以下每以十石爲差、至從八品、是爲五十石。其給皆以春秋二季。刺史・太守・縣令、則計戸而給祿、各以戸數爲九等之差。其祿唯及刺史（私案、六字據隋書百官志而補）二（私案、二字當作上）佐及郡守・縣令。京官給職分田、一品者給田五頃、至五品則爲田三頃。其下每品以五十畝爲差、至九品爲一頃。

外官亦各有職分田、又給公廨田以供」とある。隋朝における職分田・公廨田の支給開始は、開皇十四年（五九四）六月である。その事情については、本志下文二二〇頁参照。それゆえ、ここに見える職分田・公廨田の規定が開皇初年の新令中にそのまま存在した可能性は低い。

〔通釈〕

（開皇）新令を発布した。

人民を区分し、五家を保とし、保には保長を設けよ。五保を閭とし、四閭を族とし、それぞれに閭正・族正を設けよ。畿外には里正と党長を置き、里正は閭正と、党長は族正と同等のものとし、これによって人民をお互いに監視させよ。

男女三歳以下を黄とし、十歳以下を小とし、十七歳以下を中とし、十八歳以上を丁とせよ。丁は課役（租調正役）を負担し、六十歳を老とし、課役を免除せよ。

諸王以下から都督に至るまでの官人には、皆な永業田を支給し、それぞれ職務により等級をつけよ。多い者は一百頃、少ない者は四十畝とせよ。

丁男・中男の永業田と露田の区別は、全て北斉の制度に従い、桑・楡および棗の栽培を割り当てよ。

園宅地は三人ごとに一畝を支給し、奴婢には五人ごとに一畝を支給せよ。

丁男は一牀（夫婦）を単位とし、租は粟三石を納め、調は桑の生育地では絹絁を、麻の生育地では麻布を納めよ。絹絁は一疋とし、綿（マワタ）三両を加調し、麻布は一端とし、麻糸三斤を加調せよ。

北朝隋唐村落制度一覧

北魏太和 10 年（486）	鄰（5 家）	里（5 鄰 25 家）	黨（5 里 125 家）	『魏書』食貨志
北魏後期	比鄰（5 家）	閭里（5 鄰 25 家）	黨族（4 里 100 家）	『魏書』巻 18 元孝友伝
北斉河清 3 年（564）	比鄰（10 家）	閭里（5 鄰 50 家）	族黨（2 里 100 家）	『隋書』食貨志
北周	—	閭里	黨族	『周書』巻 23 蘇綽伝
隋開皇元年（582）	保（5 家）	閭・里（5 保 25 家）	族・黨（4 閭 100 家）	『隋書』食貨志
唐	隣（4 家）	保（5 隣 20 家）	里（5 保 100 家）	『舊唐書』巻 43 職官志 2

単身者および奴婢・部曲客女の負担は、それぞれ丁男夫婦の半分とせよ。土地を支給されない者には租調負担を免除せよ。品階や爵位をもつ者および孝行な子や従順な孫、夫や妻が亡くなってから貞節を守る者は、皆な課役を免除せよ。

中央官にはさらに職分田を支給せよ。一品官には田五頃を支給せよ。品級ごとに五十畝の格差をつけ、五品官は田三頃、六品官は二頃五十畝を支給せよ。それ以下の官人にも品級ごとに五十畝の格差をつけ、九品官には一頃を支給せよ。地方官にもそれぞれ職分田を支給せよ。

さらに公廨田を支給し、収穫物を官庁の経費にあてよ。

〔補考〕北朝隋唐期の三長制村落の変遷

ここで、北魏以来の三長制村落の変遷を一覧表にしておく。ちなみに唐の「四隣五保」問題については、様ざまな理解があるが、『舊唐書』巻四三職官志二に「百戸爲里、五里爲鄕。兩京及州縣之郭内、分爲坊、郊外爲村。里及坊村皆有正、以司督察。四家爲鄰、五鄰爲保。保有長、以相禁約」とある。北魏以来の村落制度の帰結としてみれば、『舊唐書』の記述によるのが自然である。これによれば、四家一隣、五隣（二〇家）一保、五保（百家）一里となる。

開皇三年三月、帝入新宮。①初令軍人以二十一成丁、減十二番、毎歳爲二十日役、減調絹一疋爲二丈。先是尚依周末之弊、官置酒坊收利、鹽池鹽井、皆禁百姓採用。至是罷酒坊、通鹽池鹽井、與百姓共之。遠近大悅。

〔校勘〕

①**開皇三年三月帝入新宮**　三月二字、百衲本諸本はもと正月に作る。『資治通鑑』巻一七五陳長城公至徳元年（隋開皇三年）条に「三月、丙辰、隋遷于新都」とあり、その考異に「隋食貨志、正月、帝入新宮。今從帝紀」と校訂する。開皇三年三月は、己亥朔で、丙辰は一八日にあたる。『隋書』高祖紀の記事については、一八八頁注釈④参照。『資治通鑑考異』により、本志の正月を三月に改める。

〔訓読〕

開皇三年三月、帝、新宮に入る。初めて軍人をして二十一を以て丁と成し、十二番を減じ、毎歳二十日の役と爲し、調絹一疋を減じて二丈と爲さしむ①。是れより先、尚ほ周末の弊に依り、官、酒坊を置きて利を収め、鹽池・鹽井、皆な百姓の採用を禁ず。是に至りて酒坊を罷め、鹽池・鹽井を通じて、百姓と之を共にす②。遠近大いに悦ぶ。

〔注釈〕

①**初令至二丈**　この賦役軽減措置については、『通典』巻五食貨五賦税中に「開皇三年、減十二番、毎歳爲二十日役、減調絹一匹爲二丈。初蘇威父綽在西魏世、以國用不足、爲征税之法、頗稱爲重。既而歎曰、今所爲者、正如張弓、非平代法也。後之君子、誰能弛乎。威聞其言、毎以爲己任。至是、威爲納言、奏減賦役、務從輕典、帝悉從之」とあり、蘇威の提言であったことが分かる。

また『北史』巻十一隋本紀上高祖開皇三年正月条に「始令人以二十一成丁、歳役功不過二十日、不役者收庸」とある。「不役者收庸」は、他に見えない規定である。歳役の代納措置として庸が収取されるようになる時期については、慎重な検討が必要であるが、歳役二十日にかかわる一連の措置として、この開皇三年が適切である。この点については、二〇一頁注釈③参照。

②先是至共之　『資治通鑑』巻一七五陳長城公至徳元年（隋開皇三年）三月条に「初令民二十一成丁。減役者毎歳十二番爲二十日役、減調絹一匹爲二丈。周末榷酒坊・鹽池・鹽井、至是皆罷之」とあり、その胡三省注に「池鹽、則河東鹽池。井鹽、則蜀中處處有之」とある。池塩は、河東塩池産の塩、井塩は、四川に散在する塩井産の塩を言う。塩池には総監が置かれ、製塩業務が管理された。『隋書』巻二八百官志下に「鹽池、置總監・副監・丞等員。管東西南北面等四監、亦各置副監及丞」とある。

〔通釈〕

開皇三年（五八三）三月、文帝は新宮（大興宮）に入った。初めて軍人に命じて二十一歳を成丁とし、十二番一箇月の勤務を削減して年間二十日の正役とし、調として納める絹一疋を減らして二丈（半疋）とした。これ以前にはまだ北周末期の悪政が残っており、国家が酒坊を設置して利益を収め、塩池や塩井では人民が塩を採取することを禁じていた。この年になって酒坊を廃止し、塩池・塩井の全てを人民に開放した。国中の者が大いに喜んだ。

是時突厥犯塞、吐谷渾寇邊、軍旅數起、轉輸勞敝。帝乃令朔州總管趙仲卿、於長城以北、大興屯田、以實塞下。又於河西、勒百姓立堡、營田積穀。京師置常平監。[1]

〔校勘〕

①京師置常平監　常平監設置の記述は唐突であり、前後とつながらない。『通典』巻十二食貨十二常平条に「隋文帝開皇三年、衛州置黎陽倉、洛州置河陽倉、陝州置常平倉、華州置廣通倉、轉相灌注、漕關東及汾晉之粟、以給京師。京師置常平監」とある。常平監設置は、『通典』の記述にあるように、一連の漕運改革にかかわる事業である。この句は、漕運改革を記す本志下文二〇七頁の開皇三年に繋属すべきである。

なお本志下文、開皇五年（五八五）の長孫平の義倉設置の上奏文中には、「去年亢陽、關内不熟、陛下哀愍黎元、甚於赤子。運山東之粟、置常平之官、開發倉廩、普加賑賜」とあり、開皇四年の旱魃にかかわって常平監の設置されたことが明らかである。開皇三年の漕運改革・諸倉設置をうけ、四年の旱魃を機に、常平監は設置されたのである。

〔訓読〕

是の時[1]、突厥《とっくつ》塞を犯し、吐谷渾《とよくこん》邊を寇し、軍旅數しば起こり、轉輸勞敝す。帝乃ち朔州總管趙仲卿をして、長城以北に於て、大いに屯田を興し、以て塞下を實たせしむ。又た河西に於て、百姓を勒して堡を立て、田を營んで穀を積《たくわ》へしむ[2]。

〔注釈〕

①是時至塞下　この時の軍役および屯田の状況については、別に『隋書』巻七四酷吏伝趙仲卿伝に「開皇三年、突厥犯塞。以行軍總管、從河間王弘、出賀蘭山。仲卿別道倶進、無虜而還。復鎮平涼、尋拜石州刺史。法令嚴猛、纖微之失、無所容捨、鞭笞長吏、輒至二百。官人戰慄、無敢違犯、盜賊屏息、皆稱其能。遷兗州刺史、未之官、拜朔州總管。于時塞北盛興屯田、仲卿總統之。微有不理者、仲卿輒召主掌、撻其胸背、或解衣倒曳於荊棘中。時人謂之猛獸。事多克濟、由是收穫歳廣、邊戍無餽運之憂」とある。また『隋書』巻六一郭衍伝にも「開皇元年、敕復舊姓爲郭氏。突厥犯塞、以衍爲行軍總管、領兵屯於平涼。數歳虜不入。……五年、授瀛州刺史、……選授朔州總管。所部有恒安鎮、北接蕃境、常勞轉運。衍乃選沃饒地、置屯田、歳剩粟萬餘石、民免轉輸之勞」とみえる。

②又於河西勒百姓立堡營田積穀　その状況については、『隋書』巻五三賀婁子幹伝に「其年（開皇二年）、突厥復犯塞、以行軍總管、從竇榮定擊之。子幹別路破賊、斬首千餘級、高祖嘉之。遣通事舍人曹威齎優詔勞勉之。子幹請入朝、詔令馳驛奉見。吐谷渾復寇邊、西方多被其害、命子幹討之。馳驛至河西、發五州兵、入掠其國、殺男女萬餘口、二旬而還。高祖以隴西頻被寇掠、甚患之。彼俗不設村塢、敕子幹、勒民爲堡、營田積穀、以備不虞。子幹上書曰、比者兇寇侵擾、蕩滅之期、匪朝伊夕。伏願聖慮、勿以爲懷。今臣在此、觀機而作、不得準詔行事。且隴西・河右、土曠民稀、邊境未寧、不可廣爲田種。比見屯田之所、獲少費多、虛役人功、卒逢踐暴。屯田疏遠者、請皆廢省。但隴右之民、以畜牧爲事、若更屯聚、彌不獲安。只可嚴謹斥候、豈容集人聚畜。請要路之所、加其防守。但使鎮戍連接、烽候相望、民雖散居、必謂無慮。高祖從之」とある。これによれば、屯田・營田に対する評価は、食貨志と反対になる。高祖は、賀婁子幹の意見に従っており、河西營田がどの程度実行されたのか疑わしい。

〔通釈〕

この時、突厥が長城を侵犯し、吐谷渾が辺境に侵攻したため、しばしば戦争がおこり、軍糧輸送のために人民は疲弊した。文帝は朔州総管趙仲卿に命じ、長城以北一帯に大規模な屯田を設置し、長城周辺を充実させた。さらに河西地方では人民に堡塁を築かせ、屯田経営によって穀物を蓄積させた。

是時山東尚承齊俗、機巧姦偽、避役惰遊者十六七。四方疲人、或詐老詐小、規免租賦。高祖令州縣大索貌閲、戸口不實者、正長遠配、而又開相糾之科。大功已下、兼令析籍、各爲戸頭、以防容隱。於是計帳進四十四萬三千丁、新附一百六十四萬一千五百口。①

高熲又以人間課輸、雖有定分、年常徵納、除注恒多、長吏肆情、文帳出沒、復無定簿、難以推校、乃爲輸籍定樣、請遍下諸州、毎年正月五日、縣令巡人、各隨便近、五黨三

黨、共爲一團、依樣定戸上下。帝從之。自是姦無所容矣。

〔校勘〕

①**是時至百口**　本節の前段の貌閲に関する記事は、煬帝大業五年の裴蘊提案にかかる政策であり、後段の高祖開皇五年の高熲提案にかかる輸籍法の提案とは区別されなければならない。叙述の経緯から考えて、錯簡ではなく、隋志（『五代史志』）編纂の段階で、両者をともに高熲提案の政策と誤認し、編年を誤ったものである。以下、礪波護氏の「隋の貌閲と唐初の食實封」（初出一九六三年、のち『唐代政治社会史研究』同朋舎出版、一九八六年）にもとづき、若干の私見をそえて、その理由を述べる。

『資治通鑑』巻一七六陳長城公至徳三年（隋文帝開皇五年・五八五）五月条に「時民間多妄稱老小、以免賦役。山東承北齊之弊政、戸口租調、姦僞尤多。隋主命州縣大索貌閲（胡三省注、閲其貌以驗老小之實）、戸口不實者、里正黨長遠配。大功以下、皆令析籍、以防容隱（胡三省注、堂兄弟、其服大功）。於是計帳得新附一百六十四萬餘口。高熲請爲輸籍法、遍下諸州。帝從之。自是姦無所容矣。諸州調物、毎歳河南自潼關、河北自蒲坂、輸長安者、相屬於路、晝夜不絶者數月」とあり、基本的に隋志を踏襲する。また同書巻一八一隋煬帝大業五年（六〇九）十一月条に「民部侍郎裴蘊以民間版籍、脱漏戸口、及詐注老小尚多、奏令貌閲、若一人不實、則官司解職。又許民糾得一丁者、令被糾之家、代輸賦役。是歳諸郡計帳進丁二十萬三千、新附口六十四萬一千五百。帝臨朝覽状、謂百官曰、前代無賢才、致此罔冒。今戸口皆實、全由裴蘊。由是漸見親委、未幾、擢授御史大夫」とある。『資治通鑑』は、開皇五年と大業五年との二回にわたって貌閲があったと考えている。これは、隋志とつぎの『隋書』裴蘊伝を折衷するものである。

『隋書』巻六七裴蘊伝に「于時猶承高祖和平之後、禁網疏闊、戸口多漏。或年及成丁、猶詐爲小、未至於老、已免租賦。蘊歴爲刺史、素知其情、因是條奏、皆令貌閲。若一人不實、則官司解職、郷正里長皆遠流配。又許民相告、若糾得一丁者、令被糾之家、代輸賦役。是歳大業五年也。諸郡計帳、進丁二十四萬三千、新附口六十四萬一千五百。帝臨朝覽状、謂百官曰、前代無好人、致此罔冒。今進民戸口皆從實者、全由裴蘊一人用心。古語云、得賢而治、驗之信矣。由是漸見親委、拜京兆贊治、發擿纖毫、吏民慴憚」とある。これによれば、貌閲は裴蘊の提案による大業五年の一回だけである。『隋書』巻二九地理志上序に「煬帝嗣位、……五年、平定吐谷渾、更置四郡。大凡郡一百九十、縣一千二百五十五、戸八百九十萬七千五百四十六、口四千六百一萬九千九百五十六。墾田五千五百八十五萬四千四十一頃。其邑居道路、山河溝洫、沙磧鹹鹵、丘陵阡陌、皆不預焉。東西九千三百里、南北萬四千八百一十五里、東南皆至於海、西至且末、北至五原、隋氏之盛、極於此也」とあって、大業五年が隋の戸口把握の極盛期となったのは、裴蘊が提案した貌閲によるものであってこそ、はじめて理解できるものである。

本志にみえる貌閲と裴蘊伝の貌閲とは、増加した丁口数に若干の違いはあるが、「進四十四萬三千丁、新附一百六十四萬一千五百口」と「進丁二十四萬三千、新附口六十四萬一千五百」という、転写過程の譌誤にかかわる程度の違いであり、まったく同一の事態をあつかったものである。しかし、本志は開皇五年に繫年し、裴蘊伝は大業五年と記述する。裴蘊伝の記述によれば、裴蘊の経歴上からも、明らかに煬帝大業五年（六〇九）に繫年すべきものである。

後段の輸籍法に関する高熲の提案については、別に『通典』巻七食貨・丁中条に「煬帝即位、戸口益多、男子以二十二成丁。高熲奏以人間課税、雖有定分、年常徵納、除注恆多、長吏肆情、文帳出沒、既無定簿、難以推校。乃爲輸籍之様、請遍下諸州、毎年正月五日、縣令巡人、各隨近五黨三黨共爲一團、依様定戸上下。帝從之。自是姦無所容矣」とある。これによれば、高熲の献策は煬帝即位後のこととなり、前掲『隋書』裴蘊伝の貌閲の提案と同一時期になる。

本志は、貌閲の実施と輸籍法の提案とをともに文帝開皇五年に繫年し、前掲『資治通鑑』は、開皇五年と大業五年との両年に繫年し、『隋書』裴蘊伝および『通典』は煬帝大業五年とする。戸籍にかかわる政策がともに五年に繫年されているため混乱が生じたと考えられる。どのように整理して繫年しなおせばよいか。

本文前段の貌閲による戸籍附載者の増加は、計帳に関わる問題であり、裴蘊伝の記述に見るとおり、煬帝大業五年のことである。これは動かない。高熲が提案した「輸籍之様」は、租税納入に関わる帳簿の整備であり、裴蘊が提案した貌閲による計帳の整理とは異なる問題である。本志と『資治通鑑』は、一連のものとして開皇五年に繫年するが、高熲の「輸籍之様」のみ開皇五年のものとすべきであろう。『通典』の記事は、単独で高熲の「輸籍之様」を大業五年に繫年するが、全くの誤りである。高熲は、大業三年（六〇七）、太常卿の職にあったとき、煬帝と衝突して失脚し、まもなく誅殺された（『隋書』巻四一本伝および煬帝紀大業三年七月丙子条）。大業五年にはすでに死亡しているか、生きていたとしても、このような政策を提案できる状態にはなかったからである。

本文前段の貌閲による戸籍附載者の増加は、煬帝大業五年のことであり、「高祖」二字を改め、「帝令州縣大索貌閲、戸口不實者、正長遠配、而又開相糾之科。大功已下、兼令析籍、各爲戸頭、以防容隱。於是計帳進四十四萬三千丁、新附一百六十四萬一千五百口」と校訂したうえで、本志煬帝大業五年のしかるべき行文中に繫年しなおすべきであり、本文下段の高熲の「輸籍之様」のみ本節に残すべきであろう。ただ、隋志編纂時の繫年の譌誤であるので、本文は現状のままとし、改定本文を二三一頁に再掲し訓読・注釈を加える。

〔訓読〕

高熲又た人間《じんかん》の課輸、定分有りと雖ども、年常の徵納、除注恆に多く、長吏は情を肆《ほしい》ままにし、文帳もて出沒し、復た定簿無く、以て推校し難きを以て、乃ち輸籍の定様を爲り、遍く諸州に下し、毎年正月五日、縣令、人を巡り、各おの便近に隨ひ、五黨三黨もて、共に一團と爲し、樣に依りて戸の上下を定めしめんことを請ふ。帝之に従ふ①。是れ自り姦容《ゆる》す所無し。

〔注釈〕

①高熲至従之　高熲（生没年未詳）、一名敏、字は昭玄、渤海郡蓨県の出身と自称した。北周・隋の政治家で、楊堅の丞相府司録として頭角をあらわし、二〇年間、蘇威とともに隋の政局を指導した。大業三年（六〇七）、太常卿の職にあったとき、煬帝と衝突して失脚し、まもなく誅殺された。『隋書』巻四一・『北史』巻七二に列伝がある。

　また『通典』巻七食貨七論に、隋一代の戸口増加の沿革を述べたのち、その要因として高熲の輸籍法に言及し、「其時承西魏喪亂、周齊分據、暴君慢吏、賦重役勤、人不堪命、多依豪室、禁網隳紊、姦僞尤滋。高熲覩流冗之病、建輸籍之法。於是定其名、輕其數。使人知爲浮客被彊家、收太半之賦、爲編甿奉公上、蒙輕減之征（原注、浮客、謂避公税、依強豪、作佃家也。……高熲設輕税之法、浮客悉自歸於編戸、隋代之盛、實由於斯）」と述べる。杜佑の理解によれば、輸籍法のもう一つの目的として、租税収取の軽減により、富豪層に庇護されていた浮客の編戸化を推進することがあった。

〔通釈〕

民間の租税納入には規定があるにもかかわらず、毎年の納入に際し、常に免除の注記が多く、地方の長吏達が思いのままに帳簿を操作し、基礎帳薄もまったくなく、再点検することもできない状況だったので、高熲はまた、納税帳薄の様式を作成し、広く諸州に行きわたらせ、毎年正月五日に、県令が民間を巡検し、それぞれ近隣の地域ごとに、五党もしくは三党を一組とし、その帳簿様式に従って戸等の上下を定めるよう奏請した。文帝はこの上奏を裁可した。これ以後、不正は許されなくなった。

時百姓承平日久、雖數遭水旱、而戸口歳增。諸州調物、毎歳河南自潼關、河北自蒲坂、達于京師、相屬於路、晝夜不絶者數月。帝既躬履儉約、六宮咸服澣濯之衣。乘輿供御有故敝者、隨令補用、皆不改作。非享燕之事、所食不過一肉而已。有司嘗進乾薑、以布袋貯之、帝用爲傷費、大加譴責。後進香、復以氈袋、因笞所司、以爲後誡焉。由是内外率職、府帑充實、百官祿賜、及賞功臣、皆出於豐厚焉。

〔訓読〕

時に百姓承平の日久しく、數しば水旱に遭ふと雖ども、而れども戸口歳ごとに增す。諸州の調物、毎歳河南は潼關自り、河北は蒲坂自り、京師に達するまで、①相《たが》ひに路に屬《つら》なり、晝夜絶えざる者數月なり。帝既に躬ら儉約を履み、六宮も咸な澣濯の衣を服す。乘輿・供御に故敝する者有れば、隨《ただ》ちに補用せしめ、皆な改作せず。享燕の事に非ざれば、食《くら》ふ所は一肉に過ぎざるのみ。有司嘗《かっ》て乾薑を進め、布袋を以て之を貯ふるに、帝用て費を傷《そこな》ふと爲し、大いに譴責を加ふ。後に香を進むるに、復た氈袋を以てすれば、因りて所司を笞《むちう》ち、以て後の誡めと爲す。是れに由り内外職に率《したが》い、府帑充實し、百官の祿賜、及び功臣に賞するに、皆な豐厚に出づ②。

〔注釈〕

①**諸州調物至達于京師**　潼関・蒲坂を中軸にして河北・河南に領域区分することは、すでに北斉期に始まっている。『隋書』巻二七百官志中・五兵尚書条に「五兵統左中兵（原注、掌諸郡督告身・諸宿衛官等事）。右中兵（原注、掌畿内丁帳・事力・蕃兵等事）。左外兵（原注、掌河南及潼關已東諸州丁帳、及發召征兵等事）。右外兵（原注、掌河北及潼關已西諸州、所典與左外同）」とあり、北斉では、兵丁の管理をおこなうに際し、畿内、河南及潼関以東、河北及潼関以西の三地域に分割している。兵丁は、租調の負担者であり、兵丁の管理と調物の管理とは一致しているのである。北斉の諸制度は、北魏後期の制度を引き継いでいることが多いので、この領域区分は、北魏後期からのものであろう。

②**帝既至厚焉**　文帝の倹約については、別に『隋書』巻二高祖帝紀巻末に「居處服玩、務存節儉、令行禁止、上下化之。開皇仁壽之間、丈夫不衣綾綺、而無金玉之飾、常服率多布帛、裝帶不過以銅鐵骨角而已。雖嗇於財、至於賞賜有功、亦無所愛吝」と述べる。

〔通釈〕

この当時人民には平和な日日が続き、しばしば水害や旱害が起こったが、戸口は年年増加した。諸州からの調物は、毎年河南地域は潼関より、河北地域は蒲坂より、京師長安に到着するまで、数箇月の間、昼夜絶え間なく道路に連なった。

皇帝は自ら倹約を実践したので、後宮の女官たちも皆な洗い直しの衣服を着た。皇帝の乗り物や御物に古くくたびれたものがあっても、すぐに修繕して使用し、全く新調することはなかった。祭儀の後の饗宴でなければ、肉は一種類しか食べなかった。ある時、担当官が干しショウガを麻袋に入れてさしだしたが、皇帝はそれを浪費だと考え、ひどく叱責した。後にもう一度、香料をフェルトの袋に入れてさしだしたことがあったが、皇帝は担当官を笞打たせて、後の誡めとした。これらのことから中央や地方の官吏がその職務に励み、国庫は充実した。百官の俸禄や功臣への褒賞も、全て潤沢であった。

九年、陳平、帝親御朱雀門、勞凱旋師、因行慶賞。自門外、夾道列布帛之積①、達于南郭、以次頒給。所費三百餘萬段。帝以江表初定、給復十年。自餘諸州、並免當年租賦。

十年六月②、又以宇内無事、益寛徭賦。百姓年五十者、輸

庸停防。

十一年、江南又反、越國公楊素討平之。師還、賜物甚廣。其餘出師命賞、亦莫不優隆。

十二年、有司上言、庫藏皆滿。帝曰、朕既薄賦於人、又大經賜用、何得爾也。對曰、用處常出、納處常入。略計每年賜用、至數百萬段、曾無減損。於是乃更闢左藏之院、構屋以受之。下詔曰、既富而教、方知廉恥。寧積於人、無藏府庫。河北河東、今年田租三分減一、兵減半功、調全免。

〔校勘〕

①**夾道列布帛之積**　百衲本等諸本は「牛帛之積」に作る。牛字、意味を成さない。中華書局標点本校勘記に布字に作るのに従う。牛・布両字、字形が似ていることによる誤りであろう。

②**十年六月**　百衲本等諸本は「十年五月」に作る。『隋書』巻二高祖紀下開皇十年六月条に「辛酉、制人年五十、免役收庸」とあり、月を異にする。『資治通鑑』も同様に、六月辛酉に記事を載せる。開皇十年六月は、丁巳朔であり、辛酉は六日にあたる。五月に辛酉日はない。本紀・『通鑑』の六月に従うべきであろう。

〔訓読〕

九年、陳平ぐや、帝親ら朱雀門に御し①、凱旋の師を勞《ねぎら》ひ、因りて慶賞を行なふ。門外自り、道を夾んで布帛の積を列ね、南郭に達するまで、次を以て頒給す。費やす所は三百餘萬段なり②。帝、江表初めて定まれるを以て、復《ほく》十年を給ふ。自餘の諸州、並びに當年の租賦を免ず。

十年六月、又た宇内無事なるを以て、益ます傜賦を寬《ゆる》くす。百姓の年五十なる者は、庸を輸《をさ》め防を停《どど》めしむ③。

十一年、江南又た反するや、越國公楊素、之を討平す。師還るや、賜物甚だ廣し。其の餘の出師の命賞も、亦た優隆ならざるは莫し。

十二年、有司上言すらく、庫藏皆な滿てり、と。帝曰く、朕既にして薄く人に賦し、又た大いに賜用するを經《へ》たるに、何ぞ爾るを得るや、と。對へて曰く、用ひし處は常出にして、納むる處は常入なり。略計するに毎年の賜用、數百萬段に至るも、曾《すなは》ち減損すること無し、と。是に於て乃ち更に左藏の院を闢き④、屋を構へて以て之を受けしむ。詔を下して曰く、既に富みて教へ、方めて廉恥を知る⑤。寧ろ人に積ふるも、府庫に藏すること無かれ。河北・河東の今年の田租は、三分して一を減じ、兵は半功を減じ⑥、調は全て免ぜよ、と。

〔注釈〕

①**帝親御朱雀門**　朱雀門は、皇城南面の正門で、北は宮城の正門である承天門（廣陽門）に対応する。ところで、『隋書』巻二高祖紀下開皇九年四月条には、「己亥、幸驪山、親勞旋師。乙巳、三軍凱入、獻俘於太廟。拜晉王廣爲太尉。庚戌、上御廣陽門、宴將士、頒賜各有差」とあり、本紀では廣陽門になっており、場所を異にしている。廣陽門は、宮城南面の正門で、唐の承天門にあたる。『大唐六典』巻七工部尚書条に「承天門、隋開皇二年作。初曰廣陽門、仁壽元年、改曰昭陽門、武德元年、改曰順天門、神龍元年、改曰承天門」とある。承天門は、つづく『大唐六典』巻七工部尚書条に「若元正冬至大陳設、燕會、赦過宥罪、除舊布新、受萬國之朝貢、四夷之賓客、則御承天門以聽政」とある。政治空間としての機能からいえば、承天門（廣陽門）のほうが正しいであろう。

②**所費三百餘萬段**　段は、反物を賞賜する際の組み合わせ単位である。唐王朝の場合、通常十段で、絹三疋・布三端・綿三屯をその内容とした。『大唐六典』巻三戸部尚書金部郎中条に「凡賜十段、則約率而給之。絹三疋・布三端・綿四屯」とある。これによって計算すれば、三百餘万段は、合計絹九〇万匹・布九〇万端・綿一二〇万屯餘の賞賜となる。

③**百姓年五十者輸庸停防**　徭役の代わりに庸を納めることは、西魏期にすでに見える。『周書』巻三五裴俠伝に「除河北郡守。……又有丁三十人、供郡守役使。俠亦不以入私、並收庸直、爲官市馬。歳月既積、馬遂成群。去職之日、一無所取」とある。ただこれは、正役ではなく、北斉・隋唐期の幹・白直と同様の雑職掌であり、地方官に支給して身辺の世話をさせるものである（一六一頁注釈⑪参照）。全国一律の措置として、正役のかわりに庸物を出すようになるのは開皇三年（五八三）からである（一九三頁注釈①参照）。この時の庸の対価は不明であるが、唐代にあっては一日絹三尺であった。『大唐六典』巻三戸部尚書条に「凡丁歳役二旬、無事則收其庸、毎日三尺」とある。

「停防」の防は、防人の兵役を言う。防人は、定期的に交替して辺境の警備をおこなう兵士である。『隋書』巻五二賀若弼伝に「開皇九年、大舉伐陳、以弼爲行軍總管。將渡江、……先是、弼請緣江防人毎交代之際、必集歷陽。於是大列旗幟、營幕被野。陳人以爲大兵至、悉發國中士馬。既知防人交代、其衆復散。後以爲常、不復設備。及此、弼以大軍濟江、陳人弗之覺也」とある。ここに見える防人が百姓の軍役の内容をなしていたこと、またその停止措置が、前年の江南平定に関連することは明白である。

なお唐代の防人制度については、『唐律疏議』巻一六擅興律「遣番代違限」条疏議に「依軍防令、防人番代、皆十月一日交代」、「依軍防令、防人在防、守固之外、唯得修理軍器・城隍・公廨・屋宇。各量防人多少、於當處側近給空閑地、逐水陸所宜、斟酌營種、并雜蔬菜、以充糧貯及充防人等食。此非正役、不責全功、自須苦樂均平、量力驅使」とあり、正役としての軍務（守固）とそれ以外の諸雑務が規定されている。唐代にあっても防人の担い手は隋と同様百姓であり、その正役であった。近出天聖賦役令「不行」条、すなわち開元二五年令賦役令旧文条に「諸文武職事六品以下九品以上、勲官三品以下五品以上父子、若除名未叙人及庶人年五十以上、若宗姓、並免役輸庸（願役身者聴之）。其應輸庸者、亦不在雜徭及點坊（防）之限。其皇宗七廟子孫、雖蔭盡亦免入軍」とある。本条は、下級官人・勲官の免役を規定する。免役の替りに庸を納入するものには、別に雑徭と防人（入軍）の義務が免除されている。この規定は、本文の「百姓年五十者、輸庸停防」と完全に対応する。隋唐期の百姓は、課（租調）・役（歳役二〇日、または雑徭四〇日）・防人（入軍）を負担したのである。

④**更闢左藏之院**　左藏は左藏庫のこと。『資治通鑑』巻一七八隋文帝開皇十二年条胡三省注は、「左藏」の沿革を述べて「漢官有中藏令、晉有中・黄・左・右藏令、隋初有右・黄藏令、至是始闢左藏院」という。しかし「更闢」の用語から見て、明らかに拡充の意味であり、胡三省のようにこの時新たに創設したと解釈することはできない。『魏書』巻七八張普恵伝に「今若必復綿麻者、謂宜先令四海知其所由、明立嚴禁、復本幅度、新綿麻之典、依太和之税。其在庫絹布并及絲綿、不依典制者、請遣一尚書、與太府卿・左右藏令、依今官度・官秤、計其斤兩・廣長、折給請俸之人」とあり、また『隋書』巻二七百官志上北斉官制条に「太府寺掌金帛府庫、營造器物。統左・中・右三尚方、左藏・司染・諸冶東西道署・黄藏・右藏・細作・左校・甄官等署令丞」とあり、『隋書』巻二八百官志下には「太府寺統左藏・左尚方・内尚方・右尚方・司染・右藏・黄藏・掌冶・甄官等署」とある。左右藏・黄藏の国庫構成は、北魏・北斉以来のものである。

⑤**既富而教方知廉恥**　富裕になってから教化をほどこせば、民衆は欲をおさえて心を正し、恥を知るようになること。『論語』子路篇第十三に「子適衛、冉有僕。子曰、庶矣哉。冉有曰、既庶矣。又何加焉。曰、富之。曰、既富矣、又何加焉。曰、教之」とある。『管子』輕重甲に「管子曰、今爲國有地牧民者、務在四時、守在倉廩。國多財、則遠者來。地辟擧、則民留處。倉廩實、則知禮節。衣食足、則知榮辱」とある。

⑥**兵減半功**　この部分、中華書局標点本は「兵減半、功調全免」と句読する。功調では意味をなさず、明らかに誤読である。『資治通鑑』巻一七八隋文帝開皇十二年条胡三省注は、「兵減半功」を解釈して「田出租、丁出調、詳已見前。兵受田、計畝爲功、以其所出、脩器械備糗糧。今亦減其半」と言う。功の解釈が何にもとづくか不明であり、屯田による収入と理解するのも穿ちすぎである。

　北朝末期の民衆の租税負担の基本は、租調兵役であるから、この兵は役の半減であろう。『周書』巻六武帝紀下建徳四年（五七五）正月壬申詔に「蒲租懸調、兵役殘功、並宜蠲免」とあり、租・調・兵役が一体として免除されており、兵役の内容を功と呼んでいる。またさきにも引用した『北史』巻一〇周本紀下宣帝大象元年（五七九）二月癸亥条に「詔曰、……於是發山東諸州兵、增一月功爲四十五日役、起洛陽宮。常役四萬人」とあり、兵による力役を功と呼んでいる。開皇十二年の時期の力役は、本志上文に「開皇三年三月、帝入新宮。初令軍人以二十一成丁、減十二番、毎歳爲二十日役、減調絹一疋爲二丈」とあるとおり、十二丁兵制一箇月から年間二〇日に改定されている。ここに言う「兵減半功」とは、したがって二〇日の兵丁の正役を一〇日に半減することである。

この記事および注釈③の考察から、隋にあっては、すべての百姓・正丁が兵としてとらえられていたこと、兵としての義務が正役二〇日の力役と防人の軍役とを含み、北魏の番兵制度・北周の丁兵制度および山東北斉の州兵制度に淵源することが分かる。唐の正役（歳役）は、北魏後期以来の番兵・兵丁の役に淵源し、唐代にいたるまで兵役（防人）を負担した。開皇一〇年以降、隋唐前半期の百姓には、府兵として衛士その他の軍役を担う軍府州の百姓と、正役としての防人その他の兵役を担う諸州の百姓との区別があり、軍役の種類を異にはするが、兵農・兵民一致を原則とした。

〔通釈〕

開皇九年（五八九）陳が平定されると、皇帝は自ら朱雀門（広陽門）まで出向き、凱旋してきた軍隊を労い、恩賞を与えた。朱雀大街から南の外城に至るまで、道を挟んで麻布や白絹を山積みにし、それらを順次分配した。これにかかった費用は三百餘万段であった。皇帝は、江南が初めて平定されたので、この地方の十年間の賦役を免除した。その他の諸州についてもこの年の租調を全て免除した。

十年六月、さらに天下太平ということで、益ます賦役をゆるやかにした。五十歳以上の人民には正役に代えて庸を納めさせ、防人の兵役を停止した。

十一年、江南地方でさらに反乱がおこり、越国公楊素がこれを討伐し、平定した。軍が帰還すると、おびただしい褒美を賜わった。これ以外の軍事出動に対する恩賞も十分手厚いものであった。

十二年、「国庫は全て満杯です」と、担当官が上言した。「朕は人民の租税を減免したうえ、大いに恩賞をも与えたのに、どうしてそのようになるのか」と、皇帝が質問した。担当官は「支出は経常経費でまかない、収入も経常収入の範囲内であります。毎年の恩賞を概算すると数百万段にもなりますが、赤字は全くありません」と、答えた。そこで更に左蔵庫を拡充し、新しく倉庫を建て、財物を受け入れさせた。詔が下された。

人民は富裕になってから教化して、はじめて廉恥を知るものである。人民に蓄積するのが望ましく、国庫に蓄積してはならぬ。河北・河東の今年の田租は、三分の一を減免し、兵役（正役）は半減とし、調は全免とせよ。

時天下戸口歳増、京輔及三河、地少而人衆、衣食不給。議者咸欲徙就寛郷。其年冬、帝命諸州考使議之。又令尚書、以其事策問四方貢士、竟無長筭。帝乃發使四出、均天下之田。其狹郷、毎丁纔至二十畝、老小又少焉。

〔訓読〕

時に天下の戸口歳ごとに増し、京輔及び三河①、地少なくして人衆く、衣食給《た》らず。議者咸な徙して寛郷に就かしめんと欲す②。其の年冬、帝、諸州の考使③に命じて之を議せしむ。又た尚書をして、其の事を以て四方の貢士に策問せしめたるに、④竟に長筭無し。帝乃ち使を發して四もに出でしめ、天下の田を均しくせしむ。⑤其の狹郷、毎丁纔《わづ》かに二十畝に至り、老小は又た焉《これ》より少なし。⑥

〔注釈〕

①**京輔及三河**　『資治通鑑』巻一七八隋文帝開皇十二年（五九二）十二月条に同様の文章があり、その胡三省注に「京輔謂關内。三河謂河東・河南・河北」と解釈する。

②**議者咸欲徙就寛郷**　この時の会議の議文とおぼしきものが残っている。『隋書』巻四〇王誼伝に「太常卿蘇威立議、以爲、戸口滋多、民田不贍、欲減功臣之地以給民。誼奏曰、百官者、歴世勳賢、方蒙爵士。一旦削之、未見其可。如臣所慮、正恐朝臣功徳不建、何患人田有不足。上然之、竟寢威議」とある。

　寛郷は、耕作地に余裕があり、給田規定どおり受田額を充足しうる州県地域を指示する律令用語である。『通典』巻二食貨二田制下引開元二十五年田令に「其州縣界内所部受田、悉足者爲寛郷、不足者爲狹郷」とある。寛郷に対し、耕作地が不足し、給田規定どおり受田できない州県を狹郷と言う。

③**諸州考使**　考使は、朝集使のこと。朝集使は、州刺史もしくは州の司馬・長史など高級幹部が担当し、毎年元旦におこなわれる元会儀礼に参加して貢献物を貢納した。同時に、尚書省の考堂に参集し、各州地方官の人事査定に応じたので、考使とも称する。『資治通鑑』巻一九七唐太宗貞観一七年条に「先是、諸州長官或上佐、歳首親奉貢物入京師、謂之朝集使、亦謂之考使」とあり、その胡三省注に「朝集使、自隋以來、有之」とある。また『大唐六典』巻三戸部尚書条に「凡天下朝集使、皆令都督・刺史及上佐、更爲之。……皆以十月二十五日、至于京都。十一月一日、戸部引見訖、於尚書省、與群官禮見、然後集于考堂、應考績之事。元日陳其貢篚於殿庭」とある。

④**策問四方貢士**　貢士は、地方からの察挙（推薦）によって皇帝に送られた官僚候補生である。この時期には、各州から三人の貢士が中央に貢進され、皇帝―尚書の策問に対する回答（対策）の成績によって格付けされたのち、登用された。『通典』巻十四選挙二歴代制中条に「隋文帝開皇七年制、諸州歳貢三人、工商不得入仕。開皇十八年、又詔、京官五品以上及總管・刺史、並以志行脩謹・清平幹濟二科擧人。牛弘爲吏部尚書、高構爲侍郎、最爲稱職。當時之制、尚書擧其大者、侍郎銓其小者、則六品以下官吏、咸吏部所掌。自是、海内一命以上之官、州郡無復辟署矣」とある。

⑤**均天下之田**　全国土の耕地の均等化を言う。均等化は、必ずしも全国一律に一定規模の田土を創出したのではなく、耕地の性状（寛郷・狭郷等）や耕作能力（男女・年齢）、および受田者の身分などを勘案し、具体的条件に即した実質的な配分をおこなったことを言う。この政策は、十七年後の煬帝大業五年（六〇九）にも実施された。『隋書』巻三煬帝紀上大業五年正月条に「癸未、詔天下均田」とある。

⑥**老小又少焉**　この老・小は、丁に対して用いられている。したがって、本志上文の開皇令に見える「男女三歳已下爲黄、十歳已下爲小、十七已下爲中、十八已上爲丁。丁従課役、六十爲老、

乃免」の、十歳以下の小と六十歳以上の老とを指す。ただ、通常は老・小には受田資格はないのだから、ここにわずかなりとも受田についての言及があるのは、理解に苦しむ。老・小が戸主になる場合を想定しているのか、あるいはこの時の「天下均田」の措置が特別なもので、老・小にまで及ぶものであったからなのかもしれない。

〔通釈〕

この時、全国の戸口数が年年増加し、京師周辺および河南・河東・河北一帯では、土地が少なくしかも人口が多かったため、衣食が不足した。朝廷の会議では、全ての者が寛郷に移住させようという意見であった。この十二年の冬、文帝は諸州の朝集使に命じ、この問題を議論させた。さらに尚書省に命じ、その課題を全国の貢士に策問させたが、結局、良策は得られなかった。そこで文帝は使者を全国に派遣し、天下の土地を均等に割り当てなおさせた。しかし、狭郷では、成丁一人につきやっと二十畝にとどく程度で、老・小についてはさらに少なかった。

十三年、帝命楊素出、於岐州北造仁壽宮。素遂夷山堙谷、營構觀宇、崇臺累榭、宛轉相屬。役使嚴急、丁夫多死、疲敝顚仆者、推填坑坎、覆以土石、因而築爲平地。死者以萬數。宮成、帝行幸焉。時方暑月、而死人相次於道、素乃一切焚除之。帝頗知其事、甚不悅。及入新宮遊觀、乃喜、又謂素爲忠。後帝以歲暮晩日、登仁壽殿、周望原隰、見宮外燐火彌漫、又聞哭聲。令左右觀之、報曰、鬼火。帝曰、此等工役而死。既屬年暮、魂魄思歸耶。乃令灑酒宣敕、以呪遣之。自是乃息。

〔訓読〕

十三年、帝、楊素に命じて出でしめ、岐州の北に於て仁壽宮を造らしむ。① 素、遂に山を夷《たいら》げ谷を堙《うづ》め、觀宇を營構し、臺を崇《たか》くし樹を累《かさ》ね、宛轉として相ひ屬《つら》ぬ。役使は嚴急にして、丁夫は多く死し、疲敝し顚仆する者は、推して坑坎に填《うづ》め、覆ふに土石を以てし、因りて築きて平地と爲す。死者は萬を以て數ふ。宮成るや、帝、焉《ここ》に行幸す。時方《まさ》に暑月にして、死人相《たが》ひに道に次《つらな》りたれば、素、乃ち一切に之を焚除す。帝、頗る其の事を知り、甚だ悅ばず。新宮に入りて遊觀するに及び、乃ち喜び、又た素を謂《おも》ひて忠と爲す。② 後に帝、歲暮の晩日を以て、仁壽殿に登り、原隰を周望するに、宮外に燐火の彌漫するを見、又た哭聲を聞く。左右をして之を觀せしむるに、報じて曰く、鬼火なり、と。帝曰く、此れ等の工、役して死す。既にして年暮に屬せば、魂魄の歸らんことを思ひしにや、と。乃ち酒を灑《そそ》いで敕を宣《の》べ、呪を以て之を遣《や》る。是れ自り乃ち息《や》む③。

〔注釈〕

①**十三年帝命楊素出於岐州北造仁壽宮**　仁寿宮建造の経緯は、『隋書』巻二高祖紀下開皇十三年条に「(正月)壬戌、行幸岐州。二月丙子、詔營仁壽宮。丁亥、至自岐州。」とあり、文帝が岐州に行って開始したことが分かる。また『隋書』巻六八宇文愷伝に「既而上建仁壽宮、訪可任者、右僕射楊素言愷有巧思、上然之、於是檢校將作大匠。歳餘、拜仁壽宮監、授儀同三司、尋為將作少監」とあり、宇文愷が実務を担当した。

②**素遂至爲忠**　『隋書』巻四八楊素伝に「尋令素監營仁壽宮、素遂夷山堙谷、督役嚴急、作者多死、宮側時聞鬼哭之聲。及宮成、上令高熲前視、奏稱頗傷綺麗、大損人丁、高祖不悦。素憂懼、計無所出、即於北門、啓獨孤皇后曰、帝王法有離宮別館、今天下太平、造此一宮、何足損費。后以此理諭上、上意乃解。於是賜錢百萬、錦絹三千段」とある。

③**又聞至乃息**　当時、大興城(長安)・仁寿宮・長城の建造が鬼哭などの妖兆をもたらし、皇帝の健康にも影響をあたえたと考えられていた。『隋書』巻二三五行志下夜妖条に「仁壽中、仁壽宮及長城之下、數聞鬼哭。尋而獻后及帝相次而崩於仁壽宮」とあり、また同五行志下黄眚黄祥条に「開皇二年、京師雨土。是時、帝懲周室諸侯微弱、以亡天下、故分封諸子、並爲行臺、專制方面。失土之故、有土氣之祥、其後諸王各謀爲逆亂。京房易飛候曰、天雨土、百姓勞苦而無功。其時營都邑。後起仁壽宮、頽山堙谷、丁匠死者太半」とある。

〔通釈〕

開皇十三年(五九三)、文帝は楊素を派遣し、岐州(陝西省鳳翔県南)の北方に仁寿宮を造営させた。楊素は山を崩し谷を埋めて平坦にし、宮殿を建造した。宮殿には高く幾層にも重なった楼閣がうねうねと連なっていた。労役は非常に厳しく、徴発された正役・雑役労働者の多くが死亡した。疲弊して倒れた者は押しやって穴に埋め、その上を土石で覆い、つき固めて平地にした。死者は万単位で数えるほどであった。仁寿宮が完成すると、文帝はそこに行幸した。その時はちょうど夏の暑い季節であり、しかも死者が道端につぎつぎ横たわっていたので、楊素はこれら全てを焼いて取り除かせた。文帝はその事情をかなり知っており、非常に不機嫌であった。しかし、新宮に入って見物すると、文帝はかえって喜び、さらに楊素を忠義者であると思った。その後、年末の夕方、文帝が仁寿殿に登って、四方の原上を見回していると、宮外一面に燐火の広がっているのが見え、さらに泣き声が聞こえた。侍者にこれを見に行かせたところ、彼等は「鬼火であります」と報告した。文帝は「これらの工人どもは徭役で死んだ者たちである。年の暮れに入ったことでもあり、魂魄が故郷に帰りたいと願っているのであろう」と言った。そこで、酒を地にそそいで勅を読み上げ、呪文を唱えて彼等を故郷へ帰らせた。以後このようなことはなくなった。

＊＊

開皇三年、朝廷以京師倉廩尚虚、議爲水旱之備。於是詔於蒲陝虢熊伊洛鄭懷邵衛汴許汝等水次十三州、置募運米丁。又於衛州置黎陽倉、洛州置河陽倉、陝州置常平倉、華州置廣通倉、轉相灌注、漕關東及汾晉之粟、以給京師。京師置常平監。①

又遣倉部侍郎韋瓚、向蒲陝以東、募人能於洛陽運米四十石、經砥柱之險、達于常平者、免其征戍。其後以渭水多沙、流有深淺、漕者苦之。

〔校勘〕

①**京師置常平監**　上文一九四頁の「京師置常平監」は、『通典』の記述に従い、ここに移置する。

〔訓読〕

開皇三年、朝廷、京師の倉廩尚ほ虚《とぼ》しきを以て、議して水旱の備へを爲す。是に於て詔し、蒲・陝・虢・熊・伊・洛・鄭・懷・邵・衛・汴・許・汝等①の水次の十三州に於て、置きて運米丁を募らしむ。又た衛州に於て黎陽倉を置き②、洛州に河陽倉を置き③、陝州に常平倉を置き④、華州に廣通倉を置き⑤、轉《うた》た相ひ灌注せしめ、關東及び汾・晉の粟を漕《はこ》び、以て京師に給す⑥。京師に常平監を置く。

又た倉部侍郎韋瓚を遣はし、蒲・陝以東に向《おもむ》き、人の能く洛陽より米四十石を運び、砥柱《しちゅう》の險を經《へ》て⑦、常平に達する者を募り、其の征戍を免ぜしむ⑧。其の後、渭水に沙多く、流れに深淺有るを以て、漕者之に苦しむ。

〔注釈〕

①**蒲陝虢熊伊洛鄭懷邵衛汴許汝等**　六朝期の地方制度は、州・郡・県の三級制であった。隋は、開皇三年に郡を廃止して州・県二級制とし、諸州の合併・削減をへたのち、さらに大業三年には州を郡と改め、郡・県二級制とした。『隋書』地理志は、郡県制期の史料に基づいて、その沿革を注記しているので、ここでは以下に、『隋書』地理志に基づいて、十三州の郡名・治県名とその近代地名を比定しておく。蒲州（河東郡蒲坂県、山西省永済県北）・陝州（河南郡陝県、河南省陝県）・虢州（弘農郡盧氏県、河南省盧氏県）・熊州（河南郡宜陽県、河南省宜陽県東）・伊州（河南郡陸渾県、河南省嵩県東北）・洛州（河南郡洛陽県、河南省洛陽市）・鄭州（滎陽郡汜水県、河南省汜水県西北）・懷州（河内郡王屋県、河南省済源県西）・邵州（絳郡垣県、山西省垣曲県）・衛州（汲郡黎陽県、河南省浚県東北）・汴州（滎陽郡浚儀県、河南省開封県北）・許州（潁川郡潁川県、河南省許昌県）・汝州（潁川郡襄城県、河南省襄城県）

②**衛州置黎陽倉**　黎陽倉は、汲郡（衛州）黎陽県（河南省浚県東北）に設置された穀物倉。『隋書』巻三〇地理志中汲郡黎陽県条に「後魏置黎陽郡、後置黎州。開皇初州郡並廢。十六年又置黎州、大業初罷。有倉」とある。

③**洛州置河陽倉**　河陽倉は、河南郡（洛州）偃師県（河南省偃師県）に設置された穀物倉。『隋書』巻三〇地理志中河南郡偃師県条に「舊廢、開皇十六年置。有關官。有河陽倉。有都尉府」とある。

④**陝州置常平倉**　常平倉は、河南郡（陝州）陝県（河南省陝県）に設置された穀物倉。『隋書』巻三〇地理志中河南郡陝県条に「後魏置、及置陝州・恒農郡。後周又置崤郡。開皇初郡並廢。大業初州廢、置弘農宮。有常平倉・温湯。有砥柱」とある。

⑤**華州置廣通倉**　廣通倉は、京兆郡（華州）鄭県（陝西省華県西）に設置され、のちに永豐倉と改名された。『隋書』巻二九地理志上京兆郡鄭県条に「後魏置東雍州并華山郡。西魏改曰華州」とある。廣通倉の有無については記載がない。『通典』巻七食貨七論の原注に「隋氏西京太倉、東京含嘉倉・洛口倉、華州永豐倉、陝州太原倉、儲米粟多者千萬石、少者不減數百萬石」とある。廣通倉は、下文にみえる廣通渠と一連の穀物倉であり、『通典』に見える華州永豐倉である。

⑥**漕關東及汾晉之粟以給京師**　関東は、函谷関以東の地方を指し、汾州（山西省吉県）・晋州（山西省臨汾県西南）は、汾水下流域の地方を言う。『資治通鑑』巻一七五陳長城公至徳元年条に同様の記述があり、その胡三省注に「關東、自函谷關以東州郡。五代志、文城郡、東魏置南汾州、後周改爲汾州。晉州、臨汾郡、舊平陽郡也」とある。

⑦**經砥柱之險**　砥柱の難所については、『魏書食貨志訳注』七八頁注釈④を参照。

⑧**免其征戍**　征戍は、戦役の際に徴発される兵募と辺境守備の防人の軍役、あわせて兵防とも言い（『魏書食貨志訳注』五七頁注釈③、および本志二〇一頁注釈③参照）、丁兵すなわち百姓が担当した。ここでも一般民衆から穀物輸送を募集し、その代償として征戍を免除している。

〔通釈〕

開皇三年（五八三）、朝廷は、京師の穀物倉の蓄積がまだ欠乏していたので、自然災害に対する備蓄を議論した。こうして、蒲州・陝州・虢州・熊州・伊州・洛州・鄭州・懐州・邵州・衛州・汴州・許州・汝州等の河川沿いの十三州に詔勅を下し、募集して運米丁を置いた。さらに、衛州には黎陽倉、洛州には河陽倉、陝州には常平倉、華州には広通倉を置き、それらの倉から順次輸送させるようにし、関東地域や汾州・晋州方面の穀物を漕運し、京師に供給した。京師には常平監を置いた。

さらに、倉部侍郎韋瓚を派遣し、蒲州・陝州以東の地域に行かせ、洛陽から米四十石を運び、砥柱の難所をこえ、（陝州の）常平倉まで届けることができる者を募集し、その者の征戍の役を免除した。その後、渭水には砂が多く、流れに深い所と浅瀬があったので、遭運に従事する者たちは苦しんだ。

四年、詔曰、京邑所居、五方輻湊、重關四塞、水陸艱難。

大河之流、波瀾東注、百川海瀆、萬里交通。雖三門之下、或有危慮、但發自小平、陸運至陝、還從河水、入於渭川、兼及上流、控引汾晉、舟車來去、爲益殊廣。而渭川水力、大小無常、流淺沙深、即成阻閡。計其途路、數百而已、動移氣序、不能往復、汎舟之役、人亦勞止。朕君臨區宇、興利除害、公私之弊、情實愍之。故東發潼關、西引渭水、因藉人力、開通漕渠、量事計功、易可成就。已令工匠、巡歴渠道、觀地理之宜、審終久之義。一得開鑿、萬代無毀。可使官及私家、方舟巨舫、晨昏漕運、沿泝不停、旬日之功、堪省億萬。誠知時當炎暑、動致疲勤、然不有暫勞、安能永逸。宣告人庶、知朕意焉。

於是命宇文愷、率水工鑿渠。引渭水、自大興城、東至潼關、三百餘里、名曰廣通渠。轉運通利、關内賴之。諸州水旱凶飢之處、亦便開倉賑給。

〔訓読〕

四年、詔して曰く、京邑の居る所、五方輻湊し①、重關四塞し②、

隋代両京漕運図

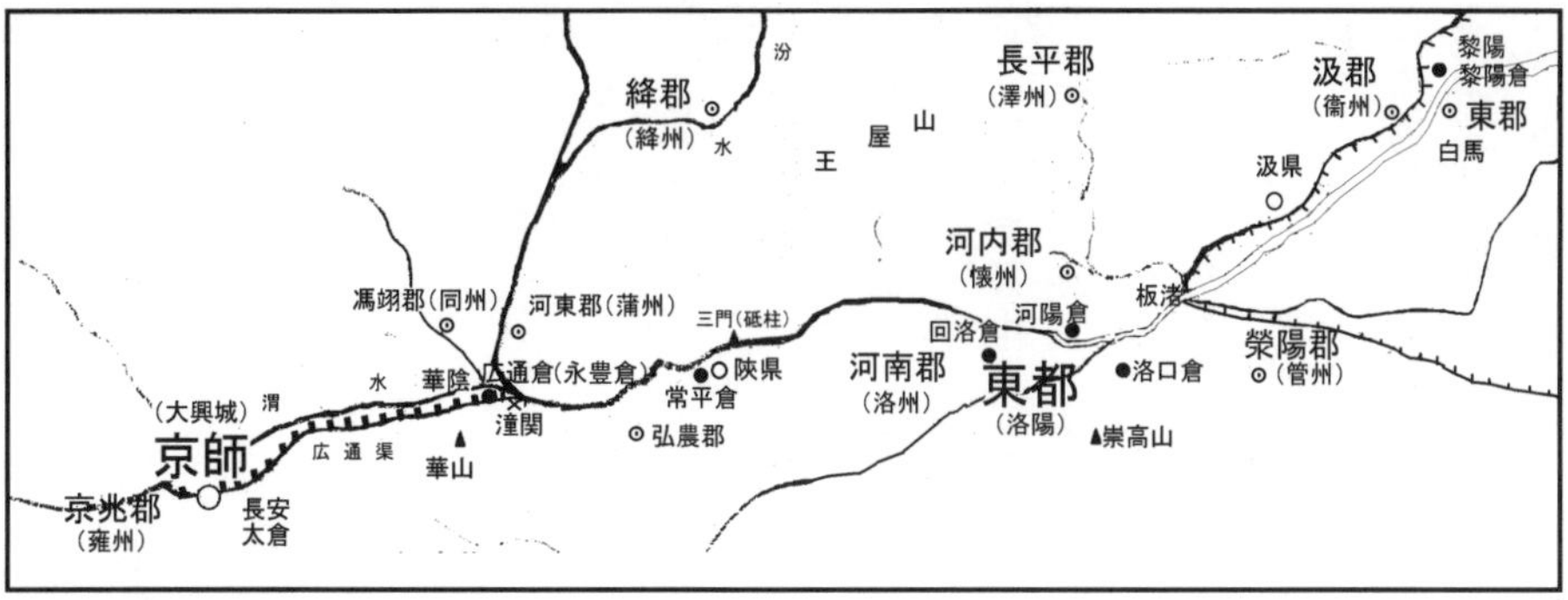

郭沫若主編『中国史稿地図集』(地図出版社、1979年)に基づき作図

水陸艱難たり。大河の流れ、波瀾して東に注ぎ、百川・海瀆、萬里に交通す。三門の下、或は危慮有りと雖ども、但だ小平自り發し、陸運して陝に至り③、還《ま》た河水從り、渭川に入り、兼ねて上流に及び、汾・晉を控引し、舟車もて來去すれば、益を爲すこと殊に廣からん。而れども渭川の水力、大小常無く、流れは淺く沙は深く、即ち阻閡を成さん。其の途路を計るに、數百のみなるも、動《やや》もすれば氣序を移し、往復すること能はず、汎舟の役、人も亦た勞止す④。朕、區

宇に君臨し、利を興し害を除くに、公私の弊、情として實《まこと》に之を愍《あわれ》む。故に東のかた潼關を發し、西のかた渭水を引き、人力に因藉して、漕渠を開通すれば、事を量り功を計《かぞ》ふるに、易《たやす》く成就す可し。已に工匠をして、渠道を巡歴し、地理の宜を觀、終久の義を審かにせしむ。一たび開鑿するを得れば、萬代毀《こぼ》つこと無し。官及び私家をして、方舟・巨舫もて、晨昏に漕運し、沿泝して停めざらしむれば、旬日の功、億萬を省くに堪ふ可し。誠に時は炎暑に當たり、動もすれば疲勤を致すを知れるも、然ども暫《しばら》く勞すること有らざれば、安んぞ能く永く逸せんや。人庶に宣告し、朕の意を知らしめよ、と。

是に於て宇文愷に命じ、水工を率ゐて渠を鑿《うが》たしむ。渭水を引き、大興城自り、東のかた潼關に至るまで、三百餘里、名づけて廣通渠と曰ふ⑤。轉運して利を通じ、關内之に頼る。諸州の水旱凶飢の處も、亦た便ち倉を開きて賑給す。

［注釈］

①京邑所居五方輻湊　都城長安に東西南北中央から人や物が集まること。『史記』巻一二九貨殖列伝に「關中自汧雍以東至河華、膏壤沃野千里、自虞夏之貢以爲上田、……孝昭治咸陽、因以漢都、長安諸陵、四方輻湊、並至而會」とあり、また『漢書』巻二八地理志下に「故秦地、於禹貢時、跨雍梁二州、……漢興、立都長安、徙齊諸田、楚昭屈景及諸功臣家於長陵。後世世徙吏二千石・高訾富人及豪桀幷兼之家於諸陵。蓋亦以彊幹弱支、非獨爲奉山園也。是故五方雜厝、風俗不純。……又郡國輻湊、浮食者多、民去本就末……」とある。

②重關四塞　重要な関所・山河に囲まれて、周囲が塞がっていること。『史記』巻六九蘇秦列伝に「乃西至秦。秦孝公卒。說惠王曰、秦四塞之國、被山帶渭、東有關河、西有漢中、南有巴蜀、北有代馬、此天府也」とあり、その正義に「東有黃河、有函谷・蒲津・龍門・合河等關。南山及武關・嶢關。西有大隴山及隴山關・大震・烏蘭等關。北有黃河南塞。是四塞之國、被山帶渭以爲界」とある。

③雖三至至陝　三門は上文の砥柱の難所、『魏書食貨志訳注』七八頁注釈④を参照。小平は、黄河の渡し場である小平津で、現在の河南省孟津県北に位置する。

④汎舟之役人亦勞止　『春秋左氏傳』僖公十三年條に「冬、晉荐饑、使乞糴于秦……秦於是乎輸粟于晉、自雍及絳相繼、命之曰汎舟之役」とある。『毛詩』大雅・民勞に「民亦勞止、汔可小康、惠此中國、以綏四方」とあり、鄭玄箋に「今周民罷勞矣。王畿可以小安之乎。愛京師之人、以安天下。京師者諸夏之根本」と解釈している。

⑤名曰廣通渠　廣通渠の開鑿については、『隋書』巻一高祖紀上開皇四年六月条に「壬子（二二日）、開渠、自渭達河以通運漕」とある。また『隋書』巻六一郭衍伝に「開皇元年……徴爲開漕渠大監。部率水工、鑿渠引渭水、經大興城北、東至于潼關、漕運

四百餘里。關内賴之、名之曰富民渠」とあり、この時期には別に富民渠が開鑿されている。

〔通釈〕

開皇四年（五八四）、詔勅が下された。

京師大興城には、あらゆる地方から人や物資が集まるが、重要な関所や山河が取り囲んで四方をふさぎ、水運・陸上輸送に困難をきたしている。しかし黄河の流れは波うって東方に注いでおり、あまたの河川や海は、遠距離交通を可能にしている。三門一帯には、危惧すべき場所もあるけれど、小平津より出発し、陸運によって陝州まで行き、そこからまた黄河に入って渭水に到達し、さらに上流にさかのぼり、汾州・晋州の物資を舟や車で輸送するならば、きわめて広汎な利益をもたらすであろう。しかしながら、渭水の水勢は、大小一定することがなく、浅瀬で砂の深い所は、ただちに難所となる。その径路を計測すると数百里にすぎないのに、ともすれば季節が移り変わっても往復することすらできず、穀物を漕運する労役に人びともまた苦しんでいる。朕がこの天下に君臨するのは、利益を興し、危害を除くためであるが、公私にわたるこの弊害は、情としてまことに忍びない。

故に東方の潼関を起点として、西方の渭水に入るまで、人民の労働によって漕運用の運河を開通させたい。事業と労役の規模を計量するに、たやすく成功するであろう。すでに工匠に命じ、運河となるべき道筋を巡視させ、地理の適否を観察し、将来にわたる意義を明らかにさせた。一たび開通しえたなら、永遠に崩壊することはないであろう。もし政府及び民間の筏や大船を朝夕に漕運させ、止むことなく往還することができれば、十日間の労働で、億万の経費が節約できるようになる。酷暑の時期にあたり、ともすれば疲労をまねくことは、いかにも承知してはいるが、しかしながら暫時の労苦なくして、永遠の安泰は得られようもない。あまねく人民に告げ、朕の考えを知らしめよ。

こうして宇文愷に命じ、水工たちを率いて、運河を切り開かせた。運河は渭水の水を引き入れ、大興城から、東の潼関に至るまで、三百餘里（約一五〇km）もあり、広通渠と呼ばれた。水運によ る貨物が流通し、関中一帯はこの水運に依存した。自然災害のために凶作であった諸州でも、また穀倉を開いて救済した。

五年五月、工部尚書襄陽縣公長孫平奏曰、古者三年耕而餘一年之積、九年作而有三年之儲、雖水旱爲災、而人無菜色。皆由勸導有方、蓄積先備故也。去年亢陽、關内不熟、陛下哀愍黎元、甚於赤子。運山東之粟、置常平之官、開發倉廩、普加賑賜。少食之人、莫不豐足。鴻恩大德、前古未比。其強宗富室、家道有餘者、皆競出私財、遞相賙贍。此乃風行草偃、從化而然。但經國之理、須存定式。

於是奏令諸州百姓及軍人、勸課當社、共立義倉。收穫之日、隨其所得、勸課出粟及麥、於當社造倉窖貯之。即委社司、執帳檢校、毎年收積、勿使損敗。若時或不熟、當社有飢饉者、即以此穀振給。自是諸州儲峙委積。

〔訓読〕

五年五月、工部尚書・襄陽縣公長孫平①奏して曰く、古者《いにしへは》、三年耕して一年の積《たくは》へを餘《のこ》し、九年作りて三年の儲へ有れば、水旱災を爲すと雖ども、而れども人に菜色無し②。皆な勸導するに方有り、蓄積して先に備へたるに由るが故なり。去年亢陽し、關内熟さず、陛下、黎元を哀愍せらるること、赤子より甚だし。山東の粟を運び、常平の官を置き③、倉廩を開發し、普く賑賜を加へらる。鴻恩大德、前古未だ比《たぐひ》なし。食に少《とぼ》しきの人、豐足せざるなし。其の強宗富室にして、家道に餘り有る者、皆な競ひて私財を出だし、遞《たが》ひに相ひ賙贍す。此れ乃ち風行《めぐ》れば草偃《たふ》る④、化に從ひて然るなり。但だ經國の理、須らく定式を存すべし、と。

是に於て奏して諸州百姓及び軍人をして、當社に勸課し、共に義倉を立てしむ。收穫の日⑤、其の得る所に隨ひ、勸課して粟及び麥を出だし、當社に於て倉窖を造りて之を貯へしむ⑥。即ち社司に委ね、帳を執りて檢校せしめ、毎年收積して、損敗せしむることなし。若し時に熟さざること或り、當社に飢饉する者有れば、即ち此の穀を以て振給す。是れ自り諸州の儲峙、委積す⑦。

〔注釈〕

①**五年五月工部尚書襄陽縣公長孫平**　義倉設置の年代については、『隋書』巻一高祖紀上開皇五年五月条に「甲申（二九日）、詔置義倉」とある。また『隋書』巻四六長孫平伝に「開皇三年、徴拜度支尚書。平見天下州縣多罹水旱、百姓不給、奏令民間毎秋家出粟麥一石已下、貧富差等、儲之閭巷、以備凶年、名曰義倉。因上書曰、臣聞國以民爲本、民以食爲命、勸農重穀、先王令軌。古者三年耕而餘一年之積、九年作而有三年之儲、雖水旱爲災、而民無菜色、皆由勸導有方、蓄積先備者也。去年亢陽、關右饑餒、陛下運山東之粟、置常平之官、開發倉廩、普加賑賜、大德鴻恩、可謂至矣。然經國之道、義資遠算、請勸諸州刺史・縣令、以勸農積穀爲務。上深嘉納。自是州里豐衍、民多賴焉」とある。

②**古者至菜色**　『禮記』王制篇に「三年耕、必有一年之食、九年耕、必有三年之食。以三十年之通、雖有凶旱水溢、民無菜色。然後天子食、日擧以樂」とある。

③**去年至之官**　『隋書』巻一高祖紀下開皇四年九月条に「甲戌、駕幸洛陽、關内饑也」とある。これにより、常平監は開皇四年に設置されたことが分かる。

また『隋書』巻二高祖紀下仁寿三年九月条に「壬戌、置常平官。……十二月癸酉、河南諸州水、遣納言楊達、賑恤之」とある。この常平官は、水害の救済のために設置されたものであるが、常平監との関係は不明。

④**此乃風行草偃**　風が吹いて草が倒れ臥すように、君主の徳教に人民が見習うこと。『論語』顔淵篇第十二に「季康子問政於孔子曰、如殺無道、以就有道、何如。孔子對曰、子爲政、焉用殺。子欲善、而民善矣。君子之德風、小人之德草。草上之風、必偃」とある。

⑤**收穫至貯之**　義倉穀の拠出方式については、前掲注釈①の長孫平伝に「毎秋家出粟麥一石已下、貧富差等、儲之閭巷」とあるように、貧富による等級をもうけ、一石を上限として差等をつけて拠出した。下文開皇十六年二月詔では、上中下三等戸に分けて徴収している。

義倉は、唐代にも受け継がれた。隋制をも回顧するかたちで、『舊唐書』巻四九食貨志下に「貞觀二年四月、尚書左丞戴冑上言曰、水旱凶災、前聖之所不免。國無九年儲畜、禮經之所明誡。今喪亂之後、戸口凋殘、每歳納租、未實倉廩。隨時出給、纔供當年、若有凶災、將何賑卹。故隋開皇立制、天下之人、節級輸粟、多爲社倉。終於文皇、得無饑饉。及大業中年、國用不足、並貸社倉之物、以充官費、故至末塗、無以支給。今請自王公已下、爰及衆庶、計所墾田稼穡頃畝、至秋熟、準其見在苗以理勸課、盡令出粟。稻麥之鄕、亦同此稅。各納所在、爲立義倉。若年穀不登、百姓飢饉、當所州縣、隨便取給。太宗曰、既爲百姓預作儲貯、官爲舉掌、以備凶年、非朕所須、横生賦斂。利人之事、深是可嘉。宜下所司、議立條制。戸部尚書韓仲良奏、王公已下墾田、畝納二升。其粟麥粳稻之屬、各依土地。貯之州縣、以備凶年。可之。自是天下州縣、始置義倉、每有飢饉、則開倉賑給。以至高宗・則天、數十年間、義倉不許雜用。其後公私窘迫、漸貸義倉支用。自中宗神龍之後、天下義倉費用向盡」と述べる。

⑥**於當社造倉窖貯之**　社は最下層の地方行政組織を指す。『春秋左氏傳』昭公二五年条「齊侯曰、自莒疆以西、請致千社」の杜預註に「二十五家爲社」とあり、正義に「禮有里社、故郊特牲稱、唯爲社事單出里、以二十五家爲里、故知二十五家爲社」と解釈する。これによれば、社は里に等しい。

倉窖の窖は、物を蓄蔵するために地を穿ってつくられた地下式の穴。『禮記』月令篇仲秋条に「是月也、可以築城郭、建都邑、穿竇窖、脩囷倉」とあり、鄭玄註に「爲民将入物當藏也。穿竇窖者、入地圓曰竇、方曰窖」と解説する。隋唐時代の穀物倉庫は、多くの窖穴を編成して建造されたもので、東都洛陽の穀物倉庫であった含嘉倉が発掘されている。詳しくは、礪波護「隋唐時代の太倉と含嘉倉」（『東方学報』京都第五二冊、一九八〇年）参照。

⑦**自是諸州儲峙委積**　隋初の漕運体系と貯備用倉庫との整備により、空前の蓄積が実現した。その全体像について『通典』巻七食貨七論に「隋氏西京太倉、東京含嘉倉・洛口倉、華州永豐倉、陝州太原倉、儲米粟多者千萬石、少者不減數百萬石。天下義倉又皆充滿。京都及并州庫布帛各數千萬、而錫賚勳庸、並出豐厚、亦魏晉以降之未有」とある。

〔通釈〕

開皇五年五月、工部尚書襄陽県公の長孫平が上奏して言った。

古えは、三年間耕作して一年分の蓄積を残し、九年間耕作して三年分の貯備を残したので、水害・旱魃による災害があっても、飢えて顔色の悪い人はいなかった。これもみな、政治指導に方針があり、蓄積を第一としたことによります。去年、日照りによって関内が不作となった時、陛下は赤ん坊にもまして人民を憐れに思われ、山東地域の穀物を輸送して、常平官を設置し、穀物倉を開いて普く人民に施されたので、食料の乏しい人びとにも充分ゆきわたることとなりました。この大いなる恩徳は、前代に比類のないものであります。家計に余裕がある豪族や富豪たちは、皆な競って私財を投じ、あいつぎ施しをおこなっています。これこそ風が吹けば草が伏せるたとえのように、陛下の教化によるものです。しかし、国家統治のありかたとしては、定まった制度を必要といたします。

そこで諸州の人民や軍人に奨励し、その土地の里社において共同で義倉を作らせることを上奏した。その内容は、収穫日に収穫高に応じて粟や麦を供出させ、その地の里社において地下式の穀物倉を造って蓄えさせ、社司に委ねて帳簿を作って管理し、毎年蓄積して浪費させず、もし不作でその里社に飢える者がでたなら、直ちにこの穀物を施与するというものであった。これ以後、諸州の蓄えは豊かになった。

其後關中連年大旱、而青兗汴許曹亳陳仁譙豫鄭洛伊潁邳等州大水、百姓飢饉。高祖乃命蘇威等、分道開倉賑給。又命司農丞王亶、發廣通之粟三百餘萬石、以拯關中。又發故城中周代舊粟、賤糶與人、買牛驢六千餘頭、分給尤貧者、令往關東就食。其遭水旱之州、皆免其年租賦。

十四年、關中大旱、人饑。上幸洛陽、因令百姓就食。從官並准見口賑給、不以官位爲限。明年、東巡狩、因祠泰山。

〔訓読〕

其の後、關中連年大いに旱《ひでり》し、而して青・兗・汴・許・曹・亳・陳・仁・譙・豫・鄭・洛・伊・潁・邳等の州に大水あり、百姓飢饉す①。高祖乃ち蘇威等に命じ、道を分かち、倉を開いて賑給せしむ②。又た司農丞王亶に命じ、廣通の粟三百餘萬石を發し、以て關中を拯《すく》はしむ。又た故城中の周代の舊粟を發し、賤《やす》く糶《う》りて人に與へ、牛驢六千餘頭を買ひ、尤も貧なる者に分給し、關東に往きて食に就《つ》かしむ。其の水旱に遭ふの州は、皆な其の年の租賦を免ず。

十四年、關中大いに旱し、人饑ゆ③。上、洛陽に幸《みゆき》し、因りて百姓をして食に就かしむ。從官、並びに見口に准りて賑給し、官位を以て限りと爲さず。明年、東のかた巡狩し、因りて泰山を祠《まつ》る④。

〔注釈〕

①其後至飢饉　開皇五年以後の旱害・水害については、『隋書』巻一高祖紀上開皇六年二月条に「乙酉、山南荊淅七州水、遣前工部尚書長孫毗賑恤之」とあり、同年七月条に「辛亥、河南諸州水」、同年八月条に「辛卯、關内七州旱、免其賦税」とある。

被災した諸州について、既出の州を除き、『隋書』地理志に基づいて、各州の郡名・治県名とその近代地名を比定しておく。これらはすべて黄河以南の州であり、開皇六年七月の水害に対応するものであったことが分かる。

青州（北海郡益都県、山東省益都県）・兗州（東郡白馬県、河南省滑県）・曹州（濟陰郡濟陰県、山東省曹県西北）・亳州（譙郡譙県、安徽省亳県）・陳州（淮陽郡項城県、河南省項城県東北）・仁州（彭城郡蘄県、安徽省宿県）・譙州（譙郡山桑県、安徽省蒙城県）・豫州（汝南郡汝陽県、河南省汝南県）・邳州（下邳郡下邳県、江蘇省邳県西南）

②高祖乃命蘇威等分道開倉賑給　『隋書』巻二高祖紀下開皇八年八月条に「丁未、河北諸州饑、遣吏部尚書蘇威賑恤之」とある。

蘇威（五四二～六二三）、字は無畏、京兆郡武功県の人。西魏の政治家蘇綽（四九八～五四六）の子。北周・隋の政治家で、高熲とともに隋の政局を指導した。『隋書』巻四一・『北史』巻六三に列伝がある。

③十四年關中大旱人饑　『隋書』巻二高祖紀下開皇十四年五月条に「辛酉、京師地震。關内諸州旱」とあり、また同年八月条に「辛未、關中大旱、人飢。上率戸口、就食於洛陽」とある。

④明年東巡狩因祠泰山　『隋書』巻二高祖紀下開皇十五年正月条に「庚午、上以歳旱、祠太山、以謝愆咎。大赦天下」とある。この時の関中の飢饉と洛陽への就食の状況について、同高祖紀巻末に「嘗遇關中饑、遣左右視百姓所食。有得豆屑雜糠而奏之者、上流涕以示群臣、深自咎責、爲之徹膳、不御酒肉者、殆將一期。及東拜太山、關中戸口就食洛陽者、道路相屬。上勅斥候、不得輒有驅逼、男女參廁於仗衛之間。逢扶老攜幼者、輒引馬避之、慰勉而去。至艱險之處、見負擔者、遽令左右扶助之」とある。

〔通釈〕

その後、関中には連年にわたる大旱魃があり、青・兗・汴・許・曹・亳・陳・仁・譙・豫・鄭・洛・伊・潁・邳等の諸州では大水害が起き、人民は飢えた。そこで高祖は蘇威たちに命じ、手分けして各方面に派遣し、倉を開いて施与させた。さらに司農丞の王亶に命じ、広通倉の穀物三百万石餘を出し、関中を救済させた。その上、長安故城中の北周時代の古い穀物を出して安価で人民に売りさばき、牛やロバ六千頭余りを買いつけて最も貧しい人びとに分け与え、関東地域の食糧のある所へ行かせた。自然災害に遭った諸州については、皆なその年の租賦を免除した。

十四年（五九四）、関中一帯は大旱魃になり、人びとは飢えた。皇帝は洛陽に行幸し、人民には食物のある所へ移動させた。従官たちには現有の家口数によって食料を施与し、官位によって区別しなかった。明年、皇帝は東方を巡って視察し、泰山を祭った。

是時義倉貯在人間、多有費損。十五年二月、詔曰、本置義倉、止防水旱。百姓之徒、不思久計、輕爾費損、於後乏

絶。又北境諸州、異於餘處。雲夏長靈鹽蘭豐鄜涼甘瓜等州、所有義倉雜種、並納本州。若人有旱儉少糧、先給雜種及遠年粟。

　十六年正月、又詔秦疊成康武文芳宕旭洮岷渭紀河廓豳隴涇寧原敷丹延綏銀扶等州社倉、並於當縣安置。二月、又詔社倉、准上中下三等税、上戸不過一石、中戸不過七斗、下戸不過四斗。

〔訓読〕

是の時義倉、貯へて人間に在り、多《おほむ》ね費損すること有り。①十五年二月、詔して曰く、本《も》と義倉を置けるは、水旱を止防するなり。百姓の徒、久計を思はず、輕爾に費損し、後に於て乏絶す。又た北境の諸州②、餘處に異なる。雲・夏・長・靈・鹽・蘭・豐・鄜・涼・甘・瓜等の州、所有《あらゆる》義倉の雜種は、並びに本州に納めよ。若し人に旱儉して糧に少《とぼ》しきこと有れば、先に雜種及び遠年の粟を給へ、と。

　十六年正月、又た詔し、秦・疊・成・康・武・文・芳・宕・旭・洮・岷・渭・紀・河・廓・豳・隴・涇・寧・原・敷・丹・延・綏・銀・扶等の州の社倉、並びに當縣に於て安置せしむ。③二月、又た詔し、社倉は上中下三等に准りて税し、上戸は一石を過ぎず、中戸は七斗を過ぎず、下戸は四斗を過ぎざらしむ。

〔注釈〕

①**是時義倉貯在人間多有費損**　すでに義倉設置の開皇五年に不正の出現が記録されている。『隋書』巻二五刑法志に「（開皇）五年、侍官慕容天遠、糾都督田元、冒請義倉、事實而始平縣律生輔恩、舞文陷天遠、遂更反坐」とある。これは、冤罪の例であるが、その背景に義倉穀の不正な申請のあったことが推測される。

②**北境諸州**　北方辺境諸州として挙げられている州について、『隋書』地理志に基づいて、各州の郡名・治県名とその近代地名を比定しておく。雲州（楡林郡金河県、内モンゴル自治区托克托）・夏州（朔方郡巖緑県、陝西省横山県西）・長州（朔方郡長澤県、陝西省靖邊県西）・靈州（靈武郡迴樂県、甘粛省靈武県西南）・鹽州（鹽川郡五原県、寧夏回族自治区鹽池県北）・蘭州（金城郡金城県、甘粛省皐蘭県）・豐州（五原郡九原県、内モンゴル自治区オルドス右翼後旗西）・鄜州（西平郡湟水県、甘粛省碾伯県）・涼州（武威郡姑臧県、甘粛省武威県）・甘州（張掖郡張掖県、甘粛省張掖県）・瓜州（燉煌郡敦煌県、甘粛省敦煌県）。

③**又詔至安置**　社倉の置かれた諸州について、『隋書』地理志に基づいて、各州の郡名・治県名とその近代地名を比定しておく。秦州（天水郡上邽県、甘粛省天水県西南）・疊州（臨洮郡疊川県、甘粛

省臨潭県邊外南）・成州（漢陽郡上祿県、甘粛省成県西北）・康州（河池郡同谷県、甘粛省成県）・武州（武都郡将利県、甘粛省武都県西北）・文州（武都郡長松県、甘粛省文県西南）・芳州（同昌郡封徳県、甘粛省臨潭県西南）・宕州（宕昌郡良恭県、甘粛省岷県西南）・旭州（臨洮郡洮源県、甘粛省潭県西南）・洮州（臨洮郡美相県、甘粛省臨潭県西南）・岷州（臨洮郡臨洮県、甘粛省岷県）・渭州（隴西郡襄武県、甘粛省隴西県西南）・紀州（隴西郡長川県、甘粛省秦安県東北）・河州（枹罕郡枹罕県、甘粛省導河県）・廓州（澆河郡河津県、甘粛省導河県西積石関外）・豳州（北地郡新平県、陝西省邠県）・隴州（扶風郡汧源県、陝西省隴県）・涇州（安定郡安定県、甘粛省涇川県北）・寧州（北地郡定安県、甘粛省寧県）・原州（平涼郡平高県、甘粛省固原県）・敷州（上郡内部県、陝西省中部県）・丹州（延安郡義川県、陝西省誼川県東北）・延州（延安郡膚施県、陝西省膚施県東）・綏州（雕陰郡上県、陝西省綏徳県）・銀州（雕陰郡儒林県、陝西省米脂県西北）・扶州（同昌郡尚安県、甘粛省文県西北）。

これら諸州は、上段の北辺諸州とともに、畿内関中に直接する北方・西北方・西方の辺境諸州であり、軍糧の調達を必要とする地域である。これらの地域は、関中の東方・南方と異なり、独自の水路網による水運―倉庫体系による穀物輸送―蓄積制度をもっていない。北魏に端を発する西北水運体系は、この時期にはなお未整備であったと考えられる。この地域では、義倉が軍糧貯備施設の役割をも担ったために、いち早く義倉穀の費損がおこり、再度の詔勅発布となったのではあるまいか。

〔通釈〕

この時、民間で貯えられた義倉穀が、大量に浪費された。十五年二月、詔勅が出された。

義倉の設置は、本来、災害防止のためである。人民たちは将来のことも考えず、これを軽軽しく浪費し、後になって不足するありさまである。また北方辺境諸州は、その他の所と事情が異なる。雲・夏・長・霊・塩・蘭・豊・鄯・涼・甘・瓜等の諸州では、あらゆる義倉の雑穀の種籾は、その州に納入することとせよ。もし人民が旱害で食糧にことかくことがあれば、まず雑穀の種籾と古い粟から支給するようにせよ。

十六年正月、さらに詔を出し、秦・疊・成・康・武・文・芳・宕・旭・洮・岷・渭・紀・河・廓・豳・隴・涇・寧・原・敷・丹・延・綏・銀・扶等の諸州では、社倉を州治所在の県に設置させた。二月にはさらに詔勅を出し、社倉については上中下三等の戸に区分し、上戸は一石まで、中戸は七斗まで、下戸は四斗まで課税することを規定した。

其後山東頻年霖雨、杞宋陳亳曹戴譙潁等諸州、達于滄海、皆困水災、所在沈溺。十八年、天子遣使、將水工、巡行川源、相視高下、發隨近丁以疏導之。困乏者、開倉賑給、前後用穀五百餘萬石①。遭水之處、租調皆免。自是頻有年矣。

〔校勘〕

① **前後用穀五百餘萬石**　百衲本諸本は「前後用穀五百餘石」に作

る。中華書局標点本校勘記に、陸錫熊『炳燭偶鈔』「按文當作五百餘萬石、疑脱萬字」を引用する。いまこれに従い萬字を補う。

〔訓読〕

其の後、山東頻年霖雨し①、杞・宋・陳・亳・曹・戴・譙・潁等の諸州より、滄海に達するまで、皆な水災に困しみ、所在に沉溺す。十八年、天子、使を遣はし、水工を將《ひき》ゐて、川源を巡行し、高下を相視し、隨近《もより》の丁を發して以て之を疏導せしむ。困乏する者、倉を開いて賑給し、前後穀を用ふること五百餘萬石なり。水に遭ひしの處は、租調皆な免ず。是れ自り頻《しきり》に年《みのり》有り。

〔注釈〕

①其後山東頻年霖雨　『隋書』巻二高祖帝紀下開皇十八年七月条に「壬申、詔以河南八州水、免其課役」とある。つづく杞・宋以下河南八州は、この時被災した州であろう。杞州（梁郡雍丘県、河南省杞県）・宋州（梁郡宋城県、河南省商丘県南）・戴州（濟陰郡成武県、山東省城武県）以外の五州の所在地については、二一五頁注釈①参照。

なお開皇十八年以後にも、『隋書』巻二高祖紀下仁壽元年五月条に「壬辰、驟雨震雷、大風拔木、宜君湫水移於始平」とあり、同二年九月条に「壬辰、河南・北諸州大水、遣工部尚書楊達賑恤之」とあり、同三年十二月条に「癸酉、河南諸州水、遣納言楊達賑恤之」とみえる。連年の長雨は、これらの事例をも含むものであろう。

〔通釈〕

その後、山東の地域では連年にわたって長雨が続き、杞・宋・陳・亳・曹・戴・譙・潁等の諸州から滄海（黄海）に達するまでの地域が、水害に苦しめられ、いたるところで水没の被害にあった。十八年（五九八）、皇帝は使者を遣わし、水工を率いて、川の源流を巡行し、土地の高低を見きわめ、付近の正丁を徴発し、停滞している水を疎通させた。飢えに苦しむ者には倉を開いて施与したが、その穀物は前後あわせて五百餘万石にのぼった。水害にあった所は租調を全て免除した。これ以後豊作が続いた。

＊＊

開皇八年五月、高熲奏諸州無課調處、及課州管戸數少者、官人祿力、乘前已來、恒出隨近之州。但判官本爲牧人、役力理出所部。請於所管戸内、計戸徴税。帝從之。

〔訓読〕

開皇八年五月、高熲奏すらく、諸州の課調無き處、及び課州の管戸の數の少なき者は①、官人の祿力②、乘前已來、恒に隨近《もより》の州より出だす。但だ判官は、本より人を牧《をさ》むるもの爲れば③、役力、理として部する所に出づ。請ふらくは、管する所の戸内に於て、戸を計りて徴税せんことを、と。帝、これに従ふ。

〔注釈〕

①諸州無課調處及課州管戸數少者　これにより、課調の無い州と課調のある州との両種の州の存在が分かる。課調は、基本的に中央政府への租賦貢納を言う。課調の無い州とは、中央政府や自己以外の州への租賦貢納、輸送義務のない州を言うのであろう。

②官人祿力　禄・力は、官僚に支給される俸禄と役力。役力は、官人の世話をする役務奉仕者を言う。隋朝の俸禄制度については、『隋書』巻二八百官志下に「京官正一品、祿九百石、其下毎以百石爲差、至正四品、是爲三百石。從四品、二百五十石、其下毎以五十石爲差、至正六品、是爲百石。從六品、九十石、以下毎以十石爲差、至從八品、是爲五十石。食封及官不判事者、并九品、皆不給祿。其給皆以春秋二季。刺史・太守・縣令、則計戸而給祿、各以戸數爲九等之差。大州六百二十石、其下毎以四十石爲差、至於下下、則三百石。大郡三百四十石、其下毎以三十石爲差、至於下下、則百石。大縣百四十石、其下毎以十石爲差、至於下下、則六十石。其祿唯及刺史・二(當作上)佐及郡守・縣令」とある。この規定は、州・郡・県三級制をとっているので、開皇三年に郡が廃止される以前の規定である。開皇令に基づくものであろう。

隋の役力については、明確な記載がない。北斉の制度を記した『隋書』巻二七百官志中に「自州郡縣、各因其大小置白直、以供其役」とあり、また「諸州刺史・守・令已下、幹及力、皆聽敕乃給。其幹出所部之人。一幹輸絹十八匹、幹身放之。力則以其州・郡・縣白直充」とみえる。ここに言う役力とは、特に地方長官に支給して、その身の回りの世話をする白直を指したものであろう。白直は、唐代にも見えるから、隋朝にも存在したことは明らかである。『大唐六典』巻三戸部尚書条に「凡州縣官僚、皆有白直。二品、四十人。三品、三十二人。四品、二十四人。五品、十六人。六品、十人。七品、七人。八品、五人。九品、四人」とあり、また「凡州縣有公廨白直及雜職、兩番上下」とみえる。

③判官本爲牧人　判官は、地方官上層の官吏で、吏・戸・礼・兵・刑・工の六曹に分かれていた部局を統括し、その管掌職務についての文書決裁をおこない、判司ともいう。『隋書』巻七五儒林伝劉炫伝に「弘嘗從容問炫曰、案周禮士多而府史少、今令史百倍於前、判官減則不濟、其故何也。炫對曰、古人委任責成、歳終考其殿最、案不重校、文不繁悉、府史之任、掌要目而已。今之文簿、恒慮覆治、鍛練若其不密、萬里追證百年舊案、故諺云、老吏抱案死。古今不同、若此之相懸也、事繁政弊、職此之由」とある。

〔通釈〕

開皇八年(五八八)五月、高熲が上奏した。

租賦の貢納割り当てがない諸州や、貢納割り当てがある州でも戸数の少ない所では、官僚の俸禄と役力は、従来より常に最寄の州が支出することになっています。しかし判官は、元来人民を統治する者ですから、その役力は統治地域から出すのが道理です。管轄戸数によって税を徴収し、役力として支給するよう願い上げます。

皇帝はこの提案に従った。

先是京官及諸州、並給公廨錢、迴易生利、以給公用。至十四年六月、工部尚書安平郡公蘇孝慈等以爲、所在官司、因循往昔、以公廨錢物、出擧興生、唯利是求。煩擾百姓、敗損風俗、莫斯之甚。於是奏皆給地以營農、迴易取利、一皆禁止。

十七年十一月、詔在京及在外諸司公廨、在市迴易、及諸處興生、並聽之。唯禁出擧收利云。

〔訓読〕

是れより先、京官及び諸州、並びに公廨銭を給ひ、迴易して利を生み、以て公用に給す。[①] 十四年六月に至り、工部尚書・安平郡公蘇孝慈等以爲らく、所在の官司、往昔に因循し、公廨錢物を以て、出擧して生を興し、唯だ利のみ是れ求む。百姓を煩擾し、風俗を敗損すること、斯《こ》れより甚だしきは莫し、と。是に於て奏して、皆な地を給ひて以て營農せしめ[②]、迴易して利を取ること、一に皆な禁止す。

十七年十一月、詔すらく、在京及び在外の諸司公廨、市に在りて迴易し、及び諸處に生を興すこと、並びにこれを聽《ゆる》す。唯だ出擧して利を收むることのみ禁ず、と云ふ。

〔注釈〕

①先是至公用　公廨銭は、各官司に資本となる鋳貨や反物（本銭）を支給し、各官司の運用によって利潤を獲得し、それを官司の行政経費とするものであり、唐代には公廨本銭・食利本銭などと呼ばれた。その運用は、商業もしくは高利貸によったが、ここで特に問題となっているのは､その高利貸しである。『唐会要』巻九三諸司諸色本銭上条に「武徳元年（六一八）十二月、置公廨本錢、以諸州令史主之、號捉錢令史。毎司九人、補於吏部、所主纔五萬錢以下、市肆販易、月納息錢四千文、歳滿授官」とある。これは、隋制を直接に継承するものであり、隋の公廨銭の運用実態を知ることができる。

公廨銭の開始は未詳。ただ後漢期には、官府の官物を民間に貸与し、その利潤を納めさせて、官府の経費とすることが始まっている（拙稿「漢魯陽正衛弾碑小考――正衛・更賤をめぐって」平成四年度科学研究費補助金総合研究（A）研究成果報告書・永田英正代表『中国出土文字資料の基礎的研究』一九九三年）。

また、北魏太和八年（四八四）の俸禄制施行にあたって、『魏書』巻七高祖紀上太和八年条に「六月丁卯、詔曰、……故憲章舊典、始班俸祿。罷諸商人、以簡民事。戸增調三匹、穀二斛九斗、以爲官司之祿。均預調爲二匹之賦、即兼商用。雖有一時之煩、終克永逸之益。祿行之後、贓滿一匹者死」とある。ここには、「始班俸祿。罷諸商人、以簡民事」、「均預調爲二匹之賦、即兼商用」とあり、俸禄支給以前は、官司にかかわりのある商人の営利活動によってえられた収益を官司の経費や官僚の生計費としたようである。隋の公廨銭の直接的な開始時期は不明であるが、その歴史的淵源はかなり古いと言える。

②於是奏皆給地以營農　『隋書』巻四六蘇孝慈伝に「先是、以百僚供費不足、臺省府寺咸置廨錢、收息取給。孝慈以爲官民爭利、非興化之道、上表請罷之、請公卿以下給職田各有差、上並嘉納焉」とある。蘇孝慈伝は、職田（職分田）の支給を伝えるが、本紀では公廨田になっている。『隋書』巻二高祖帝紀下開皇十四年六月条に「丁卯、詔省府州縣、皆給公廨田、不得治生、與人爭利」とある。職分田の収益は官僚個人の収入となり、公廨田の収益は官司の経費となる。本志にただ土地を支給するとあるのは、職分田・公廨田の両者を含むからであろう。職分田・公廨田規定については、一九一頁注釈⑤⑥参照。

〔通釈〕

これより以前、中央および諸州の官司には、ならびに公廨銭を支給し、これを運用して利益を出し、官司の経費にあてていた。開皇十四年（五九四）六月に至って、工部尚書安平郡公の蘇孝慈らは、あらゆる官司が、昔からのしきたりに従い、公廨銭や反物によって、利貸しや商業活動を行ない、利益だけを追求している。これほどはなはだしく人民を煩わし、風俗を損なうものはない、と考えた。そこで上奏して、土地を支給して営農させることとし、公廨銭物の運用による利潤稼ぎを一切禁止した。

十七年（五九七）十一月には、中央・地方の諸官司の公廨銭については、市において運用するか、各地で商業活動をすることは許す。しかし、利貸しによって利潤を稼ぐことだけは禁止する旨、詔勅が下された。

(2)煬帝の時代

煬帝即位。是時戸口益多、府庫盈溢、乃除婦人及奴婢部曲之課、男子以二十二成丁。始建東都、以尚書令楊素爲營作大監、毎月役丁二百萬人。徙洛州郭内人及天下諸州富商大賈數萬家、以實之。新置興洛及迴洛倉。又於皁澗營顯仁宮、苑囿連接、北至新安、南及飛山、西至澠池、周圍數百里。課天下諸州、各貢草木花果、奇禽異獸於其中。開渠、引穀洛水、自苑西入、而東注于洛。又自板渚引河、達于淮海、謂之御河。河畔築御道、樹以柳。又命黄門侍郎王弘上儀同於士澄、往江南諸州採大木、引至東都。所經州縣、遞

送往返、首尾相屬、不絶者千里。而東都役使促迫、僵仆而斃者、十四五焉。毎月載死丁、東至城皐、北至河陽、車相望於道。時帝將事遼碣、增置軍府、掃地爲兵。自是租賦之入益減矣。

〔訓読〕

煬帝即位す。是の時、戸口益ます多く①、府庫盈溢す。乃ち婦人及び奴婢部曲の課を除き②、男子は二十二を以て丁と成す③。始めて東都を建て④、尚書令楊素を以て營作大監と爲し、毎月丁二百萬人を役す。洛州郭内の人及び天下諸州の富商大賈數萬家を徙し、以て之を實たす⑤。新たに興洛及び迴洛倉を置く⑥。又た阜澗に於て顯仁宮を營みたるに、苑囿連接し、北のかた新安に至り、南のかた飛山に及び、西のかた澠池に至るまで、周圍數百里なり。天下諸州に課し、各おの草木花果、奇禽異獸を其の中に貢がしむ⑦。渠を開くに、穀・洛水を引き、苑の西自り入り、而して東のかた洛に注がしむ。又た板渚自り河を引き、淮海に達せしめ、之を御河と謂ふ⑧。河畔に御道を築き、樹ゆるに柳を以てす。又た黄門侍郎王弘・上儀同於士澄に命じ、江南の諸州に往きて大木を採り、引きて東都に至らしむ⑨。經る所の州縣、遞送往返し、首尾相ひ屬《つらな》り、絶えざる者千里なり。而も東都の役使促迫し、僵仆して斃する者、十の四五なり。毎月死丁を載せ、東のかた城皐に至り、北のかた河陽に至るまで、車は相《たが》ひに道に望む。時に帝、將に遼・碣を事とせんとし、軍府を增置し⑩、地を掃いて兵と爲す。是れ自り租賦の入益ます減ぜり。

〔注釈〕

①煬帝即位是時戸口益多　煬帝治世期の戸口数としては、大業五年（六〇九）の統計が残されている。『隋書』巻二九地理志上序に「煬帝嗣位、……五年、平定吐谷渾、更置四郡。大凡郡一百九十、縣一千二百五十五、戸八百九十萬七千五百四十六、口四千六百一萬九千九百五十六。墾田五千五百八十五萬四千四十一頃。其邑居道路、山河溝洫、沙磧鹹鹵、丘陵阡陌、皆不預焉。東西九千三百里、南北萬四千八百一十五里、東南皆至於海、西至且末、北至五原、隋氏之盛、極於此也」とある。また『通典』巻七食貨七・歴代盛衰戸口条にも「煬帝大業二（當作五）年、戸八百九十萬七千五百三十六、口四千六百一萬九千九百五十六、此隋之極盛也（原注、後周静帝末授隋禪、有戸三百九十九萬九千六百四。至開皇九年平陳、得戸五十萬、及是纔二十六七年、直增四百八十萬七千九百三十二）」とある。

②除婦人及奴婢部曲之課　『資治通鑑』巻一八〇隋文帝仁壽四年（六〇四）一〇月条に「詔除婦人及奴婢・部曲之課、男子二十二成丁」とある。この年七月、文帝が死去し、煬帝が即位した。

隋・唐前半期にあっては、地方州県に戸籍をもって国家に租賦（課）を納める者を百姓と規定し、良身分とした。地方州県に独立の戸籍をもたず、国家諸官府に直接編籍され、その役務に従事する官奴婢・雑戸・楽戸・工戸等や、編戸百姓の戸籍に附載されて私家の役務に従事する私奴婢・部曲を賤身分とした。私奴婢・部曲は、ともに「私家の所有」（『唐律疏議』巻六名例律疏議「部曲謂私家所有」）、あるいは「家僕」（『唐律疏議』巻二二鬥訟律・疏議「部曲・奴婢、是爲家僕、事主須存謹敬」）と呼ばれ、私家の隷属身分を構成した。私奴婢は婚姻を許されず、下級の私的隷属身分を構成し、部曲は婚姻を許されて上級隷属身分を構成した。それゆえ刑罰や主家からの解放にあたっても、その軽重や手続きには差等がもうけられた。たとえば『唐律疏議』巻十二戸婚律に「諸放部曲爲良、已給放書、而壓爲賤者、徒二年。若壓爲部曲及放奴婢爲良、而壓爲賤者、各減一等。即壓爲部曲及放爲部曲、而壓爲賤者、又各減一等。各還正之」とあり、その疏議に「依戸令、放奴婢爲良及部曲・客女者、並聽之。皆由家長給手書、長子以下連署、仍經本屬申牒除附。若放部曲・客女爲良、壓爲賤者、徒二年。若壓爲部曲者、謂放部曲・客女爲良、還壓爲部曲・客女。及放奴婢爲良、還壓爲賤。各減一等、合徒一年半。即壓爲部曲者、謂放奴婢爲良、壓爲部曲・客女。及放爲部曲者、謂放奴婢爲部曲・客女、而壓爲賤者。又各減一等、合徒一年。仍並改正、從其本色、故云各還正之。此文不言客女者、名例律稱部曲者、客女同、故解同部曲之例」とある。奴婢・部曲は法制上の呼称であり、社会的には様ざまな名称と存在形態をもつ私的隷属民としての「奴婢」「部曲」がいた。隋・唐前期以外の時期の部曲は、すべて兵士を指示する。

女性と私奴婢・部曲の租調を免除したことは、北魏均田制以来の税制を改変するとともに、良賤制を完成に導いた点で特筆すべき事件である。

③**男子以二十二成丁**　『通典』巻七食貨七丁中条にも「煬帝即位、戸口益多、男子以二十二成丁」とある。前掲注釈②の『資治通鑑』にあるとおり、仁壽四年一〇月のことである。

④**始建東都**　東都は、漢魏の都城である洛陽城の西にある河南県（現在の洛陽市）に建造された。その経緯については、本志序文一三二頁注釈②参照。營作大監の尚書令楊素（？～六〇六）、字は處道、弘農郡華陰県の人。後漢以来の名族の出身で、北周・隋代の政局を指導した。大業九年（六一三）、子の楊玄感が黎陽で内乱を起こし、隋滅亡のきっかけを作った。『隋書』巻四八に本伝がある。

⑤**徙洛州郭内人及天下諸州富商大賈數萬家以實之**　『隋書』巻三煬帝紀上大業元年三月條に「丁未、詔尚書令楊素・納言楊達・將作大匠宇文愷營建東京、徙豫州郭下居人以實之。……徙天下富商大賈數萬家於東京」とある。本志の洛州は、漢魏以来の都城であった洛陽であり、大業元年正月に改名して豫州となった。『隋書』巻三煬帝紀上大業元年正月條に「壬辰朔、大赦、改元。立妃蕭氏爲皇后。改豫州爲溱州、洛州爲豫州。廢諸州總管府」とある。東都の建造にともなって、旧洛陽城の住民が移住させられたのである。

⑥**新置興洛及迴洛倉**　興洛倉は、東都洛陽東方の鞏県（河南省鞏県西南）に設置された穀物倉。『隋書』巻三〇地理志中河南郡鞏県

条に「後齊廢、開皇十六年復。有興洛倉」とある。迴洛倉は、回洛古城に付設した穀物倉であろう。『資治通鑑』巻一八〇隋煬帝大業二年（六〇六）条に「十月、詔改脩律令。置洛口倉於鞏東南原上、築倉城。周回二十餘里、穿三千窖、窖容八千石以還。置監官并鎭兵千人。十二月、置回洛倉於洛陽北七里。倉城、周回十里、穿三百窖」とある。これによれば、二つの穀物倉の設置は、大業二年（六〇六）のことであり、興洛倉は、別名洛口倉であったこと、また興洛（洛口）倉の穀物収蔵容量は二千四百万石、回洛倉のそれは二四〇万石であったことが分かる。回洛倉は、位置関係から考えて回洛古城にちなむものであろう。『唐書』巻三九地理志三孟州河陽県条に「有河陽關。有回洛故城」とあり、洛陽の北から黄河を渡る渡河点に位置し、交通の要衝にあたる。興洛・迴洛二倉は、東都の穀物倉として、東都の獲得維持のための戦略拠点となり、隋末の動乱のなかで争奪戦がくりひろげられた。

なお、文革期に鞏県七里舗大溝の北嶺上にある洛口倉遺址に対する調査がおこなわれたが、その詳細は公表されていないという（礪波護「隋唐時代の太倉と含嘉倉」『東方学報』京都第五二冊、一九八〇年）。

⑦又於皁其中　顯仁宮の建造については、『隋書』巻三煬帝紀上大業元年三月條に「又於皁澗營顯仁宮、採海内奇禽異獸草木之類、以實園苑」とある。なお本志序文一三三頁注釈⑥参照。

⑧開渠至御河　『隋書』巻三煬帝紀上大業元年三月條に「辛亥、發河南諸郡男女百餘萬、開通濟渠、自西苑引穀洛水達于河、自板渚引河通于淮」とある。大運河の建造に付いては、なお本志序文一三三頁注釈⑦参照。

⑨又命黄門侍郎王弘上儀同於士澄往江南諸州採大木引至東都

『隋書』巻三煬帝紀上大業元年三月條には、「庚申、遣黄門侍郎王弘・上儀同於士澄往江南採木、造龍舟・鳳艒・黄龍・赤艦・樓船等數萬艘」とあり、造船に使用したことを述べる。造船の規模については、次節の注釈①（二二六頁）参照。

⑩増置軍府　この軍府は、府兵制の基礎構成単位をなす軍団組織で、隋では鷹揚府（大業三年成立）、唐代には折衝府と呼ばれた。大業初年の軍府増置は、大業元年の諸州総管府の廃止、大業三年の中央十六衛府制の拡充と鷹揚府制の成立からなる一連の制度改革と連動するものであり、煬帝の中央集権化政策にかかわるものであった。その意義については、気賀沢保規『府兵制の研究』第五章「隋煬帝期の府兵制をめぐる一考察」（同朋舎、一九九九年）参照。

〔通釈〕

煬帝が即位した。この時、戸口は益ます多くなり、国庫も充実していた。そこで婦人や奴婢・部曲の課税を免除し、男子は二十二歳で正丁とした。はじめて東都洛陽を建造し、尚書令楊素を営作大監に任命し、毎月二百万人の男丁を使役した。洛州郭内の人びとや天下諸州の富商数万家を東都に移住させた。新たに興洛倉・迴洛倉を設置した。また皁澗に顕仁宮を造営し、苑囿を連ね、北方は新安まで、南方は飛山まで、西方は澠池にまで至り、その周回は数百里にもなった。天下諸州に各地の草木・果樹や珍しい禽獣を割り当て、それらを苑中に貢納させた。運河を開き、穀水・

洛水から水を引き、苑の西側から取り入れ、東方へ流して洛水に注いだ。別に板渚から黄河の水を引き、淮水に通じさせ、これを御河と称した。河畔には御道を築き、柳を植えた。さらに黄門侍郎の王弘、上柱国の於士澄に命じ、江南諸州に出向いて大木を採取させ、東都に運ばせた。通過するところの州県では輸送隊が往来し、船団の始めと終わりがつらなって、千里も絶えることがなかった。しかも東都建造の労役は切迫し、倒れて死ぬ者が、半数近くにのぼった。毎月、死んだ役丁を運ぶのに、東は城皐（河南省滎陽県）、北は河陽（河南省孟県南）に至るまで、道に車が連なりあった。この時、皇帝は遼東・碣石方面に軍事行動を起こそうとし、軍府を増置したので、人びとはおしなべて兵士となった。これ以後、租税収入は益ます減少していった。

又造龍舟鳳艒、黄龍赤艦、樓船篾舫。募諸水工、謂之殿脚、衣錦行縢、執青絲纜挽舡、以幸江都。帝御龍舟、文武官五品已上給樓舡、九品已上給黄篾舫、舳艫相接、二百餘里。所經州縣、並令供頓、獻食豐辦者、加官爵、闕乏者、譴至死。

又盛脩車輿輦輅、旌旗羽儀之飾。課天下州縣、凡骨角齒牙、皮革毛羽、可飾器用、堪爲氅毦者、皆責焉。徵發倉卒、朝命夕辦、百姓求捕、網罟遍野、水陸禽獸殆盡、猶不能給、而買於豪富蓄積之家、其價騰踊。是歳、翟雉尾一、直十縑、白鷺鮮半之。

〔訓読〕

又た龍舟・鳳艒、黄龍赤艦、樓船・篾舫を造る。諸もろの水工を募り、之を殿脚と謂ひ、錦を衣て行縢し、青絲の纜を執りて舡を挽かせ、以て江都に幸《みゆき》す。帝は龍舟に御し、文武官五品已上は樓舡を給ひ、九品已上は黄篾舫を給ひ、舳艫相ひ接すること二百餘里なり①。經る所の州縣、並びに供頓せしめ、獻食の豐辦なる者は、官爵を加へ、闕乏する者は、譴《とが》めて死に至らしむ。

又た盛んに車輿輦輅、旌旗羽儀の飾を脩む。天下州縣に課し、凡そ骨角齒牙、皮革毛羽の、器用を飾り、氅毦と爲すに堪ふ可き者は、皆な焉《これ》を責《もと》む。徵發は倉卒にして、朝に命じて夕に辦ぜしめ、百姓求捕し、網罟野に遍《あまね》く、水陸の禽獸殆んど盡きたるも、猶ほ給すること能はず②、而して豪富蓄積の家より買ひたれば、其の價騰踊す。是の歳、翟雉の尾一にして、十縑に直《あたひ》し、白鷺の鮮は之に半ばす。

〔注釈〕

①又造至餘里　江都行幸の船団の詳細、および州県からの食物供

給については、別に『資治通鑑』巻一八〇隋煬帝大業元年（六〇五）八月條に「乙巳、上御小朱航、自漕渠、出洛口。御龍舟。龍舟四重、高四十五尺、長二百丈。上重、有正殿・内殿・東西朝堂。中二重、有百二十房、皆飾以金玉。下重、内侍處之。皇后乘翔螭舟、制度差小、而装飾無異。別有浮景九艘、三重皆水殿也。又有漾彩・朱鳥・蒼螭・白虎・玄武・飛羽・青鳧・陵波・五樓・道場・玄壇・板艙・黄篾等數千艘。後宮・諸王・公主・百官・僧尼・道士・蕃客乘之。及載内外百司供奉之物。共用挽船士八萬餘人。其挽漾彩以上者九千餘人、謂之殿脚、皆以錦綵爲袍。又有平乘・青龍・艨艟・艚䑳・八櫂・艇舸等數千艘、並十二衞兵乘之、并載兵器帳幕。兵士自引、不給夫。舳艫相接、二百餘里、照耀川陸。騎兵翊兩岸而行、旌旗蔽野。所過州縣五百里内、皆令獻食、多者一州至百轝、極水陸珍奇。後宮厭飫、將發之際、多棄埋之」とある。

鳳艒について、傅雲龍『隋書考証』は、「按通雅、艒取其寛容平、即艎屬。王濬造連舫、方百二十歩、開四門、得馳馬、亦艒類」と解釈する。これによれば、甲板の広やかな船を言う。

「衣錦行幐」の行幐について、『毛詩』小雅「采菽」に「赤芾在股、邪幅在下」とあり、その鄭玄箋に「邪幅、如今行幐也。偪束其脛、自足至膝、故曰在下」とある。脛に巻いて足を保護する脚絆をいう。また『日知録』巻二八「行幐」条を参照。

②又盛至能給　儀衞制度の制定にともなう羽毛の強制徴発については、『資治通鑑』はこれを大業二年（六〇六）に繋年する。『資治通鑑』巻一八〇隋煬帝大業二年二月条に「丙戌、詔吏部尚書牛弘等、議定輿服儀衞制度。……課州縣、送羽毛。民求捕之、網羅被水陸、禽獸有堪氅毦之用者、殆無遺類。烏程有高樹、踰百尺、旁無附枝、上有鶴巣。民欲取之、不可上、乃伐其根。鶴恐殺其子、自抜氅毛、投於地。時人或稱以爲瑞、曰、天子造羽儀、鳥獸自獻羽毛。所役工十萬餘人、用金銀錢帛鉅億計。帝毎出遊幸、羽儀塡街溢路、亙二十餘里」とある。

〔通釈〕

さらに龍舟・鳳艒と呼ばれる大船、黄龍の飾りのある赤い大船、楼船や竹で編んだ筏などの船を建造した。水工たちを徴発し、これを殿脚と呼び、錦の衣を着て脚絆を巻き、青い挽き網を持って船を引かせ、江都まで行幸した。皇帝は龍舟に乗り、文武五品以上の官には楼船を、九品以上の官には黄色い筏舫をあてがった。船団は、船首と船尾とが連なりあって、二百餘里の長さにおよんだ。立ち寄った州県では並びに宿泊施設を準備させ、献立が豪勢な者には官爵を上乗せし、粗末な者には罰して死に至らしめた。

さらに盛んに車や輿を作り、旌旗や羽根で飾りたてた。天下の州県に割り当て、器物の飾りになる骨角歯牙・皮革羽毛などをあまねく徴収した。徴発は急激で、命令後ただちに取り揃えさせたため、百姓は獲物を求めて野という野に網を張りめぐらした。水陸の禽獣をほとんど捕り尽くしても、割り当てには足りなかった。そこで富豪の家から買うことになり、その価格は高騰した。この年（大業二年）、雉の尾羽一揃いで縑絹十匹の価格に相当し、白鷺の鮮やかな羽根はその半分の価格であった。

乃使屯田主事常駿使赤土國、致羅刹。又使朝請大夫張鎮州撃流求、俘虜數萬。士卒深入、蒙犯瘴癘、餒疾而死者十八九。又以西域多諸寶物、令裴矩往張掖、監諸商胡互市。啖之以利、勸令入朝。自是西域諸蕃、往來相繼、所經州郡、疲於送迎、糜費以萬萬計。

〔訓読〕

乃ち屯田主事常駿をして赤土國に使ひし、羅刹を致せしむ①。又た朝請大夫張鎮州をして流求を撃たしむるに②、俘虜數萬なり。士卒深く入り、瘴癘を蒙犯し、餒疾して死する者十の八九なり。又た西域に諸もろの寶物多きを以て、裴矩をして張掖に往き、諸もろの商胡を監して互市せしむ③。之に啖《くら》はすに利を以てし、勸めて入朝せしむ。是れ自り西域の諸蕃、往來相ひ繼ぎ、經る所の州郡、送迎に疲れ、糜費は萬萬を以て計ふ④。

〔注釈〕

①使屯田主事常駿使赤土國致羅刹　『隋書』巻八二赤土国条に「赤土國、扶南之別種也。在南海中、水行百餘日而達所都。土色多赤、因以爲號。東波羅剌國、西婆羅娑國、南訶羅旦國、北拒大海、地方數千里。其王姓瞿曇氏、名利富多塞、不知有國近遠。……煬帝即位、募能通絶域者。大業三年、屯田主事常駿・虞部主事王君政等請使赤土。帝大悦、賜駿等帛各百匹、時服一襲而遣。齎物五千段、以賜赤土王。其年十月、駿等自南海郡乘舟、晝夜二旬、毎値便風。……月餘、至其都、王遣其子那邪迦請與駿等禮見。……尋遣那邪迦隨駿貢方物、并獻金芙蓉冠・龍腦香。以鑄金爲多羅葉、隱起成文以爲表、金函封之、令婆羅門以香花奏蠡鼓而送之。既入海、見緑魚群飛水上。浮海十餘日、至林邑東南、並山而行。其海水闊千餘歩、色黄氣腥、舟行一日不絶、云是大魚糞也。循海北岸、達于交阯。駿以六年春、與那邪迦、於弘農謁。帝大悦、賜駿等物二百段、倶授秉義尉、那邪迦等官賞各有差」とある。赤土国は、扶南の別種とあるから、クメル人の系統であろう。その位置から考えて、東南アジアの島嶼部にあった国である。隋との接触は大業三年に始まり、大業六年に一つの節目を迎えている。

羅刹は国名、婆利国（バリ島）の東にあった。『唐書』巻二二二下南蛮伝下環王条に「貞觀時、王頭黎獻馴象・鏐鎖・五色帶・朝霞布・火珠、與婆利・羅刹二國使者偕來。……婆利者、直環王東南、自交州汎海、歴赤土・丹丹諸國乃至。……其東即羅刹也。與婆利同俗。隋煬帝遣常駿使赤土、遂通中國」とある。『隋書』巻三煬帝紀上大業四年三月丙寅条には、「遣屯田主事常駿、使赤土、致羅罽」とあり、表記を異にするが、本志が正しい。

②使朝請大夫張鎮州撃流求　『資治通鑑』巻一八〇隋煬帝大業三年三月条に「癸丑、帝使羽騎尉朱寬入海、訪求異俗。至流求國而還」とある。『隋書』巻八一流求国伝に「流求國、居海島之中、當建安郡東、水行五日而至。……大業元年、海師何蠻等、毎春

秋二時、天清風靜、東望依希、似有煙霧之氣、亦不知幾千里。三年、煬帝令羽騎尉朱寛入海、求訪異俗。何蠻言之、遂與蠻俱往、因到流求國。言不相通、掠一人而返。明年、帝復令寛慰撫之、流求不從、寛取其布甲而還。時倭國使來朝、見之曰、此夷邪久國人所用也。帝遣武賁郎將陳稜・朝請大夫張鎮州、率兵自義安浮海擊之。至高華嶼、又東行二日至𪓰鼊嶼、又一日便至流求。初稜將南方諸國人從軍、有崑崙人、頗解其語、遣人慰諭之、流求不從、拒逆官軍。稜擊走之、進至其都、頻戰皆敗、焚其宮室、虜其男女數千人、載軍實而還。自爾遂絶」とある。また『隋書』巻三煬帝紀上大業六年（六一〇）二月条に「乙巳、武賁郎將陳稜・朝請大夫張鎮州擊流求、破之。獻俘萬七千口、頒賜百官」とある。隋と流求国との関係は、大業三年に始り、大業六年に一旦決着したのである。

③令裴矩往張掖監諸商胡互市　裴矩（?～六二七）、字は弘大、河東郡聞喜県の人。名族河東裴氏の出で、北斉・隋・唐初の政治家。煬帝の命をうけて、西方貿易に従事し、その経験をもとに『西域圖記』三巻を著した。『隋書』本伝には、その序文が残されており、当時の西方事情の大略が分かる。煬帝弑殺後は、宇文化及、ついで竇建徳に従い、最後に唐に帰した。『隋書』巻六七裴矩伝に「煬帝即位、營建東都、矩職修府省、九旬而就。時西域諸蕃、多至張掖、與中國交市。帝令矩掌其事。矩知帝方勤遠略、諸商胡至者、矩誘令言其國俗山川險易、撰西域圖記三卷、入朝奏之」とある。『隋書』の他、『北史』巻三八・『舊唐書』巻六三・『唐書』巻一〇〇に本伝がある。

④啖之至萬計　『隋書』巻八三西域伝序に「煬帝時、遣侍御史韋節・司隷從事杜行滿、使於西蕃諸國。……帝復令聞喜公裴矩、於武威・張掖間往來以引致之。其有君長者四十四國。矩因其使者入朝、啗以厚利、令其轉相諷諭。大業年中、相率而來朝者三十餘國、帝因置西域校尉以應接之。尋屬中國大亂、朝貢遂絶。然事多亡失、今所存録者、二十國焉」とある。その利益誘導の詳細は、『隋書』巻六七裴矩伝に「轉民部侍郎、未視事、遷黄門侍郎。帝復令矩往張掖、引致西蕃、至者十餘國。大業三年、帝有事於恒岳、咸來助祭。帝將巡河右、復令矩往敦煌。矩遣使説高昌王麹伯雅及伊吾吐屯設等、啗以厚利、導使入朝。及帝西巡、次燕支山、高昌王・伊吾設等、及西蕃胡二十七國、謁於道左。皆令佩金玉、被錦罽、焚香奏樂、歌儛諠譟。復令武威・張掖士女盛飾縱觀、騎乘塡咽、周亙數十里、以示中國之盛。帝見而大悅。竟破吐谷渾、拓地數千里、並遣兵戍之。每歲委輸巨億萬計、諸蕃懾懼、朝貢相續。帝謂矩有綏懷之略、進位銀青光祿大夫。其冬、帝至東都、矩以蠻夷朝貢者多、諷帝令都下大戲。徵四方奇技異藝、陳於端門街、衣錦綺・珥金翠者、以十數萬。又勒百官及民士女列坐棚閣而縱觀焉。皆被服鮮麗、終月乃罷。又令三市店肆皆設帷帳、盛列酒食、遣掌蕃率蠻夷與民貿易、所至之處、悉令邀延就坐、醉飽而散。蠻夷嗟歎、謂中國爲神仙」とある。煬帝の東都帰還は、大業五年（六〇九）十一月丙子（一三日）であり、端門街での芸能雑技の観賞は、大業六年正月丁丑（一五日）のことである（『隋書』巻三煬帝紀上）。本段落に記す諸外国との関係は、大業三年から六年にいたる時期の出来事を総括的に述べたものであることが分かる

〔通釈〕

屯田主事の常駿を赤土国へ遣わし、羅刹国の人を連れてこさせた。また、朝請大夫の張鎮州に流求を攻撃させたが、その俘虜は数万人になった。兵士たちは、熱病におかされても敵地深く侵入し、ほとんどの者が飢え衰弱して死んだ。さらに西域には、さまざまな宝物が多くあるので、裴矩を張掖に往かせ、ソグド商人たちとの交易を監督させ、利益を餌にして、彼らに入朝を勧めさせた。この時以来、西域諸国から、人びとがあいつぎ往来し、通過地点となる州郡は、その送迎に疲れ、費やした金銭は億単位の額にのぼった。

明年、帝北巡狩。又興衆百萬、北築長城、西距楡林、東至紫河、綿亘千餘里、死者太半。四年、發河北諸郡百餘萬衆、引沁水、南達于河、北通涿郡。自是以丁男不供、始以婦人從役。

五年、西巡河右。西域諸胡、佩金玉、被錦罽、焚香奏樂、迎候道左。帝乃令武威張掖士女、盛飾縱觀。衣服車馬不鮮者、州縣督課、以誇示之。其年、帝親征吐谷渾、破之於赤水。慕容佛允委其家屬、西奔青海。帝駐兵不出、遇天霖雨、經大斗拔谷、士卒死者十二三焉、馬驢十八九。於是置河源郡積石鎮。又於西域之地、置西海鄯善且末等郡。謫天下罪人、配爲戍卒、大開屯田、發西方諸郡運糧以給之。道里懸遠、兼遇寇抄、死亡相續。

〔訓読〕

明年、帝、北のかた巡狩す①。又た衆百萬を興し、北のかた長城を築き、西のかた楡林に距《いた》り、東のかた紫河に至るまで②、綿亘千餘里、死する者太半なり。四年、河北諸郡の百餘萬衆を發し、沁水を引き、南のかた河に達し、北のかた涿郡に通ぜしむ③。是れ自り丁男供せざるを以て、始めて婦人を以て役に從はしむ。

五年、西のかた河右を巡る④。西域の諸胡、金玉を佩び、錦罽を被り、香を焚き樂を奏し、道左に迎候す。帝、乃ち武威・張掖の士女をして、盛んに飾りて縱觀せしむ。衣服車馬の鮮かならざる者は、州縣督課し、以て之に誇示せしむ。其の年、帝、親ら吐谷渾を征し⑤、之を赤水に破る。慕容佛允、其の家屬を委ね、西のかた青海に奔る。帝、兵を駐めて出でず、遇《たま》たま天、霖雨し、大斗拔谷を經るに、士卒の死する者十の二三、馬驢は十の八九なり。是に於て河源郡・積石鎮を置く⑥。又た西域の地に於て、西海・鄯善・且末等の郡を置く⑦。天下の罪人を謫し、配して戍卒と爲し、大いに屯田を開き、西方諸郡の運糧を發して以て之に給ふ。道里懸遠にして、兼ねて寇抄に遇ひ、死亡するもの相ひ續《っ》ぐ。

〔注釈〕

①明年帝北巡狩　『隋書』巻三煬帝紀上大業三年四月丙申条に「車駕北巡狩」とある。この明年は、大業三年のことであり、国際関係を述べる前段を飛ばして、大業二年の儀衛制度制定にともなう羽毛の強制徴発に繋ぐものである。『隋書』本紀によれば、この北方巡狩は、四月丙申（一八日）出発、己亥（二一日）赤岸沢、六月辛巳（四日）連谷、戊子（一一日）楡林郡、八月壬午（六日）楡林郡出発、癸巳（一七日）楼煩関、壬寅（二六日）太原、九月己未（一三日）済源、己巳（二三日）東都帰還の行程をたどっている。

②又興至紫河　『隋書』巻三煬帝紀上大業三年七月条に「發丁男百餘萬築長城、西距楡林、東至紫河、一旬而罷、死者十五六」とある。『通典』巻一七九州郡九朔州馬邑郡善陽県条に「有秦馬邑城武州塞、即此地。亦漢定襄縣地、後魏桑乾郡、北齊廣安郡。有紫河發源於此」とあり、また同巻單于大都護府金河県条に「有長城。有金河、上承紫河及象水。又南流入河」とある。

③四年至涿郡　『隋書』巻三煬帝紀上大業四年正月乙巳条に「詔發河北諸郡男女百餘萬、開永濟渠、引沁水、南達于河、北通涿郡」とある。『資治通鑑』巻一八一隋煬帝大業四年正月乙巳条には「詔發河北諸軍百餘萬、穿永濟渠、引沁水、南達于河、北通涿郡。丁男不供、始役婦人」とある。徴発対象が郡と軍とで異なるが、本志の記事から見て、『隋書』本紀の「諸郡男女」の記事を正しいとすべきであろう。

④五年西巡河右　『隋書』巻三煬帝紀上大業五年三月己巳条に「車駕西巡河右」とある。『隋書』本紀によれば、この河右巡狩は、三月己巳（二日）出発、乙亥（八日）扶風、四月己亥（三日）隴西大猟、乙巳（九日）狄道、癸亥（二七日）臨津関・西平、五月乙亥（九日）抜延山、庚辰（一四日）長寧谷、壬午（一六日）星嶺、甲申（一八日）金山、六月癸卯（八日）大斗抜谷、丙午（一一日）張掖、九月癸未（一九日）長安、十一月丙子（一三日）東都帰還の行程をたどっている。

⑤其年帝親征吐谷渾　吐谷渾親征は、河右巡狩の行程のなかで行なわれたものである。『隋書』巻三煬帝紀上大業五年条に「（五月）甲申、宴群臣於金山之上。……吐谷渾王率衆保覆袁川。帝分命内史元壽、南屯金山、兵部尚書段文振、北屯雪山、太僕卿楊義臣、東屯琵琶峽、將軍張壽、西屯泥嶺、四面圍之。渾主伏允以數十騎遁出、遣其名王詐稱伏允、保車我眞山。壬辰、詔右屯衛大將軍張定和往捕之。定和挺身挑戰、爲賊所殺。亞將柳武建撃破之、斬首數百級。甲午、其仙頭王被圍窮蹙、率男女十餘萬口來降。六月丁酉、遣左光祿大夫梁默・右翊衛將軍李瓊等追渾主、皆遇賊死之。癸卯、經大斗拔谷、山路隘險、魚貫而出。風霰晦冥、與從官相失、士卒凍死者太半」とある。渾主伏允とあるのは、慕容佛允に同じ。佛・伏二字、音譯による異体字。

⑥於是置河源郡積石鎮　『隋書』巻六三劉權伝に「大業五年、從征吐谷渾、權率衆出伊吾道、與賊相遇、撃走之。逐北至青海、虜獲千餘口、乘勝至伏俟城。帝復令權過曼頭・赤水、置河源郡・

積石鎭、大開屯田、留鎭西境。在邊五載、諸羌懷附、貢賦歳入、吐谷渾餘燼遠遁、道路無壅」とある。

⑦又於西域之地置西海鄯善且末等郡　『隋書』巻三煬帝紀上大業五年六月条に「癸丑、置西海・河源・鄯善・且末等四郡」とある。また『資治通鑑』巻一八一煬帝大業五年六月癸丑条には「置西海・河源・鄯善・且末等郡、謫天下罪人、爲戍卒以守之。命劉權鎭河源郡積石鎭、大開屯田、扞禦吐谷渾、以通西域之路」とあり、四郡については、胡三省注に「西海郡置於伏俟城（青海省西境）、河源郡置於赤水城（青海省南境）、鄯善郡置於古樓蘭城、且末郡置於古且末城（新疆維吾爾自治区且末鎮北）」とある。

〔通釈〕

翌大業三年（六〇七）、煬帝は北方辺境を視察した。別に成人男子百万人を徴発し、長城を北方に築いた。西は楡林（内モンゴルオルドス黄河北岸）から東は紫河にいたるまで、連綿と続くこと千餘里にわたり、死者は三分の二に及んだ。大業四年（六〇八）、黄河北方の諸郡から百餘万の民衆を徴発し、沁水から水を引いて、南は黄河から北は涿郡（河北省涿県）にいたるまで運河を開いた。これ以後、成人男子だけでは供給しきれなくなり、初めて婦人を使役することとなった。

大業五年（六〇九）、煬帝は、西方の河西地方を巡視した。西域のイラン系住民は、金・玉の飾りを腰に帯び、錦や毛織物を身にまとい、香を焚き音楽を演奏し、礼儀正しく道端で皇帝を迎えた。煬帝は、武威・張掖郡の男女に命じ、はでな装いをこらせて、これを自由に観賞させた。衣裳や車馬の見劣りする者については、州県が指導し、これらを誇示させた。同年、煬帝自ら吐谷渾を討伐し、赤水城（青海省南境）でこれを撃破した。暮容佛允は其の家族を見捨て、西方の青海へ敗走した。煬帝が兵を駐屯させたまま出動させずにいたところ、たまたま長雨となった。大斗抜渓谷を引き返すころには、士卒の一部に死者が出て、馬やロバの多くが死んだ。そこで河源郡と積石鎮を設置した。さらに、西域の地には西海・鄯善・且末等の郡を設置した。全国の罪人を流刑にし、戍卒（辺境守備兵）として配置し、大いに屯田を開き、西方諸軍の運糧を徴発してこれに供給した。しかし、道程がはるか遠いうえに、あわせて異民族の攻撃と略奪にあい、死者があいついだ。

〔補〕是時山東尚承齊俗、機巧姦僞、避役惰遊者十六七。四方疲人、或詐老詐小、規免租賦。帝令州縣大索貌閲、②戸口不實者、正長遠配、而又開相糺之科。大功已下、兼令析籍、各爲戸頭、以防容隱。於是計帳進四十四萬三千丁、新附一百六十四萬一千五百口。①

〔校勘〕

①是時至百口　この段落は、一九七頁の校勘にもとづき、煬帝大業五年（六〇九）の事実として、ここに繋年する。

②帝令州縣大索貌閲　帝字、もと高祖二字に作るが、一九七頁の校勘にもとづき、帝字に改める。

〔訓読〕

是の時、山東尚ほ齊の俗を承け、機巧姦偽もて、役を避け惰遊する者十の六七。四方の疲人、或は老と詐り小と詐り①、租賦を免れんことを規《はか》る。帝、州縣をして大いに索《たづ》ねて貌閲せしめ、戸口の實ならざる者は、正長をば遠くに配せしめ②、而して又た相糾の科を開く。大功已下、兼ねて籍を析《わ》け③、各おの戸頭と爲し、以て容隱を防がしむ。是に於て、計帳、四十四萬三千丁を進め、新たに一百六十四萬一千五百口を附す。

〔注釈〕

①或詐老詐小　この老・小は、本志上文の開皇新令に見える「男女三歳已下爲黄、十歳已下爲小、十七已下爲中、十八已上爲丁。丁從課役、六十爲老、乃免」の、十歳以下の小と六十歳以上の老とを指す。老・小は、課役の負担を免除される。

②帝令至遠配　『資治通鑑』巻一七六陳長城公至徳三年（隋文帝開皇五年・五八五）五月条に「時民間多妄稱老小、以免賦役。山東承北齊之弊政、戸口租調、姦僞尤多。隋主命州縣大索貌閲（胡三省注、閲其貌以驗老小之實）、戸口不實者、里正黨長遠配。大功以下、皆令析籍、以防容隱（胡三省注、堂兄弟、其服大功）。於是計帳得新附一百六十四萬餘口」とある。「貌閲」は、『資治通鑑』胡三省注にあるように、その容貌を実際に検分して、老・小・丁の年齢を確認することを言う。

貌閲については、『通典』巻七食貨七丁中に「按開元二十五年戸令云、……諸戸、計年將入丁老疾、應徴免課役及給侍者、皆縣令貌形狀以為定簿。一定以後、不須更貌、若有姦欺者、聽隨事貌定、以附於實」とあり、唐戸令に関連規定がある。貌閲の実施主体は県令である。

また文中にみえる「正長」は、『通鑑』の記事により、隋代三長制下の里正（二五家）と党長（百家）であることが分かる。

③大功已下兼令析籍　大功以下の親族を戸籍分割させたこと。大功は、斬衰三年、齊衰二年、大功九箇月、小功五箇月、緦麻三箇月からなる五段階の喪服制度の一つで、九箇月の喪に服する範囲の親族を指し、前掲注釈②引『資治通鑑』胡三省注にあるように堂兄弟、すなわち祖父を同じくする祖父・父・自己の三世代からなる親族の範囲を言う。喪服制度は世代が遠くなるほど喪服期間が短くなるので、大功以下とは、祖父より上の世代の、大功九箇月以下の喪に服する親族を言う。ここでは、三世代同居の範囲までに限って、同一戸籍に登録することを許したのである。戸籍登録の範囲が狭くなればなるほど、登録人数が減り、偽乱・不正を生じにくいことは言うまでもない。

〔通釈〕

この当時（大業五年）、山東（旧北斉）地方では、まだ北斉時代の風潮を受けついでおり、巧みに不正を行ない、役を逃れて遊び怠っている者が多勢いた。国中の疲弊した人民の中には、年齢を詐って老や小として戸籍登録し、租税を逃れようとする者もいた。煬帝は州県に命令し、大大的に検閲して容貌と年齢を照らし合わせ、戸口登録に不正がある場合は、その党正・里長を遠方に流刑にし、またさらに密告の法を制定した。三世代同居以上の親族は全て戸籍を分割し、それぞれに戸主を置き、戸籍の隠蔽を防止した。こうして計帳には成丁四四万三〇〇〇人が増加し、戸籍には新たに一六四万一五〇〇人が登録された。

六年、將征高麗、有司奏兵馬已多損耗。詔又課天下富人、量其貲産出錢、市武馬塡元數、限令取足。復點兵具器仗、皆令精新、濫惡則使人便斬。於是馬匹至十萬。七年冬、大會涿郡。分江淮南兵、配驍衛大將軍來護兒、別以舟師濟滄海、舳艫數百里。並載軍糧、期與大兵會平壤。

是歳山東河南大水、漂沒四十餘郡、重以遼東覆敗、死者數十萬。因屬疫疾、山東尤甚。所在皆以徵斂供帳軍旅所資爲務、百姓雖困、而弗之恤也。毎急徭卒賦、有所徵求、長吏必先賤買之、然後宣下、乃貴賣與人、旦暮之間、價盈數倍。裒刻徵斂、取辦一時、彊者聚而爲盜、弱者自賣爲奴婢。

〔訓読〕

六年、將に高麗を征せんとするに、有司、兵馬已に多く損耗すと奏す。詔して又た天下の富人に課し、其の貲産を量りて錢を出ださしめ、武馬を市《か》ひて元數を塡《み》たすに、限りて取足せしむ。復た兵具器仗を點し、皆な精新ならしめ、濫惡なれば則ち人を使はして便ち斬らしむ。是に於て馬匹十萬に至る。① 七年冬、大いに涿郡に會す。② 江淮南の兵を分かち、驍衛大將軍來護兒に配し、別に舟師を以《ひき》ゐて滄海を濟《わた》らしむるに、舳艫は數百里なり。並びに軍糧を載せ、期して大兵と平壤に會す。③

是の歳、山東・河南大水し、四十餘郡を漂沒す。重ぬるに遼東の覆敗するを以てし、死する者數十萬なり。因屬《たま》たま疫疾するに、山東尤も甚だし。④ 所在に皆な供帳・軍旅の資《と》る所を徵斂するを以て務めと爲し、百姓困《くる》しむと雖ども、而ども之を恤《あはれ》まざるなり。急に徭し卒《には》かに賦して、徵求する所有る毎に、長吏必ず先に賤《やす》く之を買ひ、然る後に宣下し、乃ち貴《たか》く人に賣與し、旦暮の間、價は數倍に盈つ。裒刻徵斂して、一時に取辦したれば、彊き者は聚《あつま》りて盜と爲り、弱き者は自ら賣りて奴婢と爲る。

〔注釈〕

① **詔又至十萬**　軍馬の調達については、煬帝死後にその治績を総括して、『隋書』巻四煬帝紀下は「自高祖大漸、暨諒闇之中、烝淫無度、山陵始就、即事巡遊。以天下承平日久、士馬全盛、慨

然慕秦皇・漢武之事。乃盛治宮室、窮極侈靡、召募行人、分使絶域。諸蕃至者、厚加禮賜、有不恭命、以兵擊之。盛興屯田於玉門・柳城之外。課天下富室、益市武馬、匹直十餘萬、富強坐是凍餒者十家而九」と述べている。

②七年冬大會涿郡　涿郡に集結した軍隊については、『資治通鑑』巻一八一隋煬帝大業七年条に「先是、詔總徵天下兵、無問遠近、俱會於涿。又發江淮以南水手一萬人・弩手三萬人・嶺南排鑹手三萬人。於是四遠奔赴如流。五月、勅河南・淮南・江南、造戎車五萬乘、送高陽、供載衣甲幔幕、令兵士自挽之。發河南北民夫、以供軍須。秋七月、發江淮以南民夫及船、運黎陽及洛口諸倉米、至涿郡。舳艫相次千餘里、載兵甲及攻取之具、往還在道、常數十萬人、塡咽於道、晝夜不絶、死者相枕、臭穢盈路、天下騷動」とある。

また平壤に結集した軍隊の編成については、『隋書』巻四煬帝紀下大業八年条に「春正月辛巳、大軍集于涿郡。以兵部尚書段文振爲左候衛大將軍。壬午、下詔曰、……左第一軍可鏤方道、第二軍可長岑道、第三軍可海冥道、第四軍可蓋馬道、第五軍可建安道、第六軍可南蘇道、第七軍可遼東道、第八軍可玄菟道、第九軍可扶餘道、第十軍可朝鮮道、第十一軍可沃沮道、第十二軍可樂浪道。右第一軍可黏蟬道、第二軍可含資道、第三軍可渾彌道、第四軍可臨屯道、第五軍可候城道、第六軍可提奚道、第七軍可踏頓道、第八軍可肅愼道、第九軍可碣石道、第十軍可東暆道、第十一軍可帶方道、第十二軍可襄平道。凡此衆軍、先奉廟略、駱驛引途、總集平壤。……又滄海道軍舟艫千里、高帆電逝、巨艦雲飛、横斷浿江、逕造平壤。……。總一百一十三萬三千八百、號二百萬、其餽運者倍之。癸未、第一軍發、終四十日、引師乃盡、旌旗亙千里。近古出師之盛、未之有也」とある。陸軍左右二四軍と滄海道軍、併せて一一三万三八〇〇人の軍事編成である。

③分江至平壤　來護兒（?～六一八）、字は崇善、江都の人。隋の軍人。平陳の役に功績があって頭角をあらわし、対高句麗戦争では、海軍を率いて三度戦役に参加した。大業八年の來護兒の海軍の動向については、『隋書』巻六四來護兒伝に「煬帝即位、遷右驍衛大將軍、帝甚親重之。……數歲、轉右翊衛大將軍。遼東之役、護兒率樓船、指滄海、入自浿水、去平壤六十里、與高麗相遇。進擊、大破之、乘勝直造城下、破其郛郭。於是縱軍大掠、稍失部伍、高元弟建武募敢死士五百人邀擊之。護兒因却、屯營海浦、以待期會。後知宇文述等敗、遂班師」とある。『隋書』の他、『北史』巻七六に本伝がある。

④是歲至尤甚　山東・河南の水害については、『隋書』巻三煬帝紀上大業七年条に「秋、大水、山東・河南漂沒三十餘郡、民相賣爲奴婢」とあり、また疫病の発生については、『隋書』巻四煬帝紀下大業八年条に「是歲、大旱、疫、人多死、山東尤甚」とある。食貨志の記事は、二年にわたる災害を総括的に述べたものである。

〔通釈〕

大業六年（六一〇）、高句麗へ遠征しようとしたところ、担当官は、軍馬がすでに数多く損耗していると奏上した。詔を下し、また天下の富豪に割り当てし、その家産を量って銭を出させ、軍馬を購入して元の数まで補填するのに、期日を限って取り揃えさせた。もう一度軍備を点検し、皆な精好なものに更新させたが、なお濫悪な場合は、人を使わしてただちに責任者を斬殺させた。こうして軍馬一匹の価格は十万銭にいたった。大業七年(六一一)冬、軍隊は涿郡に大集結した。淮南・長江流域の兵士を分割して、驍衛大将軍の来護児に配備し、別に水軍を率いて滄海を渡らせたが、その船団は先頭から最後尾まで数百里もつづいた。船団にはすべて軍糧を載せ、期日を定めて陸軍と平壌で集結した。

この年、山東・河南地域で大洪水が起き、四十餘郡を水没させた。それに加えて遼東の戦闘で軍隊が完敗したため、死者の数は数十万人になった。おりから流行病が発生し、山東地域が最もひどかった。いたる所で皆な宴会や軍隊が必要とする物資を徴発することに励むだけで、人民が苦しんでも救済しなかった。徭役や租税があわただしく賦課され、物資が徴発されるたびに、長吏は必ず先にそれを安く買い上げてゆき、そののち広く人びとに告知し、かえって高い値で売り払ったので、わずかの間に物価は数倍に膨れ上がった。激しい取りたてをおこなってその場しのぎをしたので、強い者は集まって盗賊となり、弱い者は身売りして奴婢となった。

九年、詔又課關中富人、計其貲産出驢、往伊吾・河源・且末運糧。多者至數百頭、毎頭價至萬餘。又發諸州丁、分爲四番、於遼西柳城營屯、往來艱苦、生業盡罄。盜賊四起、道路南絶、隴右牧馬、盡爲奴賊所掠。

楊玄感乘虚爲亂。時帝在遼東、聞之、遽歸于高陽郡。及玄感平、帝謂侍臣曰、玄感一呼而從者如市、益知天下人不欲多、多則爲賊、不盡誅、後無以示勸。乃令裴蘊窮其黨與、詔郡縣坑殺之、死者不可勝數。所在驚駭、舉天下之人、十分九爲盜賊、皆盜武馬、始作長槍、攻陷城邑。帝又命郡縣、置督捕以討賊。益遣募人征遼、馬少不充八駄、而許爲六駄。又不足、聽半以驢充。在路逃者相繼、執獲皆斬之、而莫能止。帝不懌。遇高麗執送叛臣斛斯政、遣使求降。發詔赦之。囚政至于京師、於開遠門外、磔而射殺之。遂幸太原、爲突厥圍於雁門。突厥尋散、遽還洛陽、募益驍果、以充舊數。

〔訓読〕

九年、詔して又た關中の富人に課し、其の貲産を計へて驢を出ださしめ、伊吾・河源・且末に往きて糧を運ばしむ。多き者は數百頭に至り、毎頭、價は萬餘に至る。又た諸州の丁を發し、分かちて四番と爲し、遼西の柳城に於て營屯せしむるに、往來は艱苦にして、生業盡く罄《つ》く。盜賊四もに起こり、道路南に絶ち、隴右の牧馬、盡く奴賊の掠《かす》むる所と爲る。①

楊玄感、虚に乘じて亂を爲す。② 時に帝、遼東に在り、之を聞くや、遽《には》かに高陽郡に歸る。玄感平ぐるに及び、帝、侍臣に謂ひて曰く、玄感一呼して從ふ者市の如し、益ます知るならく、天下の人多きを欲せず、多ければ則ち賊と爲り、盡く誅せざれば、後に以て勸めを示すこと無きを、と。乃ち裴蘊をして其の黨與を窮めしめ、郡縣に詔して之を坑殺せしめたるに、③ 死する者勝げて數ふ可からず。所在に驚駭し、天下の人を擧《こぞ》りて、十分の九は盜賊と爲り、皆な武馬を盜み、始めて長槍を作り、城邑を攻陷す。帝又た郡縣に命じ、督捕を置きて以て賊を討たしむ。益ます人を募りて遼を征せしむるに、馬少なくして八駄に充たざれば、而《すなは》ち許して六駄と爲す。又た足らざれば、半ばは驢を以て充つるを聽す。④ 路に在りて逃がるる者相ひ繼ぎ、執獲すれば皆な之を斬るも、而れども能く止むること莫し。帝、懌《よろこ》ばず。遇たま高麗、叛臣斛斯政を執送し、使を遣して降らんことを求む。詔を發して之を赦す。政を囚へて京師に至り、開遠門外に於て、磔して之を射殺す。⑤ 遂に太原に幸し、突厥の爲に雁門に圍まる。⑥ 突厥尋いで散じ、遽かに洛陽に還り、募りて驍果を益し、以て舊數を充《み》たす。⑦

〔注釈〕

① **隴右牧馬盡爲奴賊所掠** 隴右牧馬を含む隋の監牧制度については、『隋書』巻二八百官志下に「隴右牧、置總監・副監・丞、以統諸牧。其驊騮牧及二十四軍馬牧、毎牧置儀同及尉・大都督・帥都督等員。驢騾牧、置帥都督及尉。原州羊牧、置大都督并尉。原州駝牛牧、置尉。又有皮毛監・副監及丞・録事。又鹽州牧監、置監及副監、置丞、統諸羊牧、牧置尉。苑川十二馬牧、毎牧置大都督及尉各一人、帥都督二人。沙苑羊牧、置尉二人。縁邊交市監及諸屯監、毎監置監・副監各一人。畿内者隷司農、自外隷諸州焉」とあり、また『舊唐書』巻五九屈突通伝に「開皇中、爲親衛大都督。文帝遣通往隴西檢覆群牧、得隱藏馬二萬餘匹。文帝盛怒、將斬太僕卿慕容悉達及諸監官千五百人」と見える。すでに開皇年間から、唐代につながる監牧制度が整備されていたことが分かる。

奴賊については、『隋書』巻四煬帝紀下大業九年（六一三）正月条に「乙未、平原李德逸聚衆數萬、稱阿舅賊、劫掠山東。靈武白楡妄稱奴賊、劫掠牧馬、北連突厥、隴右多被其患。遣將軍范貴討之、連年不能剋」とある。

② **楊玄感乘虚爲亂** 楊玄感の反乱の勃発は、大業九年六月乙巳（三日）、宇文述等による鎮圧は、同年八月壬寅（一日）であり（『隋書』巻四煬帝紀下）、実質二箇月の反乱である。その間の経緯は、『隋書』巻七〇楊玄感伝に詳しく、その歴史的分析として、布目潮風『隋唐史研究』第一章「楊玄感の叛乱」（東洋史研究会、一九六八年）がある。

③及玄至殺之　『隋書』巻六七裴蘊伝に「楊玄感之反也、帝遣蘊推其黨與、謂蘊曰、玄感一呼而從者十萬、益知天下人不欲多、多即相聚爲盜耳。不盡加誅、則後無以勸。蘊由是乃峻法治之、所戮者數萬人、皆籍沒其家。帝大稱善、賜奴婢十五口」とある。本志にいう侍臣の中に、裴蘊が含まれていたことが分かる。裴蘊は、陳・隋の政治家。河東郡聞喜県を本貫とするが、父祖以来南朝に仕えた。平陳の役に際し、内応して隋朝に入り、高官を歴任した。『隋書』の他、『北史』巻七四に本伝がある。

④馬少至驢充　八馱（六馱）は行軍の小隊が備えるべき軍馬の数。唐の府兵制では、折衝府の基礎単位をなす十人一組の小隊を火と呼び、六馱馬驢その他の装備を整えさせた。ここに見える六馱の制度も隋の府兵制と関連するものであろう。『通典』巻二九職官十一折衝府条に「凡府在赤縣爲赤府、在畿縣爲畿府。衛士以三百人爲團、團有校尉。五十人爲隊、隊有正。十人爲火、火有長。備六馱馬驢（原注、初置八馱、後改爲六）、米糧・介冑・戎器・鍋・幕、貯之府庫、以備武事」とある。

⑤遇高至殺之　斛斯政は、大業九年、親交のあった楊玄感の反乱に際して連携し、高句麗に投降していた。彼の処刑の具体的な経緯については『隋書』巻七〇本伝に「玄感之反也、政與通謀。及玄縱等亡歸、亦政之計也。帝在遼東、將班師、窮治玄縱黨與。内不自安、遂亡奔高麗。明年、帝復東征、高麗請降、求執送政。帝許之、遂鎖政而還。至京師、以政告廟、左翊衛大將軍宇文述奏曰、斛斯政之罪、天地所不容、人神所同忿。若同常刑、賊臣逆子何以懲肅、請變常法。帝許之。於是將政出金光門、縛政於柱、公卿百僚並親擊射、臠割其肉、多有噉者。噉後烹煮、收其餘骨、焚而揚之」とある。斛斯政の処刑は、大業十年（六一四）十一月丙申（二日）である（『隋書』巻四煬帝紀下）。

⑥遂幸太原爲突厥圍於雁門　突厥による雁門包囲事件の経緯は、『隋書』巻四煬帝紀下大業十一年（六一五）条に「（五月）己酉、幸太原、避暑汾陽宮。……八月乙丑、巡北塞。戊辰、突厥始畢可汗率騎數十萬、謀襲乘輿、義成公主遣使告變。壬申、車駕馳幸雁門。癸酉、突厥圍城、官軍頻戰不利。上大懼、欲率精騎潰圍而出、民部尚書樊子蓋固諫乃止。齊王暕以後軍保于崞縣。甲申、詔天下諸郡募兵、於是守令各來赴難。九月甲辰、突厥解圍而去。丁未、曲赦太原・雁門郡死罪已下。冬十月壬戌、上至于東都」とある。

⑦募益驍果以充舊數　驍果兵については、『隋書』巻四煬帝紀下大業九年正月丁丑条に「徵天下兵、募民爲驍果、集于涿郡。……辛卯、置折衝・果毅・武勇・雄武等郎將官、以領驍果」とあり、同じく大業九年八月甲辰条に「制驍果之家、蠲免賦役」とある。この時新設された煬帝期の驍果兵の府兵制史上の特質については、気賀沢保規「驍果制考——隋煬帝期兵制の一側面——」（『府兵制の研究』第六章、同朋舎、一九九九年）参照。

〔通釈〕

大業九年（六一三）、詔を下し、さらに関中の富豪に割り当て、その家産を計算し、それに基づいてロバを用意させ、伊吾・河源・且末まで軍糧を運ばせた。多い者は数百頭に及び、一頭ごとの価格は一万餘銭に達した。さらに諸州の男丁を徴発し、四組の交代勤務制を作り、遼西の柳城（遼寧省興城県西南）で屯田経営をおこなわせたが、（交代勤務のための）往来は困難で、兵士たちの生業はまったく尽きはてた。盗賊が四方に現れ、南方方面の交通が途絶え、隴右地方の牧場が飼育していた馬は、すべて奴賊が掠奪してしまった。

　楊玄感が虚に乗じて反乱を起こした。この時、皇帝は遼東にいたが、このことを聞くと、あわただしく高陽郡（河北省保定市）に帰った。楊玄感の乱が平定されると、皇帝は、侍臣たちに対し、「楊玄感が一たび声をかければ、まるで市場に集まるように多くの人民がそれに従う。天下には人民が少ない方がよく、多ければ盗賊となり、盗賊を全て誅殺しなければ、後世にしめしがつかないということがいよいよ分かった」と言った。そこで裴蘊に命じてその仲間を徹底的に調べ上げさせ、郡県に詔を出してそれらの者を穴埋めにしたが、死者は数え切れないほどであった。いたる所で驚きの声が上がり、天下の人びとのうち、ほとんどの者が盗賊となり、皆な軍馬を盗み、初めて長い槍を作って城郭を攻略した。皇帝はさらに郡県に命じ、特別捜査隊を置き、盗賊を討伐させた。益ます人を募集し、遼東に遠征させたが、馬が少なく、一隊当たりの荷馬が（規定の）八頭に足りず、六頭とすることを許した。それでも足りなかったので、半分はロバを充てることを許した。途中で逃亡する者があいつぎ、逮捕して皆な斬殺したが、防止することはできなかった。皇帝は不機嫌であった。ちょうどその時、高句麗が、反逆の中心人物であった斛斯政を捕らえ、使者を送って降伏を申し出てきた。皇帝は詔勅を出してその罪を赦した。しかし斛斯政を京師大興城まで護送させると、開遠門外で磔にして射殺した。皇帝が太原に行幸したところ、突厥に雁門で包囲された。まもなく突厥が退散したので、あわてて洛陽に戻り、兵を徴募して増強し、驍果兵（府兵）をもとの数まで補充した。

是時百姓廢業、屯集城堡、無以自給。然所在倉庫、猶大充牣。吏皆懼法、莫肯振救、由是益困。初皆剥樹皮以食之、漸及於葉、皮葉皆盡、乃煮土或擣藁爲末而食之。其後人乃相食。

十二年、帝幸江都。是時李密據洛口倉、聚衆百萬。越王侗與段達等守東都。東都城内糧盡、布帛山積。乃以絹爲汲綆、然布以爨。代王侑與衛玄守京師、百姓飢饉、亦不能救。義師入長安、發永豐倉以振之、百姓方蘇息矣。

〔訓読〕

是の時、百姓業を廢し、城堡に屯集し、以て自給する無し。然れども所在の倉庫、猶ほ大いに充牣す。吏皆な法を懼れ、肯へて振救するもの莫く、是れに由りて益ます困しむ。初め皆な樹皮を剥いで以て之を食《くら》ひ、漸く葉に及び、皮葉皆な盡き、乃ち土を煮、或は藁を擣《つ》いて末と爲し、而して之を食《は》む①。其の後、人乃ち相い十二年、帝、江都に幸す。是の時、李密、洛口倉に據り、衆百萬を聚む②。越王侗、段達等と東都を守る③。東都城内の糧盡きるも、布帛は山積す。乃ち絹を以て汲綆と爲し、布を然《もや》して以て爨《かし》ぐ④。代王侑、衛玄と京師を守り⑤、百姓飢饉するに、亦た救ふこと能はず⑥。義師、長安に入るや、永豐倉を發して以て之を振はし⑦、百姓方めて蘇息せり。

〔注釈〕

①**是時至相食**　この間の事情については、『資治通鑑』巻一八三隋煬帝大業十二年十二月条に「帝至江都。江淮郡官謁見者、專問禮餉豐薄、豐則超遷丞守、薄則率從停解。江都郡丞王世充獻銅鏡・屏風、遷通守。歷陽郡丞趙元楷獻異味、遷江都郡丞。由是、郡縣競務刻剝、以充貢獻。民外爲盜賊所掠、内爲郡縣所賦、生計無遺。加之饑饉無食。民始采樹皮葉、或擣藁爲末、或煮土而食之。諸物皆盡、乃自相食。而官食猶充牣、吏皆畏法、莫敢振救」とあり、食糧不足の原因とともに記されている。

②**帝幸江都是時李密據洛口倉聚衆百萬**　この間の事情については、『隋書』巻六七虞世基伝に「帝幸江都、……又越王侗遣太常丞元善達、間行賊中、詣江都奏事。稱李密有衆百萬、圍逼京都。賊據洛口倉、城内無食。若陛下速還、烏合必散。不然者、東都決沒。因歔欷鳴咽、帝爲之改容。世基見帝色憂、進曰、越王年小、此輩誑之。若如所言、善達何緣來至。帝乃勃然怒曰、善達小人、敢廷辱我。因使經賊中、向東陽催運、善達遂爲群盜所殺。此後外人杜口、莫敢以賊聞奏」とある。

③**越王侗與段達等守東都**　『隋書』巻四煬帝紀下大業十二年七月条に「甲子、幸江都宮、以越王侗・光祿大夫段達・太府卿元文都・檢校民部尚書韋津・右武衛將軍皇甫無逸・右司郎盧楚等總留後事」とある。越王楊侗（?～六一九）、字は仁謹、煬帝の長子である元徳太子楊昭の子。代王（恭帝）侑は異母兄弟にあたる。煬帝の弑逆に際し、元文都等に推戴されて東都で帝位につき皇泰と改元した。翌年王世充にせまられて譲位し、幽閉されたのち殺害された。『隋書』巻五九に本伝がある。

④**東都至以爨**　『資治通鑑』巻一八三隋恭帝義寧元年（六一七）四月乙未条に「東都城内乏糧、而布帛山積、至以絹爲汲綆、然布以爨。越王侗使人運回洛倉米入城」とあり、表現が微妙に異なる。

⑤**代王侑與衛玄守京師**　『隋書』巻四煬帝紀下大業九年（六一三）正月条に「己亥、遣代王侑・刑部尚書衛玄鎮京師」とある。

⑥**百姓饑饉亦不能救**　『隋書』巻六三衛玄伝に「（大業）十一年、詔玄安撫關中。時盜賊蜂起、百姓饑饉、玄竟不能救恤、而官方壞亂、貨賄公行」とある。衛玄（五四二～六一八）、字は文昇、河南郡洛陽の人。北周・隋の政治家・軍人。『隋書』巻六三・『北史』巻七六に本伝がある。

⑦**發永豐倉以賑之**　永豐倉は華州に設けられた隋代有数の穀物倉（二〇八頁注⑤参照）。『舊唐書』巻二太宗本紀上には「大業末、……至河東、關中豪傑爭走赴義。太宗請進師入關、取永豐倉以賑窮乏、收群盜以圖京師、高祖稱善」とあって、永豐倉の穀物賑恤を太祖李世民の献策に因るものとする。

〔通釈〕

この時、民衆は耕地を捨て、城郭に寄り集まっていたので、食物を自給することができなかった。しかし、各地の倉庫にはなお十分な蓄えがあった。役人たちは皆な法を恐れ、進んで施しを行なおうとはしなかったので、民衆はこれにより益ます困窮した。当初は皆な木の皮を剥いで食べ物とし、しだいに葉を食べるようになり、木の皮や葉が全てなくなると、なんと土を煮たり、ワラを搗いて粉末にしたりして食べる者もいた。その後、人びとは共食いすることになった。

大業十二年（六一六）、皇帝は江都（江蘇省江都県）に行幸した。この時李密は、洛口倉を占拠し、百万もの民衆が集まっていた。越王侗は、段達らと東都洛陽を守備していた。東都城内の食糧はなくなったが、麻布や絹は山積していた。そこで絹を井戸のつるべ縄とし、麻布を燃やして炊事した。代王侑は、衞玄と京師大興城を守っていたが、民衆が飢饉にみまわれても、全く救済することができなかった。唐の義軍が長安（大興城）に入城し、永豊倉を開いて食糧を施した時、民衆はやっと息を吹き返したのであった。

二　貨幣について

（一）　南朝の貨幣政策

晉自過江、凡貨賣奴婢馬牛田宅、有文券。率錢一萬、輸估四百入官、賣者三百、買者一百。無文券者、隨物所堪、亦百分收四、名爲散估。歴宋齊梁陳、如此以爲常。以此人競商販、不爲田業、故使均輸、欲爲懲勵。雖以此爲辭、其實利在侵削。

又都西有石頭津、東有方山津、各置津主一人、賊曹一人、直水五人、以検察禁物及亡叛者。其荻炭魚薪之類過津者、並十分税一以入官。其東路無禁貨、故方山津検察甚簡。淮水北有大市、自餘小市十餘所、備置官司。①税斂既重、時甚苦之。

〔校勘〕

①**淮水北有大市自餘小市十餘所大市備置官司**　百衲本並びに諸本は「淮水北有大市百餘小市十餘所、大市備置官司」に作る。『通典』巻十一食貨十一雑税条には、「淮水北有大市、自餘小市十餘所、備置官司」とあり、百餘を自餘に作り、また「備置官司」の前の大市二字がない。隋志も本来『通典』の如くあったはずである。

『景定建康志』巻十六疆域志二古市条に「案宮苑記、呉大帝立大市、在建初寺前。其寺亦名大市寺。宋武帝、永初中、立北市、在大夏門外歸善寺前。宋又立南市、在三橋籬門外鬬場村内。

亦名東市。又有小市、牛馬市・穀市・蜆市・紗市等一十所。皆邊淮列肆裨販焉。内紗市在城西北耆闍寺前。又有苑市、在廣莫門内路東。鹽市在朱雀門西」とあり、『通典』所載の記事に全く符合し、しかも沿革・立地についてより具体的に記述する。

大市やその他南市・北市に官司が配置されたことは、『隋書』巻二六百官志上梁・太府卿条に「掌金帛府帑。統左右藏令・上庫丞、掌太倉・南北市令。關津亦皆屬焉」とあり、また同百官志上に記載する梁一八班制中の第一班に太市令が見える。大市だけに官司が置かれたわけではない。以上により、百餘を自餘に校訂し、後の大市二字を削除する。

〔訓読〕

晉、江を過《す》ぎて自り、凡そ奴婢・馬牛・田宅を貨賣するに、文券有り。率ね錢一萬ごとに、估四百を輸めて官に入れ、賣る者は三百、買ふ者は一百なり。文券無き者は、物の堪ふる所に随ひ、亦た百分して四を收め、名づけて散估と爲す。宋・齊・梁・陳を歴《へ》て、此の如くして以て常と爲す。①此れを以て人競ひて商販し、田業を爲さず、故に均輸せしめて、懲勵と爲さんと欲す。②此れを以て辭と爲すと雖ども、其の實《まこと》は利の侵削に在ればなり。

又た都西に石頭津有り、東に方山津有り、各おの津主一人、賊曹一人、直水五人を置き、以て禁物及び亡叛者を檢察せしむ。其の荻炭魚薪の類の津を過《よぎ》る者、並びに十分して一を税し、以て官に入れしむ。③其の東路に禁貨無く、故に方山津の檢察は甚だ簡なり。淮水④の北に大市有り、自餘の小市は十餘所、備《つぶ》さに官司を置く。税斂既に重く、時に甚だ之に苦しむ。

〔注釈〕

①**凡貨至爲常**　このような交易に賦課される租税は、估税と呼ばれた。『晋書』巻七〇甘卓伝に「卓尋遷安南將軍・梁州刺史・假節・督沔北諸軍、鎭襄陽。卓外柔内剛、爲政簡惠、善於綏撫、估税悉除、市無二價」とあり、また『宋書』巻五文帝紀元嘉一七年一一月丁亥詔に「又州郡估税、所在市調、多有煩刻。山澤之利、猶或禁斷。役召之品、遂及稚弱、諸如此比、傷治害民。自今咸依法令、務盡優允」とある。甘卓が估税の免除措置を命じているところからみて、估税の収取は州刺史・郡太守の管理下にあったことが分かる。

②**故使均輸欲爲懲勵**　均輸については、漢の武帝期に実施された均輸平準法が有名であるが、ここでの内容は不明。文脈から見て、商業行為に対する懲戒のための賦課であることは確かである。『隋書』巻一六律暦志上備数条に「夫所謂率者、有九流焉。一曰方田、以御田疇界域。……六曰均輸、以御遠近勞費。……皆乘以散之、除以聚之、齊同以通之。今有以貫之。則算數之方、盡於斯矣」とある。また北魏には「租輸三等九品の制」があり、これを「九品之格」「均輸之楷」と述べている（五九頁参照）。これらを参照するならば、ここに言う均輸は、商業行為に走る百姓に対し、遠近の差等を設けて、財物輸送を割り当てたものと

考えられる。

③都西至入官　石頭津における課税については、『南斉書』巻六明帝紀建武元年（四九四）十月己巳詔に「頃守職之吏、多違舊典、存私害公、實興民蠹。今商旅税石頭後渚、及夫鹵借僦、一皆停息」とあり、また『陳書』巻二六徐孝克伝に「孝克性清素、而好施惠、故不免飢寒。後主敕以石頭津税給之。孝克悉用設齋寫經、隨得隨盡」とある。

　方山津は、建康の東南にあり、破崗瀆と秦淮河との交会点に位置し、呉郡・会稽郡と建康とを結ぶ交通の要衝であった。具体的な記述については、下文二四七頁注釈⑦参照。

④淮水北有大市　建康周辺のことを述べるこの段落の文脈から考えて、ここに見える淮水は、建康南郊を流れる秦淮水のことである。

〔通釈〕

　晋が長江を渡って（東晋政権を樹立して）以来、奴婢・牛馬・田宅を売買する際に証文を作った。おおむね一万銭ごとに四百銭相当の物を国家に納めさせ、売り主は三百銭、買い主は百銭を負担した。証文のない場合は、その物の性質によって交易価格の百分の四相当の物を国家に納めさせ、これを散估と呼んだ。宋・斉・梁・陳の歴代にわたって、これを常法とした。このことによって人びとは争って商業行為をおこなうようになり、農業に従事しなくなった。そこで均輸をおこなって、人びとを懲らしめつつ指導しようとした。懲戒が口実ではあったが、実際のねらいは利益の収奪にあった。

　また都城建康の西には石頭津が、東には方山津が設置され、それぞれに津主一人、賊曹一人、直水五人を配置し、禁止物資や叛乱・逃亡者を取り締まった。荻・炭・魚・薪などの日常品を運んで津を通過する者には、皆な十分の一税をかけて国家に納めさせた。東路には禁止物資が無く、それ故方山津の取り締まりは甚だゆるやかであった。秦淮河の北には大市があり、その他小市が十餘箇所あり、みな官司を設置した。市税の収取が厳しかったので、当時の人びとは甚だ苦しんだ。

〔補考〕

⑴『景定建康志』に引く『宮苑記』について

　『宋史』巻二〇四藝文志三史部地理類に、唐・許嵩『六朝宮苑記』二巻、作者不明『南朝宮苑記』一巻を著録する。許嵩は、唐の粛宗期の人で、『建康実録』二〇巻の著作があり、『宮苑記』の著者としても不都合はなく、『景定建康志』引用の『宮苑記』が『六朝宮苑記』二巻である可能性は高い。『景定建康志』には、『宮苑記』の引用がかなりあり、ほぼ全文が利用されたと考えられる。南朝都城制研究の基本文献として、その復原を含め、今後研究の深化が期待される。

⑵東晋南朝期の商業・通行課税について

　南朝では、估税・通行税・市税など商業課税が主たる財源を構成した。『魏書』巻六八甄琛伝に「且天下夫婦歳貢粟帛、四海之有、備奉一人、軍國之資、取給百姓。天子亦何患乎貧、而苟禁一池也。……今僞弊相承、仍崇關廛之税。大魏恢博、唯受穀帛之輸。

是使遠方聞者、罔不歌徳」とある。これは、北魏宣武帝初年に、甄琛が塩池開放を論じた上書の一節である。ここには、夫婦単位の民調収取が北魏国家財政の根本であり、偽弊（南朝）が通行・商業課税を重視したのに対し、絹布と穀物のみを収取したことを述べている。南朝では、商業・通行税の収取に銭貨を用いたので、北朝に比べて鋳造貨幣の流通が盛んであった。

これら商業課税は、甚だしい苛斂誅求と貨幣偽造とによって、たびたび社会に混乱をもたらした。『梁書』巻二武帝紀中天監十五年（五一六）正月己巳詔に「關市之賦、或有未允、外時參量、優減舊格」とあり、また『陳書』巻五宣帝紀太建十一年（五七九）十二月己巳詔に「……爟烽未息、役賦兼勞、文吏姦貪、妄動科格。重以旗亭關市、税斂繁多、不廣都内之錢、非供水衡之費、逼遏商賈、營謀私蓄。……市估津税、軍令國章、更須詳定、唯務平允。……」と見える。

このほか、東晋南朝期には、水運の要所で通行税が徴収され、膨大な額にのぼった。『晋書』巻七八孔厳伝に「時東海王奕求海鹽・錢塘以水牛牽埭、税取錢直。帝初從之、嚴諫乃止」とあり、また『南斉書』巻四六顧憲之伝に「永明六年（四八八）、爲隨王東中郎長史・行會稽郡事。時西陵戍主杜元懿啓、呉興無秋、會稽豐登、商旅往來、倍多常歳。西陵牛埭税、官格日三千五百。元懿如即所見、日可一倍、盈縮相兼、略計年長百萬、浦陽南北津及柳浦四埭、乞爲官領攝、一年格外長四百許萬。西陵戍前檢税、無妨戍事、餘三埭自舉腹心。世祖勅示會稽郡、此詎是事、宜可訪察即啓」とある。西陵・牛埭については、『資治通鑑』巻一三六武帝永明六年条胡三省注に「西陵在今越州蕭山縣西十二里西興渡是也。……牛埭即今西興堰、用牛挽船、因曰牛埭」とある。

梁初、唯京師及三呉荊郢江湘梁益用錢。其餘州郡、則雜以穀帛交易。交廣之域、全以金銀爲貨。武帝乃鑄錢、肉好周郭、文曰五銖、重如其文。而又別鑄、除其肉郭、謂之公式女錢[1]。二品並行。百姓或私以古錢交易、有直百五銖五銖女錢太平百錢定平一百五銖稚錢[2]五朱[3]對文等號。輕重不一。天子頻下詔書、非新鑄二種之錢、並不許用。而趣利之徒、私用轉甚。

至普通中、乃議盡罷銅錢、更鑄鐵錢。人以鐵賤易得、並皆私鑄。及大同已後、所在鐵錢、遂如丘山、物價騰貴。交易者以車載錢、不復計數、而唯論貫。商旅姦詐、因之以求利。自破嶺以東、八十爲百、名曰東錢。江郢已上、七十爲百、名曰西錢。京師以九十爲百、名曰長錢。中大同元年、天子乃詔通用足陌。詔下而人不從、錢陌益少。至于末年、遂以三十五爲百云。

〔校勘〕

①謂之公式女錢　百衲本他諸本は「謂之女錢」に作り、公式二字を缺く。『玉海』巻一八〇食貨錢幣引隋志に「又別鑄、除其肉郭、謂之公式女錢、徑一寸、文曰五銖、重如新鑄五銖、二品並行」とあり、『通典』巻九食貨九錢幣下に「又別鑄、除其肉郭、謂之公式女錢、徑一寸、文曰五銖、重如新鑄五銖」とある。これにより、下文の古錢女錢と区別して、公式女錢と呼ばれたことが分かる。また洪遵『泉志』巻二正用品中公式女錢条に「顧烜曰、天監元年鑄公式女錢。徑一寸、文曰五銖、稱兩如新鑄五銖、但邊無輪郭。未行用、又聽民閒私鑄。以一萬二千、易取上庫古錢一萬、以此爲率。普通三年、始與新鑄五銖、並行用、斷民閒私鑄」とある。本志は、公式二字を脱落させていると見るべきである。今、『玉海』引隋志並びに『通典』によって公式二字を補う。

②稚錢　百衲本他諸本は「雉錢」に作る。雉字は、稚字が本字であろう。通常の五銖錢より小さいことから、このように呼ばれた。『通典』巻九食貨九錢幣下に「稚錢五銖、徑一分半（私按『泉志』引顧烜曰徑八分半、是也）、重四銖、文曰五銖。源出於五銖、但狹小、東境謂之稚錢」とある。また洪遵『泉志』巻六不知年代品上稚錢条に「顧烜曰、徑八分半、重四銖、文曰五銖。源流出於五銖、但稍狹小。今東境謂爲稚錢、三呉皆用之。小者至徑六分、重二銖半。世有射雉戲、用此錢也」とあり、『通典』の記事をさらに補うことができる。ただ射雉戲に用いたとあるのは、所謂望文生義の類。今、『通典』・『泉志』によって、雉字を稚字に改める。

③五朱　百衲本他諸本は「五銖」に作る。『通典』巻九食貨九錢幣下に「五朱錢、徑七分半、重三銖半、文曰五朱。源出稚錢、但稍遷異、以銖爲朱耳。三呉行之、差少於餘錢」とある。また洪遵『泉志』巻六不知年代品上五朱錢条に「顧烜曰、徑七分半、重三銖半、文曰五朱。源出稚錢、但稍遷異、以銖爲朱。三呉屬縣行之、亦差少」とあり、『通典』の記事と互証できる。五銖では、他の五銖系統の鋳貨と区別し得ない。今、『通典』・『泉志』によって、銖字を朱字に改める。

〔訓読〕

梁初、唯だ京師及び三呉・荊・郢・江・湘・梁・益のみ錢を用ふ。其の餘の州郡、則ち雜ふるに穀帛を以て交易す。①交・廣の域は、全て金銀を以て貨と爲す。②武帝乃ち錢を鑄し、肉好周郭、文を五銖と曰ひ、重さは其の文の如し。③而して又た別に鑄し、其の肉郭を除き、之を公式女錢と謂ふ。二品並びに行なはる。百姓或は私に古錢を以て交易し、直百五銖・五銖・女錢・太平百錢・定平一百五銖・稚錢・五朱・對文等の號有り。④輕重一ならず。⑤天子頻《しきり》に詔書を下し、新鑄二種の錢に非ざれば、並びに用ふるを許さず。而れども利に趣くの徒、私に用ふること轉《うた》た甚だし。

普通中に至り、乃ち議して盡く銅錢を罷め、更に鐵錢を鑄す。⑥人、鐵の賤《やす》くして得易きを以て、並びに皆な私鑄す。大同已後に及び、所在の鐵錢、遂に丘山の如く、物價は騰貴す。交易する者、車を以て錢を載せ、復は數を計へず、而して唯だ貫を論ずるのみ。商旅姦詐にして、之に因りて以て利を求む。破嶺自り以東、八十もて百と爲し、名づけて東錢と曰ふ。江・郢已上、七十もて百と爲し、名づけて西錢と曰ふ。京師は九十を以て百と爲し、名づけて長錢と曰ふ⑦。中大同元年、天子乃ち詔して足陌を通用せしむ⑧。詔下るも而れども人從はず、錢陌益ます少なし。末年に至り、遂に三十五を以て百と爲すと云ふ。

〔注釈〕

①**梁初至交易**　『隋書』巻二九地理志上序文に「梁武帝除暴寧亂、奄有舊呉、天監十年、有州二十三、郡三百五十、縣千二十二。其後務恢境宇、頻事經略、……又以舊州遐闊、多有析置。大同年中、州一百七、郡縣亦稱於此」とある。梁初天監年間の二三州は、特定できないが、南斉期の二三州を参照することができる。

『南斉書』巻一四・一五州郡志上下には、揚（建康、江蘇省南京市）・南徐（京口、江蘇省丹都県）・豫（寿春、安徽省寿県）・南豫（姑熟、安徽省当塗県）・南兗（広陵、江蘇省揚州市）・北兗（淮陰、江蘇省淮陰県）・北徐（鍾離、安徽省鳳陽県東北）・青（鬱州、江蘇省連雲口市）・冀（連口、江蘇省連雲口市）・江（尋陽、江西省九江市）・廣（南海郡番禺県、広東省広州市）・交（交趾郡龍編県、ヴェトナム・ハノイ市東）・越（臨漳郡漳平県、広東省旧廉州府境）・荊（江陵、湖北省荊沙市）・巴（巴東郡魚腹県、四川省奉節県東北）・郢（夏口、湖北省武漢市）・司（北義陽郡平陽、河南省信陽県南）・雍（襄陽、湖北省襄樊市）・湘（長沙郡臨湘、湖南省長沙市）・梁（南鄭、陝西省漢中市）・秦（南鄭、陝西省漢中市）・益（成都、四川省成都市）・寧（建寧郡、雲南省曲靖県西）の二三州が記述されている。北魏と接する北辺や、南辺一帯は出入が多く、まったく同一とは言えないが、参照するにたる。

このうち、傍線部の揚（京師及三呉）・荊（『通典』巻九食貨九銭幣下、杜佑原注は「今巴東・夷陵・雲安郡地」とする）・郢（『通典』巻九食貨九銭幣下、杜佑原注は「今江夏・齊安・竟陵・漢陽・富水郡地」とする）・江（『通典』巻九食貨九銭幣下、杜佑原注は「今潯陽、鄱陽、章郡、廬陵、臨川郡地」とする）・湘（『通典』巻九食貨九銭幣下、杜佑原注は「今湘川之地」とする）・梁（『通典』巻九食貨九銭幣下、杜佑原注は「今漢川之地」とする）・益（『通典』巻九食貨九銭幣下、杜佑原注は「今蜀川之地」とする）の七州のみ鋳造貨幣による交易がおこなわれ、金銀を貨幣とした廣・交二州以外の一四州では、鋳造貨幣と絹・穀物などの実物貨幣とがとりまぜて使用されたのである。鋳造貨幣が使用された七州は、長江とその支流である漢水・湘水などの水上交通の動脈に位置する。七州の領域は広大であって、七州全域に鋳造貨幣による交易がおこなわれたとは考えられない。おそらくは、州治を中心とする長江水系の中核的領域について述べたものであろう。

②**交廣之域全以金銀爲貨**　交・広二州、『通典』巻九食貨九銭幣下の杜佑原注は「今嶺南道之地」とする。本志下文に「其嶺南諸州、多以鹽米布交易、倶不用錢云」とあり、嶺南では、一般に実物貨幣が用いられていた。ここに言う金銀貨幣は、この二州

全域で使用されたものではなく、南海の諸外国との交易に際して番禺・龍編などの港湾都市で使用されたものである。

③武帝乃鑄錢肉好周郭文曰五銖重如其文　武帝、蕭衍（四六四〜五四九）字は叔達、南蘭陵の人。梁の初代皇帝（在位五〇二〜五四九）。五〇年に近いその統治期は、劉宋文帝の元嘉年間とともに、南朝の最盛期といわれるが、末年の侯景の乱によって南朝は事実上滅んだと言ってよい。『梁書』巻一〜巻三、『南史』巻六・巻七に本紀がある。

「肉好周郭」について。所謂穴あき銭の部分名称のうち、好は孔とも書き、真中の四角い穴を指し、肉は円形の本体部分を言う。『漢書』巻二四食貨志下に「周景王時患錢輕、將更鑄大錢。……弗聽、卒鑄大錢、文曰寶貨、肉好皆有周郭」とあり、顔師古注に「韋昭曰、肉、錢形也。好、孔也」とある。「肉好周郭」は、銭の本体と穴の周囲を盛り上げ、それぞれに周郭を形成したことを言う。穴の周郭を孔郭、本体の周郭を輪郭と言う。

『通典』巻九食貨九錢幣下・洪遵『泉志』は、隋志とほぼ同文ではあるが、より詳しい内容を記述している。以下の注において順次紹介する。この五銖銭について、『通典』には「武帝乃鑄錢、肉好周郭、文曰五銖、重四銖三參二黍、其百文則重一斤二兩」とあり、重量についてより詳しい。洪遵『泉志』巻二正用品中梁五銖銭条に「顧烜曰、天監元年鑄。徑一寸、文曰五銖、重四銖三參二黍、毎百枚重一斤二兩」とあり、天監元年（五〇二）の鋳造であったことが分かる。顧烜は梁人、『隋書』巻三三経籍志二史部譜系類に「錢譜一巻、顧烜撰」とある。

④有直百五銖五銖女錢太平百錢定平一百五銖雉錢五朱對文等號

『通典』巻九食貨九錢幣下に「百姓或私以古錢交易者、其五銖、徑一寸一分、重八銖、文曰五銖、三呉屬縣行之。女錢、徑一寸、重五銖、無輪郭、郡縣皆通用。太平百錢、二種（私按『泉志』引顧烜・舊譜並作三種、是也）、並徑一寸、重四銖、源流本一、但文字古今之殊耳。文並曰太平百錢。定平一百五銖、徑六分、重一銖半、文曰定平一百。稚錢五銖、徑一分半（私按『泉志』引顧烜曰徑八分半、是也）、重四銖、文曰五銖。源出於五銖、但狹小、東境謂之稚錢。五朱錢、徑七分半、重三銖半、文曰五朱。源出稚錢、但稍遷異、以銖爲朱耳。三呉行之、差少於餘錢。又有對文錢、其源未聞。豐貨錢、徑一寸、重四銖、代（世）人謂之富錢、藏之令人富也。布泉錢、徑一寸、重四銖半、代（世）謂之男錢、云婦人佩之、即生男也。此等輕重不一」とある。直百五銖が見えない代りに、豐貨錢・布泉錢が見え、各種古銭の流通状況と重量が詳細に記されている。

女銭については、洪遵『泉志』巻六不知年代品上女錢条に「顧烜曰、徑一寸、重五銖、文曰五銖、無輪郭。今京師及郡縣亦通用焉」とあり、建康周辺でも流通したことが記され、『通典』と若干の違いがある。

太平百錢について、洪遵『泉志』巻七不知年代品下太平錢条に「顧烜曰、太平四文錢、三種、並徑一寸、重四銖、源流本一、但文字有今古之殊、並曰太平百錢。其小者至徑七八分、重一銖半、文字不異。舊譜曰、錢有三種、大篆・小篆・隷書、文皆曰太平百錢。但字有古今、形有大小。又有水波文及龜背者」とある。

定平錢について、洪遵『泉志』巻六不知年代品上定平錢条に

「顧烜曰、徑六分、重一銖半、文曰定平一百、三呉屬縣行之」とある。

稚銭五銖については、前掲校勘②参照。

五朱銭については、前掲校勘③参照。

對文銭について、洪遵『泉志』巻六不知年代品上對文錢条に「顧烜曰、對文錢、剪五銖之所成也。民利古錢多銅、剪鑿取其輪郭所餘、甚輕小。今世行之、其源始未聞也」とある。

以上、『通典』・『泉志』の記述によれば、古銭五銖・定平錢・稚錢・五朱錢は三呉地域を流通地域としており、古銭の流通は、東境三呉地域を中心とするものであったことが分かる。

⑤**輕重不一**　ここに見える軽重は、文脈から考えて、直接に銭幣を指す。『史記』巻三二斉太公世家に「桓公既得管仲、與鮑叔・隰朋・高傒修齊國政、連五家之兵、設輕重魚鹽之利、以贍貧窮、祿賢能、齊人皆説」とあり、その索隠に「按管子、有理人輕重之法七篇。輕重謂錢也。又有捕魚・煮鹽法也」とある。軽重不一とは、銭幣の種類が多いことを言う。

⑥**至普通中乃議盡罷銅錢更鑄鐵錢**　鉄銭の鋳造は、普通四年（五二三）十二月である。『梁書』巻三武帝紀下普通四年十二月戊午（六日）条に「始鑄鐵錢」とあり、また『南史』巻七梁本紀中普通四年十二月戊午条に「用給事中王子雲議、始鑄鐵錢」とあり、王子雲の建議によるものであったことが分かる。王子雲は、太原の人、『南史』巻七二文学伝に本伝がある。
また洪遵『泉志』巻二正用品中五銖鐵錢条に「顧烜曰、五銖鐵錢、徑一寸一分、文曰五銖、背爲四出文」とあり、その形態が分かる。『泉志』巻二正用品中によれば、このほか普通四年の鉄銭には、大吉銭・大通銭・大富銭があった。すなわち大吉銭条に「顧烜曰、普通四年、鑄大吉鐵錢。大小輕重如五銖、文曰五銖大吉、背文四出」とあり、大通銭条に「顧烜曰、普通四年、鑄大通鐵錢。大小輕重如五銖（五字以意補正）、文曰五銖大通、背文四出」とあり、大富銭条に「顧烜曰、普通四年、鑄大富鐵錢。大小輕重如五銖、文曰五銖大富（文曰五銖四字以意補正）、背文四出」とある。

⑦**自破至長錢**　破嶺は、孫呉の赤烏八年（二四五）に開鑿された運河。『資治通鑑』巻一五九梁武帝中大同元年条胡三省注に「破嶺、在今鎭江府丹楊縣。秦始皇所鑿、即破岡也」とあり、また『建康実録』巻二呉太祖下赤烏八年（二四五）八月条に「使校尉陳勲、作屯田。發屯兵三萬、鑿句容中道至雲陽西城、以通呉會舡艦、號破崗瀆。上下一十四埭、通會市作邸閣。仍於方山南、截淮立埭、號方山埭。今在縣東南七十里」とある。建康東南方面の軍事的要衝であるとともに、交易上の拠点でもあった。破嶺以東とは、方山埭以東、具体的には三呉地域を言う。
銭陌は、銭百枚ごとに銭差しでまとめて、一陌として通用させる慣行にもとづく。銭陌慣行が成立すると、一括りが百枚以下でも、一陌百銭として交易することになった。東銭は銭八〇枚一括りで一陌、西銭は銭七〇枚一括りで一陌、長銭は銭九〇枚一括りで一陌として交易したのである。銭陌慣行は、梁代以前にも見られるが、鉄銭の出現によって銭の価値が下落したのを機に急速に拡大した。

⑧**中大同元年天子乃詔通用足陌**　『梁書』巻三武帝紀下中大同元年（五四六）七月丙寅詔に「頃聞外間多用九陌錢、陌減則物貴、

陌足則物賤、非物有貴賤、是心有顚倒。至於遠方、日更滋甚。……自今可通用足陌錢。令書行後、百日爲期、若猶有犯、男子謫運、女子質作、並同三年」とある。足陌銭は、銭百枚を一括り百銭として用いること。文中の九陌銭は、建康で用いられた九〇枚一陌の長銭であろう。

〔通釈〕

梁の初め、鋳貨を使っていたのは京師建康と三呉（会稽郡・呉郡・呉興郡）・荊州・郢州・江州・湘州・梁州・益州だけだった。その他の州郡では、銭のほかに穀物や反物をまじえ、貨幣として交易していた。交州・広州の地域では全て金銀を貨幣としていた。武帝は銭を鋳造し、孔郭や輪郭を盛り上げ、銭文を五銖とした。その重さは銭文のとおり五銖であった。さらに別に銭を鋳造し、五銖銭の輪郭を取り除き、これを公式女銭と言った。二種類の鋳貨が流通していたのであるが、人民の中には勝手に古銭を用いて交易する者があった。古銭には直百五銖・五銖・女銭・太平百銭・定平一百五銖・稚銭五銖・五朱・対文などの呼び名があり、貨幣は一様ではなかった。皇帝は頻繁に詔書を下し、新しく鋳造した五銖銭・公式女銭の二種類以外の銭は全て使用することを禁止した。しかし、利益を追求する人びとは、いよいよ勝手な銭使いをするようになった。

普通年間（五二〇〜五二六）に入ると、銅銭を全てとりやめ、改めて鉄銭の鋳造を議定した。鉄は安価で入手しやすいため、人びとはこぞって鉄銭を私鋳した。大同年間（五三五〜五四五）以降、鉄銭がいたるところで山積みとなり、物価は騰貴した。交易する者は車に銭を載せ、二度と枚数を数えようとはせず、ただ銭さしの数を問題にするだけであった。商人たちはずる賢しこく、これをよいことに利益を追求した。破嶺より東の三呉地域では銭八十枚で百（陌）とし、これを東銭と言った。江州・郢州よりも上流の長江流域では銭七十枚で百とし、これを西銭と言った。京師建康では、銭九十枚で百とし、これを長銭と言った。中大同元年（五四六）、皇帝は、銭百枚の足陌銭を通用するよう詔した。詔は下されたものの、人びとは従わず、銭陌は益ます小さくなった。梁の末年になると、銭三十五枚を百とするようになったという。

〔補考〕六朝期の鋳貨流通について

以上の隋志本文ならびに注釈によって、梁代には、国家鋳造の五銖銭・公式女銭・四種の五銖鉄銭のほか、各種の古銭、三種の銭陌、絹・穀物などの実物貨幣、私鋳銭が流通地域を異にしながら通用していたことが分かる。北朝では、国家収取は人間と土地の把握にもとづく反物と穀物の課税が主体であり、財政は実物財政を基調としたから、鋳貨はほとんど使用されず、必要なときには実物貨幣を用いた。南朝でも、戸調制による農民からの収取を基礎としたが、編戸農民の把握が低調であり、記録に残る限りで言えば、劉宋孝武帝大明八年（四六四）の国家登録戸口数九〇万六八七〇戸・四六八万五五〇一人が最大であり、陳のそれは六〇万戸、隋による併合時は五〇万戸・二〇〇万人であった（『通典』巻七食貨七歴代盛衰戸口）。収取の大半は、戸籍登録外の浮浪人からの楽輸と零細な日常的流通をも対象とする商業・流通課税にあった。したがって収取は鋳貨を利用することが必然となり、各種の鋳貨が利用され、財政運営にもかなりの量の鋳貨が使われた。おそらくは、東晋以来、華北に存在した鋳貨が南朝長江流域の鋳貨使用地域に大量に移動していたはずであり、古銭の大量利用はそのことを裏書する。農民支配・流通および財政のありかたから対比してみるならば、北朝と南朝とは、かなり性格を異にする国家であり、今後は、出土貨幣の量的分布や形態学的分析、および比較史の方法を意識的に利用して研究を進めて行く必要がある。六朝期の貨幣とその流通実態については、宮澤知之『中国銅銭の世界――銭貨から経済史へ―』（思文閣出版、二〇〇七年）参照。

陳初、承梁喪亂之後、鐵錢不行。始梁末又有兩柱錢及鵝眼錢、于時人雜用。其價同、但兩柱重而鵝眼輕。私家多鎔錢、又間以錫鐵、兼以粟帛爲貨。至文帝天嘉三年①、改鑄五銖。初出、一當鵝眼之十。宣帝太建十一年、又鑄大貨六銖、以一當五銖之十、與五銖並行、後還當一。人皆不便、乃相與訛言曰、六銖錢有不利縣官之象。未幾而帝崩、遂廢六銖而行五銖、竟至陳亡。

其嶺南諸州、多以鹽米布交易、倶不用錢云。

〔校勘〕

①文帝天嘉三年　百衲本諸本並びに五年に作る。『通典』巻九食貨九銭幣下の記述も五年に作り、基本的に本志と同じである。ただ『陳書』巻三世祖紀天嘉三年（五六二）閏二月甲子（二四日）条に「改鑄五銖錢」とあり、紀年が異なる。『資治通鑑』は天嘉三年条にこの事を記し、『資治通鑑考異』は「隋志在天嘉五年。今從陳帝紀」と述べる。北宋以前に隋志に譌誤のあったことがわかる。『陳書』により、五年を三年に校訂する。

〔訓読〕

陳初、梁の喪亂の後を承け、鐵錢行なはれず。始め梁末、又た兩柱錢及び鵝眼錢有り①、時に人雜へ用ふ。其の價は同じきも、但だ兩柱は重くして鵝眼は輕し。私家多く錢を鎔《とか》し、又た間《まじ》ふるに錫鐵を以てし、兼ねて粟帛を以て貨と爲す。文帝天嘉三年に至り、改めて五銖を鑄す②。初め出だすや、一もて鵝眼の十に當《あ》つ。宣帝太建十一年、又た大貨六銖を鑄し③、一を以て五銖の十に當て、五銖と並び行なふも、後に還《ま》た一に當つ。人皆な便とせず、乃ち相ひ與に訛言して曰く、六銖錢、縣官に利あらずの象有り④、と。未だ幾ならずして帝崩じ、遂に六銖を廢して五銖を行なひ、竟に陳の亡ぶるに至る。

其の嶺南の諸州、多《おほむ》ね鹽米布を以て交易し、倶に錢を用ひずと云ふ。

〔注釈〕

①**有兩柱錢及鵝眼錢**　洪遵『泉志』巻六不知年代品上両柱銭条に、隋志を引いた後「余按隋志、但云梁末有是二錢、初不謂鑄于梁。如鵝眼錢、乃宋景和中所鑄。李孝美俱以爲梁錢、非也」とある。この二種類の鋳貨は、洪遵によれば梁代以前に鋳造されていたもので、とくに鵝眼銭は、劉宋景和元年（四六五）の鋳造である。洪遵『泉志』巻二正用品中鵝眼銭条に「小泉直一」の銭文のある銭影を二種挙げ、「顧烜曰、宋中廢帝景和元年（四六五）鑄。沈慶之既申前議、放百姓鑄、遂轉輕僞。亦有錢形大如鵝眼、故謂鵝眼錢、以綫貫之。乃適投水中、不沈、隨手碎壞、不可料數。商貨不行、尺帛斗米、動踰一萬」と述べる。鵝眼銭は小型の銭で、アヒルの眼球に似ているところからつけられた名称である。

②**至文帝天嘉三年改鑄五銖**　文帝、陳蒨（?～五六六）字は子華、呉興郡長城県の人。陳の初代皇帝高祖陳霸先の兄始興昭烈王陳道談の長子、陳の第二代皇帝（在位五五九～五六六）。『陳書』巻三、『南史』巻九に本紀がある。『陳書』巻三世祖紀天嘉三年（五六二）閏二月甲子（二四日）条に「改鑄五銖錢」とある。

③**宣帝太建十一年又鑄大貨六銖**　宣帝、陳頊（五三〇～五八二）字は紹世、呉興郡長城県の人。始興昭烈王陳道談の第二子、文帝の弟、陳の第四代皇帝（在位五六九～五八二）。『陳書』巻五、『南史』巻十に本紀がある。『陳書』巻五宣帝紀太建十一年（五七九）七月辛卯（二日）条に「初用大貨六銖錢」とある。

④**六銖錢有不利縣官之象**　洪遵『泉志』巻二正用品中大貨六銖銭条に「徐氏（仲和）曰、當時謡言、大貨六銖錢、乂腰哭天子。蓋篆書六字、類人之乂腰耳」とある。

〔通釈〕

陳の初め、梁末の争乱の後を受け、鉄銭は使われなかった。はじめ梁末には、別に両柱銭と鵝眼銭があり、当時、人びとはこれらを雑えて使用した。その価値は同じであったが、両柱銭は重く、鵞眼銭は軽かった。民間では多く銭を熔かし、さらに錫と鉄とを混ぜていた。それらとあわせて穀物や絹布が貨幣として用いられた。陳の文帝（在位五五九～五六六）の天嘉三年（五六二）になって、五銖銭を改鋳した。初めて発行したとき、一枚の価値を鵞眼銭十枚相当とした。宣帝（在位五六九～五八二）の太建十一年（五七九）、さらに大貨六銖銭を鋳造した。一枚の価値を五銖銭の十枚相当とし、五銖銭とともに流通させたが、のちにまた六銖銭一枚の価値を五銖銭一枚分とした。人びとは皆な不便とし、そこで、「六銖銭には皇帝によろしからぬ象（しるし）がある」と、流言し合った。間もなく皇帝が崩御したので、六銖銭を廃止し、五銖銭を流通させたが、結局陳の滅亡に至った。

嶺南の諸州ではおおむね塩・米・麻布を貨幣として交易しており、鋳貨は全く流通しなかったと言う。

（二）北朝の貨幣政策

齊神武霸政之初、承魏猶用永安五銖。遷鄴已後、百姓私鑄、體制漸別、遂各以爲名。有雍州青赤、梁州生厚緊錢吉錢①、

河陽生澀天柱赤牽之稱。冀州之北、錢皆不行、交貿者皆以絹布。神武帝乃收境内之銅及錢、仍依舊文更鑄、流之四境。未幾之間、漸復細薄、姦僞競起。

文宣受禪、除永安之錢、改鑄常平五銖、重如其文。其錢甚貴、且制造甚精。其錢未行、私鑄已興、一二年閒、即有濫惡。雖殺戮不能止。乃令市增長銅價、由此利薄、私鑄少止、②至乾明皇建之間、往往私鑄。鄴中用錢、有赤熟青熟細眉赤生之異。河南所用、有青薄鉛錫之別、青齊徐兗梁豫州、輩類各殊。武平已後、私鑄轉甚、或以生鐵和銅。至于齊亡、卒不能禁。

〔校勘〕

①**吉錢**　吉錢、『通典』巻九食貨九錢幣下は、古錢に作る。いずれが是か、俄に決しがたいので、しばらく本志に拠る。

②**其錢至少止**　隋志原文は、「且制造甚精至乾明皇建之間」となっているが、『通典』巻九食貨九錢幣下には、「且制造甚精」と「至乾明皇建之間」との間に「其錢未行、私鑄已興、一二年閒、即有濫惡。雖殺戮不能止、乃令市增長銅價、由此利薄、私鑄少止」の三七字がある。上下の文章より見て、この段落は、明らかに隋志を襲うものであり、三七字は隋志より脱落したものである。今『通典』により、この三七字を補う。

〔訓読〕

齊の神武、霸政の初め、魏を承けて猶ほ永安五銖を用う。鄴に遷りて已後、百姓私鑄し、體制漸く別れ、遂に各おの以て名を爲す。雍州の青赤、梁州の生厚・緊錢・吉錢、河陽の生澀・天柱・赤牽の稱有り。冀州の北、錢皆な行なはれず、交貿する者、皆な絹布を以てす。神武帝乃ち境内の銅及び錢を收め、仍ほ舊文に依りて更に鑄し、之を四境に流す。未だ幾《いくばく》ならざるの間、漸く復た細薄となり、姦僞競ひ起こる。①

文宣、禪りを受くるや、永安の錢を除き、改めて常平五銖を鑄し、②重さは其の文の如くす。其の錢甚だ貴《たか》く、且つ制造甚だ精なり。其の錢未だ行なはれざるに、私鑄已に興り、一二年の閒、即ち濫惡なるもの有り。殺戮すると雖ども止《とど》むること能はず。乃ち市に令して銅價を增長せしめたれば、此れに由りて利薄く、私鑄少しく止まるも、乾明・皇建の間に至るまで、③往往にして私鑄あり。鄴中の用錢、赤熟・青熟・細眉・赤生の異なる有り。河南の用ふる所、青薄・鉛錫の別有り、青・齊・徐・兗・梁・豫州、輩類各おの殊にす。武平已後、私鑄轉た甚だしく、或は生鐵を以て銅に和《まじ》ふ。齊の亡ぶるに至るまで、卒に禁ずること能はず。

〔注釈〕

①**齊神至競起**　斉神武は、高歓（四九六～五七四）。『魏書食貨志訳注』九一頁注④参照。神武は、北斉成立後の追号である。東魏時代の貨幣問題に付いては、『魏書食貨志訳注』一一四頁～一一六頁をも参照。

②**文宣受禪除永安之錢改鑄常平五銖**　文宣帝、高洋（五二九～五五九）、字は子進。高歓の第二子、高澄の弟、北斉の初代皇帝（在位五五〇～五五九）。『北斉書』巻四、『北史』巻七に本紀がある。『北斉書』巻四文宣帝紀天保四年（五五三）正月己丑条に「改鑄新錢、文曰常平五銖」とある。洪遵『泉志』巻二正用品中常平五銖銭条に「舊譜曰徑八分」とある。

③**乾明皇建之間**　乾明元年は、廢帝高殷（在位五五九～五六〇）の年号。その八月に廃位され、孝昭帝演（在位五六〇～五六一）が立って、ただちに皇建と改元した。孝昭帝も翌皇建二年（五六一）十一月に病死したので、乾明皇建の間とは、乾明・皇建元年と皇建二年の二年間を言う。

〔通釈〕

北斉の神武帝高歓（四九六～五七四）が政治の実権を握った頃、北魏の制度を受けついで永安五銖銭を使用していた。鄴に遷都した後、民間では私鋳がおこなわれ、銭の形がしだいに異なるようになり、それぞれに名前がつけられた。雍州（陝西省長安県西北）地方の青赤銭、梁州（河南省開封市）地方の生厚銭・緊銭・吉銭、河陽（河南省沁陽県）一帯の生渋銭・天柱銭・赤牽銭などの名称があった。冀州（河北省冀県）以北の地方では鋳貨は全く流通せず、交易には皆な絹・麻布を用いた。神武帝は領域内の銅及び銭を回収し、もとどおり永安五銖銭に改鋳し、領内に流通させた。まもなく、また銭はしだいに小さく薄くなり、不正があちこちで起こるようになった。

　文宣帝高洋（在位五五〇～五五九）は、禅譲を受けて即位すると、永安五銖銭を廃止し、改めて常平五銖銭を鋳造し、その重さを銭文どおりにした。この銭は価値が甚だ高く、その上非常に精巧であった。まだ流通しないうちに、その私鋳銭が登場し、一、二年の間に、ただちに品質が悪くなった。死刑に処しても禁止できなかった。市に命じて銅の価格を上げさせると、これによって利益が減少したため、私鋳銭はすこしおさまったが、乾明・皇建年間（五六〇～五六一）にいたるまで、私鋳銭が時時に現れた。鄴都で用いられていた銭には、赤熟・青熟・細眉・赤生などの種類があった。河南地域で流通していた銭には、青薄・鉛錫の違いがあり、青（山東省益都県）・斉（山東省歴城県）・徐（江蘇省銅山県）・兗（河南省滑県）・梁（河南省開封市）・豫州（河南省汜水県）などでも種類がそれぞれ違っていた。武平年間（五七〇～五七六）以後、私鋳がいよいよ激しくなり、中には生鉄（なまがね）を銅に混ぜるものもあった。北斉が滅亡するまで、結局禁止することはできなかった。

後周之初、尚用魏錢。及武帝保定元年七月、乃更鑄布泉[①]之錢、以一當五、與五銖並行。時梁益之境、又雜用古錢交

易。河西諸郡、或用西域金銀之錢、而官不禁。建德三年六月、更鑄五行大布錢、以一當十、大收商估之利、與布泉錢並行。四年七月、又以邊境之上、人多盜鑄、乃禁五行大布、不得出入四關、布泉之錢、聽入而不聽出。五年正月、以布泉漸賤而人不用、遂廢之。初令私鑄者絞、從者遠配爲戶。齊平已後、山東之人、猶雜用齊氏舊錢。至宣帝大象元年十一月、又鑄永通萬國錢、以一當十、與五行大布及五銖、凡三品並用。

〔校勘〕

①乃更鑄布泉之銭　中華書局標点本は「乃更鑄布泉之錢」の乃字を及字に作り、「及更鑄布泉之錢」とするが、意味をなさない。『通典』巻九食貨九錢幣下は同文を記載し、百衲本同様「乃更鑄布泉之錢」に作る。標点本が何に拠ったか不明であるが、及字は直前一句の及字によって誤ったものであろう。今、百衲本『通典』に従い、標点本を斥ける。

〔訓読〕

後周の初め、尚ほ魏銭を用ふ①。武帝の保定元年七月に及び、乃ち更に布泉の銭を鑄し②、一を以て五に當て、五銖と並び行なふ。時に梁・益の境、又た雜へて古銭を用ひて交易す。河西の諸郡、或は西域金銀の銭を用ふるも③、而れども官は禁ぜず。建德三年六月、更に五行大布銭を鑄し、一を以て十に當て、大いに商估の利を收め、布泉の銭と並び行なふ④。四年七月、又た邊境の上《ほとり》、人多く盜鑄するを以て、乃ち五行大布を禁じて、四關を出入するを得ず、布泉の銭は、入るを聽《ゆる》すも而れども出づるを聽さず⑤。五年正月、布泉漸く賤《やす》くして人用ひざるを以て、遂に之を廢す。初めて令し、私鑄せし者は絞、從者は遠配して戶を爲さしむ⑥。齊平ぎて已後、山東の人、猶ほ雜へて齊氏の舊銭を用う。宣帝の大象元年十一月に至り、又た永通萬國銭を鑄し⑦、一を以て十に當て、五行大布及び五銖と、凡そ三品並び用ふ。

〔注釈〕

①後周之初尚用魏銭　先行する西魏文帝の大統年間に、二度五銖銭が鑄造されている。『北史』巻五魏本紀西魏文帝大統六年（五四〇）条に「二月、鑄五銖錢」とあり、また同じく大統十二年（五四六）条に「三月、鑄五銖錢」と見える。

②乃更鑄布泉之銭　布銭について。『周書』巻五武帝紀上保定元年七月戊申条に「更鑄錢、文曰布泉、一當五、與五銖並行」とある。洪遵『泉志』巻二正用品中布泉錢条に「舊譜曰、徑寸、其文左曰布、右曰泉。皆玉筋篆、非男錢也」とある。

③**河西諸郡或用西域金銀之銭**　中国の西北地方を中心とする北朝・隋唐期の墓葬などから、東ローマ帝国の金貨やササン朝ペルシャの銀貨がかなり出土している。夏鼐氏のいくつかの総括的な分析によれば、七世紀中葉のアラブ帝国興起以前の西アジアの国際通貨は、金貨は東ローマ、銀貨はササン朝の貨幣であり、食貨志に言う河西諸郡で使用された西域の金銀貨幣は、おおむね東ローマ帝国の金貨とササン朝ペルシャの銀貨であろう、と指摘している。東ローマの金貨の出土事例については、夏氏「咸陽底張灣隋墓出土的東羅馬金幣」(『考古学報』一九五九年第三期)ならびに「賛皇李希宗墓出土的拜占廷金幣」(『考古』一九七七年第六期)、ササン朝の銀貨の出土事例については、「綜述中国出土的波斯薩珊朝銀幣」(『考古学報』一九七四年第一期)を参照。

④**建徳至並行**　『周書』巻五武帝紀上建徳三年六月壬子条に「更鑄五行大布錢、以一當十、與布泉錢並行」とあり、洪遵『泉志』巻二正用品中大布銭条に「舊譜曰、徑寸一分。張台曰此錢小者、至徑六分。其舊錢之文、上五下行、左大右布。又有大布字、飜在上下者」とある。張台は、唐人、『銭録』一巻を著した。『郡斎読書志』巻三上『銭譜』十巻条に「右梁顧烜嘗撰錢譜一巻、唐張台亦有錢録兩巻」とあり、『宋史』巻二〇五藝文志四農家類に張台『銭録』一巻を著録する。

⑤**四年至聽出**　『周書』巻六武帝紀下建徳四年七月己未条に「禁五行大布錢、不得出入關、布泉錢聽入而不聽出」とある。四関は、首都の周囲に設置された四面関を指し、関内は畿内を構成する。長安については、『史記』巻二二漢興以來將相名臣年表第十高皇帝五年条に「入都關中」とあり、その索隱に「咸陽也。東函谷、南嶢武、西散關、北蕭關。在四關之中、故曰關中」と注解する。洛陽に付いては、『文選』巻二八鮑照「結客少年場行」中の「升高臨四關、表裏望皇州」に付す李善注に「陸機洛陽記曰、洛陽有四關。東爲城皐、南伊闕、北孟津、西函谷」とある。北周の四関は、『史記』索隠に見える四関と同じものであろう。

⑥**五年至爲戸**　『周書』巻六武帝紀下建徳五年春正月条に「廢布泉錢。戊申、初令鑄錢者絞、其從者遠配爲民」とある。布泉の廃止と私鋳銭の禁令とは一連の措置である。「從者遠配爲戸」を『周書』は「其從者遠配爲民」としており、「爲戸」は、民となすこと、すなわち編戸を言う。『唐律疏議』巻十八賊盗律二殺人移郷条疏議に「殺人應死、會赦免罪、而死家有期以上親者、移郷千里外為戸」とある例に同じい。

⑦**宣帝大象元年十一月又鑄永通萬國銭**　宣帝、宇文贇(五五九～五八〇)、字は乾伯、武帝の長子、北周第四代皇帝(在位五七八～五七九)。『周書』巻七宣帝紀、『北史』巻一〇に本紀がある。
永通萬國銭について。『周書』巻七宣帝紀大象元年十一月丁巳条に「初鑄永通萬國錢、以一當十、與五行大布並行」とあり、また洪遵『泉志』巻二正用品中永通萬國錢条に「舊譜曰、徑寸三分、重十二銖、背面肉好、皆有周郭。又有徑寸二分半、重八銖已下者」とある。

〔通釈〕

北周の初めには、まだ北魏の銭を使用していた。武帝(在位五六〇～五七八)の保定元年(五六一)七月になって、更に布泉銭を鋳造し、一枚の価値を五銖銭五枚相当とし、五銖銭といっしょに流通させた。当時梁州・益州一帯では、さらに古銭をもまじえて交易していた。河西諸郡では西域の金銀銭を用いることもあったが、国家はこれを禁止しなかった。建徳三年（五七四）六月、あらためて五行大布銭を鋳造し、一枚の価値を五銖銭十枚相当とし、国家は大いに商業利益をあげ、布泉銭といっしょに流通させた。建徳四年七月、辺境一帯では盗鋳する者が多かったので、五行大布銭については、四方の関所からの流出流入を禁止し、布泉銭については流入を許し、流出を禁止した。建徳五年正月、布泉の価値がしだいに下落し、人びとが使用しなくなったので廃止した。初めて命令を下し、私鋳の主犯は絞首刑とし、従犯は遠方への流罪に処して編戸とした。北斉が平定された後、山東地域では、まだ北斉時代の旧銭を雑えて交易していた。宣帝（在位五七八～五七九）の大象元年（五七九）十一月、さらに永通万国銭を鋳造し、一枚の価値を五銖銭の十枚相当とし、五行大布銭・五銖銭と並んで三種類の銭が流通した。

高祖既受周禪、以天下錢貨、輕重不等、乃更鑄新錢。背面肉好、皆有周郭、文曰五銖、而重如其文。毎錢一千、重四斤二兩。是時錢既新出①、百姓或私有鎔鑄。三年四月、詔四面諸關、各付百錢爲樣。從關外來、勘樣、相似、然後得過、樣不同者、即壞以爲銅、入官。

詔行新錢已後、前代舊錢、有五行大布・永通萬國及齊常平、所在用以貿易不止②。四年、詔仍依舊不禁者、縣令奪半年祿。然百姓習用既久、尚猶不絶。五年正月、詔又嚴其制。自是錢貨始一、所在流布、百姓便之。

〔校勘〕

①是時銭既新出　新字、通行本浙江書局本『通典』巻九食貨九銭幣下も新字に作るが、北宋本『通典』（汲古書院影印宮内庁書陵部蔵本）は、雑字に作る。新字のほうが文意通暢するので、百衲本によって釈読しておく。

②所在用以貿易不止　『通典』巻九食貨九銭幣下および『冊府元亀』巻五〇〇邦計部銭幣二は、「……所在勿用。以其貿易不止」に作り、勿字を加える。『通典』によるならば、「所在勿用」までが詔勅の内容となるが、文意通じがたい。隋志によっても通じるので、ここでは参考とするにとどめる。

〔訓読〕

高祖既に周の禪りを受け、天下の錢貨、輕重等しからざるを以て、乃ち更に新錢を鑄す①。背面肉好、皆な周郭有り、文を五銖と曰ひ、而して重さは其の文の如し。錢一千毎《ごと》に、重さは四斤二兩なり②。是の時、錢既にして新に出で、百姓或は私《ひそ》かに鎔鑄するもの有り。三年四月、詔すらく、四面の諸關、各おの百錢を付して様と爲し、關外從り來たれば、様に勘《かんが》へ、相ひ似て、然る後に過ぎるを得しめ、様に同じからざる者は、即ち壞《こぼ》ちて以て銅と爲し、官に入れしめよ、と。

詔して新錢を行なはしめて已後、前代の舊錢に、五行大布・永通萬國及び齊の常平有り、所在に用ひて以て貿易して止まず。四年、詔すらく、仍ほ舊に依りて禁ぜざる者《とき》は、縣令、半年の祿を奪へ、と。然ども百姓習用すること既に久しく、尚ほ猶ほ絶えず。五年正月、詔して又た其の制を嚴しくす。是れ自り錢貨始めて一となり、所在に流布し、百姓之を便とす。

〔注釈〕

①更鑄新錢　『隋書』巻一高祖紀上開皇元年（五八一）九月条に「是月、行五銖錢」とあり、また洪遵『泉志』巻二正用品中白銭条に「舊譜曰、徑一寸、重一銖六絫。肉郭平闊、五字右邊傍好有一畫、餘三面無郭。用鑞和鑄、故錢色白」とある。『泉志』に記す五銖白銭は、隋志の五銖銭と形態・重量ともに異なる。

②毎錢一千重四斤二兩　『通典』巻九食貨九錢幣下は、この二句のあとに、注を付して「後魏食貨志云、齊文襄令錢一文、重五銖者、聽入市用。計一百錢重一斤四兩二十銖、則一千錢重十二斤以上、而隋代五銖錢一千重四斤二兩、當是大小秤之差耳」と述べ、北斉期と隋との度量衡の違いについて注意をうながしている。この問題については、一四八頁注釈①をも参照。

〔通釈〕

隋の高祖（楊堅）が、北周の禅譲を受けたのち、全国の鋳貨の重量・価値関係が一定しないので、更に新しい銭を鋳造した。表裏両面ともに孔郭・輪郭をもうけ、銭文を「五銖」とし、重さはその銭文どおりにした。銭千枚ごとの重さは四斤二両であった。この時、新しい銭が発行されたものの、民衆の中には勝手に銭を熔かして、（新五銖銭を）私鋳する者がいた。開皇三年（五八三）四月、都へ通じる四面の関所に詔し、それぞれに百銭の束を備え付けさせて見本とした。関外から銭が持ち込まれた時、その見本と照らし合わせ、似ていれば通過することができ、見本と異なる場合は、ただちに鋳潰して銅とし、国家に没収した。

詔勅によって新しい銭を流通させたのちも、前王朝の旧銭である五行大布銭・永通万国銭および北斉の常平銭があり、いたる所で交易に使用されつづけた。開皇四年（五八四）には、依然として旧銭使用を禁止できない場合、県令の半年の俸禄を没収するという詔勅が出された。しかし、旧銭を使用することが長い間の習慣となっていたので、人民は、なお旧銭使用をやめなかった。開皇五年（五八五）正月には、さらに厳しい旧銭使用禁止の詔勅が出された。これ以後、鋳貨は初めて統一され、いたる所で流通したので、人民はこれを歓迎した。

是時見用之錢、皆須和以錫鑞。錫鑞既賤、求利者多、私鑄之錢、不可禁約。其年、詔乃禁出錫鑞之處、並不得私有

採取。十年、詔晉王廣、聽於揚州立五鑪鑄錢。其後姦狡稍漸、磨鑢錢郭、取銅私鑄、又雜以鉛錫①、遞相放效、錢遂輕薄。乃下惡錢之禁、京師及諸州邸肆之上、皆令立榜、置樣爲准、不中樣者、不入於市。十八年、詔漢王諒、聽於并州立五鑪鑄錢。是時江南人間錢少。晉王廣又請②於鄂州白紵山有銅鉚處、錮銅鑄錢。於是詔聽置十鑪鑄錢。又詔蜀王秀、聽於益州立五鑪鑄錢。是時錢益濫惡、乃令有司、括天下邸肆見錢、非官鑄者、皆毀之、其銅入官。而京師以惡錢貿易、爲吏所執、有死者、數年之間、私鑄頗息。

　大業已後、王綱弛紊、巨姦大猾、遂多私鑄、錢轉薄惡。初每千猶重二斤、後漸輕至一斤。或翦鐵鍱、裁皮糊紙以爲錢、相雜用之。貨賤物貴、以至於亡。

〔校勘〕

①雜以鉛錫　百衲本諸本は「雜以錫錢」に作る。錫錢二字、『通典』巻九食貨九錢幣下は、鉛錫に作る。このほうが文意通暢するので、『通典』により、錫錢を鉛錫に改める。

②晉王廣又請　百衲本諸本は「晉王廣又聽於鄂州白紵山有銅鉚處、錮銅鑄錢」に作る。この聽字、『通典』巻九食貨九錢幣下は、請字に作る。晉王の上請があってのち、下文の詔勅による裁可が導かれる。文脈からみて、聽字が二度出てくるのは苦しく、『通典』の方が正しい。今、『通典』により聽字を請字に改める。

〔訓読〕

是の時、見用の錢、皆な須《かなら》ず和するに錫鑞を以てす①。錫鑞既に賤《やす》く、利を求むる者多く、私鑄の錢、禁約す可からず。其の年、詔して乃ち錫鑞を出だすの處に禁じ、並びに私《わたくし》に採取すること有るを得ざらしむ。十年、晉王廣に詔し、揚州に於て五鑪を立てて錢を鑄するを聽《ゆる》す。其の後、姦狡稍く漸《すす》み、錢郭を磨鑢し、銅を取りて私鑄し、又た雜ふるに鉛錫を以てし、遞《たが》ひに相ひ放效し、錢遂に輕薄たり。乃ち惡錢の禁を下し、京師及び諸州邸肆の上に②、皆な榜を立て、樣を置きて准と爲し、樣に中《あ》たらざる者は、市に入れざらしむ。十八年、漢王諒に詔し、并州に於て五鑢を立てて錢を鑄するを聽す③。是の時、江南の人間、錢少なし。晉王廣又た鄂州白紵山④の銅鉚有るの處に於て、銅を錮《とか》して錢を鑄せん⑤ことを請ふ。是に於て詔し、十鑪を置きて錢を鑄するを聽す。又た蜀王秀に詔し、益州に於て五鑪を立てて錢を鑄するを聽す⑥。是の時、錢益ます濫惡なり、乃ち有司をして、天下の邸肆の見錢を括《けみ》し、官鑄に非ざる者は、皆な之を毀《こぼ》たしめ、其の銅は官に入れしむ。

而して京師、惡錢を以て貿易し、吏の執ふる所と爲りて、死する者有り、數年の間、私鑄頗る息《や》む。
大業已後、王綱弛紊し、巨姦大猾、遂に多く私鑄し、錢は轉た薄惡たり。初め千毎に猶ほ重さ二斤なり、後に漸く輕くして一斤に至る。或は鐵鍱を翦《き》り、皮を裁ち紙を糊して以て錢と爲し、相ひ雜へて之を用う。貨賤く物貴く、以て亡ぶるに至る。

〔注釈〕

①是時見用之錢皆須和以錫鑞　鑞が混ぜられたことに付いては、前節注釈①引『泉志』参照。鑞は錫と鉛の合金である。

②京師及諸州邸肆之上　『資治通鑑』巻一五九梁大同十一年十二月条に「散騎常侍賀琛啓陳四事。……其四以為、今天下無事、而猶日不暇給、宜省事息費、事省則民養、費息則財聚。應内省職掌各檢所部。凡京師治署邸肆及國容戎備、四方屯傳邸治、有所宜除、除之、有所宜減、減之。興造有非急者、征求有可緩者、皆宜停省、以息費休民。……」とあり、「治署邸肆」について、胡三省注は、「治、理事之所。署、舍止之所。邸、諸王列第及諸郡朝宿之區。肆、市列也」と注釈する。邸を胡三省は、諸侯の邸宅および諸郡の京師出張所と理解しているが、賀琛の提案は、国家財政・財務の削減を主張しているのであるから、邸も財務機関とみなすべきである。三国六朝にあっては邸閣と呼ばれる転運用倉庫があり、邸は、邸閣同様に官営倉庫を指すと考えられる。本志ならびに賀琛の提案によれば、邸は京師と地方に設置される官営倉庫であり、貯備と流通にかかわる全国的な財政機能を果たしたとみなしうる。

③詔漢王諒聽於并州立五鑪鑄錢　楊諒（?～六〇四頃）、字は徳章、文帝の子。開皇元年（五八一）漢王となり、開皇十七年（五九七）并州総管となり、五二州を統括した。文帝の死後、仁寿四年（六〇四）八月に反乱を起こしたが敗れ、庶民に落されて幽死した（『隋書』巻四五文四子伝）。并州で貨幣の鋳造を許されたのは、并州総管であったことによる。

④鄂州白紵山　『隋書』巻三一地理志下江夏郡条に「舊置郢州。梁分置北新州、尋又分北新立土・富・洄・泉・豪五州。平陳、改置鄂州」とあり、その属県武昌県条に「有樊山・白紵山」と見える。

⑤錮銅鑄錢　錮銅は、銅を銭範に流し込んで銭を鋳造すること。『漢書』巻三六楚元王伝附劉向伝に「張釋之進曰、使其中有可欲、雖錮南山猶有隙。使其中無可欲、雖無石椁、又何慼焉」とあり、その顔師古注に「錮謂鑄塞也。云錮南山者、取其深大、假爲喩也。錮音固」とある。

⑥詔蜀王秀聽於益州立五鑪鑄錢　楊秀（?～六一八）、文帝楊堅の第四子。開皇元年、越王となり、ついで同年、蜀王・益州刺史・総管二十四州諸軍事となった。仁寿二年（六〇二）、廃されて庶民となり、煬帝弑殺の混乱のなかで殺された（『隋書』巻四五文四子伝）。益州で貨幣の鋳造を許されたのは、益州総管であったことによる。

〔通釈〕

この時実際に流通していた銭には、皆な必ず錫鑞が混じってい た。錫鑞は安価なので、もうけをたくらむ者も多く、私鋳を禁止することはできなかった。その年、錫鑞産出地に対し、勝手な採掘を厳禁する詔勅を出した。開皇十年（五九〇）、晋王楊広（後の煬帝）に詔し、揚州（江蘇省揚州市）において五基の炉を建造して銭を鋳造することを許した。その後、狡猾な連中が次第に増え、銭の周郭を削り取った銅で私鋳し、さらには鉛錫を混ぜるなど、お互いに見習い影響し合ったので、銭は薄く軽くなってしまった。そこで悪銭禁止令を出し、京師大興城および諸州の官営倉庫や市場には、すべて高札を立てさせ、銭の見本を置き、見本に当てはまらない銭は、市場に入れなかった。開皇十八年（五九八）、漢王楊諒に詔し、并州（山西省太原県）で五基の炉を建造し、銭を鋳造することを許した。当時、江南の社会には銭が少なかった。晋王楊広は、さらに鄂州白紵山（湖北省南漳県）の銅鉱山で、銅を銭範に熔かして銭を鋳造することを願い出た。そこで詔勅によって十基の炉を設置して銭を鋳造することを許した。さらに蜀王楊秀に詔し、益州（四川省成都市）において五基の炉を建造して銭を鋳造することを許した。この時、銭の品質が益ます悪くなっていたので、担当官に全国の官営倉庫や市場で使用されている銭を調べさせ、官鋳でないものはすべて鋳潰し、その銅を国家に没収した。京師では、悪銭を用いて交易したことにより、官吏に捕らえられて処刑される者もあったので、数年のうちに私鋳はかなり息をひそめた。

大業年間（六〇五～六一七）以後、皇帝政治がゆるんで巨悪が横行し、私鋳がはびこり、銭はいよいよ薄く悪くなっていった。当初、銭千枚の重さは二斤であったが、その後次第に軽くなり、一斤になってしまった。なかには薄い鉄片を切り取り、それに皮や紙を切り張りして鋳貨とするものもあり、それらの銭が混在して流通した。銭価が安くなるにつれて、物価は高くなり、こうして隋が亡びるに至ったのである。

〔補考〕梁陳時代の貨幣鋳造と古銭流通

『隋書』食貨志ならびに注釈記載の貨幣鋳造記事と古銭の流通地域について、次頁に一覧にしておく。

志第十九　食貨志　隋書二十四

梁陳鋳銭一覧表

銭名	年代	事項	出典
五銖銭	梁天監元年（502）	新鋳	『隋書』食貨志
公式女銭	天監元年（502）	五銖銭	『隋書』食貨志 『泉志』巻２
五銖銭	普通４年（523）	鉄銭四種	『隋書』食貨志
五銖銭	陳天嘉３年（562）	新鋳	『隋書』食貨志
大貨六銖銭	大建 11 年（579）	新鋳	『隋書』食貨志

梁代古銭流通一覧（『隋書』食貨志・『通典』・『泉志』）

銭名	流通地域
直百五銖銭	未考
五銖銭	三呉（會稽郡・呉郡・呉興郡）属県
女銭	郡県通用
太平百銭	未考
定平一百五銖銭	三呉属県
稚銭五銖	三呉地域
五朱銭	三呉地域
対文銭	未考

あとがき

『魏書』・『隋書』の食貨志をはじめて読んだのは、修士論文の準備をしていたときだから、三五年あまりまえのことである。中華書局標点本はまだ出版されていなかった。当時の学生のつねとして、台湾商務印書館から出ていた百衲本の影印本がテキストだった。そのときに打った句点が、このたびの訳注の出発点となった。ただし、今から見ると誤りが多く、あまり人には見せたくない代物である。

八〇年代にはいって、財政史をてがけるようになり、各正史の食貨志を本格的に読みなおした。中華書局標点本がすでに刊行されていたので、百衲本と読み比べていった。標点本の校勘記は優れていて、教えられることが多かった。そのころ『晋書』『魏書』『隋書』の食貨志には訳注がなかったので、食貨志の訳注作成を財政史研究の一つの目標にした。そこで勉強のために、それまでの準備作業を下敷きにし、九一年から九三年にかけて、東洋史史料講読の授業に『魏書』と『隋書』の食貨志をとりあげることにした。受講生には、日本語訳の作成を目標にすることを告げ、授業のあと担当箇所の和訳を提出させ、私がそれに朱をいれて返し、最後に清書を出させた。年度末にそれらを一冊にまとめて正本を作成し、さらに副本を作って受講者に配布した。手書き正本は、現在も研究室に残してある。

九一年度は、『魏書』食貨志の講読で、受講生すなわち執筆者は、伊藤真昭・家村一明・大山信幸・纐纈崇・苔口有香・三仙恵理子・塩道弘行・早川千恵・向井祐子・安井亜由美の諸君である。九二年度・九三年度は、『隋書』食貨志の講読で、受講生は、九二年度穴沢彰子・伊藤澄子・笠井二朗・栗木寧・長野真子・宮川淳一・宮谷和明・森直子、九三年度宮川淳一・板原香・板原征輝・古賀康博・後藤幸功・先灘文広・土井志保・中森裕・宮本美鈴・毛利章子の諸君である。本書の和訳部分の第一次原稿は、こうして出来上がった。手書き原稿は、体裁・用語に不統一があったため、のちに大学院修士課程に在学していた村上陽子さんにたのんで、テキストファイルに打ち込んでもらい、あわせて原稿の整理をしていただいた。これが和訳部分の第二次原稿である。

そのご、財政史研究のかたわら、私は、原文の校訂と訓読ならびに注釈を作成し、第二次和訳原稿を改訳していった。一九九九年には、科学研究費補助金の配分を受けることになり（「北朝財政史の研究――『魏書』食貨志を中心に」課題番号一一六一〇三七七）、この作業を本格化した。このころ大学院に博士課程が設置されたこともあって、大学院演習のテキストに再び『魏書』『隋書』食貨志をとりあげ、院生諸君と校訂・訓読・注釈・和訳を練り直した。演習参加者は、山崎覚士・目黒杏子・奥野章郎・岡田和一郎の諸君である。その成果は、二〇〇二年二月に科研費報告書のかたちでとりまとめた。これが、本書の原稿である。

昨年の暮れ、熊本大学の伊藤正彦さんから、汲古書院の三井久人さんを紹介していただき、この原稿を出版することを勧めていただいた。この春から報告書の原稿に修訂を加え、ここに出来上がったのが本稿である。学生諸君とのやりとりの中で気づいたり、教えてもらったりしたことも数多くある。そのなかで標点本の句読や校勘にも問題のあることがわかった。本書は、食貨志原文にかなり修訂をほどこしている。原文の改訂はなるべく慎むのが堅実な研究方法であろう。しかし、ひと昔前と異なり、電子テキストまでふくめると、良好な史料原文が簡単に手に入る時代である。多少の異見が混じるテキストがあっても、枯葉も山のにぎわいである。学生諸君のもの怖じしない気風にならって、多少の根拠があれば、冒険をこころみることにした。本書に採るべきところがあるとすれば、それは、学生諸君との交流の中から生まれてきた、テキストに対する攻めの気概であろう。未確定の箇所もなおあり、誤りも多多あるかと思う。読者は、注意して読みすすんでいただきたい。

出版に際しては、汲古書院の石坂叡志社長、ならびに三井久人・小林詔子両氏にお世話いただいた。末尾になったがお礼申し上げる。

二〇〇八年八月五日

渡　辺　信一郎

事 項 索 引

著者略歴

渡辺　信一郎（わたなべ　しんいちろう）

1949年1月30日　京都市生れ

1976年　京都大学大学院博士課程東洋史学専攻単位修得退学（文学修士）

1976年　京都府立大学文学部講師

現　在　京都府立大学文学部教授

著　書　『中国古代社会論』（青木書店、1986年）
『中国古代国家の思想構造』（校倉書房、1994年）
『天空の玉座——中国古代帝国の朝政と儀礼』（柏書房、1996年）
『中国古代の王権と天下秩序』（校倉書房、2003年）ほか

『魏書』食貨志・『隋書』食貨志訳注

平成二十年十月七日

著　者　渡辺信一郎

発行者　石坂叡志

印　刷　モリモト印刷株式会社

発　行　汲古書院

〒102-0072 東京都千代田区飯田橋二―五―四

電話　〇三（三二六五）九七六四

FAX　〇三（三二二二）一八四五

ISBN4-7629-2849-9 C3022

Kyuko-shoin, co.,Ltd. Tokyo